2024
스티마 면접
지방직(경기도 부록편)

스티마 편저

박영사

공무원 면접은 꿈을 이루는 마지막 관문입니다.

힘든 경쟁률을 뚫고 밤잠을 설쳐가며 한 수험준비를 통해서 이제 면접이라는 최종 관문이 남았습니다. 성적이 1배수 안이나 1배수 커트라인이건, 성적이 필기 커트라인이건 '면접은 또 하나의 시험이다.'라는 간절함을 가지고 최선을 다하는 것이 정말 중요합니다.

공무원 면접은 누군가에게는 인생이 걸려 있는 문제입니다. 스티마쌤은 24년째 공무원 면접강의를 하였습니다. 이러한 노하우를 바탕으로 하여 공무원 수험생들이 올바른 면접준비를 하는 데 도움을 드리고자 교재를 집필하였으니 꼭 도움이 되었으면 좋겠습니다.
강의가 필요하시면 공단기(공무원 단기학원)에서 오프라인 및 온라인 강의를 통해 접하실 수 있습니다.

[공무원 면접에 대한 소개 및 학습전략]

1. 오직 한길, 벌써 24년째 7·9급 공무원 면접강의를 하고 있습니다. 스티마 면접강의를 듣고 현직에서 일하시는 분들이 대략 16만 명 전후가 되지 않을까 생각합니다. 오랜 기간 동안 면접강의를 하면서 느낀 점 한 가지는 공직사회에서 원하는 인재상입니다. 공무원 면접은 말 잘하고 스펙 좋은 사람을 뽑는 시험이 아니라 "함께 일하고 싶은 사람을 뽑는 시험"이라는 것입니다. 즉, 국민을 내 가족같이 생각하는 사람을 뽑는 시험이고, 최근에는 조직생활을 잘할 것 같은 인재상을 원하는 것도 꼭 기억했으면 좋겠습니다. 참고로 면접평가는 말 잘하는 사람 기준으로 평가하는 것이 아니라 합격생 그 자체로서 평가를 합니다.

2. 특히 공무원 면접에서 가장 중요한 포인트는 '면접에서 자신의 개성을 드러내는 것입니다. 즉, 자신의 이야기를 하는 것입니다.' 이 말을 반드시 기억하고 면접준비를 하셔야 합니다. 필기시험을 준비할 때의 기출문제 풀이하고는 완전히 다를 것입니다. 수험생 여러분은 필기시험 위주로 오랜 기간 동안 공부를 해 왔기 때문에 기출문제에 익숙해서 면접도 '기출문제만 보면 되지 않을까?'하는 착각을 하실 수 있습니다. 그건 바른 면접준비가 아님을 꼭 기억해야 할 것입니다.

안타깝게도 일부 학원에서는 면접후기를 모은 다음 해당 후기를 돈을 받고 제공함으로써 수험생들의 불안심리를 조장하여 강의하는 곳도 있다고 합니다. 필기시험이 아닌 면접준비가 단순히 면접후기만 보아 끝난다면 한 달 이상의 면접준비 기간을 주어야 할 이유가 없고, 결코 자신의 이야기를 할 수 없게 됩니다. 결국 실제 면접장에서는 앵무새처럼 대부분 비슷한 답변을 하게 되고, 자신의 개성을 전혀 발휘하지 못해 최종합격자 발표일까지 불안하게 결과를 기다려야 합니다.

3. 공무원 면접은 미리 결과를 예측하지 않고, 최선을 다해야 합니다. 분명한 것은 면접결과에 있어서 우수와 미흡은 있습니다. 그 대상이 바로 자신이 될 수 있다는 마음가짐을 가지고, 성적이 좋지 않다고 생각하면 우수를 받기 위해 노력을 해야 하고, 성적이 좋다고 생각하는 사람 또한 미흡을 받지 않기 위해 최선의 마무리를 해야 할 것입니다. 노력은 결코 결과를 배신하지 않는다는 점을 기억해야 합니다.

마지막으로 인생에서 오는 3번의 기회 중 한 번이라고 생각하고 끝까지 최선을 다해 좋은 결과를 얻어서 공시생활을 끝내겠다는 마음으로 면접준비를 했으면 합니다.

2024년 6월
스티마

CONTENTS
차례

CONTENTS
차례

PART 04 5분 스피치

2024
스티마 면접
지방직(경기도 부록편)

01

사전조사서

CHAPTER
01 사전조사서 작성 개요

1 사전조사서 개요

(1) 도일괄 면접

매일 주제가 다르며 오전과 오후에 각각 다른 주제가 출제된다.

(2) 시·군별 면접

시·군별로 주제내용이 다르며 주어지는 작성 시간도 다르다. 또한 공통주제가 출제되는 지역도 있으며 면접날짜가 다를 경우 매일 주제가 다르다고 생각하고 준비하면 된다.

(3) 작성시간

정해진 기준은 없다. 주어지는 작성시간은 1문제가 주어질 경우 10분 혹은 15분이 주어진다.

(4) 면접주제

① 시·군별 면접에서는 주제가 다양하다. ★ 본인의 경험에 대한 주제가 제일 많이 주어지고 그 다음으로는 공직관과 관련된 내용이 많이 출제된다고 보면 된다. 최근에는 지역현안 또는 사회이슈에 대한 내용을 묻는 주제가 조금씩 증가하고 있는 추세이다. ➡ 시·군별로 다름에 유의해야 한다.

② 사전조사서 주제는 교재 및 강의를 통해 강조한 내용에서 벗어나는 문제는 거의 없을 것이며 약간 벗어난 주제일지라도 충분히 응용할 수 있는 내용일 것이다. 즉, 응시생이 실제 면접질문으로 평소 연습하던 내용들이 출제된다고 생각하면 된다.

③ 다만, 도일괄 면접시에는 경험에 대한 사례와 (합격한 직렬과 관계된 내용의) 공직관 관련 비중이 높은 편이지만 이는 정해진 사항은 아니다.

2 사전조사서 작성시 주의사항

(1) 경기도는 사전조사서 내용을 바탕으로 하는 질문의 빈도는 국가직에 비하여 적다. 즉, 사전조사서를 바탕으로 한 심층면접이 진행되지 않는다고 생각하면 된다.

➡ 면접관의 성향이 상당히 중요하다고 보면 된다.

(2) 단, 도일괄 면접시에는 사전조사서 관련 질문 비중이 시·군별 면접에 비하여 상대적으로 조금 더 높은 편이다. 반대로 시·군별 면접시는 면접관에 따라 다르지만 사전조사서 후속질문이 적은 편이다.

➡ 사전조사서 관련 내용을 질문하지 않는 경우도 많다.

(3) 경기도는 1개의 주제가 주어지므로 성의 없이 답변의 내용이 빈약하면 지적사항이 될 수 있다는 점도 기억해야 한다. ★★★

(4) 간혹 사전조사서의 경우 시간이 부족한 관계로 제대로 쓰지 못하는 경우가 있다. 하지만 중요한 것은 주제에 대한 핵심내용이 빠져서는 안 된다.

(5) 사전조사서는 A4용지 한 장(18줄 분량)에 작성하는데 상사에게 약식 보고서를 작성하여 제출한다는 느낌으로 작성을 하는 것이 좋다.

3 사전조사서 유형 분류

유 형	내 용
경험형	힘들었던 경험, 갈등극복, 도전, 기쁘게 한 경험, 양보, 실수, 자랑스러웠던 일, 설득, 부당한 대우, 깨달은 경험, 도움, 봉사활동, 개선, 성과를 낸 경험, 신념과 부딪힌 경험, 팀워크, 창의력, 공무원 체험 경험 등
공직관형	공직자가 갖추어야 할 덕목, 중요하게 생각하는 공직가치, 적극행정, 민원문제 해결, 부당한 지시, 공무원의 의무, 청렴에 대한 생각 등
정책형	한국판 뉴딜, 사회적 가치, 빅데이터 활용, 4차 산업혁명 관련 적용 정책
조직적응형	조직과 개인의 기대 일치, 본인에게 업무집중시 대처, 스트레스 해소, 조직생활 중요 가치, 조직생활 갈등 해결, 팀워크
사회이슈형	저출산, 아동학대, 갑질, 재난지원금, 기본소득, 코로나19, 워라밸
지역현안형	군공항 이전문제(수원), 주차문제(부천), 지역발전방안
개인신상형	원칙적 또는 유연적이었던 경험, 공직지원동기, 좌우명, 성격, 인생키워드, 하고 싶은 업무

4 전략적 사전조사서 작성

(1) 요약식 작성

사전조사서는 서술식이 아닌 요약식으로 작성을 해도 된다. 지방직은 주제 내용과 분량에 따라서 다음의 방법을 활용할 것인지 활용하지 않을 것인지 결정해야 한다.

(2) 요약식(개조식) 작성 방식 Ⅰ

사전조사서 작성은 곧 문서작성 방법이라고 생각하면 된다. 수험생들이 공무원이 되었을 때 실제적으로 문서작성도 중요한 일 중 하나이다. 본인이 공무원이 되었을 때 상급자에게 문서로 보고할 때 '이렇게 작성했으면 좋겠다.'라는 생각으로 자유롭게 (본인이 발표할 때 편하고 또한 상대편에게도 깔끔하게 보여줄 수 있도록) 정리를 잘해보길 바란다. 아래의 3가지 방식 중 하나로 일목요연하게 정리하여도 된다.

(3) 요약식(개조식) 작성 방식 Ⅱ

> ① 소주제 제시 – 현황파악 – 대안제시(근거 및 사례 위주로 문제해결 및 후속조치 상황까지 정리) – 권장안 제시(재결론)의 4단계 정리
> ② 문제 상황제시 – 문제점 분석 – 문제 해결방안 – 사후조치 및 성과도 좋음
> ③ 문제인식(서론) – 문제해결(본론) – 맺음말(결론)의 간단한 정리

CHAPTER 02 사전조사서 작성 사례

✔ **POINT** 아래 사전조사서는 응시생들의 실제 작성 시례를 응시생들의 기억에 의해 복기한 내용이므로 참고하길 바란다.

사전조사서 01. 공무원의 장단점과 본인의 포부를 서술하시오.   [2023 성남시]

1. 장 점
   1) 공익을 위해 봉사하는 정신으로 일하기 때문에 "사명감"을 가지고 임할 수 있음
   2) "신분보장"을 해주기 때문에 적극적으로 업무를 할 수 있음
   3) 사기업에 비해 직원들 간의 경쟁이 적어 더욱 "조화로운 조직" 문화 형성
   4) (하나 더 적었으나 기억이 안남)

2. 단 점
   1) 다소 수직적인 문화로 신규 직원이 적응을 힘들어하며 MZ세대 퇴사율 높음
   2) 경쟁이 적고 안정적이다 보니 "소극적"으로 업무를 할 수 있음
   3) 업무 외적으로도 시민들이 보고 있다는 "부담감"이 있을 수 있음

3. 포 부
   공무원은 공감과 소통능력이 중요하다고 생각합니다. 저는 사기업에 다닐 때 협력업체 관리를 했으며 사회복지 관련 분야에서는 장애인생활시설, 장애인복지관에서 근무를 하며 장애인과 소통하며 의사소통 능력을 키웠습니다. 또한 행정능력도 중요하다고 생각합니다. 회사를 다니면서 계속 행정업무를 했기 때문에 빠른 업무처리를 할 수 있습니다. 마지막으로 장애인복지과 장애인정책팀에서 장애인일자리 사업을 하고 싶습니다. '우리들의 블루스'라는 드라마를 보면 실제 청각장애를 가진 배우가 출연하고, 다운증후군을 가진 화가 겸 배우가 출연합니다. 이처럼 장애인은 다양한 분야에서 활약할 수 있기 때문에 장애인 일자리 사업을 통해 장애인들이 다양한 분야에서 인정받아 인식개선에 도움을 주고 사회에서 조화롭게 살 수 있도록 하고 싶습니다.

사전조사서 02. 지역축제에서 바가지 요금이 발생하는 원인은 무엇이며 그에 대한 해결방안과 지역축제의 주민참여 활성화를 위한 방안을 서술하시오.   [2023 수원시]

Ⅰ. 지역축제 바가지 요금 원인 및 해결방안
   [원인] 공무원이 감당해야 할 업체 수 많음
   [해결] 1. 전담TF구성 ⇨ matrix조직 등 유연조직 편성으로 근무자 수 확보
          2. 권장측면 ⇨ 저렴 가격 물품공급업체 '와글와글 수원'에 착한가격 업소로 홍보
          3. 처벌측면 ⇨ 부당가격업체 지정시 3진 out제도 실시
Ⅱ. 지역축제 주민참여 활성화 방안
   [내적해결] 1. 행사일수 확장(스코틀랜드 에든버러 1년 거의 내내 축제일수가 잡혀 있음)
             2. 대학교 연극영화과의 참여 ⇨ 직무역량강화+지역축제 활성화

[외적해결] 사기업의 워라밸이 없을 경우 지역축제 참여도 하락

기업체에 워라밸 권고 ⇨ 워라밸 시행계획서 제출＋실천하도록 유도 ⇨ 실천도 높은 기업 ⇨ 우수기업선정 ⇨ 공공사업 시행시 수주혜택 부여

사전조사서 03. 청년정책 중 필요하다고 생각하는 정책이나 본인이 수혜를 누리고 있는 정책에 대해 기술하시오.

[2023 수원시]

Ⅰ. 청나래: 만 19세~만 34세 면접정장 무료 대여
　1. 개선점
　　(1) 연령의 상향조정필요(고령화저출산 시대에 맞춘 연령 상향조정필요)
　　(2) 권선구에 해당업체가 없음
　2. 해결방안
　　(1) 조례개정 ⇨ 청구권자 100분의 15 이상의 연서가 필요함
　　(2) 업체선정의 적극성 필요 ⇨ 발로 뛰는 행정이 필요
Ⅱ. 청누리: 행궁동에 청소년 공간대여 / 청소년 상담
　1. 개선점
　　　전문가 ⇨ 청소년(하향식 상담)
　2. 해결방안
　　고민청소년 ↔ 고민청소년(쌍방향 / 수평적 상담) 의사소통 구조의 개선
　　의사소통에 공감을 더할 수 있어서 효과성이 높아질 것으로 기대

사전조사서 04. 안양시가 다른 지자체와 구별되는 차이점은 무엇이며 그 이유는 무엇인지 서술하시오.

[2023 안양시]

안양시는 문화녹색도시입니다. 안양에는 안양 9경이 있는데 저는 그중에서 특히 안양일번가, 안양예술공원, 안양천을 소개하고자 합니다.
첫 번째로 타 지역에 있는 지인에게 가장 먼저 소개해 주고 싶은 곳은 안양일번가입니다. 안양일번가는 안양역과 가까이 위치해 있기 때문에 다른 곳에서 올 때 지리적으로 편할 것입니다. 더운 날씨에는 엔터식스나 지하상가 등에 가서 더위를 식힐 수도 있습니다. 카페와 맛집들이 많이 즐비해 있기 때문에 맛있는 한 끼 식사를 대접하고 싶습니다.
두 번째는 안양예술공원입니다. 코로나 전까지 안양예술공원에서는 APAP(공공예술작품)를 전시해 왔습니다. 이번에 다시 새롭게 APAP7을 전시할 예정인데 예술작품을 둘러보면서 시간을 보낸다면 좋을 것 같습니다.
세 번째는 안양천입니다. 안양천은 이번에 지방정원으로 지정되면서 국가정원으로까지 나아갈 계획에 있습니다. 25년간 안양천의 수질 개선을 위해 군포·의왕시와 협력하여 폐수배출업소를 합동 점검해 왔습니다. 또한 시민분들이 산책하기 편하도록 인도 면적을 늘리고 자전거도로를 줄였습니다. 꽃들도 많이 심고 다리에 조명도 달아 놓아 볼거리가 풍부해졌습니다. 이렇게 자연과 문화의 조화에 끊임없이 노력하고 있는 안양입니다.

사전조사서 05. 공무원이 되면 무엇이 힘들 것 같으며 이를 극복하기 위한 본인만의 대처 방법은 무엇인지 서술하시오.   [2023 양주시]

악성 민원에 대한 응대시 힘들 것 같습니다. 악성 민원이 생기는 것을 방지하기 위해서 초기 대응을 잘하는 것이 중요하다고 생각합니다. 초기에 민원인의 민원 내용을 경청하고 법령과 규칙이 없고 처리해 드릴 방법이 없는 경우에 납득하실 수 있도록 충분히 설명해 드리겠습니다. 법령과 규칙이 없는 경우 관련 판례나 상급기관에 문의하여 해결방안이 있는지 찾아보면서 해결하기 위해 최대한 노력하는 모습을 보여 민원인에게 신뢰를 주도록 하겠습니다. 이를 통해 자은 민원이 악성 민원으로 커지는 것을 방지하도록 하겠습니다.

공직생활을 하는 동안 스트레스가 많이 쌓인다면 공원에서 걷기 운동이나 좋아하는 음악을 들으면서 스트레스를 해소하겠습니다. 이전에 회사를 다니면서 걷기 동호회 활동을 하여 사람들과 함께 한강공원, 남산, 둘레길 등을 걸으면서 기분전환도 하고 스트레스를 해소했습니다. 공무원에 입직한 후에도 체력관리에도 도움이 되는 걷기운동과 음악감상과 같은 취미 생활을 하여 스트레스를 해소하고 효율적으로 업무를 수행하도록 하겠습니다.

사전조사서 06. 욕설과 폭력 등을 행하는 악성 민원 때문에 정신적·신체적으로 피해를 보는 공무원을 위한 예방과 보호는 어떻게 해야할지 시민들과 공무원이 만족할 수 있는 방법을 포함하여 서술하시오.   [2023 양주시]

민원 담당 창구에 악성 민원의 경우 민원인의 민원 내용은 기록에 보관되어 민·형사상에 불이익을 받으실 수 있다는 내용의 포스터를 붙여서 인지할 수 있도록 한다면 악성 민원의 예방에 도움이 될 수 있을 것이라고 생각합니다. 또한 악성 민원이 발생하는 경우 중에 많은 부분이 초기 대응이 잘 되지 않아 작은 민원이 악성 민원으로 커지는 경우가 있다고 합니다. 먼저 민원인의 민원 내용을 경청하고 법규와 규정이 없어서 해드릴 수 없는 경우에 왜 처리해 드릴 수 없는지 납득하실 수 있도록 설명해 드리겠습니다.

사전조사서 07. 하수처리장 등 본인에게 피해가 가는 시설이 있는데 그런 시설에 대해서 본인이 살고 있는 지역에서의 사례 또는 다른 지역에서의 사례를 적고 거기에 대해 본인이 느낀 점과 해결방안을 서술하시오.
                                                                                                    [2023 여주시]

여주시에 가축분뇨처리시설과 관련해서 악취, 환경오염, 부동산가격 문제가 있다고 알고 있습니다. 이것과 관련하여 지역주민들이 여주시청 앞에서 시위도 하고 갈등을 빚고 있는데 이러한 갈등을 해결해야 합니다.

지역주민들 입장에서 생각해보면 피해가 갈 수 있다고 생각을 합니다. 강원도 홍천에서 에너지타운이라고 같은 시설을 만든 것이 있는데 이 시설은 시설 안에서 생기는 가스를 이용하여 도시가스를 만들어 도시가스회사에 판매를 하여 수익을 발생시킵니다. 또 가축분뇨를 농가에서 직접 처리하는 양을 줄여주어서 노동력 절감도 됩니다. 부동산 가격 문제는 지을 때 보기 좋게 짓도록 하고 또 부족하다면 주변 자연환경을 꾸며주면은 부동산 가격 하락 문제도 어느 정도 해결이 될 거라고 생각합니다.

사전조사서 08. 부당한 지시나 부탁이 있었던 경험과 대처방안에 대해 서술하시오. [2023 연천군]

해외 후원물품을 직접 디자인하고 제작하여 해외 어린이들에게 후원하는 프로젝트를 진행했습니다. 그 과정에서 일부 팀원들이 제작 완성된 물품들을 무료로 가지고 싶어 했습니다. 그래서 그러한 요구에 저는 무료로 가져가는 것은 어려울 것 같다고 완곡히 설득한 후 대신 제작 원가에 구매하는 것은 어떨지 제안했습니다. 그리고 정해진 후원수량이 있어서 물품을 못 받는 후원아동이 생기게 될 수 있으므로 거절했습니다. 사소한 규칙이라도 제대로 지켜야 전체적인 규범이 형성된다고 생각합니다. 공직에서도 정직과 청렴의 자세로 임하겠습니다.

사전조사서 09. 사흘 후에 지구가 멸망할 정도의 재난이 발생한다. 근데 이 사실은 고위직들만 알고 있는데 본인은 이 사실을 알게 되었다. 비밀을 유지할 것인지 아니면 이 사실을 국민에게 알릴 것인지 한 가지를 택하여 해결방안을 서술하시오. [2023 오산시]

---

1. 상 황
   사흘 후 재난 사태 발생
2. 충돌되는 공직가치
   ① 공개성: 국민의 알권리를 위해 이 사실을 공표한다.
   ② 비밀성: 직무관련 내용에 대해서는 비밀을 유지해야 한다.
3. 대처 방안
   (1) 관련 부서 및 상관에게 알게된 사실을 보고한다.
      −들은 사실에 대해 진위 파악
      −어떻게 대비하고 있는지 요청
      −알리지 않는 이유 요청
   (2) 재난 대처 관련 사례, 법령 등을 참조하여 불법·위법 측면과 공익 침해 측면에서 파악
      −해당 지자체나 관련 부서에도 없을 시 상급기관, 다른 지자체, 국가기관의 법령과 사례를 찾아본다.
   (3) 보고서 작성
      −재난 사태를 알리지 않을 시 발생할 수 있는 문제점과 관련하여 보고서를 작성
4. 결 론
   법령을 준수하여 공정한 절차를 통해 국민에게 알리는 방향으로 진행한다.

사전조사서 10. 적극적이고 열정적으로 한 경험과 그것을 통해 느낀 점을 서술하시오. [2023 평택시]

---

1. 경 험
   캡스톤 디자인 경진대회
2. 내 용
   저는 학부생 시절 캡스톤 디자인이라는 팀 프로젝트에서 수질정화장치를 개발해 보는 과제를 하였습니다. '태양광 발전과 친환경 여과재를 이용한 고정식 수질정화장치'를 주제로 한 팀 프로젝트였습니다. 이 장치를 개발하기 위해 직접 도면도 그려보고 프로토타입도 제작하여 직접 학교 내에 있는 호수의 수질을 측정해 보는 실험을 하였습니다. 날마다 과정을 지켜보며 결과를 도출해 내야 하는 어려움도 있었지만 제가 관심 있는 분야여서 성공적으로 마치고 싶었고 결과적으로 경진대회까지 출전하여 우수상까지 받을 수 있었습니다. 팀 프로젝트를 하면서 조장분과의 갈등도 있었고 각자 시간을 맞추는 과정에서 원활하게 진행되지 않은 부분이 있었지만 소통을 통해 해결하였고 좋은 성과를 얻어낼 수 있었습니다.
3. 느낀 점
   어떠한 일에도 적극적이고 열정적으로 임한다면 추후에 언제든 보상이 돌아온다는 것을 알게 되었습니다. 제가 공무원이 된다면 맡은 일에 책임감을 갖고 적극적이고 열정적으로 업무를 수행하는 공무원이 되겠습니다. 또한 조직 내에 갈등상황이 발생했을 때 주변 동료들과 소통하며 해결해 나가는 공무원이 되겠습니다.

사전조사서 11. 조직 내 갈등상황을 극복한 경험을 구체적으로 서술하시오. [2023 포천시]

성향이 다른 입사동기와 작은 갈등이 있었습니다. 저는 약간 내향적인 성향이라서 불편한 점이 있어도 조금 참고 기다리는 성향인데 입사동기는 외향적인 성향으로 솔직하게 본인이 느낀 점을 다 이야기하는 편이었습니다. 그 상황에서 제가 조금 상처를 받았습니다. 편안하게 이야기할 수 있는 상황을 만들기 위해 입사동기와 근무 시간이 겹치는 날 저녁식사를 약속하였습니다. 저녁식사를 하면서 갈등이 작은 오해에서 비롯되었다는 것을 알게 되었고 식사 후 카페에서 더 친근한 사이가 되었습니다. 카카오톡 메신저와 같은 사적 연락을 자주 주고 받으면서 근무시 어려운 점, 발전한 점을 의논하고 학습한 것을 서로 공유하여 근무시 실질적으로 도움을 주고 받는 사이가 되었습니다. 서로 치열하게 노력한 점도 있었겠지만 서로 돕고 친한 입사동기가 있었기 때문에 간호사로서 독립하여 둘 다 1인분의 몫을 담당할 수 있게 되었습니다.

사전조사서 12. 입직 후 맡고 싶은 업무나 사업에 대해 서술하시오. [2023 하남시]

하남시 미사동 인근에는 자전거도로가 잘 발달되어 있습니다. 저는 여기에서 외부 관광객들을 대상으로 자전거 여행 사업을 추진해 보고 싶습니다. 관광객들에게 시에서 QR코드를 발급하고 여행을 하며 음식점이나 카페 등에 할인혜택이나 결합상품을 제공하면 좋을 것 같습니다.

CHAPTER

03 사전조사서 기출문제

1 2023년 사전조사서

사전조사서를 통해 1문제에 대한 답변을 작성한다. 공직관 또는 경험형 문제가 출제되며, 사회이슈형이 출제되기도 한다.

➡ 고양시는 2문제 중에서 1문제를 택하여 작성하는 방식으로 진행된다.

2 후속질문

사전조사서 후속질문에 대해 면접시간이 짧은 지역은 후속질문이 거의 없었으며 후속질문 유무는 지역별·작성내용별로 차이가 있다.

3 2019~2023년 기출문제

지 역		기출문제
수 원	2023	• 공공서비스에 챗GPT를 접목시키려고 한다. 이에 대한 활용방안에 대해 기술하시오. • 지역축제에서의 바가지를 근절하고 시민참여형 지역축제를 만들어 나갈 방안을 서술하시오. • 공유 킥보드나 공유 자전거 등의 사고 예방법과 유지관리 아이디어에 대해 서술하시오. [토목직] • 청년정책 중 필요하다고 생각하는 정책이나 본인이 수혜를 누리고 있는 정책에 대해 기술하시오 • 공무원 경쟁률이 낮아진 이유와 공직의 인기가 없어진 이유에 대해 본인의 생각을 기술하시오. [간호직]
	2022	• 공무원 점심시간 휴무제에 대한 생각을 서술하시오. • 제로웨이스트를 위한 본인의 실천방안을 서술하시오. • AI 알고리즘 편향성에 의한 사회적 차별 사례에 대해 서술하시오. • 편견이나 고정관념을 깨고 소통이나 극복을 한 경험에 대해 서술하시오. • 공무원 조직문화의 문제와 개선방안에 대해 서술하시오.
	2021	• 수원시가 특례시가 될 예정인데 앞으로 나아가야 할 방안을 서술하시오. • 아동학대 재발방지를 위해 지자체가 해야할 일을 서술하시오. [사회복지직] • 자신의 배려나 아이디어로 다른 사람을 기쁘거나 행복하게 만들었던 사례를 쓰시오. • 지역화폐 실시 배경과 파급효과에 대해 서술하시오. • 코로나시대의 복지사각지대가 늘어나고 있다. 비대면으로 시에서 어떤 정책을 하고 있으며 본인의 아이디어에 대해 서술하시오. [사회복지직] • 코로나 등으로 인해 경제적 어려움을 겪는 소상공인들의 지원방안과 필요성에 대해 서술하시오. [사회복지직]

수 원	2020	• 수원시에 한국판 뉴딜을 적용한 정책을 말하고 그 필요성을 논하시오. • 사회적 가치의 실현을 위한 공공기관의 역할과 필요성 그리고 본인이 실현을 위해 어떤 노력을 할 것인지 기술하시오. • 공공기관에서의 빅데이터 활용 방안에 대해 기술하시오. • 직렬에 맞는 스마트 행정 방법에 대해 기술하시오. • 지방의료서비스의 문제점 및 해결방안에 대해 기술하시오. [지방세] • 지역별 보건의료 불균형 문제점과 해결방안에 대해 기술하시오. [보건직]
	2019	• 군공항 이전사업에 대한 본인의 생각과 수원시의 입장에서 해결방안에 대해 서술하시오. • 일본의 수출규제에 대한 생각과 해결방안에 대해 서술하시오. • 다문화 가정의 문제점과 해결방안에 대해 서술하시오. • 지속가능한 복지를 실현하려면 어떻게 해야 하는지 서술하시오. [사회복지직]
성 남	2023	• 공직의 장단점 및 입사 후 본인의 포부에 대해 기술하시오. • MZ세대 공무원과 기존 공무원들이 조직에서 잘 조화를 이룰 수 있도록 하는 본인만의 아이디어에 대해 기술하시오. • 규칙이나 기준이 정해지지 않은 상황에서 본인이 대처한 방법을 경험을 들어 작성하시오. [토목직]
	2022	• 목표를 위해 노력한 경험과 그 과정에서 갈등을 해결한 방법에 대해 기술하시오. • 살면서 가장 열정적으로 한 것과 그것을 공직에 적용할 방안에 대해 기술하시오. • 자신의 특기와 재능으로 다른 사람을 도와준 경험과 느낀 점을 기술하시오.
	2021	• 개인의 경험 중 제일 어렵거나 힘들었던 경험과 이를 해결한 방법에 대해 기술하시오. • 외국인 이민자가 많아지고 있는데 여기서 중요하게 생각하는 공직가치를 서술하시오. • 청년 취업문제의 원인 및 해결방안을 구체적으로 기술하시오. • 성남시의 특징과 제안하고 싶은 점을 기술하시오. • 부서회의 중 자신의 업무 결과에 대하여 소속 팀원이 상반된 의견을 제시할 경우 어떻게 대처할지 기술하시오.
	2020	• 가장 바라던 것을 타인이 부당하게 뺏기거나 어쩔 수 없이 양보했던 경험을 말하고 그로 인한 갈등을 해결한 경험에 대해 서술하시오. • 인·허가업무를 할 때 계속된 보완요구로 민원인이 부당함을 느끼는 경우 어떻게 할 것인지 서술하시오. • 저출산 해결방안에 대해 서술하시오. [사회복지직] • 본인은 원칙적인 사람인지 유연한 사람인지 사례를 들어 설명하시오. [사회복지직]
	2019	• 사회복지공무원으로서 필요한 자질은 무엇인지 기술하시오. [사회복지직]
용 인	2023	• 본인이 신입공무원으로서 주변에 도움받을 상사나 동료도 없고 민원 전화가 빗발치고 있는 경우에 어떻게 할 것인지 기술하시오. [3분 스피치] • 예산이 부족한 경우 다수 주민에게 홍보할 방법에 대해 기술하시오. [3분 스피치] • 인생에서 어려웠거나 힘들었던 경험을 제시하고 그 경험이 나중에 도움이 되었거나 괜찮아졌다면 공직에서 어떻게 적용할 수 있는지 서술하시오.
	2020	• 공무원이 되고 싶다고 생각한 계기를 사례를 들어 말하고 가장 중요하게 생각하는 공직가치를 구체적으로 서술하시오. • 공직에서 가장 중요하다고 생각하는 가치와 그 이유 및 그것을 위해 한 노력과 경험에 대해 기술하시오. • 수험생활 전에 공무원을 직·간접적으로 경험한 사례 및 공무원의 장단점, 포부에 대해 작성하시오. • 학창시절이나 사회생활 때 내가 자랑스러웠던 경험을 육하원칙으로 작성하시오.
	2019	• 중요하게 생각하는 가치와 본인의 노력에 대해 기술하시오.

고 양	2023	• 고양시에 대한 이미지 그리고 살기 좋은 도시를 만들기 위한 아이디어에 대해 서술하시오. • 남성공무원이 숙직을 많이 하고 여성공무원은 하지 않는 것에 대한 본인의 의견을 서술하시오. • 유튜브 콘텐츠를 제작한다면 어떠한 내용으로 할지와 그 이유에 대해 기술하시오. • 고양시에서 하고 있는 정책(사업) 중에서 자신이 참여한 사업이 있으면 기재하고 부족한 점 및 개선방안에 대해 작성하시오. • 사회에서 바라보는 공직사회에 대한 평가가 좋지 않은데 이런 부분에 대해 어떻게 개선하면 좋을지 기술하시오. • 공무원의 가장 중요한 공직가치는 무엇이라고 생각하며 그것들을 가지기 위한 노력방안 또는 가지고 있는 부분들을 기술하시오. • (동료인지 상사인지 정확히는 기억나지 않지만) 그들과 소통할 때 설득하는 본인만의 방법에 대해 기술하시오. • 본인이 생각하는 가장 중요한 공직가치와 그것을 이루기 위한 노력 그리고 앞으로 공무원이 되어서 어떻게 적용할 것인지에 대해 서술하시오. • 가장 크게 스트레스를 받았던 경험은 무엇이며 어떻게 극복했는지 기술하시오. • 2022년 고양시가 특례시가 됨에 따라 본인이 생각하는 발전 방향에 대해 기술하시오. • 노력했으나 잘 되지 않았던 일과 그를 통해 배운 점에 대해 기술하시오. • 조직(단체)생활에서 중요한 가치와 그것을 발휘한 경험에 대해 기술하시오.
	2021	• 요즘 MBTI 검사가 유행이다. 자신이 생각하는 자신의 강점이나 역량은 무엇인지 기술하시오. (둘 중 하나 선택해서 작성) • 정신적·육체적으로 한계를 느낀 경험과 다시 하게 된다면 어떻게 대처할지 서술하시오. [토목직] • 코로나 블루에 대해 해결방안 및 정책에 대해 기술하시오. [간호직] • 유튜브 콘텐츠를 하게 되면 무엇을 하고 싶은지 기술하시오.
	2020	• 비정규직과 정규직에 대한 생각과 해결방안에 대해 기술하시오. • 드라마와 영화 중 자신이 감명 깊게 본 작품과 그 작품이 본인에게 미친 영향에 대해 기술하시오. • 자신의 인생 키워드 3개와 그 이유에 대해 기술하시오.
	2019	• 미투운동 관련 직장 내 성희롱 문제에 관한 본인의 생각을 서술하시오. • 공무원의 음주운전 처벌은 일반인보다 더 강력해야 하는지에 대한 생각을 서술하시오. • 본인이 살면서 가장 크게 한 실수와 그 실수를 해결하기 위한 해결책은 무엇인지 서술하시오.
가 평	2023	• 조직문화와 성향 및 가치관이 다른 경우에 목표달성을 위해 어떻게 할 것인지 기술하시오. • 팀으로 일할 때 가장 중요한 가치는 무엇인지 기술하시오.
	2022	• 개인의 역량을 벗어나는 과중한 임무가 주어졌을 때 어떻게 대처할 것인지 자신의 경험을 중심으로 기술하시오. • 최근 또는 학창시절에 가장 자랑스러웠던 사례에 대해 기술하시오. • 다른 사람과 의견이 달라 갈등을 겪은 사례와 그 극복방안에 대하여 구체적으로 서술하시오.
	2020	• 공무원에 지원한 동기와 가장 중요하게 생각하는 공직가치에 대해 서술하시오.
	2019	• 가평이 다른 지역에 비해 도시화가 되지 않았다. 이에 발전방안에 대해 서술하시오.
과 천	2023	• MZ세대와 기존세대 간 갈등 해소 방안에 대해 서술하시오.
	2021	• 조직 내에서 가장 중요하다고 생각하는 것과 그 이유에 대해 서술하시오.
	2020	• 본인과 의견을 달리 하는 사람을 설득하는 방법에 대해 구체적으로 기술하시오. • 공직자가 되려고 한 계기와 공직자에게 중요한 가치관에 대해 사례를 들어 구체적으로 기술하시오. • 최근 인성교육의 실태와 가치에 대해 자신의 생각을 기술하시오.

광 명	2023	• 본인의 역할이나 업무가 아닌데도 꼭 필요한 일이라 했던 경험에 대해 기술하시오. • 낮은 사람들이 경각심을 느끼지 않고 하는 행동을 제지한 경험이 있다면 서술하시오. • 가까운 지인에게 본받을 만한 점과 그 지인이 보완해야 하는 점에 대해 서술하시오. [사회복지직] • 자신이 평소에 의식하지 않고 행동했던 것이 주변 분위기를 바꾸거나 좋은 평가를 받은 것이 있는지 이에 대해 서술하시오.
	2022	• 살아오면서 남들이 기피하는 것을 도전하거나 꾸준히 한 경험에 대해 서술하시오. • 본인의 단점과 해결 방안에 대해 기술하시오.
	2021	• 존경하는 인물이나 본받고 싶은 인물과 그 이유를 구체적으로 쓰시오. • 스트레스를 받을 때 어떻게 푸는지 구체적으로 설명해 보시오. • 작은 아이디어로 많은 사람을 행복하게 한 경험에 대해 기술하시오.
	2020	• 살면서 가장 크게 깨달은 경험에 대해 기술하시오.
	2019	• 살면서 타인의 신뢰를 얻기 위해 노력했던 경험에 대해 기술하시오.
광 주	2022	• 광주 시정 5대 의무 교통도시, 문화도시, 경제도시, 복지도시, 지속가능한 도시 중 하나를 골라 필요한 점 등에 대해 기술하시오. • (예시사례 제시 후) 이와 같이 공무원에게 있어 가장 중요한 공직가치는 무엇이며 이유는 무엇인지 또한 그것을 증진시키기 위한 방안은 무엇인지 기술하시오. • 코로나시대 실내마스크 착용이 의무화인데 마스크를 쓰지 않고 소란을 피우는 악성 민원인 대처 방안에 대해 쓰시오.
	2021	• 직장 내 괴롭힘의 원인 및 해결방안에 대해 기재하고 본인이 만약 괴롭힘을 목격한다면 어떻게 할지 기술하시오. • 본인이 팀장인데 팀에 업무능력이 떨어지는 팀원을 어떻게 할 것인지, 본인이 팀장으로서 일을 결정할 때 반대하는 의견이 나올 때 어떻게 할 것인지 기술하시오.
	2020	• 갑질 문제의 원인과 해결책에 대해 기술하고 본인이 직장동료 및 상사나 주민들에게 갑질을 당한다면 어떻게 할 것인지 기술하시오. • 2차 재난지원금 선별지급과 보편지급 중 어느 것을 선호하는지 그 이유에 대해 기술하시오. [사회복지직]
구 리	2022	• 자신의 모범적인 모습이 타인에게 긍정적 영향을 준 경험에 대해 기술하시오. • 작은 아이디어로 다른 사람을 즐겁고 기쁘게 한 경험에 대해 기술하시오. • 본인이 모범을 보임으로써 주변에 좋은 영향을 끼친 경험을 서술하시오.
	2021	• 신입 공무원이 가져야 할 덕목 중 중요하다고 생각하는 것과 조직에 적응하기 위해 본인이 했던 노력을 구체적으로 기술하시오. • 이것만큼은 포기할 수 없다고 생각하는 것에 대해 기술하시오(습관, 꿈 등). [토목직]
	2020	• 비협조적이고 성격이 까칠한 사람과의 갈등내용과 본인만의 해결방법에 대해 기술하시오. [사회복지직]
군 포	2022	• 조직 내에서 갈등이 발생했을 때 해결한 경험과 조직에서 갈등 발생시 본인의 역할을 구체적 사례로 설명해보시오. • 사회복지공무원이 되려는 이유와 앞으로의 방향에 대해 기술하시오. • 본인이 갈등을 해결했던 경험에 대해 기술하시오.
	2019	• 조직의 기대와 개인의 희망을 어떻게 일치시켜 나갈 것인지에 대해 서술하라.

김 포	2022	• 자신의 약점을 극복한 경험을 서술하시오. • 나와 대립되는 의견을 인정하여 과제를 수행한 경험에 대해 서술하시오. • 이해관계 충돌시 균형있게 해결책을 제시한 경험을 구체적으로 서술하시오. • 본인의 방법으로 갈등을 해결한 경험이 있는지 자세히 서술하시오. • 상황이 어려운 조직원과 함께 목표를 달성한 경험에 대해 서술하시오. • 본인의 의견과 다른 사람 의견을 수용했던 경험을 구체적 경험 사례를 들어 서술하시오. • 자신의 잘못된 결정으로 팀원이나 집단에게 피해를 끼친 경험과 이를 어떻게 해결했는지 기술하시오. • 창의성을 발휘하여 문제를 해결한 경험에 대해 기술하시오. • 공무원에게 가장 중요하다고 생각하는 것과 그것을 키우기 위해 어떤 노력을 했는지 기술하시오.
	2021	• 젠더갈등에 대해 어떻게 생각하는지 기술하시오. • 조직 목표를 중시한다고 하였는데 이유에 대해 기술하시오. • 본인과 성격적으로 맞지 않는 사람과 팀플을 해야 한다면 어떻게 할지 기술하시오. • 본인이 기피하게 될 업무를 하게 된다면 어떻게 해결해 나갈 것인지 서술하시오. [간호직] • 하고 싶은 업무에 대해 기술하시오. • 개인의 사익과 공익이 충돌한다면 어떻게 융통성을 발휘하여 해결할 것인지 기술하시오. • 본인과 성격적으로 맞지 않는 사람과 팀플을 해야 한다면 어떻게 할지 기술하시오. • 최선을 다했는데 실패한 경험에 대해 기술하시오.
남양주	2023	• 남양주시에서 시행하고 있는 사업을 아는 대로 쓰고 그중에 가장 관심 있는 사업과 그 이유에 대해 기술하시오. • 욕설, 폭력 등을 행하는 악성 민원 때문에 정신적·신체적으로 피해 보는 공무원을 위한 예방과 보호방법에 대해 시민들과 공무원이 만족할 수 있는 방법을 포함하여 서술하시오. • 조직에서 함께 일하고 싶은 사람이 있고 그렇지 않은 사람이 있다. 각각 어떻게 일할 것인지 구체적인 방안에 대해 기술하시오. • 공직가치 중 중요하다고 생각하는 2가지와 이유에 대해 기술하시오. [간호직]
	2022	• 공직자로서 일하면서 힘들 것 같은 일과 대응방안에 대해 기술하시오. • 남양주시가 유튜브 채널을 운영한다면 만들고 싶은 콘텐츠에 대해 기술하시오. • 최근 신문기사 중 공무원에 대한 긍정적 기사와 부정적 기사에 대해 적고 부정적 기사에 대한 개선 방안을 기술하시오. • 사회복지직이 되기로 한 계기와 사례 및 경험에 대해 기술하시오. • 조직 생활에서 가장 중요하게 생각하는 것을 말하고 그러한 경험을 바탕으로 설명하시오.
	2021	• 남양주시의 공무원이 된다면 어느 업무를 하고 싶고 그에 관한 지식이나 개발하고 싶은 것에 대해 기술하시오. • 최근 관심 있게 본 사회이슈를 쓰고 이 사회이슈를 고른 이유와 그에 대한 자신의 견해를 서술하시오. • 힘들었던 경험과 그것을 어떻게 공직에 적용할 것인지 서술하시오.
	2020	• 무사안일한 직원 때문에 본인한테 업무가 집중될 때 대처방법에 대해 기술하시오. • 봉사활동 경험 및 그 경험이 공무원 직무수행에 어떤 영향을 주는지에 대해 기술하시오.
	2019	• 나의 사소한 아이디어로 남을 기쁘게 한 경험에 대해 기술하시오. • 자신의 역량이 공직생활에 어떤 점이 맞을지 그 이유를 기술하시오.
동두천	2023	• 협업 과정 중 갈등이 발생했을 때 해결한 경험과 결과에 대해 기술하시오. • 공무원에게 필요한 공직가치와 자신의 장점을 어떻게 연결할 수 있는지 기술하시오. • 살아오면서 가장 힘들었던 일과 해결했던 경험에 대해 기술하시오.

	2022	• 갈등을 해결한 경험에 대해 서술하시오. • 공무원에게 중요한 공직가치에 대해 서술하시오.
동두천	2021	• 갈등해결 경험에 대해 서술하시오. • 가장 후회했던 일이 무엇이며 다시 그때로 돌아간다면 어떻게 대처할 것인지 서술하시오.
	2020	• 지금까지 살아오면서 가장 힘들었던 일은 무엇이고 어떻게 그 상황을 극복했는지 구체적으로 기술하시오.
	2019	• 공직에 필요한 덕목과 자신의 장점을 연결시켜 기술하시오.
부 천	2023	• 근무하고 싶은 부서와 근무하기 싫은 부서를 적고 이유를 쓰시오. • 근래 부천8경 중 가본 경험과 홍보방안에 대해 기술하시오. • 격무부서 업무시 스트레스 해소법을 경험과 연관지어 설명하시오. • MZ세대 갈등이 이슈인데 상사와 신규직원은 어떤 자세를 취해야 하는지 그리고 상사와 신규직원의 관계 완화를 위해 어떻게 해야 하는지 본인의 경험을 포함해서 말해보시오.
	2022	• 공무원 자질로서 가장 중요한 것과 그 이유 및 본인이 가진 것에 대한 구체적 사례를 들어 기술하시오. • 작은 아이디어로 다수의 사람을 행복하거나 기쁘게 한 경험에 대해 기술하시오. • 민정 8기 주요 비전인 소통을 원활히 하기 위해 해본 본인의 노력에 대해 기술하시오(경험). • 성취감을 느꼈던 일을 구체적 사례로 쓰시오.
	2021	• 부천의 창의적인 정책 한 가지를 꼽고 구체적으로 서술하시오. • 부천시 공무원이 되었을 때 하고 싶은 업무와 하고 싶지 않은 업무 및 이유에 대해 기술하시오. • 중요하다고 생각하는 공직가치와 그 공직가치를 위해서 한 구체적인 노력에 대해 기술하시오. • 공무원으로 가장 중요한 덕목이 무엇이라고 생각하는지 그에 대한 경험 및 사례를 기술하시오. • 코로나19 관련해서 부천시에서 하고있는 정책 및 시민 삶의 질을 높일 수 있는 정책 제안에 대해 기술하시오. [간호직]
	2020	• 부천시의 문화사업 방향에 대해 기술하시오. • 적극행정 개념과 범위에 대해 기술하시오. • 광역동으로 바뀐 것의 장단점에 대해 기술하시오. • 공무원 일을 하다 보면 힘든 일이 정말 많을 텐데 정신적·육체적 스트레스를 많이 받을 만큼 힘든 일이 있을 때 어떻게 대처할 것인지 본인의 구체적 경험을 바탕으로 구체적으로 작성하시오. • 부천시는 인구밀집도가 높아 주차난이 심각한 상황이다. 현재 부천시는 공유주차장, 주차로봇 등 다양한 정책을 시행하고 있다. 이외에 할 수 있는 다른 정책방안을 제시해보시오. [토목직] • 기존의 방법과 다른 방법으로 무언가를 개선한 경험과 사례에 대해 기술하시오.
	2019	• 저출산 고령화에 대비해 부천시에서 대처할 수 있는 방안을 구체적으로 제시하시오. • 자신의 부족한 점과 그것을 고치기 위해 했던 노력을 구체적인 사례를 들어 서술하시오. • 부천시 1인당 녹지면적을 늘릴 수 있는 방안에 대해 기술하시오. [녹지직]
시 흥	2022	• 코로나19로 인해 비대면 업무를 시행하고 있는데 이에 대한 문제점들이 많이 있다. 이에 대한 해결방안에 대해 기술하시오. • 층간소음이 아닌 냄새문제가 생기고 있다. 이를 어떻게 해결할 것인지 서술하시오.
	2021	• 부동산 가격이 오르고 있는데 정부규제를 강화할지 완화할지 본인의 의견을 기술하시오 • 폐원전 찬반입장과 시흥시의 에너지정책 방향에 대해 기술하시오. [간호직·사회복지직]
	2020	• 정부에서는 한국판 뉴딜정책을 진행 중인데 디지털뉴딜 / 그린뉴딜 / 안정망 강화 3가지 주제에 대해 시흥판으로 자유롭게 서술하시오.

시흥	2020	• 4차 산업혁명 관련 지자체가 해야할 일에 대해 서술하시오. • 태풍·홍수·폭염 등 자연재해에 대해 시흥시만의 대책을 세우시오. • 아동학대 예방을 위해 시흥시가 실천해야 할 노력에 대해 기술하시오. [사회복지직] • QR코드가 사생활침해라고 생각하는지와 QR코드를 거부하는 시민에게 어떻게 할 것인지 기술하시오. • 배곧신도시에 황해경제자유구역이 생긴다면 긍정적인 점과 부정적인 점에 대해 서술하시오. • 미세먼지에 대한 시흥시의 대책방안을 작성하시오. [화공직] • 시흥시 공무원으로서 지방자치란 무엇이며 민주주의가 발현된 사례에 대해 서술하시오. • 우리 시의 택지개발이 나가야 할 방향에 대해 작성하시오. [건축직] • 시흥은 택지개발 등 많은 도시개발사업이 시행되고 있다. 도시개발에서 가장 중요한 것에 대해 기술하시오. [도시계획직]
안산	2023	• 지원 직렬에서 일하게 된다면 제일 먼저 하고 싶은 정책에 대해 기술하시오.
	2022	• 자신이 지원한 직렬의 역할, 중요성 및 그를 위한 본인의 노력에 대해 기술하시오. • 자신의 직렬이 사회에서 어떤 역할을 하는지 서술하고 그 역할을 위해 필요한 것이 무엇인지 경험에 빗대어 서술하시오. • 당신의 팀원이 본인의 업무를 당신에게 분담하는 경우 발생하는 갈등을 어떻게 해결할 것인지 그리고 그러한 갈등을 해결하기 위해 한 노력을 경험을 활용하여 기술하라. • 실습(혹은 봉사)에서 이론과 실제의 차이가 느껴졌을텐데 어떤 차이점이 있었는지와 그런 차이를 어떻게 해결할 것인지 기술하시오. • 보편적 복지와 선택적 복지 중 본인의 입장을 선택하여 이유와 갈등해결방안 등에 대해 서술하시오. • 직장동료가 본인의 업무를 당신에게 넘기면 어떻게 할 것인지 서술하시오. • 자신이 지원한 직렬의 관심 분야를 말하고 그에 맞는 사례를 적으시오.
	2021	• 가장 중요하게 생각하는 공직가치와 그 이유 및 그것을 갖추기 위해 노력한 경험에 대해 서술하시오. ⇨ 사전조사서 질문 없었음 • 조직 및 공동체에서의 갈등경험에 대해 서술하시오.
	2020	• 가장 힘들었던 경험 및 극복방법에 대해 구체적으로 기술하시오. • 살면서 해 본 가장 큰 도전(과제)이 무엇이며 이를 어떻게 극복했는지 서술하시오. • 조직 내에서 갈등을 겪은 경험과 이를 해결한 경험을 서술하시오. [사회복지직] • 부당한 지시·명령·부탁을 받았을 때 어떻게 대처하였는지 쓰시오.
	2019	• 공직자가 되기로 결심한 사례를 들고 공직자가 가져야 할 가장 중요한 덕목에 대해 구체적으로 쓰시오. • 내가 가장 바라는 것을 부당하게 뺏기거나 어쩔 수 없이 양보해야 했던 경험과 그 해결사례를 기술하시오.
안성	2022	• 직업인으로서 공무원의 장점과 단점을 서술하시오. • 책임성을 발휘했던 경험에 대해 기술하시오. • 지역에 가장 내놓고 싶은 정책에 대해 기술하시오. • 조직생활에서 중요한 가치와 그렇게 생각하게 된 사례를 구체적으로 서술하시오.
	2021	• 가장 힘들었던 일과 극복방법에 대해 기술하시오.
	2020	• 조직생활에서 가장 중요하게 여기는 가치에 대해 기술하시오. • 내가 안성시장이라면 추진하고 싶은 정책에 대해 기술하시오. • 조직생활 중에 있었던 갈등과 어떻게 해결했는지 구체적으로 쓰시오.
	2019	• 공무원이 되어 생각보다 힘이 들 때 어떻게 할 것인지 쓰시오.

안양	2023	• 안양시가 다른 지자체와 가진 차이점과 그 이유를 기재하시오. • 최근에 본인이 과제나 업무가 주어졌을 때 스트레스 받은 경험과 어떻게 해결했는지 서술하시오. [보건직]
	2022	• 살아오면서 가장 열정적으로 임해서 성취했던 일을 구체적으로 적으시오. • 가정이나 조직에 있어 다른 사람과 의견이 달라 갈등이 생겼던 경험 및 해결방안에 대해 구체적으로 쓰시오.
	2021	• 중요하다고 생각하는 공직가치와 이유 및 그것을 기르기 위해 한 노력을 사례와 함께 기술하시오. • 공직자가 되기로 결심한 계기(구체적 사례를 들어 서술), 공직자로서 시민들을 위해 해야할 일, 본인이 공직자가 되면 하고 싶은 일에 대해 서술하시오.
	2020	• 가정 또는 사회생활에서 각자 이해관계가 달라 갈등을 겪었던 경험을 사례로 들고 극복했던 방법을 구체적으로 쓰시오.
	2019	• 사회적 약자를 위해 최우선으로 필요한 정책에 대해 기술하시오. [사회복지직] • 사회복지 현장실습을 나감에 있어서 이론으로 배웠던 것에 비해서 현장에서 어떤 점이 이론과 달랐었는지 기술하고 이를 극복하기 위한 방안으로 어떤 것을 하였는지 기술하시오. [사회복지직]
양주	2023	• 욕설, 폭력 등을 행하는 악성 민원 때문에 정신적·신체적으로 피해보는 공무원을 위한 예방과 보호하는 방법에 대해 시민들과 공무원이 만족할 수 있는 방법을 포함하여 서술하시오. • 공무원이 되면 무엇이 힘들 것 같은지와 이를 극복하기 위한 본인만의 대처방법에 대해 기술하시오.
	2022	• 본인 혹은 동료 직원이 괴롭힘 및 따돌림을 당했을 때 어떻게 대처할 것인지 기술하시오. • 본인의 직렬이 지역자치단체에서 하는 업무 및 본인이 하고 싶은 업무와 그 이유에 대해 기술하시오.
	2021	• 코로나19 상황에서 행정의 역할은 무엇이라 생각하는지 쓰시오.
	2020	• 재난상황이 닥치면 비상근무 등을 하게 될 텐데 그때 본인의 마음가짐과 대응방안 2가지씩 작성하시오. • 자신이 하고싶은 일과 그 일을 맡게 되었을때 본인의 희망과 조직의 기대를 어떻게 매칭시킬 것인지 기술하시오. [사회복지직] • 본인이 가진 전문성이 무엇인지와 자신의 전공을 업무에 어떻게 적용할 것인지 기술하시오. • 관심 있는 분야나 업무는 무엇이며 만약 그 업무에 배치된다면 조직의 미래가치와 본인의 발전 방향을 어떻게 매치시켜 나갈 것인지 쓰시오. • 살면서 열정적으로 도전하여 만족할 만한 성과를 낸 경험에 대해 기술하시오.
	2019	• 지원한 분야에서의 본인의 경쟁력과 그 경쟁력을 위해 한 노력에 대해 기술하시오.
양평	2023	• 공직을 선택하게 된 계기를 사례를 들어 설명하고 가장 중요하게 생각하는 덕목에 대해 기술하시오 [보건직] • 본인이 갖고 있는 신념이랑 다를 때 어떻게 하였는지 기술하시오.
	2022	• 밖에서 보는 공무원의 장단점과 그 장단점을 바탕으로 공무원에게 필요한 공직가치에 대해 기술하시오. • 공직윤리 중 가장 중요하게 생각하는 것과 그 이유 및 노력에 대해 기술하시오. • 인생에서 가장 후회하는 선택을 한 경험과 극복한 방안에 대해 서술하시오.
	2021	• 자신의 배려나 아이디어로 다른 사람을 기쁘거나 행복하게 만들었던 사례를 쓰시오. • 자신이 공직자가 되기로 한 계기와 그 사례를 쓰고 공직자에게 가장 중요한 가치에 관하여 쓰시오. • 응시한 분야에서 본인의 경쟁력은 무엇이며 이를 위해 노력한 경험에 대해 기술하시오.

양 평	2021	• 공무원의 장단점 및 이와 연관하여 중요하게 생각하는 공직가치에 대해 기술하시오. • 기지를 활용해 위기를 벗어난 경험에 대해 쓰시오.
	2020	• 자신의 신념과 부딪혔던 경험에 대해 기술하시오. • 부당하거나 불합리한 대우를 당했던 경험과 대처사례를 구체적으로 쓰시오. • 자신만의 경쟁력과 노력 경험에 대해 작성하시오.
여 주	2023	• 쓰레기 소각장, 교도소 등 국가에서 시행하는 정책에 대한 갈등 사례를 다른 지역 아닌 본인이 사는 지역에서 본 적이 있는지와 있다면 보면서 무엇을 느꼈는지 서술하시오.
	2022	• 탄소중립과 관련해서 사회가 할 수 있는 노력에 대해 기술하시오. • 본인이 생각하는 여주시의 대표 관광지나 문화재를 적고 이를 여주시와 연계시켜 활성화할 방안과 관광객 유치 방안을 기술하시오.
	2021	• 최근 청년층의 취업난이 심각하다. 이를 해결하기 위해 지방자치단체에 건의하고 싶은 정책이나 방안을 기술하시오.
	2020	• 기본소득에 대한 본인의 생각을 기술하시오. • 갈등이 생겼을 때 어떻게 문제를 해결했는지 작성하시오. • 시민의 직접 행정참여 사례와 참여확대 방안에 대해 작성하시오.
연 천	2023	• 살면서 가장 소중한 것과 그 이유에 대해 기술하시오. • 공무원이 되기 위해 어떤 역량을 갖추고 있는지 구체적인 사례를 들어서 적으시오. • 지금까지 살아오며 부당한 지시·명령·청탁 등이 있었을 때 어떻게 대처했는지 자신의 경험을 중심으로 기술하시오. • 자신이 지원한 직렬에 어떻게 지원했는지 경험을 중심으로 기술하시오.
	2022	• 연천인구 감소 해결방안 및 조직에서 의견충돌이 생겼을 때 어떻게 해결할 건지 기술하시오. • 공무원 조직사회에서 본인만 희생을 강요하면 어떻게 할 것인지와 제안하고 싶은 정책에 대해 기술하시오. • 팀 내 조직원들과 잦은 갈등시 어떻게 극복할지와 연천에 필요한 정책에 대해 기술하시오.
	2021	• 자신을 4글자(혹은 5글자)로 표현하고 구체적으로 기술하시오. • 살면서 큰 실수를 했을 경우 어떻게 대처했는지 기술하시오.
	2020	• 공무원에게 중요한 덕목에 대해 기술하시오. • 시련을 극복한 경험에 대해 작성하시오. • 희망 업무를 말해보고 그 업무를 맡을 때 필요한 역량이 무엇인지 기술하시오. • 존경하는 인물과 그 이유를 작성하시오.
	2019	• 생활 속에서 부당한 경험이나 부탁을 받은 적이 있는지 그렇다면 어떻게 대처했는지 서술하시오.
오 산	2023	• 사흘 후에 지구가 멸망할 정도의 재난이 발생한다. 근데 이 사실은 고위직들만 알고 있는데 본인이 이 사실을 알게 되었다. 비밀을 유지할지 이 사실을 국민에게 알릴지 이중 한 가지를 택하여 해결방안을 쓰시오. • 물향기 수목원을 활성화하기 위해서 오산시 자원을 어떻게 활용할지 정책 제안에 대해 쓰시오. [축산직]
	2022	• 시민의 날 축제에 시민들을 어떻게 잘 참여시킬 것인지 쓰시오. • 오산시 정책 홍보 방안에 대해 기술하시오.
	2020	• 팀워크 발휘를 위해 필요하다고 생각하는 것과 그것을 발휘한 경험 그리고 공직생활에서 어떻게 발휘할 것인지 적으시오. • 공직에서의 창의력이 무엇인지 그리고 공직에서 창의력을 발휘할 수 있는 방안에 대해 적으시오.

의 왕	2023	• 최근 또는 학창시절 윤리나 법에 어긋나는 부당한 지시를 받은 적이 있는지 구체적 경험으로 서술하시오.
	2020	• 코로나의 상황에 마스크 쓰기를 거부하거나 정부의 명령에 거부하는 시민에게 어떻게 대처할 것인지 본인의 경험에 비추어 2가지를 쓰시오. • 코로나19, 태풍 등 재난으로 인해 야근이 이어질 때 본인의 마음가짐과 대응방안에 대해 2가지씩 작성하시오. • 본인의 작은 아이디어(창의력을 발휘)로 많은 사람들을 행복하게 한 경험에 대해 쓰시오.
의정부	2022	• 기피하는 업무 2가지를 작성하시오. • 우리 시의 장단점 2가지씩 쓰고 개선방향을 쓰시오. • 자신의 인생을 나타내는 키워드 3가지와 이유에 대해 기술하시오.
	2020	• 본인만의 스트레스 해소방법을 작성하시오.
	2019	• 살면서 힘들었지만 목표를 세워 성취한 경험과 그 경험이 공직사회에서 내가 예상한 일과 다른 상황이 닥쳤을 때 어떻게 도움을 줄 수 있는지 기술하시오. • 갈등이 있었던 경험과 어떻게 극복했는지 쓰시오. • 무리한 요구를 하는 민원인 대처와 상사와의 외견충돌이 있을 때 대처에 대해 작성하시오.
이 천	2023	• 이천의 강점과 약점 기술 후 공무원이 되었을 때 어떤 정책을 낼 것 같은지 기술하시오.
	2022	• 응시한 직렬에 지원한 이유를 사례를 들어 기술하시오. • 조직생활에서 과도한 업무를 경험한 사례와 문제를 해결하기 위한 대처(행동)를 작성하시오.
	2021	• 중요하게 생각하는 공직가치 및 이를 실현하려 어떤 노력을 했는지 기술하시오. • 본인의 단점은 무엇이며 이를 단점으로 생각하는 이유와 이를 고치려는 본인의 노력에 대해 기술하시오.
	2020	• 힘든 부서로 가게 된다면 어떻게 할 것인지 사례를 들어 작성하시오.
파 주	2023	• 최근에 갈등상황에 처했을 때 해결하여 목표를 달성한 경험과 상급자, 동료, 민원인과 갈등이 생겼을 때 어떻게 해결할 것인지 기술하시오. • 공통된 목표달성을 위해 동료와 갈등을 겪었던 사례와 공직에서 상사나 동료 또는 민원인과 갈등을 겪을 경우 해결방법을 서술하시오. • 자신의 과제를 벗어나서 도전한 경험과 느낀 점, 공직 적용 방안에 대해 쓰시오. • 살면서 가장 후회되는 결정과 가장 만족하는 결정과 이를 통해 알 수 있는 본인의 장단점에 대해 서술하시오. [환경직] • 공직가치에서 가장 중요하다고 생각하는 것을 쓰고 관련된 경험을 바탕으로 공직사회에 어떻게 적용할 것인지 쓰시오. [건축직]
	2022	• 내 배려나 아이디어로 다른 사람들에게 행복이나 즐거움을 준 경험과 이를 공직사회에서 어떻게 적용할 것인지 기술하시오. • 공익과 사익의 충돌이 발생했을 때 어떻게 해결할 것인지 공직관에 입각하여 서술하시오. • 공무원에 지원하게 된 구체적인 계기를 경험과 함께 서술하고 공무원이 갖추어야 할 역량이 무엇이라 생각하는지 그 이유를 공직관과 연결시켜 작성하시오. • 의견이 대립할 때 어떻게 자기 의견을 상대방에게 설득시킬 것인지에 대한 생각과 구체적인 사례를 적으시오. • 본인의 역량을 뛰어넘는 과제가 주어졌을 때 어떻게 해결하였는지 사례를 구체적으로 작성하고 해결한 이후 장점과 단점에 대해 서술하시오. • 청렴이 무엇이라 생각하는지 적고 사적이익과 공적이익이 충돌할 때 어떻게 해결할 것인지 이를 공직관과 연결지어 서술하시오.

	2020	• 조직생활 중 힘들었던 경험과 어떻게 극복했는지 작성하시오.
파 주	2019	• 공무원을 지원하게 된 계기에 대해 사례를 말하고 공무원으로서 필요한 역량과 자신이 가지고 있는 것을 말하시오.
평 택	2023	• 적극적이고 열정적으로 한 경험과 느낀 점을 기술하시오. [환경직] • 공무원의 8대 의무 중 가장 중요하게 생각하는 것과 이유에 대해 기술하시오. • 자신의 능력에 미치지 못하는 일을 해본 경험을 기술하시오. [보건직]
	2022	• 공무원이 가장 하면 안 되는 행동은 무엇이며 이유도 기재하시오.
	2021	• 협력해서 성공한 경험을 서술하시오. • 코로나로 인해 행정이 어떻게 바뀌어야 하는지 구체적으로 쓰시오.
	2020	• 청렴성에 관한 자신의 생각과 문제점 그리고 개선방안에 대해 기술하시오. • 코로나가 장기화 될 것에 대비해서 실업 등 경제적 문제에 대비한 대응방안을 기술하시오. • 가정이나 사회에서 겪었던 갈등상황과 그 상황을 해결했던 극복방안에 대해 서술하시오. • 조직생활 중 갈등이 있던 경험과 그것을 어떻게 해결했는지 서술하시오.
	2019	• 공직자가 되기로 한 계기와 사례를 쓰고 공직자의 덕목을 쓰시오. • 면접시험 전, 공무원 조직을 직·간접적으로 경험한 것과 그 경험을 바탕으로 느낀 공무원 조직의 장단점과 공직에 나아갈 포부를 쓰시오. • 살면서 사회에서 이런 부분만은 꼭 고치고 싶다는 사회문제와 그것을 해결하기 위해 했던 행동에 대해 기술하시오.
포천	2023	• 공직자가 되기로 결심한 이유 또는 중요하게 생각하는 공직가치 중 택 1 하여 작성하시오. • 조직 내 갈등상황을 극복한 경험을 구체적으로 쓰시오.
	2022	• 본인의 꿈이 무엇인지 이유와 함께 서술하시오.
	2021	• 공직자가 되기로 결심한 이유와 그 사례에 대해 적고 공무원으로서 가장 중요한 공직가치는 무엇인지 쓰시오. • 큰 실수나 잘못을 했을 때 어떻게 처리했는지 쓰시오.
하 남	2023	• 본인이 지원한 직렬과 관련해서 자신이 가진 장점, 역량과 그것을 발휘한 사례(경험)를 서술하시오. • 입직 후 맡고 싶은 업무나 사업에 대해 서술하시오. • 하기 싫은 일을 했던 경험과 그것을 어떻게 해결했는지 설명하시오.
	2022	• 하남시 지역 현안 및 개선해야 할 문제점과 앞으로의 발전방향에 대해 기술하시오. • 조직이나 그룹생활 당시 갈등을 겪었던 경험에 대해 기술하시오.
	2021	• 전환점이 되는 힘들었던 어려운 경험에 대해 기술하시오. • 가장 영향을 받았던 인물은 누구이며 그 영향력을 구체적으로 서술하시오.
	2020	• (상사의 갑질, 간호사의 태움, 경비원에 대한 갑질의 예를 들면서) 갑질이 일어나는 이유는 무엇이며 본인이 생각하는 갑질대처방안, 본인이 갑질을 당한다면 어떻게 대처할 것인지 쓰시오. • 목표 달성과정에서 성과와 교훈을 쓰시오. • 공무원에 지원한 동기와 6대 의무 중 가장 중요하게 생각하는 것을 이유와 함께 서술하시오. • 해결하기 어려웠던 문제를 타인과 소통하고 협업하여 해결한 경험에 대해 서술하시오. • 본인의 인격이나 성격적인 부분에 가장 큰 영향을 끼친 사건이나 인물에 대해 서술하시오.
	2019	• 목표를 달성하는 과정에서 실수를 했을 때 무엇이 중요한지 서술하시오.

	2023	• 화성시 고유의 자원을 활용한 마을기업 육성방안에 대해 기술하시오.
화 성	2021	• 공무원에게 필요한 덕목을 서술하시오. • 본인의 좌우명과 그 좌우명이 공무원 선택에 영향을 준 계기를 기술하시오. • 힘들었던 경험을 극복한 사례를 기술하시오. • 자신의 성격 중 고치고 싶은 것과 그 이유와 어떻게 극복해 나가고 있는지 기술하시오.
	2020	• 공직자가 갖추어야 할 덕목에 대해 기술하시오. • 본인의 고칠 점과 그렇게 생각하는 이유 및 개선방안을 기술하시오. • 살면서 힘들었던 경험을 극복하고 인생에 도움이 되었던 일에 대해 기술하시오. • 살면서 힘들었던 일과 그 일로 인해 깨달은 것을 기술하시오. • 조직 내의 갈등 경험 및 해결 사례를 기술하시오. • 좌우명을 공직과 연관해서 설명하고 좌우명에 따랐을 때 이득이 된 경우와 낭패를 본 경험을 사례를 들어 기술하시오. • 성장과정 중에 무언가 성취했던 경험과 살면서 실패했던 경험과 극복한 방법에 대해 기술하시오.
	2019	• 공직자로서 갖춰야 할 가장 중요한 덕목을 구체적으로 기술하시오.
경기도청	2023	• 경험담으로 기존 관행과 본인의 가치관이 달리 충돌했던 경험에 대해 서술히시오.
	2022	• 본인의 역량과 관련해서 본인이 공무원이 된다면 잘할 수 있는 것에는 어떤 것이 있는지 기술하시오. • 인생에서 가장 뜻깊었던 경험에 대해 기술하시오. • 본인 성격의 장점에 대해 기술하시오.

CHAPTER 04 사전조사서 연습문제

1 사전조사서 핵심 주제 및 보편적 개별질문(연습)

TIP 대부분 강의 때 설명이 이루어진 내용들이다. 대표적인 내용들로 분류를 하였으니 스터디 및 개별 연습용으로 활용해 보길 바란다.

문제 01. [공직관 대표유형] 본인이 합격한 직렬에 본인이 생각할 때 공무원으로서 가장 필요한 덕목과 지양되어야 할 덕목을 본인의 사례(경험)에 비추어 구체적으로 기술하시오.

MEMO

문제 02. [경험형] 임용 이후 근무하고 싶은 부서와 담당하고 싶은 업무에 대해 기술하고 지원 분야의 직무수행능력 및 전문성 향상을 위해 평소 준비한 노력에 대해 기술하시오.

MEMO

문제 03. [지역에 대한 열정과 관심] 경기도(혹은 본인이 합격한 지역)의 문제점 한가지와 해결방안을 구체적으로 기술하시오.

MEMO

문제 04. **[개인신상 돌발성 유형]** 본인의 좌우명을 작성하고 그 좌우명으로 인해 도움이 되었던 일과 피해를 보았던 일을 각각 기술하시오.

MEMO

문제 05. **[갈등해결]** 조직생활에서의 갈등 경험과 어떻게 해결했는지 구체적으로 기술하시오.

MEMO

2 지역현안 핵심 질문(연습)

문제 01. 경기도의 북부권과 남부권의 균형적인 발전 방향에 대해 기술하시오.

MEMO

문제 02. 재정자립도란 무엇이며 (합격한 시·군의) 재정자립도에 대해 기재하고 재정자립도를 높일 수 있는 방안에 대해 기술하시오.

MEMO

문제 03. 경기도 또는 본인이 합격한 지역에서 좋은 정책이나 혹은 자랑하고 싶은 것을 기재하고 제안하고 싶은 정책이나 개선하고 싶은 정책에 대해 기술하시오.

> **MEMO**
>
>
>
>
>
>

문제 04. (본인이 합격한 지역의) 코로나19로 어려움을 겪고 있는 생계 위기가정에 대한 지원방안에 대해 작성하시오.

> **MEMO**
>
>
>
>
>
>

문제 05. (본인이 합격한 지역의) SNS를 활용한 소통행정 방안에 대해 작성하시오.

> **MEMO**
>
>
>
>
>
>

문제 06. 안전사고 발생이 많은데 이에 대한 지자체의 역할과 이를 예방하기 위한 정책을 제안해보시오.

> **MEMO**
>
>
>
>
>
>

문제 07. 공직에 들어와서 MZ세대와 기성세대의 갈등이 생길 경우 해결방안에 대해 작성하시오.

MEMO

문제 08. MZ세대의 조기 퇴사율이 높은데 그 원인과 해결방안에 대해 작성하시오.

MEMO

05 자원봉사 리포트 사례

자원봉사 활동 리포트

응 시 직 렬: ○○○○ 9급
임용예정기관: 경기도 ○○시
응 시 번 호: ○○○○○○○
성   명: ○○○

1. 자원봉사 활동 배경

저는 봉사활동을 통해서 지금껏 제가 한 번도 생각해 보지 못했던 부분들에 대해 배울 수 있었습니다. 봉사를 통해 어려운 이웃을 한 번 더 돌아보게 되었고 제 인생에 대해서도 새로운 눈을 갖게 되었습니다. 봉사시간과 같은 결과물보다도 봉사를 하는 과정 자체가 귀한 것이라 생각하기 때문에 봉사를 하게 되었습니다.

2. 자원봉사 활동 내용

저는 주간보호센터 햇볕교실에서 장애아동들과 함께 계룡산으로 여름캠프를 다녀온 적이 있습니다. 지도교사가 장애아동과 1:1로 짝꿍을 이루어 아이들의 세면, 착·탈의, 식사 등 일상생활의 어려움을 돕고 아이들이 직접 자연을 배우고 느낄 수 있도록 다양한 프로그램에 함께 참여했습니다. 하루 일정을 마무리 할 때마다 평가회의를 열어 아쉬웠던 부분을 논의했습니다.

3. 자원봉사 후 느낀 점

한 팀 안에는 다양한 연령대의 팀원들이 구성되어 있어 서로 다른 생각을 가질 수 있다고 생각합니다. 그렇기 때문에 팀원끼리 자신의 주장을 조금씩 양보하는 자세가 중요하다는 점을 느꼈습니다. 그리고 저는 이해관계자의 입장에서 바라보는 관점이 꼭 필요하다고 생각합니다. 그렇지 않으면 그들이 필요한 것이 아닌 우리가 주고 싶은 것을 주게 될 것이기 때문입니다.

4. 자원봉사 활성화 방안

자원봉사를 활성화하기 위해서 저는 P(Preparation, 준비)·A(Action, 활동)·R(Reflection, 평가)의 단계적 접근법을 통하여 참여자 스스로가 수요 및 문제를 파악하고 프로그램을 계획·실행한 후 사후평가를 하는 등의 적극적이고 능동적인 봉사활동이 가능하도록 지원·장려하는 여건이 조성되어야 한다고 생각합니다.

2024
스티마 면접
지방직(경기도 부록편)

02

시·군별 면접진행방식 및 후기

CHAPTER 01 수원시

1 면접진행방식 및 특징

(1) 면접관은 3인이며 면접시간은 10~15분 이내이다.

(2) 수원시는 기본적으로 공직관 및 인성 중심으로 면접이 진행된다.

(3) 면접 중요도는 높은 편이다.

(4) 지역현안 및 지방자치에서 지역현안에 대한 질문 비중이 높은 편이므로 이에 대한 준비가 필요하다.
  ① 시정비전 및 목표, 지원지역 인구, 노인인구, 지역발전 방안, 수원 4대문 이름 및 팔달문 유래, 수원의 상징(시화, 시목, 시조 등), 시예산
  ② 화성에 대해 30초 홍보 / SNS를 활용하여 수원시에 대해 소개
  ③ 수원시 정책(또는 복지정책) 중 잘하는 정책, 개선하고 싶은 정책, 제안하고 싶은 정책
  ④ 일자리를 늘리기 위한 방안
  ⑤ 수원시가 특례시가 되었는데 특례시와 광역시의 차이점
  ⑥ 의회의 역할 및 지방분권
  ⑦ 수원형 주민자치회의 의의
  ⑧ 수원시 문제점 또는 불편한 점 및 개선방안
  ⑨ 지역화폐, 영통구 소각장 문제

(5) 직렬별 직무관련 질문에서 직렬별 질문 비중도가 높다.
  ① **일반행정직:** 광역시의 구와 도의 구 차이점, 공무원 부정부패 원인, 청렴방안, 지역화폐, 행정복지센터에서 하는 일 등
  ② **사회복지직:** 수원시 장애인복지관 수, 장애인 진단서를 받아 동사무소 방문시 처리절차, 복지관련 수원시가 나아가야 할 방향, 수원시 복지정책의 문제점과 해결방안, 다문화정책 아는 것, 보편·선별 복지 관련 제도 및 선호도, 기초생활보장법, 지역사회보장협의체, 복지사각지대 해소방안, 일·가정양립 방안, 버킷리스트, 사례관리, 수원시 복지기관에 대해 아는 것 등
  ③ **지방세:** 보유세와 거래세 중 어떤 것을 강화해야 하는지, 국세와 지방세 차이, 수원시 세수규모, 지방세목, 도세와 시세의 차이 및 종류, 시예산 중 지방세 비중, 번호판 영치를 하러 갔는데 체납자가 정말 급한 일이 있어 출근을 해야 하는데 돈을 금방 낼 테니 한 번만 봐달라고 하는 경우 대처방안 등

(6) 창의력 테스트 질문 ⇨ 엄청 큰 느티나무 잎을 빨리 셀 수 있는 방법

(7) 상황질문 ⇨ 민원인이 노점상에 대해 민원을 많이 하는데 이때 약자에 해당하는 노점상 문제를 어떻게 해결할 것인지

사례 01. 사회복지직

Q. 사전조사서 ⇨ 챗GPT 활용방안
Q. 사회복지공무원이 되기 위해 노력한 것은 무엇인가?
Q. 본인이 사회복지공무원으로 나은 점은 무엇인가?
Q. 사회서비스에 대해 알고있는가? 사회서비스가 무엇이라고 생각하는가?
Q. 장애인 분류는 몇 가지인지 종류에 대해 답변해보라.
Q. 공무원으로서 근무하게 되면 예상되는 힘든 점은 무엇인가?
Q. 윤석열 정부가 복지에 주력하는 통합돌봄에 대해 알고 있는가?
Q. 면접이 두 번째라고 했는데 그럼 작년엔 결과가 좋지 않았던 것인가? 이유가 무엇인가?
Q. 사회복지직렬 일을 하려면 전문지식에 대한 것도 중요하지만 관계 측면에서도 중요하다. 본인과 생각이나 사상이 다른 사람과 협업을 통해 완수한 경험이 있는가?
Q. 만약 본인만 일을 열심히 하는 상황이라면 어떻게 할 것인가?
Q. 시간이 다 되어 추가 질문은 어려울 것 같다. 수정할 내용 있으면 하고 마지막 하고싶은 말을 30초 정도 답변하라.

사례 02. 사회복지직

Q. 자기소개 후속질문
Q. 왜 공무원에 지원하였는가?
Q. 사회복지사가 무엇이라고 생각하는가?
Q. 수원시에서 하는 주요 정책은 무엇인가?
Q. 공무원이 가져야 할 가치는 무엇이라 생각하는가?
Q. 수원시돌봄서비스에 대해 아는 것이 있는가?
Q. 다함께돌봄서비스의 개선점은 무엇인가?

사례 03. 일반행정직

Q. 사전조사서 ⇨ 지역축제에서의 바가지를 근절하고 시민참여형 지역축제를 만들어 나갈 방안을 서술하시오.
Q. 자기소개를 해보라.
Q. 힘든 일이 있을 때 어떻게 해소하는 편인가?
Q. 주도적으로 나서서 했던 경험이 있는가?
  ㄴ[추가질문] 위 경험에서 갈등이 있었다고 했는데 어떻게 해결했는가?
Q. 공무원에 입직하면 어떤 업무를 맡게 될 것 같은가?
Q. 일을 잘 못하는 동료가 있다면 어떻게 하겠는가?
Q. 공무원에게 가장 중요한 태도는 무엇인가?
Q. 마지막으로 하고 싶은 말

사례 04. 일반행정직

Q. 자기소개를 해보라.
Q. 상사가 동료의 잘못을 본인에게 화냈을 경우 어떻게 할 것인가?
Q. 상사가 많은 업무를 시킬 경우 어떻게 할 것인가?
Q. 공무원의 의무가 있는데 본인이 가장 중요하다고 생각하는 의무와 그 이유는 무엇인가?
Q. 전공이 무엇인가?
ㄴ[추가질문] 그 전공을 행정과 어떻게 연관시킬 것인가?
Q. 공무원을 왜 선택하였는가?
Q. 요즘 뉴스에서도 나오듯이 공무원은 박봉인데 괜찮은가?
Q. 자기소개에서 창의성에 대해 답변하였는데 창의성에 있어 가장 중요한 것은 무엇이라고 생각하는가?
Q. 희생을 하기 위해 공무원에 지원하였다고 했는데 조직이나 개인을 위해 본인을 희생한 경험이 있는가?
Q. 수원시에 대한 애정이 있다고 하였는데 어떤 애정이 있다는 것인가?
Q. 마지막으로 하고 싶은 말

사례 05. 일반행정직

Q. 사전조사서 ⇨ 제로웨이스트를 위한 본인의 실천방안
Q. 자기소개를 해보라.
ㄴ[추가질문] 7년이나 봉사했다고 했는데 난곡동이라는 명칭이 예전 명칭인데 예전에 7년을 했다는 것인가?
Q. 수원시에 지원한 이유가 무엇인가?
Q. 프로젝트 경험 등 다양한 것을 했는데 공직에 어떻게 적용할 것인가?
Q. 공무원에게 가장 중요한 공직가치는 무엇인가?
Q. 발로 뛰는 정보의 귀중함을 배웠다고 하였는데 수원시민이 너무 많다. 그래서 그렇게 직접 응대가 불가능한데 어떻게 발로 뛰어서 정보를 얻겠는가?
Q. 봉사활동을 하다가 정규팀으로 발탁되었다고 하였는데 본인을 좋게 본 이유가 무엇이라고 생각하는가?
ㄴ[추가질문] 그럼 공무원으로서 그런 것을 어떻게 적용할 것인가?
Q. 일을 혼자 하는 것이 효율적인 것인가 같이 하는 것이 효율적인 것인가?
Q. 마지막으로 하고 싶은 말

사례 06. 토목직

Q. 사전조사서 ⇨ 공유 킥보드나 공유 자전거 등의 사고 예방법과 유지관리 아이디어
Q. 지원동기가 무엇인가?
Q. 봉사는 언제 얼마나 하였는가?
Q. 전공과 관련된 역량은 무엇인가?
ㄴ[후속질문] 인턴 시절 어떤 업무를 하였는가?
ㄴ[후속질문] 직장생활이 처음이었는데 업무적으로 어떤 것이 힘들었는가?
ㄴ[후속질문] 인턴하면서 들은 칭찬 중 가장 기억에 남는 것은?
ㄴ[후속질문] 인턴 중 인간관계나 사회생활 등 무엇이 힘들었는가?

Q. 전공이 정확히 무엇이고 어떤 것을 배웠는가?

Q. 호우 등으로 산사태나 수해 재해가 일어나는데 방지 대책은 무엇인가?
  ㄴ[추가질문] 그럼 그런 방지 대책에 대해 알고 있는 전공적 지식은 무엇인가?

Q. MZ세대가 소통에 약한데 그 이유는 무엇이라고 생각하는가?
  ㄴ[후속질문] MZ로서 본인 시간이 중요한가?
  ㄴ[후속질문] 비상근무 등 주말근무를 해야 하는 상황이면 어떻게 할 것인가?

Q. 왜 소통이 중요하다면서 막상 임용되면 잘하지 못하는 것 같은가?
  ㄴ[후속질문] 본인만의 소통 스킬은 무엇인가?
  ㄴ[후속질문] 취미가 가장 특이했던 사람은 누구인가?

Q. 마지막으로 하고 싶은 말

사례 07. 일반행정직

Q. 자기소개를 해보라.

Q. 다른 직업도 많은데 왜 공무원을 선택하였는가?

Q. 수원시 시정비전을 아는가?

Q. 수원시 정책 중 아는 내용이 있으면 말해보라.

Q. 회식, 야근, 주말근무 등 하기 싫은 것을 할 수도 있는데 어떻게 할 것인가?
  ㄴ[추가질문] 그럼 회식 말고 야근이나 비나 눈이 많이 오면 비상근무가 잦은데 어떻게 할 것인가?

Q. 법에 없는 요구를 하는 민원인을 어떻게 대처할 것인가?

Q. 서비스직에서 법에 없는 요구를 받은 경험이 있는가?
  ㄴ[추가질문] 응대는 어떤 식으로 진행되었는가?

Q. 본인이 가진 장점 중 공무원에 맞다고 생각하는 것은 무엇인가?

Q. 조직생활에서 중요하다고 생각하는 것은 무엇인가?

Q. 본인을 꺼리는 사람들은 어떤 이유였는가?
  ㄴ[후속질문] 대인관계를 좁고 깊게 형성하고 거기에서 점차 늘려간다는 말인가?
  ㄴ[후속질문] 공무원을 하다 보면 다양한 사람을 만나게 되는데 어떻게 대처할 것인가?

Q. 친구들이 말하는 본인의 단점은 무엇인가?

Q. 마지막으로 하고 싶은 말

사례 08. 일반행정직

Q. 사전조사서 ⇨ 지역축제에서 바가지 요금의 원인이 무엇이며 그에 대한 해결방안은? 그리고 지역축제 주민 참여 활성화를 위한 방안은?

Q. 자기소개를 해보라.

Q. 사전조사서 질문이 왜 그런 것이 들어갔을 것 같은가?

Q. 이건 조금 전문성 있는 질문인데 어떤 문제를 제시하기 전에 어떤 식으로 조사를 하는가?

Q. 민원인이 법이나 원칙에 없는 일들을 자꾸 요구한다. 어떻게 하겠는가?
  ㄴ[추가질문] 위와 같은 상황에서 필요한 공무원의 능력이 무엇인가?

Q. 법이나 원칙에 일의 해결방법이 나와있지 않다. 어떻게 할 것인가?

Q. 본인이 쉬는 날에 회식 등의 스케줄이 잡혀 있다면 어떻게 할 것인가?

Q. 수원시에서 하고 있는 정책 중 아는 거 하나만 답변해보라.

Q. 공직에 지원한 동기는?

Q. 광교 호수둘레길은 언제 둘러본 것인가?
   ㄴ[추가질문] 목조바닥을 보고 보수 신청을 한 건데 어쩌다가 그 부분을 보고 신청한 것인가?

Q. 공무원을 하는 데 본인의 어떤 역량이 도움이 될 것 같은가?

Q. 창의성을 발휘해서 관원을 어떻게 지도한 것인가?

Q. 공문서 작성과 관련하여 도움이 될만한 경험이 있는가?

Q. 체육관 말고도 사회경험이 있는 것 같은데 공직사회에선 문서작성 및 보고서를 많이 써야한다. 잘 다룰줄 아는 프로그램이 있는가?

Q. 마지막으로 하고 싶은 말

사례 09. 일반행정직

Q. 자기소개를 해보라.

Q. 하고 싶은 업무는 무엇인가?
   ㄴ[후속질문] 복지, 안전과 관련된 공무원이 중시해야 할 가치가 무엇이라고 생각하는가?
   ㄴ[후속질문] 그건 일반적인 공무원의 가치고 질문한 것은 복지, 안전과 관련된 가치를 말하는 것이다. 아니면 복지, 안전 이외의 업무에 배정받으면 어떻게 일할 것인가?

Q. 중요한 가치로 책임감과 소통능력을 답변하였는데 요즘 공무원의 청렴이 문제가 되고 있다. 부정부패도 그렇고 이러한 점에서 청렴이 무엇이라고 생각하는가? 왜 이런 일이 일어나는지 또 해결방안은 무엇인지 생각해 본 것이 있는가?

Q. 학원 데스크 업무 등 여러 아르바이트와 사회생활을 그래도 어느 정도 해본 것 같은데 요즘 고성민원이 많은 문제가 되고 있다. 어떻게 대처할 것인가?

Q. 일을 하다 보면 조직의 목표와 개인의 목표가 충돌할 때가 있다. 그때는 어떻게 할 것인가?

Q. 본인의 단점과 이를 극복하기 위해 한 일은 무엇인가?

Q. 마지막으로 하고 싶은 말

Q. 사전조사서 ⇨ 공무원 경쟁률이 낮아진 이유와 공직의 인기가 없어진 이유에 대해 본인의 생각을 적으시오.

Q. 자기소개와 지원동기를 엮어서 답변해보라.
   ㄴ[후속질문] 그럼 병원 경력은 없는 것인가?
   ㄴ[후속질문] 왜 한 달만 하고 그만뒀는가?

Q. 예방, 행정은 보건소 말고도 할텐데 왜 간호직 공무원을 선택하였는가?
   ㄴ[후속질문] 보건소에서 예방을 위해 무엇을 하는가?
   ㄴ[후속질문] 감염병이 뭐라고 생각하는가?
   ㄴ[후속질문] 코로나는 왜 격리하는지 아는가?
   ㄴ[후속질문] 코로나가 몇 종인가?
   ㄴ[후속질문] 이런 질문을 하는 이유는 이런 것은 임상에서 경험을 쌓고 오는 것이기 때문인데 근데 지원자는 임상 경험이 없는 것 같다. 한 달 동안 주사 업무를 많이 하진 않았을 텐데 보건소에서 일하게 되면 주사 업무도 할 텐데 괜찮겠는가?

Q. 기한을 지키는 것과 완성도 중 무엇이 더 중요하다고 생각하는가?

Q. 신뢰를 지키려다 원칙을 어긴 적이 있는가?

    └[후속질문] 원칙이 무엇이라고 생각하는가?

    └[후속질문] 본인이 꽤 많은 기여를 했는데 다른 조원들은 자신이 역량을 발휘하지 못한 것에 대해 아쉽지 않겠는가?

Q. 본인이 조직을 이끌었던 경험이 있는가?

    └[후속질문] 본인이 몇 퍼센트를 기여했다고 생각하는가?

Q. 마지막으로 하고 싶은 말

3 면접후기

CASE 01 일반행정직(2023)

면접관 시간이 없으니 답변은 짧게 해주세요. 1분 자기소개 해보세요.

응시생 안녕하십니까? 2023년 수원시 일반행정직 지원자 ○○○입니다. 저는 사랑꾼 도라에몽입니다! 무엇이든 나오는 주머니를 가진 도라에몽처럼 수원특례시를 위한 아이디어 주머니를 가지고 있습니다. "문지기 문지기 문 열어라", "시각장애인을 위한 임신테스트기" 그리고 "모바일 번호표" 등 톡톡 튀는 제안으로 가득찬 제 주머니를 수원에서 풀어보고 싶습니다. 이러한 제 적극적인 자세로 적극행정 1위 도시 수원특례시의 명성을 이어가겠습니다. 또한 저는 2016년부터 현재까지 약 7년 동안 아기돌봄과 미혼모지원 활동 등의 봉사활동을 하고 있습니다. 저는 봉사활동을 통해서 끈기와 인내 그리고 나 자신보다는 남을 위하는 자세를 터득하였습니다. 또한 많은 사람들을 만나며 다양한 생각과 문화를 공감하고 사람들과 소통하는 법을 배울 수 있었습니다. 저는 봉사가 연애와 비슷하다고 생각하는데요. 이제 저는 수원시민들과 사랑에 빠져보고 싶습니다. '나'보다는 시민을 위하여 열심히 일하며, 시민들과의 소통을 통한 창의적이고 참신한 정책을 발굴하여 질 높은 행정서비스를 제공하는 수원특례시 공무원이 되도록 노력하겠습니다. 감사합니다.

면접관 완전 나레이터같네요. (웃음) 7년이나 봉사했다고 했는데 난곡동이라는 명칭이 예전 명칭인데 예전에 7년을 했다는 건가요?

응시생 아닙니다. 현재도 정규봉사팀으로 활동하고 있습니다.

면접관 아니 저 명칭이 7~8년 전에 바뀌었는데 난곡동이라고 표현하여 물어봤습니다. 그럼 지금까지 활동을 하고 있는 건가요?

응시생 아, 저는 그냥 택시를 탈 때도 "난곡동성당 앞으로 가주세요"라고 말을 하고 난곡동이라는 단어를 사용해서… 제가 서울시민이 아니다 보니 바뀐지는 잘 몰랐습니다.

면접관 별뜻은 아닙니다. 근데 7년 동안 하셨다고 했는데 레포트 제출은 왜 이렇게 시간이 적죠?

응시생 제가 2020년 하반기부터 공무원 공부를 시작했습니다. 그래서 자주 가지 못했고 또한 그때는 코로나가 심해지던 시기라 아무래도 제가 서울까지 대중교통을 타고 가야하다 보니 아이들의 안전상 조심하느라 그랬습니다.

면접관 그럼 학교를 마치고 일했던 경험이 있나요?

응시생 네, 영어강사로 약 2년 일했습니다.

면접관 수원시에 지원한 이유가 있나요?

응시생 사실 원서를 접수할 때 저에게 다른 선택의 여지가 없었던 것 같습니다. 저는 수원에서 나고 자라 지금까지 살고 있고 (이때 남자면접관님이 끄덕이심) 다만 제가 재시생이다보니 주변에서 조금 커트라인이 낮은 도시를 쓰면 어떻겠냐고 제안은 받았습니다. 고민이 안 되었다면 거짓말이겠지만 저는 그래도 꿋꿋하게 수원시를 지원했습니다. 더 높은 목표를 잡음으로써 저도 더 성장할 수 있고 제가 가장 잘아는…

면접관 알겠습니다. 아, 무슨 말인지 다 이해해서 그런 겁니다. 프로젝트 경험 등 다양한 것을 하셨는데 공직에 어떻게 적용하시겠어요?

응시생 저는 먼저 시각장애인을 위한 네비게이션, 미혼모를 위한 플랫폼과 제품, 서울시내 흡연부스 개선 등 프로젝트를 진행하며 기획력을 길렀고 뷰파인더라는 영화동아리 활동을 하며 영화를 직접 제작하여 학기 말에는 영화제를 기획하기도 하며 기획력을 길렀습니다. (여기서 단어가 겹쳐서 좀 흐렸어요.) 저는 다양한 프로젝트를 하며 서울시내 5개의 흡연부스를 한파의 날씨에도 4시간 동안 직접 관찰하기도 하고 명동 한복판에서 모르는 사람들을 설문조사하며 발로 뛰는 정보의 귀중함을 배웠습니다.

면접관 공무원에게 가장 중요한 공직가치는 무엇인가요?

응시생 적극성과 책임감입니다. 은행에서 청원경찰 아르바이트를 한 경험이 있습니다. 업무 내용은 고객응대였지만 고객들은 ATM 사용법과 금융상품에 대한 다양한 질문을 했습니다. 그럴 때마다 당황하여 대답하지 못했고 고객들은 불만을 표했습니다. (이때 약간 가운데 여자면접관님이 갸우뚱하셨습니다.) 저는 점심시간을 활용하여 ATM 사용과 전표작성을 직접 해보며 방법을 익혔습니다. 또한 해설 실무서를 얻어 NH은행의 금리와 예·적금상품을 학습했습니다. (끄덕끄덕해주심) 창구 밖에서의 적절한 응대서비스로 은행의 업무가 윤활하게 처리되며 은행의 전체적인 분위기가 달라진다는 것을 알았습니다. (준비한 답변이 있었는데 말을 잘 못했습니다.) 저는 공무원이 되어서도 맡은 일뿐만 아니라 전반적인 업무흐름을 알려고 노력해서 모두를 만족시키겠습니다.

면접관 아까 발로 뛰는 정보의 귀중함을 배웠다고 하셨는데 수원시민이 너무 많아요. 그래서 그렇게 직접 응대가 불가능한데 어떻게 발로 뛰어서 정보를 얻겠어요?

응시생 음… 저는… 공무원이 된다면 한 달에 한 번 동을 하나씩 정해 동네를 거닐어 보겠습니다. 직접 그 동의 주민이 되어 바라보면 더 실질적인 개선점과 문제점을 찾을 수 있고 실용적인 해결방안을 찾을 수 있을 것입니다. (근데 이렇게 말하기는 했는데 좀 많이 버벅거리고 떨었어요.)

면접관 봉사활동을 하시다가 정규팀으로 발탁되셨다고 하셨는데 좋게 보셨나봐요. 그죠?

응시생 네. 그런 것 같습니다. ㅎㅎ

면접관 왜 그런거 같아요?

응시생 아무래도 한결같은 모습을 보여주는 성실함인 것 같습니다. 처음 봉사를 시작했을 때는 제가 신청을 해서 매달 첫째 주 토요일마다 갔었는데요. 장기적으로 그러한 성실함을 보여드리니 예쁘게 보시고 발탁하신 것 같습니다.

면접관 그럼 공무원으로서 그런 점을 어떻게 적용할 것인가요? (질문이 기억이 잘 안납니다.)

응시생 항상 한결같은 친절하고 적극적이고 책임감 있는 모습을 보여드리겠습니다.

면접관 프로젝트를 많이 해보셨는데 가장 힘들었던 게 뭐였어요?

응시생 음… 아무래도 한파의 날씨에 5개의 흡연부스를 관찰해야 했던 것 같습니다.

면접관 그럼 프로젝트를 하면서 본인의 개선점은 무엇이었나요?

응시생 네? (당황한 표정을 지었습니다.)

면접관 (그냥 본인의 개선점이라고 굉장히 길게 설명해주셨습니다.)

응시생 아, 저는 욕심이 많습니다. 사실 흡연부스도 3개만 했어도 되었지만 제가 좀 더 사용자를 관찰해서 동선이나 행동을 파악해 정확한 표본을 확보하려고 했습니다. 힘들었지만 결과적으로는 프로젝트를 더 잘 끝맺을 수 있었습니다. 또 욕심이 많다 보니 늘 이런 식으로 목표를 과하게 잡는 경향이 있는데요. 그래서 계획에 시간을 더 많이 할애하고 있습니다. 한 프로젝트가 끝나면 꼭 하루를 뒤에 붙여 점검하고 보완하는 시간을 갖고 있습니다.

면접관 자랑같은데요? ㅎㅎ

응시생 아, 아닙니다~

면접관 일을 혼자하는 게 효율적인가요? 같이하는 게 효율적인가요?

응시생 네, 저는 물론 편한 것은 혼자 일할 때입니다. 하지만 빨리가려면 혼자가고 멀리가려면 같이 가라는 말이 있듯이 같이 일해야 목표 달성을 효율적으로 할 수 있습니다. (마무리를 좀 명쾌하게 말하지 못하고 단어가 막 꼬여서 말했어요. 관련 경험 말하려고 했는데 앞에서 자꾸 말 많이 자르셔서 주저했더니 해도 된다는 표정을 지으셨어요). 관련 경험이 있는데 말씀드려도 될까요?

면접관 네, 해보세요.

응시생 프로젝트를 진행하면서 타 과 학생들과 팀이 된 적이 있습니다. 디자인과 학생이 하나도 없어서 교수님이 많이 걱정하셨는데요. 각각 가진 강점을 활용해서 더 나은 프로젝트를 완성하였습니다.

면접관 마지막으로 하고싶은 말이 있으면 해보세요.

응시생 디자인을 전공하며 교수님께 혼 아닌 혼을 맞기도 하였습니다. 교수님들께서는 상품가치가 있는 제품이나 시스템의 개발을 원하셨는데요. 그럴 때마다 저는 미혼모를 위한 플랫폼, 시각장애인을 위한 네비게이션, 서울시내 흡연부스 개선 등의 주제를 선정했기 때문입니다. 또한 영어강사로 일을 한 경험이 있습니다. 학원의 목적은 아이들의 영어실력 향상이었지만 저는 어떻게 하면 더 재미있을까, 어떻게 하면 아이들이 조금 더 나은 유소년기를 겪고 바르게 성장할 수 있을까 하며 고민한 시간이 많았던 것 같습니다. 사실 이 모든 것들은 '아! 나는 공익을 위할거야!'라고 생각하며 했던 행동들은 아니었지만 어느 순간 되돌아본 제 모습은 단순 영리목적이 아닌 더 큰 뿌듯함을 주는 공익실현을 지향하고 있었습니다. 보기 좋기 위해 있는 것보다는 없어서는 안 되는 꼭 필요한 것을 만들고 싶습니다.

1. 면접상황

수원 일반행정직이고 오후조 면접을 봤습니다. 면접관님은 남1 여2셨고 남1분은 엄근진, 여2 면접관님들은 리액션 좋으시고 미소지어 주셨습니다. 면접 시작 전 타이머 12분 맞춰놓으셨다고 하셨습니다. 마지막 질문을 잘못 이해해서 엉뚱한 소리를 한 것이 걸리지만 면접 전반적으로 분위기 좋게 이끌어 주셨고 엄청 까다로운 질문은 없었다고 생각합니다.

2. 질의응답

면접관 긴장되시죠?

응시생 아침에 긴장 많이 됐었는데 어머니께서 맛있는 점심 만들어 주셔서 힘내서 두 그릇 먹고 왔습니다. 면접 잘 보도록 열심히 임하겠습니다. 감사합니다. (면접관님들 미소지어 주셨습니다.)

면접관 긴장되시면 심호흡 몇 번 하셔도 돼요.

응시생 정말 감사합니다.

면접관 그럼 타이머 키겠습니다. 면접 시작할게요.

응시생 네!

면접관 간단히 1분 자기소개 해보세요.

응시생 안녕하십니까. 일반행정직 지원자 ○○○입니다. 수원시는 제가 태어나서 지금까지 살아온 도시입니다. 수원시와 많은 기억을 공유하고 추억을 간직할 만큼 수원시는 저에게 있어 단순한 도시가 아닌 앞으로 살아갈 터전입니다. 그만큼 저는 수원시에 애정이 있고 애착도 가지고 있습니다.
수원시의 이번 민선8기 새 슬로건은 "수원을 새롭게, 시민을 빛나게"입니다. 새롭게라는 뜻을 풀이해 보면 변화와 발전이라고 생각합니다. 이러한 변화와 발전에는 창의성이 가장 중요하다고 생각하는데 저는 여러 사회생활을 통해 창의성을 인정받은 바 있습니다. 이런 창의성을 바탕으로 수원을 새롭게, 나아가 시민을 빛나게 하고 싶습니다.

면접관 상사가 동료의 잘못을 본인에게 화낼 경우 어떻게 할 것인가요?

응시생 사실 상사분께서 저에게 관심이 없으셨다면 그런 호통도 안 치셨을거라 생각합니다. 저는 상사분의 호통을 겸허히 받고 그 속에서 부족한 부분을 피드백 하면서 상사분의 노하우를 습득하려고 노력하겠습니다. 또한 나중에 동료에게 조용히 가서 상사분이 지적했던 것을 말해줄 것 같습니다.

면접관 상사가 많은 업무를 시킬 경우 어떻게 할 것인가요?

응시생 상사분께서 저의 능력을 잘 봐주셔서 많은 업무를 주셨다고 생각할 것 같습니다. 또한 지시하신 업무에 관해 사수분이나 동료한테 비슷한 경험을 물어보고 조언을 따라 성실히 업무를 할 것 같습니다. 그럼에도 제 능력 밖의 일인 것은 상사분께 조용히 가서 업무분장에 대해 다시 한번 숙고해달라고 말씀드릴 것 같습니다.

면접관 공무원의 의무가 있는데 면접자님께서 가장 중요하다고 생각하는 의무와 그 이유는 무엇인가요?

응시생 저는 품위유지의 의무가 가장 중요하다고 생각합니다. 최근 공무원이 범죄에 직간접적으로 개입했다는 뉴스가 나옵니다. 그럴 때 저는 그 뉴스에 댓글을 주로 보는데 그 비난의 화살이 해당 공무원에게 끝나지 않았습니다. 공무원 전체에 대한 비난으로 이어지는 것을 보고 (잠시 버벅거렸습니다.) 항상 국가와 지자체에 공무원임을 자각하고 행동 하나하나에 조심해야겠다는 생각을 했습니다.

면접관 전공이 무엇이죠?

응시생 저는 무역학과를 나왔습니다. 무역은 재화와 서비스를 주고받으며 더 효율적인 방법을 찾는 학문입니다. 결국 행정도 서비스를 제공한다는 측면에서 무역과 다를 게 없다고 생각합니다.

면접관 그 전공을 행정과 어떻게 연관시키실 거에요?

응시생 저는 학교에서 통상과 마케팅쪽을 주로 공부했고 행정에 저의 마케팅적인 지식을 녹아내리면 괜찮을 것 같습니다.

면접관 공무원을 왜 선택하셨어요?

응시생 가장 먼저 수원시민을 위해 헌신하고 봉사하고 싶었습니다. 저는 대학생때 부터 행정에 관심이 있었습니다. 비록 행정학과는 아니었지만 행정과 관계된 교양 수업을 들으며 행정에 대한 개괄적인 이해를 했었습니다. 그리고 지난 코로나때 재난지원금 신청을 위해 복지센터에 갔던 적이 있었습니다. 여섯 분 정도의 수원시 공무원분께서 친절히 재난지원금 신청을 해주시는 걸 보고 일은 고되지만 성취감이 있을 것 같아서 그 길로 공무원을 하기로 마음먹었습니다.

면접관 요즘 뉴스에서도 나오듯이 공무원이 박봉이에요. 그래도 괜찮아요?

응시생 네, 저는 임금보다는 수원시민을 위해 헌신하고 봉사하고 싶어 공무원에 지원한 만큼 저에게 있어 임금은 고려사항이 아니었습니다.

면접관 아까 자기소개에서 창의성에 대해 말씀하셨는데 창의성에 있어 가장 중요한 것은 어떤 거라고 생각하세요?

응시생 저에게 있어 창의성은 적극성과 전문성입니다. 적극성은 4차 산업의 대두와 정부 3.0 개혁을 통해 가장 중요한 가치가 된 것 같습니다. 결국 행정은 찾아가는 서비스, 맞춤형 서비스의 변화가 되는 과정이기에 공무원은 새로운 것을 끊임없이 발굴하고 학습하여 기존의 행정에 적용해 보는 적극성이 필요하다고 생각합니다. 전문성은… (시간 없어서 자르셨습니다.)

면접관 아까 희생을 하기 위해 공무원에 지원하셨다고 하셨는데 조직이나 개인을 위해 본인을 희생한 경험이 있으신가요?

응시생 네, 저는 대학생 때 식당에서 아르바이트를 하였습니다. 마감조였고 저를 포함한 4명이 같이 뒷정리를 하고 퇴근을 하였는데요. 저와 같이 바닥 청소를 맡았던 아르바이트생이 퇴근시간이 되면 바로 퇴근을 하는 것이었습니다. 저는 한 두번은 사정이 있겠거니 했지만 반복되는 행동에 아르바이트생에게 물어봤던 적이 있었습니다. 그 알바생은 이 버스를 놓치면 한참을 기다려야 해서 부득이하게 바로 퇴근을 했었다고 말했고 저는 그 사정을 이해하고 내가 청소를 할테니 퇴근시간 되면 가라고 했던 적이 있었습니다.

면접관 아까 수원시에 대한 애정이 있다고 하셨는데 어떤 애정이 있으신 건가요?

응시생 저는 외지인에게 애정을 담아 수원을 홍보할 수 있습니다.

면접관 아, 제가 말씀드린 건 그런 게 아니라 어떤 부분에서 애정을 느끼셨는지 였습니다.

응시생 아, 죄송합니다. 제가 질문을 잘못 이해했습니다.

면접관 계속 듣고 싶지만 시간 관계상 여기까지 하겠습니다. 마지막 할 말 있으신가요?

응시생 수원시는 3년 연속 신속행정부분에서 최우수를 받아온 지자체입니다. 그만큼 행정의 질이 높다고 할 수 있습니다. 저는 수원에서 자라오면서 우수한 행정에 일방적인 수혜를 받았습니다. 만약 제가 수원시의 공무원이 된다면 받기만 하던 수원시민에서 받은 것 이상을 돌려드릴 수 있는 수원시의 공무원이 되도록 하겠습니다. 마지막으로 긴장 많이 했었는데 면접 편히 대해주신 면접관님들께 감사 인사드리면서 끝내도록 하겠습니다. 감사합니다.

4 지역 현황 및 현안 핵심

Q. 수원시 인구는 몇 명이며, 그중 노인인구는 몇 명인가?

Q. 수원시 예산규모는 어떻게 되며 그중 복지예산은 얼마인가?

Q. 재정자립도와 국세와 지방세 비율은?

Q. 수원시 법정동과 행정동 개수는?
  ➡ 법정동과 행정동의 개념 정리가 필요하다.

Q. 면접 준비하면서 홈페이지도 많이 봤을 텐데 수원시가 가장 중점적으로 하는 정책 3가지만 답변해보라.

Q. 수원시 정책 중 잘한 정책 하나와 개선할 것 하나를 답변해보라.

Q. 수원 화성을 제외하고 문화재 2가지를 들고 그 문화재를 소개해보라.

Q. 스마트시티 추진 정책과 관련하여 아는 것은 무엇인가?

Q. 특례시로 인한 변화는 무엇인가? ➡ 특례시 지정 효과 등

Q. 수원시의 탄소중립정책에 대해 답변해보라.

Q. 일회용품 줄이기 방안에 대해 답변해보라. ➡ 재활용 정책

Q. 도시안전 확보방안에 대해 답변해보라.

Q. 수원시 청년정책에 대해 답변해보라.

Q. 수원시 발전방향과 수원시 균형발전 방안에 대해 답변해보라.

Q. 4차 산업혁명 기술의 수원시 행정 적용방안에 대해 답변해보라.

Q. 수원시의 스마트 도시화 긴급차량 우선 신호시스템, IoT 기술활용 등에 대해 답변해보라.

Q. 수원시 MICE 산업 활성화 방안은 무엇인가?

Q. 수원시 '복지시민권' 선언의 의미 및 복지정책은 무엇인가? [사회복지직]

Q. 수원시 적극행정 사례에 대해 답변해보라.

Q. 지역화폐의 장단점은 무엇인가?

Q. 다문화정책과 관련하여 외국인 증가로 인한 문제점 및 해결방안은 무엇인가?

Q. 수원시 소통정책에 대해 아는 것이 있는가? 시민이 참여할 수 있는 정책방안은?

Q. 수원 화성에 대해서 30초간 우리에게 소개해보라.

A. 수원화성은 정조시대에 사도세자를 기리기 위해 만들어졌습니다. 수원화성은 뛰어난 과학 기술을 이용한 성곽으로 평가받아 1997년 유네스코 세계문화유산으로 등록되었습니다. 수원화성문화제에서는 정조대왕능행차와 무예 공연을 관람할 수 있습니다. 수원화성에서는 화성어차, 자전거 택시, 플라잉 수원, 국궁 체험 등 다양한 탈거리와 체험 프로그램을 운영해 관광객들에게 호응을 얻고 있습니다. 현재 수원시와 카카오톡 친구를 맺으면 화성이나 화성행궁 등 무료입장 혜택을 주는 '통큰 이벤트'를 펼치고 있으니 수원화성으로 와서 정조의 효심을 느껴보세요! (면접관님들 모두 많이 웃어주셨고 "○○씨는 수원시에 대해 많이 알고 계시네요"라고 해주셨습니다.)

Q. 본인이 수원시장이 된다면 어떤 정책을 해보고 싶은가?

A. 요즘 고령화 문제가 심각하니 고령화 문제에 대한 해결방안을 수원시장이 되면 해보고 싶은 정책으로 말씀드리겠습니다. 저는 '청노루 미팅'을 해보고 싶습니다. '청노루 미팅'은 '청년과 노인의 미팅'에서 각각 앞 글자를 따와 이름을 붙인 것입니다. '청노루 미팅'은 청년과 노인이 주기적으로 만나 식사를 하거나 산책을 하는 등 함께 시간을 보내는 프로그램입니다. 이 프로그램을 이수한 청년에게 그만큼의 자원봉사 시간을 인정해주어 청년의 참여를 제고하고 프로그램을 통해 노인분들의 고령화로 인한 소외 문제, 자살 문제를 해결할 수 있으리라 생각합니다.

Q. 수원시는 어떤 도시라고 생각하는가?

A. 수원은 도심 중앙의 팔달산, 북쪽의 광교산, 서쪽의 칠보산이 병풍처럼 둘려져 있고 우리나라에서 가장 인구가 많은 기초지방자치단체이며 서울까지는 1시간 거리로 많은 사람들이 오가는 활기찬 도시입니다. 정치적 중심지로 현 경기도청 소재지이며 유네스코 세계문화유산인 수원화성과 반도체와 통신으로 유명한 세계적 기업인 삼성이 위치해 있는 전통과 현대성이 공존하는 도시라고 생각합니다.

Q. 수원시의 문제점 내지는 불편한 점은 무엇이라고 생각하는가?

A. 제가 수원시 면접을 준비하면서 몇 차례 수원시를 방문하였을 때 수원시 주민분들과 얘기를 나눌 기회가 있었고 그분들께서 느끼시는 수원시의 문제점, 불편한 점을 생생한 목소리로 들을 수 있었습니다. 팔달구 전통시장 근처에 사시는 주민분들께서는 현재 수원의 전통시장이 많이 침체되어 있다고 안타까워 하셨습니다. 수원화성이 유네스코세계문화유산으로 지정됨에 따라 화성 주변지역의 건물고도제한으로 인해 고층 아파트 단지가 들어설 수 없고 그로 인해 구매력이 있는 소비자의 부족으로 화성 주변의 전통시장이 침체되어 가는 것이 문제라고 하셨습니다. 그리고 다른 몇몇 주민분들께서는 수원시 군공항으로 인한 소음 피해를 불편한 점으로 지적해 주셨습니다.

Q. 수원시 정책 중 마음에 드는 정책은 무엇인가?

A. '찾아가는 원스톱 이동상담센터' 이 서비스는 수원시와 수원시휴먼서비스센터가 복지 사각지대를 해소하기 위해 복지·보건·법률·고용 4개 분야 전문가로 구성해 현장을 직접 나가 개인별 맞춤형 통합서비스를 제공하는 것입니다. 복지는 휴먼서비스센터 사례관리전문가와 관할 구청 사회복지과, 보건은 시 방문보건센터, 법률은 법률홈닥터 변호사, 고용은 수원고용센터에서 나와서 상담을 진행합니다.

➲ 위의 답변은 한 가지 예로써 답변은 개인마다 다를 수 있으니 지역현안을 참조하길 바란다.

CHAPTER

02 성남시

1 면접진행방식 및 특징

(1) 면접관은 3인이며 면접시간은 10분 이내이다.

(2) 성남시는 공직관·인성·경험 중심으로 면접이 진행된다.

(3) 면접 중요도는 낮은 편이다.

(4) 지역현안 및 지방자치에서 지역현안 질문 비중은 높지 않으나 직렬과 연결시켜 준비가 필요하다.
   ① 시정비전 및 목표, 지원지역 인구, 노인인구, 지역이슈, 관심 정책
   ② 성남에 필요한 정책, 성남시 청년정책, 복지정책, 교통문제
   ③ 외국인 증가에 따른 문제점 및 대책

(5) 직렬별 직무관련 질문에서 직렬별 질문 비중도가 높다.
   ① 사회복지직: 성남 사회복지정책 아는 것, 사회복지 민원인 대응방법, 복지사각지대 해결방안, 차상 위계층 해결방안, 장애인등급제 폐지, 발달장애인, 통합사례관리, 성남시 노인정책, 사례관리
   ② 보건직: 식품위생에 대해 아는 사례, 결핵에 대해 아는 것, 노인우울증 방안
   ③ 간호직: 통합건강증진사업, 성남시 보건정책 아는 것, 보건소의 업무
   ④ 세무직: 세무관련 본인의 전문성, 조세업무에서 창의성, 조세저항 해결방안, 강점

2 면접질문 사례(2023)

사례 01. 사회복지직

> Q. 사전조사서 ⇨ 공직의 장단점 및 입사 후 포부에 대해 기술하시오.
> Q. 자기소개를 해보라.
> Q. 도우미사업 개선점은 무엇인가?
> Q. 봉사할 때 회의감이 든 적이 있는가?
> Q. 소통할 때 본인의 장점 2가지를 말해보라.
>   └[추가질문] 그래도 소통이 안될 때 어떻게 했는가?
> Q. 기억을 잘하는 방법은 무엇인가?
> Q. 공직사회 단점에 업무 외적으로 부담된다고 했는데 정확한 의미는 무엇인가?
> Q. 사기업에서 왜 사회복지사 혹은 복지공무원을 하려고 하는가?
> Q. 마지막 하고 싶은 말

사례 02. 일반행정직

Q. 사전조사서 ⇨ MZ세대와 기존 세대가 조화롭게 사는 방법에 대해 기술하시오.
Q. 자기소개를 해보라.
└[후속질문] 전문성과 맞지 않는 것 같은데 그 외 다른 사례가 있는가?
└[후속질문] 대응실패가 예견된 민원인에게 어떻게 설명했는지 사례를 들어보라.
Q. 성실성이 무엇이라고 생각하는가?
Q. 기존 세대가 MZ세대한테 마음을 열어주면 MZ세대는 기존 세대에게 어떻게 해야겠는가?

사례 03. 사회복지직

Q. 사전조사서 ⇨ 공무원 조직의 장단점 및 입사 후 포부에 대해 기술하시오.
Q. 사전조사서에 공무원 조직의 단점에 '업무 외적으로 시민들이 보고 있다는 부담감이 있을 수 있다'는 것은 무슨 의미인가?
Q. 자기소개를 해보라.
Q. 장애인 맞춤형 도우미 사업의 개선점에 대해 답변해보라.
└[추가질문] 그렇다면 출근을 안 한 도우미에 대해서 어떻게 처리했는가?
Q. 봉사실적을 제출하였는데 이렇게 봉사하면서 회의감이 든 적은 없는가?
└[추가질문] 그럼 본인은 약속을 잘 지키는가?
Q. 소통할 때 본인의 장점 2가지를 말해보라.
└[후속질문] 사회복지 일을 하다보면 답변한 것처럼 소통하려고 해도 안 될 때가 많은데 그러면 어떻게 대처하겠는가?
└[후속질문] 상대방의 이야기를 듣고 다 기억하기가 힘들텐데 어떻게 뭘 좋아하는지와 상대방이 무슨 얘기를 했는지 다 기억하는 방법이 무엇인가?
Q. 불합리하거나 규칙에 어긋나는 행동에 어떻게 대처했는가?
└[후속질문] 빼돌려서 판매한 금액은 원상복귀 했는가?
Q. 사기업에서 왜 사회복지사 또는 복지공무원을 하려고 하는가?
Q. 마지막으로 하고 싶은 말

사례 04. 세무직

Q. 사전조사서 ⇨ 공무원의 장단점과 자신의 포부에 대해 기술하시오.
Q. 세무직 지원동기는 무엇인가?
└[추가질문] 자신의 적성과 맞다고 하는데 어떤 게 맞다는 것인가?
Q. 사전조사서에 자신이 효율적인 성격이라고 하였는데 그런 성격도 있는가?
Q. 효율이라는 건 자칫 잘못하면 잔머리를 쓰는 걸로 보인다. 그럼 지원자는 공부도 면접도 효율적으로 필요한 부분만 공부했는가?
Q. 국세와 지방세의 차이는 무엇인가?
└[추가질문] 그럼 전공이나 세무에 관한 다른 자격증이 있는가?
Q. 본인이 세무직을 위해 가진 전문성과 경험은 무엇인가?
Q. 본인은 사람을 대할 때 어떤 것이 중요하다고 생각하는가?
Q. 민원인을 상대한 경험이 있는데 어떤 것이 가장 힘들었는가?
Q. 마지막 하고 싶은 말

사례 05. 토목직

Q. 사전조사서 ⇨ 규칙이나 기준이 정해지지 않은 상황에서 본인이 대처한 방법을 경험을 들어 작성하시오.

Q. 자기소개를 해보라.
  └ [후속질문] 강인하다고 했는데 강인함에는 여러 가지 의미가 있는 것 같다. 강인한 사람이란 어떤 사람이라고 생각하는가?
  └ [후속질문] 자칫 억척스럽다는 이야기를 들을 수도 있을 것 같다. 본인은 어떤가?

Q. 상황을 들어 질문하겠다. 예산 4억을 들여 도로와 (어느 구간) 사이에 안전상의 이유로 펜스를 설치하려 한다. 공사 감독을 가보니 기존의 자재가 아닌 저가의 자재를 사용하려 하고 설계와 다른 방향으로 공사가 진행되고 있다. 본인이 감독이라면 어떻게 하겠는가?
  └ [후속질문] 그렇다면 펜스가 설치가 되었을 때 주변 상인들이 펜스 때문에 장사가 안된다고 호소하며 펜스를 철거하라고 민원을 넣는다면 어떻게 할 것인가?

Q. 본인이 일을 한다면 가장 힘든 상황은 어떤 상황일 것 같은가?

Q. 토목직으로 지원을 했는데 직장이라던지 토목과 관련한 경력이나 경험이 있는가?

Q. 성남시에서 살았다고 했는데 기억에 남는 인프라가 있는가? 또 업무를 할 때 더 집중하고 싶은 부분은 무엇인가?

Q. 이제 시간이 다 되어서 마무리를 하려고 한다. 본인을 3가지 단어로 표현한다면 어떤 것이 있는가?
  └ [추가질문] 그렇다면 본인에게 더 있으면 좋겠는 부분은 무엇인가?

Q. 마지막 하고 싶은 말

사례 06. 일반행정직

Q. 사전조사서 ⇨ MZ세대 공무원과 기존 공무원들이 조직에서 잘 조화를 이룰 수 있도록 하는 본인만의 아이디어에 대해 기술하시오.

Q. 자기소개를 해보라.
  └ [후속질문] 배려와 소통은 공무원의 기본이다. 그것 말고 본인의 전문성은?
  └ [후속질문] 행정기관에서 일해본 경험이 있는 것 같은데 얼마나 했는가?

Q. 공무원은 보수가 적은데 왜 하려고 하는가?

Q. 악성 민원인이 있을 때 어떻게 대처하겠는가?

Q. 수험기간은 어떻게 되며 수험기간 중 어려웠던 점은 무엇인가?

Q. 행정업무를 해 봤으니 조직 생활은 잘할 것이라 생각하고 다른 질문을 하고자 한다. 공무원이 되어서 이루고 싶은 목표는 무엇인가?

Q. 사전조사서를 보니 소통, 참여, 민주성을 키워드로 하여 MZ세대와 함께 회식을 갖는 횟수나 날짜도 익명으로 함께 정한다고 했다. 익명과 민주성은 거리가 있어 보인다. 어떻게 생각하는가?
  └ [후속질문] 중간에 답변을 끊어서 미안하지만 그런 것 말고 앞으로 공무원으로 들어와서 계속 일할 텐데 익명이 10년 후에 문제가 될 수 있지 않겠는가?

Q. 마지막 하고 싶은 말

사례 07. 일반행정직

Q. 자기소개에 장점과 지원동기를 넣어서 30초로 답변해보라.
Q. 사전조사서에 리버스 멘토링에 대해서 기재했는데 무슨 내용을 교육하고 싶은가?
   └[후속질문] MZ세대들은 회식문화를 어떻게 생각하는가?
Q. 공무원에 대한 처우가 좋지 않다는 얘기가 많은데 왜 사기업이 아닌 공무원에 지원하려 하는가?
Q. 아직 살면서 많은 경험을 하진 못했겠지만 그래도 그중에서 힘들었던 경험과 극복했던 방법에 대해 답변해보라.
Q. 일반행정직이란 어떠한 일을 하는 것이며 자신이 가진 어떠한 능력이 일반행정직 일을 하는 데 있어서 도움이 될 것 같은가?
Q. 자신의 단점도 있을텐데 그 단점과 극복방안을 말해보라.
   └[후속질문] 체크리스트 어플을 쓴다고 했는데 어플 이름이 무엇인가?
Q. 마지막 하고 싶은 말

3   면접후기

CASE 01   **토목직(2023)**

1. 면접상황

전체적인 분위기는 편안했고 밝았습니다. 오른쪽 면접관분만 시간이 적음을 말씀하시면서 짧은 답변을 원하셨고 다른 두 분은 웃으면서 잘 들어주셨습니다.

2. 사전조사서 질문

규칙이나 기준이 정해지지 않은 상황에서 본인이 대처한 방법을 경험을 들어 작성하시오.

3. 질의응답

응시생 안녕하십니까. 수험번호 ○○○○ 지원자 ○○○입니다.

면접관 우선 긴장풀고 편하게 답해보세요. 시간이 제한적이니까 강점 위주로 30초 자기소개 해보세요.

응시생 네, 3가지를 들어 자기소개 해보겠습니다. 첫 번째로 저는 토목공학 전공자입니다. 학부 때 배운 이론 수업을 통해 토목기사 자격증을 취득할 수 있었습니다. 두 번째로 저는 성남 시민입니다. 20여 년 가량 성남시에서 자라면서 크고 작은 변화와 성장을 함께 했습니다. 마지막으로 저는 강인한 사람입니다. 과거 10년 동안 태권도를 배웠고 정신과 체력을 모두 건강하게 유지하고 있습니다. 제가 가진 전공지식과 체력, 그리고 성남에 대한 애정을 바탕으로 성남시 토목직 공무원이 되어 시민들의 안전을 보장하고 성남시의 발전을 이루는 데 함께 하고 싶습니다.

면접관 강인하다고 했는데 강인함에는 여러 가지 의미가 있는 것 같습니다. 강인한 사람이란 어떤 사람이라고 생각하나요?

응시생 자기 스스로의 멘탈을 잘 관리할 줄 아는 사람이 강인하다고 생각합니다. 저는 비판을 들었을 때에 좌절하거나 기분 나빠하기 보다는 적절하게 수용하고 앞으로 제가 어떻게 나아가야 할 지에 대한 방향을 설정하려고 하는 편입니다.
(중간에 다른 질문 있었던 것 같은데 잘 기억이 안납니다.)

면접관 자칫 억척스럽다는 이야기를 들을 수도 있을 것 같은데 본인은 어떤가요?

응시생 사실 저는 살면서 억척스럽다는 표현을 들은 적은 없는 것 같습니다. 오히려 주변 동료들과 더불어 열심히 하려고 하기 때문에 불편했던 적은 없습니다.

면접관 상황을 들어 질문하겠습니다. 예산 4억을 들여 도로와 (어느 구간) 사이에 안전상의 이유로 펜스를 설치하려 합니다. 공사 감독을 가보니 기존의 자재가 아닌 저가의 자재를 사용하려 하고 설계와 다른 방향으로 공사가 진행되고 있습니다. 본인이 감독이라면 어떻게 할 것인가요?

응시생 우선 공사 계획을 쌀 때에는 분명히 예산노 고려해서 쌌다고 생각합니다. 서가의 새료를 사용했을 때 가격만의 차이가 아니라 품질에서의 문제가 발생하고 그것으로 인해 안전상의 문제가 생길 수 있다면 자재의 변경은 곤란합니다. 또한 설계대로 진행되지 않으면 결과적으로 최우선의 목표인 안전이 문제될 수 있습니다. 따라서 설계대로 진행되도록 다시 지시할 것 같습니다.

면접관 그렇다면 펜스가 설치가 되었을 때 주변 상인들이 펜스 때문에 장사가 안 된다고 호소하며 펜스를 철거하라고 민원을 넣는다면 어떻게 할 것인가요?

응시생 장사가 안 되는 원인이 펜스인지에 대한 원인 파악을 가장 먼저 할 것 같습니다. 펜스를 제거한다고 해서 상권이 다시 산다는 것도 보장할 수 없기 때문에 바로 철거할 것이 아니라 장사가 잘되지 않는 원인을 분석하고 그에 맞는 대안을 모색하겠습니다. 더욱이 펜스는 안전을 위해 설치된 것이기 때문에 철거는 어려울 것 같습니다. 대신 상권을 살릴 수 있는 다른 방안을 제시하겠습니다. (면접관님이 끄덕이시더니 뭔가 적으심)

면접관 본인이 일을 한다면 가장 힘든 상황은 어떤 상황일 것 같은가요?

응시생 (고민한 후) 저는 계획대로 일이 진행되지 않는 상황이 가장 힘들 것 같습니다. 토목직 공무원으로서 일을 한다면 가장 우선시 되는 것은 안전인데 기존의 계획대로 이루어지지 않고 군데군데 넘기고 빼먹으면서 일을 진행하여 안전상의 문제가 우려된다면 저는 그런 상황이 가장 힘들 것 같다는 생각이 듭니다.

면접관 토목직으로 지원을 했는데 직장이라던지 토목에 관련한 경력이나 경험이 있나요?

응시생 아직 졸업한지 얼마 되지 않아 직장 경험은 없습니다. 학부 시절에 교량 관련 실험을 했던 것이 가장 직무에 가까운 경험일 것 같습니다. 트러스 교량을 설계하여 거더의 구간별로 하중을 달리하여 최적 단면을 찾는 설계였습니다.

면접관 성남시에서 살았다고 했는데 기억에 남는 인프라가 있나요? 또 업무를 할 때 더 집중하고 싶은 부분은 무엇인가요?

응시생 사실 최근에 분당 정자교가 붕괴되는 사고가 있었습니다. 저도 토목 전공자로서 더욱 안타까운 마음이 들기도 했습니다. 노후가 진행되어 그렇게 된 것으로 알고 있는데 분당뿐 아닌 성남시 내에 노후된 지역과 구조물들이 많은 것으로 알고 있습니다. 제가 공무원이 된다면 지역 간의 불균형을 맞추는 업무에도 집중해보고 싶습니다.
(1개 정도 질문 더 있던 것 같은데 잘 기억이 안납니다.)

면접관 이제 시간이 다 되어서 마무리를 하고자 합니다. 본인을 3가지 단어로 표현한다면 어떤게 있나요?

응시생 '밝다. 꼼꼼하다. 계획적이다'가 있을 것 같습니다.

면접관 그렇다면 본인에게 더 있으면 좋겠는 부분은 무엇인가요?

응시생 음… (뜸들임)

면접관 생각나지 않으면 없다고 해도 됩니다.

응시생 네, 당장은 생각나는 것이 없습니다. 하지만 더 많은 공감능력이 있으면 좋겠습니다.

면접관 마지막으로 10초 정도 남았는데 하고 싶은 말 있나요?

응시생 네, 우선 날씨가 정말 더운데 나오시고 또 경청해주셔서 정말 감사드립니다. 다음에는 공무원으로서 출근할 수 있으면 좋겠습니다. 감사합니다.

면접관 네, 성실하게 준비해 주셔서 감사합니다. 마무리하겠습니다.

MEMO

1. **사전조사서**(공직에 있어 본인의 장단점 및 입사 후 포부에 대해 기술하시오.)

1. 장 점
　1) 공익을 위해 봉사하는 정신으로 일하기 때문에 "사명감"을 가지고 임할 수 있음
　2) "신분보장"을 해주기 때문에 적극적으로 업무를 할 수 있음
　3) 사기업에 비해 식원들 간의 경쟁이 적어 더욱 "조화로운 조직" 문화 형성
　4) (하나 더 적었으나 기억안남)
2. 단 점
　1) 다소 수직적인 문화로 신규 직원들이 적응을 힘들어 하며 MZ세대 퇴사율 높음
　2) 경쟁이 적고 안정적이다 보니 "소극적"으로 업무를 할 수 있음
　3) 업무 외적으로도 시민들이 보고 있다는 "부담감"이 있을 수 있음
3. 포 부
　공무원은 공감과 소통능력이 중요하다고 생각합니다. 저는 사기업에 다닐 때 협력업체 관리를 했으며 사회복지 관련 분야에서는 장애인생활시설, 장애인복지관에서 근무를 하며 장애인과 소통하며 의사소통 능력을 키웠습니다. 또한 행정능력도 중요하다고 생각합니다. 회사를 다니면서 계속 행정업무를 했기 때문에 빠른 업무 처리를 할 수 있습니다. 마지막으로 장애복지과 장애인정책팀에서 장애인일자리 사업을 하고 싶습니다. '우리들의 블루스'라는 드라마를 보면 실제 청각장애를 가진 배우가 출연하고, 다운증후군을 가진 화가 겸 배우가 출연합니다. 이처럼 장애인은 다양한 분야에서 활약할 수 있기 때문에 장애인 일자리 사업을 통해 장애인들이 다양한 분야에서 인정받아 인식개선에 도움을 주고 사회에서 조화롭게 살 수 있도록 하고 싶습니다.

2. **질의응답**

면접관 사전조사서에 공무원 조직의 단점에 '업무 외적으로 시민들이 보고 있다는 부담감이 있을 수 있다'는 것은 무슨 의미죠?

응시생 공무원도 사람이기 때문에 가끔 사적으로 친구들과 편하게 놀고 싶을 수 있는데 시민들이 항상 보고 있다는 부담감이 있을 수 있다는 의미입니다만 큰 단점이라고 생각해서 적은 것은 아닙니다. (조금 갸우뚱해 하시는 것 같았습니다.)

면접관 자기소개를 해보세요.

응시생 저는 친절한 사람입니다. 도움이 필요해 보이는 상황이라면 먼저 나서서 도와주는 성격입니다. 가장 기억에 남는 것은 야탑역 광장에서 있었던 일입니다. 화단에서 연기가 나고 있어서 근처 포장마차에 가서 자초지종을 말씀드린 다음에 물을 빌려서 연기를 껐던 적이 있습니다. 이때 포장마차 주인분께서 좋은 일 한다고 칭찬해주셔서 기뻤습니다. 이런 성향 때문에 더욱 가치있는 활동을 하고 싶어서 봉사활동을 하게 됐습니다. 그러면서 자연스럽게 사회복지에 관심이 생겨서 사기업을 그만두고 장애인생활시설에서 근무를 하다가 더욱 다양한 업무를 할 수 있는 사회복지 공무원이 되고자 결심했고 공무원이 되기 전에 복지 일을 조금이라도 더 경험하고 싶어서 올해 3월부터 장애인복지관에서 맞춤형 도우미 사업 보조관리자 업무를 하고 있습니다. 저는 이처럼 사회복지 관련 업무도 경험했기 때문에 빠르게 적응할 수 있으며 업무 외적으로는 도움을 주는 자세를 잃지 않고 솔선수범하는 공무원이 되도록 하겠습니다. (잘 들어주셨습니다.)

면접관 장애인 맞춤형도우미 사업의 개선점은 무엇인가요?

응시생 도우미분들이 어플을 이용해서 출퇴근을 등록합니다. 하지만 실제로 근무를 성실하게 하는지는 직접 가서 확인하지 않는 이상 알 수가 없습니다. 그래서 최근에 복지관에 건의해서 불시에 현장 점검을 하니 2명의 도우미가 출근만 입력하고 실제로는 다른 곳에서 휴식하고 있었습니다. 그래서 앞으로 이런 점을 예방하기 위해 정기적인 모니터링을 해야 한다고 생각합니다.

면접관 그렇다면 출근을 안 한 도우미에 대해서 어떻게 처리했나요?

응시생 저는 보조관리자이기 때문에 상사에게 해당 내용을 보고했으며 최종 처리까지는 확인하지 못했습니다.

면접관 봉사실적을 제출하셨는데 이렇게 봉사하면서 회의감이 든 적은 없나요?

응시생 타인을 돕기 위해서 봉사를 시작했지만 봉사를 하면서 물질적인 것이 아닌 저라는 사람이 도움이 된다는 것이 기뻤고 제 자존감이 더욱 올라가게 해줬습니다. 그래서 회의감이 든 적은 없습니다. 다만 같이 봉사하는 분들이 계신데 봉사에 대해 가볍게 생각해서 시간 약속을 지키지 않는 분들이 종종 있었고 이런 부분이 안타까웠습니다.

면접관 그럼 본인은 약속을 잘 지키는 편인가요?

응시생 네, 저는 한 약속은 지킵니다. 하지만 저도 개인사정으로 부득이하게 참여가 어려울 경우 2~3일 전에 미리 공지해서 최대한 피해가 가지 않도록 하고 있습니다.

면접관 소통할 때 본인의 장점 2가지를 답변해주세요.

응시생 상대방의 이야기를 잘 듣고 있다는 모습을 보여주고 계속해서 당신이 궁금하다는 것을 보여주기 위해 질문을 많이 합니다. 그리고 대답을 들으면서 공감대가 있는지 확인해서 상대방이 묻지 않아도 저의 얘기를 하면서 공통된 부분을 찾기 위해 노력합니다. 이런 점이 저의 장점입니다.

면접관 사회복지 일을 하다 보면 말씀하신 것처럼 소통하려고 해도 안 될 때가 많은데 그러면 어떻게 대처할 것인가요?

응시생 가정방문을 한 적이 있었습니다. 제 얘기에는 대답하지 않으셨지만 다른 여자 사회복지사분의 이야기에는 잘 대답을 해줬습니다. 저는 포기하지 않았고 이후에 2~3번 더 그 분을 방문했습니다. 방문할 때 그냥 가지 않고 오미자차를 좋아한다는 것을 알아내서 차를 준비해서 가거나 방문해서 예전에 이용인이 얘기했던 것을 한 번 더 질문하며 상대방의 이야기를 경청하고 있었다는 모습을 비춰주니 마음이 열려 소통할 수 있었습니다.

면접관 상대방의 이야기를 듣고 다 기억하기가 힘들텐데 어떻게 뭘 좋아하는지와 상대방이 무슨 얘기를 했는지 다 기억하는 방법이 무엇인가요?

응시생 휴대폰을 제출해서 보여드릴 수는 없지만 저는 20살 때부터 에피소드, 버킷리스트, 저의 장단점 등을 다 메모해 두었습니다. 이처럼 저는 메모하는 습관이 있기 때문에 이용인의 이야기도 메모해서 기억하려고 했습니다. 이게 저의 방법입니다.
(중간에 웃으며 이해했다고 하고 넘어가셨습니다.)

면접관 불합리하거나 규칙에 어긋나는 행동에 어떻게 대처했나요?

응시생 제 이야기가 질문에 맞는지는 모르겠지만 청탁에 관련한 경험이 있습니다. 저는 품질관리일을 할 때 협력업체에서 불량이 발생하면 넘어가달라고 하는 경우가 많았는데 단 한 번도 타협하지 않았습니다. 또한 동료가 침대를 몰래 빼돌려서 판매하는 것을 알게 됐었는데 그 동료를 설득 끝에 행동을 멈추도록 했습니다.

면접관 빼돌려서 판매한 금액은 원상복귀 했나요?

응시생 마지막까지 그렇게 하지는 못했습니다.

면접관 사기업에서 왜 사회복지사 또는 복지공무원을 하려고 하나요?

응시생 저는 봉사활동을 하면서 공익을 위해 일하는 것에 대한 기쁨을 느꼈습니다. 또한 조금 전에 말씀드린 것처럼 저는 청렴성을 매우 중요하게 생각합니다. 이런 성향 때문에 공무원이 더욱 적합하다고 생각했습니다. (충분히 이해했다고 하시면서 넘어가셨습니다.)

면접관 마지막으로 하고 싶은 말이 있나요?

응시생 사실 제가 트라우마가 있었습니다. 초등학교 때 장애인에게 폭행을 당한 적이 있었고 인식이 좋지 않았습니다. 하지만 사회복지 분야에서 일을 하려고 할 때 이 트라우마를 극복하지 못하면 하지 말자고 다짐했었습니다. 그래서 장애인생활시설에서 일했고 현재는 모두 극복했습니다. 이렇기 때문에 더욱 사명감을 가지고 공무원 생활을 할 수 있습니다.

4 지역 현황 및 현안 핵심

Q. 성남시의 장단점에 대해 답변해보라.
Q. 성남에 오래 살았다면 본시가지와 분당지역의 여러 가지 문제들, 갈등들에 대해 본인의 생각과 해결책이 있는가?
Q. 성남시 인구와 구, 동에 대해 한 번 답변해보라.
Q. 성남시 각종 통계에 대해 아는 대로 답변해보라.
Q. 성남시에서 해당 직렬과 관련하여 추진하는 사업이 무엇인지 알고 있는가? 알고 있으면 그것과 연관지어 본인만의 해결방안도 같이 답변해보라.
Q. 성남시의 재정자립도는? 재정규모는? 재정자립도 향상 방안은?
Q. 성남시에 필요한 정책에 대해서 생각한 것은 무엇이 있는가?
Q. 본인이 생각하는 성남시의 현안 및 그에 대한 해결방안은 무엇인가?
Q. 성남시의 탄소중립정책, 일회용품 줄이기 방안에 대해 답변해보라. (재활용 정책)
Q. 도시안전 확보방안에 대해 답변해보라.
Q. 성남시 청년정책, 복지정책 한 가지만 답변해보라.
Q. 4차 산업혁명 기술의 행정 적용방안은 무엇인가?
Q. 성남시 적극행정 사례에는 어떤 것이 있는가?
Q. 지역화폐의 장단점은 무엇인가?
Q. 다문화정책과 관련하여 외국인 증가로 인한 문제점 및 해결방안은 무엇인가?
Q. (교통문제 해결방안으로) 트램사업에 대해 답변해보라.

CHAPTER
03 용인시

1 면접진행방식 및 특징

(1) 면접관은 3인이며 면접시간은 17분 이내이다.

(2) 2023년에는 3분 스피치를 실시하였다.

(3) 용인시는 기본적으로 공직관 및 인성·조직적응력·지역현안 중심으로 면접이 진행된다.

(4) 면접 중요도는 높은 편이다.

(5) 1분 자기소개를 준비하여야 한다.

(6) 조직적응력에 대한 질문 비중이 높다(MZ세대, 나이와 꼰대, 업무과중 대처 등).

(7) 지역현안 및 지방자치에서 지역현안에 대한 질문 비중이 높은 편이므로 이에 대한 준비가 필요하다.
   ① 시정비전 및 목표와 그 의미, 슬로건, 지원지역 인구, 노인인구, 지역발전 방안
   ② 용인 시민의 날
   ③ 용인시의 SNS나 소통창구가 있는데 이를 이용하면서 알게된 용인시 현안 2가지
   ④ 행정구역 및 명칭(법정동과 행정동의 차이)
   ⑤ 시의회 의원수
   ⑥ 용인시 개선점, 제안정책
   ⑦ 용인 관광 활성화 방안
   ⑧ 용인시 교통 문제
   ⑨ 용인시 개선해야 할 부분
   ⑩ 용인시 시민소통정책
   ⑪ 용인의 장단점, 지역불균형 문제, 발전방안
   ⑫ 사회이슈 ⇨ 경력단절여성의 어려운 점과 개선방안, 워킹맘의 어려움 해결방안
      ➡ 비중은 높지 않은 편이다.

(8) 직렬별 직무관련 질문에서 직렬별 질문 비중도가 높다.
   ① **사회복지직:** 용인시 복지정책, 보편복지 및 선별복지, 맞춤형복지서비스, 아동학대, 노인−아동−장애인복지 중에서 재원사용 순서와 이유
   ② **사서직:** 용인시에서 논란이 되는 대출제도
   ③ **간호직:** 보건소에서 하는 일, 하고 싶은 정책, 용인보건소에서 하는 금연사업, 보건소와 일반병원의 차이점, 보건소에서 하는 사업, 코로나19 예방법
   ④ **보건직:** 보건소에서 하는 일, 위생과 하는 일, 하고 싶은 정책, 보건소에서 하는 사업, 코로나19 예방법

⑤ 지방세: 용인시 주민세 민원 대처, 자동차세 납부기한, 용인시 세목, 국세와 지방세 비율

⑥ 도시계획직: 용인시 도시개발 진행 아는 것, 도농복합도시 단점

(9) 행정학 및 행정법 관련 지식형 질문 ⇨ 손해배상 및 손실보상

2 면접질문 사례(2023)

사례 01. 사회복지직

Q. 3분 스피치 ⇨ 작년 수지 집중호우로 모든 공무원이 달려가 도왔다. 응시생이 신입인데 주변에 도움 받을 상사나 동료도 없고 민원 전화가 빗발치고 있는 경우 어떻게 할 것인가?

Q. 지원동기를 포함한 자기소개를 해보라.
└[추가질문] 어떤 상담을 해드렸나? 응시생 말고 어르신들 상담해드릴 다른 직원은 없었나?
└[추가질문] 어려운 점이나 고충을 상담했다고 했는데 내용은?

Q. 다양한 복지시설에서 봉사를 했다고 했는데 인상깊었던 봉사는?

Q. 장애학생 도우미를 해봤나고 했는데 어디서 한 건지?
└[추가질문] 가장 오랜 기간 봉사한 것은?
└[추가질문] 그럼 물리치료 관련 자격증이 있는가?
└[추가질문] 봉사를 많이 한 거 같은데 처음 봉사를 한 것은 언제인가?

Q. 자신의 역할이 아닌데 나서서 한 일이 있는가?

Q. 자신이 손해를 보면서 다른 사람을 도운 경험이 있는가?

Q. 사회복지사로 근무한 경험이 있는데 왜 사회복지직 공무원에 지원했는가?

Q. 주변에선 본인을 뭐라고 평가하는가?
└[추가질문] 부정적인 평가는?

Q. 공무원의 공직가치 중 사회복지직이 가장 중요하게 생각하는 것은?
└[추가질문] 사회복지직에서 공무원 6대 의무 중 가장 중요한 것은?

Q. 본인이 책임감이 중요하다고 했는데 이를 발휘한 경험은?

Q. 용인시에서 인상깊었던 정책 2가지와 아쉬운 정책 1가지는 무엇인가?

Q. 해보고 싶은 정책은 무엇인가?

Q. 마지막으로 하고 싶은 말

사례 02. 일반행정직

Q. 3분 스피치(상황형) ⇨ 주민이 많이 참여할수록 예산을 많이 받을 수 있는데 예산이 부족한 경우 다수 주민에게 홍보할 방법은 무엇인가?
└[추가질문] 착한기업을 지정하면 또 부서를 만들어야 하고 예산이 든다. 이에 대한 해결책은 무엇인가?

Q. 지원동기와 자기소개를 해보라.

Q. 다양한 정책이 있다고 하였는데 어떤 정책에 관심이 있고 그 이유는?
└[추가질문] 정책에 관심이 있다고 했는데 개선할 점은?

Q. 모 아파트 붕괴사고에 대한 생각은 어떠한가?
└[추가질문] 그럼 공무원이 잘못했다는 것인가?

Q. 이 직렬을 위해 노력한 것이 있는가? 자격증 같은 것을 답변해도 된다.

Q. 살면서 부모님을 제외하고 본인에게 힘이 된 것은 무엇인가?

Q. 직장에서 했던 일은 무엇인가?
  ∟[추가질문] PCB제조업 힘든데 어떻게 근무했는지 업무강도는?
  ∟[추가질문] 사람들과 잘 못지내는 팀원은 없었는가?
  ∟[추가질문] 고객요청으로 업무를 개선한 경험을 이야기해보라.

Q. 마지막으로 하고 싶은 말

사례 03. 사회복지직

Q. 3분 스피치 ⇨ 폭우 같은 재난이 발생하였다. 본인이 신규 공무원의 입장에서 재난 담당이 아닌데 빗발치는 민원을 어떻게 해결할 것인가?
  ∟[추가질문] 신규공무원의 신분에서 현장으로 출동하겠다는 것인가?

Q. 자기소개를 본인의 강점이 어필되게 지원동기도 곁들여 1분 정도로 설명해보라.
  ∟[추가질문] 실제로 사회복지 업무 경험이 있어서 공무원이 되어서도 업무에 대해 많이 익숙할 것 같은데 그렇다면 사회복지사와 사회복지공무원의 공통점과 차이점은 무엇인가?
  ∟[추가질문] 사회복지공무원이 왜 되고 싶은가?
  ∟[추가질문] 현재 복지사각지대가 이슈인데 복지사각지대 해결방안에 대해 창의적으로 생각해 본 것이 있는가?
  ∟[추가질문] 종합사회복지관이 많이 없는 지역들도 있는데 거기다 복지관의 고유 업무가 있을텐데 그렇다면 근무하는 직원들의 업무가 과중되고 힘들지 않겠는가?

Q. 복지사각지대 관련해서 현재 집 안에서만 은둔하는 은둔형인 분들이 상당히 증가하고 있다. 그러한 분들을 어떻게 발견하고 해결할 것인가?
  ∟[추가질문] 그런데 사실 은둔형이라고 한다면 본인의 가정사나 개인적인 정보들을 말하는 것을 꺼려할 수 있다. 하지만 이런 분들한테 도움을 드리긴 해야 하는 입장인데 어떻게 하겠는가?

Q. 본인이 앞으로 직무에 있어서 전문성을 키운 노력과 앞으로 자기개발을 해야 하는 부분은 무엇인가?

Q. 아까 복지사각지대 발굴 관련해서 인적 네트워크를 활용한다고 했는데 본인이 얘기한 것처럼 지역사회보장협의체 위원들의 도움을 받는다 하여도 그 위원들한테 가서 도와달라고 할 수 없지 않은가? 어떻게 이런 위원들을 비롯해 지역 인적 네트워크를 형성할 것인가?

Q. 혹시 제안하고 싶은 정책이 있는가?

Q. 마지막으로 10년 후 공직에서의 목표가 있다면 무엇인지 답변해달라.

사례 04. 사회복지직

Q. 3분 스피치 ⇨ 인생에서 어려웠거나 힘들었던 경험을 제시하고 그 경험이 나중에 도움이 되었거나 괜찮아졌다면 공직에서 어떻게 적용할 수 있겠는가?
  ∟[추가질문] 신입으로 갑자기 팀을 맡게 되어 양쪽의 입장을 다 해보았을텐데 본인은 신입과 리더 중 어느 위치가 더 힘이 들었는가?

Q. 비영리법인에서 근무했다고 했는데 왜 사회복지공무원에 지원한 것인가?

Q. 악성 민원인들에게 실제로 신고를 받은 적이 있는가?
└ [추가질문] 그렇다면 악성 민원인 경험이 많은 것 같은데 어떻게 대처하였는가?
└ [추가질문] 공직에서는 그런 악성 민원인이 재방문하는 경우가 많을 텐데 그럴 경우 어떻게 할 것인가?

Q. 팀원이 업무를 잘 수행하지 못해서 성과가 안 좋고 결과가 좋지 못한 경우에 어떻게 대처할 것인가?
└ [추가질문] 실제로 그런 경험을 구체적으로 답변해달라.
└ [추가질문] 팀원이 공적으로 업무를 잘 못하거나 할 때 어떻게 하는 편인가?
└ [추가질문] 공적인 업무인데 굳이 그렇게 부드럽고 완곡한 표현을 써가며 이야기해야 하는가? 당근보다 채찍이 필요할 경우도 있지 않은가?
└ [추가질문] 그럼에도 마음에 들지 않는 경우가 생긴다면 어떻게 할 것인가?

Q. 개인적으로 궁금한 사항인데 그렇다면 신입 2년차일 때 회계팀으로 가게 된 것인가?

Q. 본인의 업무 역량에 대해서 계속 칭찬받았던 점과 잘한 것을 어필하였는데 반대로 상급자에게 지적을 받은 적은 없는가?

Q. 혹시 우리 시에 제안하고 싶은 정책이 있는가?

Q. 마지막으로 하고 싶은 말

사례 05. 일반행정직

Q. 3분 스피치 ⇨ 시민들의 참여율을 높이는 홍보방안에는 어떤 것이 있겠는가?
└ [추가질문] 요즘에 축제를 안하는데 용인시를 무엇으로 홍보할 수 있겠는가?
└ [추가질문] 다른 지역들은 빵이나 관광특화상품이 있는데 용인시는 무엇을 만들면 좋겠는가?

Q. 행정업무에 지원하게 된 계기와 하고 싶은 정책은?

Q. 적극적으로 배우려고 하는 자세가 장점이라고 하였는데 적극적으로 배워 일을 처리한 경험이 있는가?

Q. 사람들이 본인을 어떻게 평가하는가?

Q. 심하게 갈등을 겪은 적이 있는가?

Q. 묻지 않은 질문 중에 본인이 준비한 대답이 있는가?

Q. 규칙을 어긴 사람에게 말을 할 것인가?
└ [추가질문] 그런 상황이 있었는가?

Q. 본인이 전문성을 위해 노력한 것이 무엇인가?

Q. 적극적으로 배워서 무엇을 한 경험이 있는가?

Q. 중요하다고 생각하는 직무역량은 무엇인가?
└ [추가질문] 설득을 해 본 경험이 있는가?
└ [추가질문] 설득에 있어 필요한 것은 무엇인가?
└ [추가질문] 공감능력을 활용하여 문제를 해결한 경험이 있는가?

CASE 01 **사회복지직**(2023)

응시생 (입장하면서 밝게 인사드렸습니다.) 안녕하십니까. 사회복지직 지원자 ○○○입니다!!

면접관 ○○○님 맞으시죠? 자리에 앉아주세요.

응시생 네, 실례지만 제가 너무 긴장이 되어서 혹시 물을 마시면서 답변을 드려도 괜찮을까요?

면접관 네, 그럼요. 본인의 역량을 발휘해야하는 자리인 만큼 긴장하지 말고 천천히 편하게 해보세요.

응시생 네, 감사합니다.

(1) 3분 스피치

면접관 인생에서 어려웠거나 힘들었던 경험을 제시하고 그 경험이 나중에 도움이 되었거나 괜찮아졌다면 공직에 서 어떻게 적용할 수 있겠나요?

응시생 신입 2년차 때 갑자기 팀 총괄 과장의 해외 이민, 선임의 육아휴직으로 신입 위치에서 갑자기 팀을 관리하는 위치로 급부상하게 되었습니다. 기관의 예산을 담당하는 부서였기에 선임의 위치로 새로운 직원을 채용하는 것이 상급자들 입장에선 부담인 상황이라 신입 2년차인 제가 감당해야 했습니다. 야 근도 많았지만 지자체 주무관, 유관기관 담당자, 외부 교육 이수 등으로 적극적으로 업무 역량을 키웠 습니다. 앞으로 공직에서도 이러한 자세로 임할 것입니다.

면접관 신입에서 갑자기 팀을 맡게 되어 양쪽의 입장을 다 해보셨는데 본인은 신입과 리더 중에 어느 위치가 더 힘이 들었나요?

응시생 저는 당시 직급을 부여받진 않았지만 책임져야 하는 업무가 확실히 많아져서 조직 내 위로 올라갈수록 더 많은 책임감이 요구되기에 리더가 더 힘든 것 같습니다.

(2) 개별질문

면접관 자신의 역량을 표현할 수 있는 자기소개를 해주세요.

응시생 저는 비영리법인 사회복지시설에서 6년 6개월 기간 동안 사회복지 업무에 종사했습니다. 제가 근무했 을 당시 저는 직원들의 신임을 받은 편이었습니다. 저는 다른 사람에게 관심이 많고 다정한 편이라 새로 입사한 직원들에게 긴장을 낮추고 업무에 쉽게 적응할 수 있도록 돕고 상사에게는 업무 보고를 단계별로 잘하여 업무 진행 확인에 용이하게 하였습니다. 또한 업무시간에 최대한 귀를 열고 집중하는 편이어서 다른 직원들의 업무에 대해서도 귀담아 듣는 편이었습니다. 실제로 기관장님과 상사분들께 서는 제게 속담 하나로 칭찬을 자주 해주셨는데요. 그 속담은 바로 '개떡같이 말해도 찰떡같이 알아듣 는다'는 속담이었습니다. 이러한 노력 덕분에 저는 동료들과도 팀워크가 좋아 첫 직장이었음에도 오랫 동안 근무할 수 있었고 나아가 관내 우수직원상과 지자체 유공자 표창을 수상한 이력이 있습니다. 저 의 이러한 업무능력이 사회복지 공무원이 되어서도 동료들과 도움이 필요한 분들에게 보탬이 될 것이 라 생각하여 용인시 사회복지공무원에 지원하게 되었습니다. (면접관 세 분 모두 고개 끄덕이시며 메 모하심)

면접관 비영리법인에서 근무하셨다고 했는데 왜 사회복지공무원에 지원하시게 된 거죠?

응시생 네, 이유를 2가지로 말씀드리겠습니다. 첫 번째는 전문성 부족, 두 번째는 권한 유무입니다. 첫 번째 전문성 부족과 관련해서 설명드리면 제가 사회복지 현장에서 근무하면서 느낀 것은 사회복지사는 국가 전문 자격증을 이수해야 받는 직종이기는 하지만 전문가일 수는 없다는 한계를 느꼈기 때문입니다. 사회복지사는 온라인 사이트상 취득하기 쉽다는 광고가 만연할 뿐만 아니라 사회복지사가 무슨 일을 하는지에 대한 질문에는 대부분이 좋은 일을 하는 사람으로 정의하는 것이 일반적입니다. 뿐만 아니라 제가 근무했을 당시 악성 민원인들은 저와 동료들을 향해 도움이 되지 않는다며 시청과 구청에 신고할 것이라는 말을 서슴지 않았습니다. 그래서 저는 사회복지사보다 사회복지공무원에 대한 키워드가 대중들에게 더 명확하다고 생각했고 이러한 입장이 되고 싶었습니다. 두 번째 권한 유무입니다. 저는 사회복지사의 위치에서 결정할 수 없는 실무 고충에서도 늘 지자체에 답변에 의존하거나 민간 자원을 활용해야만 했습니다. 따라서 정책입안을 제안할 수 있는 위치가 가능하며, 일반 사회복지사보다 융통성 있는 대처가 용이한 사회복지공무원이 되고 싶었습니다.

면접관 그렇다면 악성 민원인들에게 실제로 신고를 받으신 적이 있으신가요?

응시생 아니요. 사실 저희 기관에 방문하신 대다수의 악성 민원인들은 알코올중독자나 정신질환자 분이셔서 늘 협박과 고성이 반복되는 민원이었고 실제로 신고까지 이어지진 않았습니다.

면접관 그렇다면 악성 민원인 경험이 많으신 것 같은데 어떻게 대처하셨을까요?

응시생 저는 우선 민원응대매뉴얼을 토대로 진행했습니다. 처음엔 정중히 민원인의 의사를 경청하며 해결해 드릴 수 있도록 도왔습니다. 하지만 상담 중 폭언과 폭행이 진행되면 상담을 그만하겠다고 안내하며 휴대기기를 통해 녹화와 녹음을 할 수 있다고 고지하며 퇴거 조치를 하거나 경찰서에 신고하는 절차를 밟았습니다.

면접관 공직에서는 그런 악성 민원인이 재방문하는 경우가 많을 텐데 그럴 땐 어떻게 하실 건가요?

응시생 저는 고질적인 민원인이 재방문을 하여도 처음엔 똑같이 밝고 상냥하게 응대를 할 것입니다. 하지만 폭언과 폭행이 다시 반복된다면, 앞서 말씀드린 절차대로 진행할 것 같습니다.

면접관 민원 응대 관련해서 앞으로 공직에서도 이런 일이 생겼을 때 혹시 이 부분은 혼자 감당할 수 없다 하는 것이 있나요?

응시생 네, 사실 제가 근무했을 당시에는 정신병동에서 퇴원한 거구의 환자분이 자주 방문하셨는데 그 분 같은 경우에는 대화가 되지 않고 무조건 힘으로 제압하려고 해서 남자직원이 없고 여자직원이 대다수였던 업무 환경에서 저 또한 여성이었기에 그런 부분에 대해서는 경찰의 도움을 요청드릴 수밖에 없다는 것이 한계라고 생각했습니다.

면접관 팀원이 업무를 잘 수행하지 못해서 성과가 안 좋고 어쨌든 결과가 좋지 못한 경우에 어떻게 대처하실 건가요?

응시생 저는 성과가 좋지 못한 부분에 대해 분석해서 회의록을 남긴 편이었습니다. 해당내용이 반복되지 않고 좀 더 개선될 수 있도록 부족한 점을 평가하여 회의록을 남겼고 그 회의록을 타 팀 상관분들께도 보고 드려 피드백을 받았습니다. 저는 이러한 과정으로 차기 업무에는 좀 더 발전할 수 있도록 노력하였습니다.

면접관 실제로 그런 경험을 구체적으로 얘기해주실 수 있나요?

응시생 네, 제가 근무했던 기관은 분기 평가나 연 평가 실적이 중요했습니다. 해당 실적이 곧 지자체의 실적으로 직결되었기 때문입니다. 저희 팀은 상반기 때 외부 홍보가 부족하여 실적이 저조한 상황이었습니다. 이에 팀 회의를 통해 전단지나 온라인상의 홍보에서 그치지 않고, 직접 찾아가는 서비스를 진행하기로 하였습니다. 실제로 전수조사급까진 아니었지만 효과가 좋아 하반기 실적은 상반기에 비해 50% 이상 올릴 수 있었습니다. 그 후로도 이 방향으로 사업을 진행하고자 하였습니다.

면접관 팀원이 공적으로 업무를 잘 못하거나 할 때 어떻게 하시는 편인가요? (질문이 기억이 잘 나질 않습니다.)

응시생 네, 저는 팀워크를 중요시하기 때문에 그러한 잘못에 대해 바로 피드백을 하는 편입니다. 하지만 저는 해당 직원의 사기를 저하시키지 않는 선에서 부드럽고 완곡한 표현으로 지시하는 편이었습니다. 혹시나 더 예민한 직원인 경우에는 사적인 자리에서 유하게 표현하는 편이었습니다.

면접관 공적인 업문데 굳이 그렇게 부드럽고 완곡한 표현을 써가며 해야 하나요? 채찍질이 필요할 것 같은데요?

응시생 네, 맞습니다. 하지만 저는 후임, 선임분들에게 업무적으로 신임을 받는 입장이라 저의 부드러운 피드백에도 후임의 자세는 바로 받아들여 고치고자 하는 편이었습니다. 그래서 그러한 방법을 계속 유지하며 팀 내 분위기를 좋게 이끌었던 것 같습니다.

면접관 그럼에도 마음에 들지 않는 경우가 생긴다면 어떻게 하실 건가요?

응시생 그럼 저도 제 선에서 해결되지 않는 부분이라면 상급자에게 도움을 요청드리겠습니다.

면접관 개인적으로 궁금한 사항인데 그렇다면 신입 2년차일 때 회계팀으로 가게 된 것인가요?

응시생 아니요, 사실 처음부터 회계팀이었습니다. 사실 제가 기관 최초로 실습생 출신의 정규직 팀원이 되었는데요.

면접관 아, 여기까지 듣겠습니다. 개인적인 호기심이었어요.

응시생 네, 알겠습니다.

면접관 본인의 업무 역량에 대해서 계속 칭찬받았던 점과 잘한 것을 어필하셨는데 반대로 상급자에게 지적을 받은 적은 없으셨나요?

응시생 신입일 때 제 스스로 업무를 잘 하고 싶은 마음이 커서 상급자분께 보고를 드리지 않고 일방적으로 결과물을 제시한 적이 있어 지적을 받았던 적이 있습니다.

면접관 잘 들었습니다. 혹시 저희 시에 제안하고 싶은 정책이 있으실까요?

응시생 네, 제가 면접을 앞두고 용인시에 대한 여러 정책들을 찾아보다가 2018년부터 지금까지 매년 청년인구가 0.6%씩 감소하고 있음을 확인하였습니다. 현재 용인시에서 청년들을 위한 여러 정책들이 활성화되어있습니다. 일자리, 주거, 복지 등 다양한 부분에서 청년정책이 진행되고 있는데, 저는 실질적으로 이러한 정책의 효과를 보기 위해선 청년들이 일할 수 있는 환경이 필요하다고 생각했습니다. 앞으로 첨단 반도체도시로 성장할 예정이기 때문에 현재 인근 대학교와 자매 결연을 맺는 것처럼 중소기업들과도 많이 교류를 하여 앞으로 미래 먹거리가 될 반도체 사업에 이바지할 수 있도록 청년들을 취업 연계하는 쪽으로 협약을 맺는 등 이러한 방향성으로 정책이 생긴다면, 앞으로도 꾸준히 발전할 용인시에 맞춰 청년들의 인구 유입도 좋아질 것이라 생각합니다.

면접관 그렇다면 청년 관련 정책을 제안하셨는데 그밖에 관심이 있으시거나 희망하시는 부서가 있으신가요?

응시생 저는 복지정책과에 관심이 많습니다. 실제로 제가 민간기관에서 진행했던 업무를 바탕으로 공무원이 되어서는 어떠한 과정으로 업무를 진행하는지 배워보고 싶기 때문입니다.

면접관 그렇다면 복지정책과에서 무슨 일을 하는지 아시나요?

응시생 네, 복지정책과에는 여러 업무가 있습니다. 보훈처 관리나 지역사회보장협의체 업무 그리고 종합사회복지관과 사회복지법인, 사회복무요원 관리 등 노인, 장애인, 아동 여러 관련 부서들이 존재합니다.

면접관 더 많은 것을 물어보고 싶은데 시간이 얼마 남지 않았네요. 혹시 마지막으로 하실 말씀 있으실까요?

응시생 네, 저는 저만의 주특기와 필살기를 만들겠습니다. 제 부서에서 최고가 되고 싶습니다. 제가 쌓아온 업무능력과 앞으로의 경험을 바탕으로 인재가 되어서 추후 공무원교육원이나 인재개발원에서 동료들에게 사기를 충전시키고 힘이 될 수 있는 강사로도 활동하고 싶습니다. (세 분 고개 숙이며 메모하심) 그리고 저는 무엇보다 주변 동료에 따라 개인이 발휘할 수 있는 역량이 다르다고 생각합니다. 제가 공무원이 된다면, 앞으로 함께 근무하기 좋은 분위기가 될 수 있도록 동료분들과 잘 지내보고 싶습니다. 경청해주셔서 감사합니다.

면접관 네, 오늘 고생 많으셨어요. 조심히 가세요.

MEMO

(1) 3분 스피치

면접관 작년 수지 집중호우로 모든 공무원이 달려가 도왔습니다. 응시생이 신입인데 주변에 도움 받을 상사나 동료도 없고 민원 전화가 빗발치고 있을 경우 어떻게 할 것인가요?

응시생 먼저 최대한 매뉴얼이 있다면 그 매뉴얼대로 따르겠습니다. 없다면 법령, 조례, 규칙 등을 빠르게 확인해서 대응 시간이 오래 걸리는 민원이라면 제가 조금 시간이 걸리니 다시 연락을 드리겠다고 양해를 구하겠습니다. 옆에 다른 직렬 직원분께 복지직 공무원으로서 도울 수 있는 부분은 도와드리고 또한 제가 도움이 필요하다면 요청하겠습니다. 전화 업무를 다 끝내고 당장 현장으로 달려가 돕겠습니다. 아니면 전화업무 담당자가 필요하다면 비슷한 민원이 들어온다면 최대한 빠르게 정형화해서 매뉴얼을 만들어 안내드리겠습니다. 면접 준비를 하면서 용인시는 도농복합지역으로 산사태나 홍수에 매뉴얼이 잘 되어있다는 기사를 보았습니다. 또한 행정 복지센터에 가서 공무원께도 여쭤보았더니 맞다고 자랑스러워 하셨습니다. 그래서 제가 사회복지 공무원이 된다면 이 매뉴얼을 정확하게 숙지해서 이런 긴급 상황에 적용할 수 있도록 할 것입니다.
(본인도 신입인데 다른 직원도 도와준다고 한 것이 인상깊다고 하셨습니다.)

(2) 개별질문

면접관 지원동기를 포함한 자기소개를 해보세요.

응시생 안녕하십니까. 용인 시민의 우산이 되고 싶은 지원자 ○○○입니다. 저는 어릴 적 어머니의 병세로 지자체의 도움을 받은 경험이 있었습니다. 다양한 분야에서 도움을 받으며 저도 지역사회에서 도움이 필요하신 시민들을 위해 일하는 사회복지 공무원이 되고 싶었습니다. 또한 용인시에 오랫동안 거주하면서 다양한 분야에서 봉사활동을 한 경험이 있습니다. 이처럼 저는 봉사심이 강합니다. 또한 의사소통 능력이 뛰어납니다. 제가 노인공공일자리 업무할 때 어르신들의 고충이나 어려운 점들을 상담해드렸더니 나중에는 자주 찾아오시며 사무실에서 가장 먼저 찾는 직원이 되었습니다. 저의 이런 역량을 발휘하여 시민의 어려운 점은 막고, 일상생활에서도 편리하게 이용할 수 있는 공무원이 되고 싶습니다.

면접관 어떤 상담을 해드렸나요? 응시생 말고 어르신들 상담해드릴 다른 직원은 없었나요?

응시생 몇 분 계셨지만 제가 인사도 밝게 하고 적극적으로 다가갔습니다.

면접관 어려운 점이나 고충을 상담했다고 했는데 내용은 무엇이었나요?

응시생 체력적으로 힘드시다고 할 땐 휴가를 쓰실 수 있게 해드리고 외롭다고 하실 때 동년배 친구를 연결해 드렸습니다.

면접관 다양한 복지시설에서 봉사를 했다고 했는데 인상깊었던 봉사는 무엇인가요?

응시생 다문화 요리교실에서 처음에 의사소통의 어려운 점이 있어 제가 피해를 드릴까 걱정했으나 저의 착각이었고 제가 적극적으로 다가가 도와드렸더니 마지막 날엔 덕분에 편하고 즐겁게 했다며 고마워하셨습니다.

면접관 가장 오랜 기간 봉사한 것은 무엇인가요?

응시생 노인복지관 물리치료실에서 3년 3개월 정도 봉사를 했습니다.

면접관 그럼 물리치료 관련 자격증이 있나요?

응시생 없습니다. 물리치료 선생님 옆에서 보조 역할을 하였습니다.

면접관 봉사를 많이 한 거 같은데 처음 봉사를 한 건 언제인가요?

응시생 중학교 때 점수때문에 우체국 알바를 하였습니다. (좀 표정이 안 좋아지셨습니다.ㅜㅜ) 하지만 그 알바를 하고 방학을 좀 더 알차게 보내고 싶다는 생각에 요양원 부터 서서히 범위를 넓혀갔습니다.

면접관 예상치 못한 상황으로 당황했던 경험이 있나요?

응시생 어린이집 실습을 할 때 갑자기 30개 넘는 교구 만들기 과제가 생겼습니다. 다음 날 수업 준비와 서류 작업으로 너무 힘들어서 선생님께 줄여달라고 말씀드릴까 하다가 아이들이 즐겁게 놀이를 할 생각에 며칠을 밤을 새워 준비를 하고 아이들이 즐겁게 놀이하는 것을 보면서 뿌듯했었습니다.

면접관 자신의 역할이 아닌데 나서서 한 일이 있나요?

응시생 노인복지관 일자리 사업에서 먹거리 판매 매출이 안 나와 원래 전단지 홍보만 할 예정이었는데 쿠폰과 샘플을 만들어 홍보를 하였습니다. 그래서 매출을 30% 정도 상승시켰습니다.

면접관 그게 본인의 일이 아니었나요?

응시생 원래 전단지만 하려 했는데 아이디어를 내서 시행했습니다. (이 답변은 좀 아쉬웠던 것 같습니다. 당장 생각이 안 나서 그냥 대답했습니다.ㅜㅜ)

면접관 자신이 손해를 보면서 다른 사람을 도운 경험이 있나요? (질문이 잘 기억이 나지 않습니다.)

응시생 제가 레스토랑 근무당시 근무 시간이 정해져 있고 매니저님께서도 너의 시간이 끝나면 그냥 가면된다고 하셨는데 마침 졸업식 시즌이라 손님이 너무 많았습니다. 제가 돕지 않으면 다른 손님들께도 피해가 갈 듯하여 알바 뒤에 개인 일정을 미루고 2시간 정도 동료를 도와 마무리 했었습니다.

면접관 사회복지사로 근무한 경험이 있는데 왜 사회복지 공무원에 지원했나요?

응시생 제가 근무할 당시 일자리 참여를 원하셨지만 부양 의무자가 계셔서 제가 아무것도 할 수 없었고 특히 사회복지 공무원은 다양한 분야의 업무와 실질적으로 도움이 될 수 있는 정책도 만들 수 있기에 지원하였습니다.

면접관 직장 경력이 있나요? 있다면 직장은 왜 그만뒀나요?

응시생 1년 좀 안되게 직장 경력이 있습니다. 후두염에 걸려서 목소리가 나오지 않은 상황에서 제 직업상 어르신들과 계속 소통을 했어야 했는데 어르신들도 답답해 하시고 저 또한 피해를 드리는 거 같아 그만두었습니다.

면접관 휴직을 하거나 치료를 병행해서 해도 됐을 텐데요?

응시생 어르신들께 피해를 드리는 것 같았고 앞서 말씀드렸듯이 부양의무자 기준 등 정책 제안도 하고 싶어 그만두고 공부를 시작하였습니다.

면접관 주변에선 본인을 뭐라고 평가하나요?

응시생 먼저 나서서 하는 모습이 예쁜 사람이라고들 합니다.

면접관 부정적인 평가는 무엇인가요?

응시생 먼저 사서 걱정을 하는 편이라 "뭘 그렇게 까지 걱정하고 그래?"라는 말을 한 번 들은 적이 있습니다.

면접관 본인의 단점을 극복한 경험이 있나요?

응시생 소극적인 측면이 있었는데 패밀리 레스토랑 알바와 판촉물 배부, 다양한 봉사를 통해 처음 뵌 분과도 밝게 인사를 나누고 대화를 잘 하게 되었습니다.

면접관 공무원의 공직가치 중 사회복지직이 가장 중요하게 생각하는 것은 무엇인가요?

응시생 저는 책임감이라고 생각합니다.

면접관 그거 말고 사회복지직 공무원 6대 의무 중 가장 중요한 것은 무엇인가요? (저는 공직가치라 들었는데 의무로 다시 말하라고 하셨습니다. 제가 잘못 들었던 것 같습니다.ㅠㅠ)

응시생 품위 유지가 가장 중요하다고 생각합니다.

면접관 사회복지직에서 그게 가장 중요한가요?

응시생 죄송합니다. 성실의 의무라고 생각합니다. 제가 노인복지관에서 실습 당시 사례관리를 했었는데 어르신 댁에 방문해 경제적인 문제 같은 민감한 질문을 드렸더니 처음엔 답을 안 해주셨습니다. 당연히 처음 본 저한테 안 해주시는게 맞다고 생각해 꾸준히 찾아가 말동무와 안마도 해드리며 마음의 문을 열었고 결국 대답해주시고 어르신께서 원한 서비스도 제공해드린 경험이 있습니다.

면접관 자신이 책임감이 중요하다고 했는데 이를 발휘한 경험이 있나요?

응시생 저는 노인 일자리 사업을 했을 때 어르신께서 참여하고 싶으셨으나 자리가 없었습니다. 그래서 고민을 하던 중 마침 학교경비원 자리가 요청이 왔고 제가 몇 번 미팅을 나가 신청하신 어르신과 맞는 일자리인지 알아보고 끝까지 연계해드린 경험이 있습니다.

면접관 용인시에서 인상깊었던 정책 2가지를 말해보세요.

응시생 아동 안전 지킴이가 있습니다. 종종 당근마켓에 하원 도우미 구함 글을 보았는데 이것을 보완하고 또한 어르신 일자리 창출과 연결되어서 매우 효과적인 정책이라고 생각합니다. 청년lab은 이번 면접 준비를 하면서 이용해봤는데 무료 스터디룸과 다양한 물품 대여 등이 매우 좋았습니다.

면접관 용인시에서 아쉬운 정책은 무엇인가요?

응시생 아이돌봄 서비스 매칭이 아쉬웠습니다.

면접관 용인시에서만 그 서비스를 하는 것은 아닌데요?

응시생 맘카페에서 보니 서울에서 용인시에서 오신 분이 비용 지원이나 이런게 좀 아쉽다고 하셨다 그래서 사회적 기업인 한살림에서도 비슷한 사업을 하는데 홍보 부족과 비용에서 이용을 망설여 하시는 후기를 보았습니다. 그래서 용인시와 사회적 기업이 협업을 하여 홍보와 비용적인 측면이 해결된다면 맞벌이 부부가 용인시에서 안정된 환경에서 아이키우기에 좋을 것 같습니다.

면접관 해보고 싶은 정책이 있나요?

응시생 저는 노인 복지에서 고독사에 관한 정책을 해보고 싶습니다. 용인시의 65세 이상 노인인구는 16만명 이상이고 저소득층 1인 가구는 대략 9,700세대라고 알고 있습니다. 현재 일본에서 고독사 예방을 위해 고령 1인 가구를 연결해 무덤친구라는 프로그램을 통해 함께 죽음을 준비하는 정책이 있다고 합니다. 또한 전라도 지역에서도 웰다잉이라는 교육 프로그램을 통해 그동안의 삶을 돌아보고 가치 있는 삶을 살았다고 칭찬도 해주며 아름다운 이별을 준비하는 교육을 실시한다고 합니다. 저는 이것을 벤치마킹하여 고독사 위험군 대상자를 선정해 2분씩 매칭해 드리고 고독사에 대한 교육 참여와 웰다잉 프로그램으로 영정사진 찍기, 유언장 써보기 등을 진행할 것입니다. 그래서 동네분들끼리 친목도모를 하고 유대감을 쌓아 고독사를 예방할 수 있는 정책을 해보고 싶습니다.

면접관 마지막으로 하고 싶은 말씀이 있나요?

응시생 저는 용인시에 오랫동안 거주하면서 어린 시절 용인 5일장의 핫도그를 좋아하며 청소년기에 에버랜드를 자주 다니고 얼마 전까지 용인시 청년 기본소득을 받으며 수험생활을 보냈습니다. 또한 이 자리에 용인시 희망옷장을 이용해 오게 되었습니다. 저에겐 이렇게 행복을 주는 도시가 용인시입니다. 하지만 얼마 전 용인시에서 일어난 고독사 기사를 보고 굉장히 마음이 아팠습니다. 그래서 저는 고독사 없는 용인시를 만들고 싶습니다. 오늘 귀한 면접의 기회를 주셔서 감사합니다.

4 지역현황 및 현안 핵심

Q. 용인시에 대해 소개해보라.
　└[추가질문] 그럼 용인시 인구는 얼마인가? 그중 노인인구는?
　└[추가질문] 행정동과 법정동에 대해 설명해보라.
Q. 용인시의 시정비전은 무엇인가?
Q. 용인시를 홍보하는 자료를 30초의 분량으로 만들어서 영상을 찍으려고 한다. 용인시에 대해 아는 지식과 이미지를 활용하여 어떻게 홍보할 것인가?
Q. 특례시 지정이 가지는 의미는 무엇이며 특례시가 되면 좋은 점은?
Q. 용인시 시민소통정책에 대해 답변해보라.
Q. 지자체에서 하고 있는 SNS 활동에 대해서 어떻게 생각하는가? 장점은 무엇이며 단점은 어떻게 보완을 하면 좋겠는가?
Q. 용인시 청년정책에 관해 아는 것이 있는가?
Q. 용인시가 도농복합도시로서 이상적인 도시가 되려면 어떻게 해야 하겠는가?
Q. 본인이 용인시의 시장이 된다면 어떤 정책을 수행할 것인가?
Q. 용인시 축제에 대해 아는 것이 있는가?
Q. 용인시가 인구 100만명이 넘었는데 앞으로 더 발전할 용인시를 위해 어떤 부분을 키워야 한다고 생각하는가?
　└[추가질문] 거쳐가는 관광보다 체류형 관광이 되기 위해서는 어떻게 해야할 것 같은가?
Q. 용인시의 교통문제에 대해 알고 있는 것이 있는가? 스마트 교통도시란?
Q. 용인시의 탄소중립정책에 대해 답변해보라.
Q. 일회용품 줄이기 방안에 대해 답변해보라. ⇨ 재활용 정책

Q. 용인시 장단점을 이야기해보라.

Q. 4차 산업혁명 기술의 행정 적용방안에 대해 답변해보라.

Q. 용인시 적극행정 사례에 대해 답변해보라.

Q. 지역화폐의 장단점은?

Q. 다문화정책에 관해 외국인 증가로 인한 문제점 및 해결방안은 무엇인가?

Q. 반도체 중심도시 육성 내용에 대해 아는 대로 이야기해보라.

5 3분 스피치 대비

(1) 개 요

용인시는 2022년 처음으로 3분 스피치를 면접에 도입하였다. 3분 스피치는 과제 검토장에서 10분간 과제 검토 후 면접실에 입실하여 3분간 검토과제를 발표하는 형식이다.

(2) 2023년 3분 스피치 주제

① **조직생활 상황형**: 폭우 같은 재난 상황시 신규 공무원의 입장에서 재난 담당이 아닌데 빗발치는 민원을 어떻게 해결할지

② **조직생활 상황형**: 시민들의 참여율을 높이는 홍보방안

③ **경험형**: 인생에서 어려웠거나 힘들었던 경험을 제시하고 그 경험이 나중에 도움이 되었거나 괜찮아졌다면 공직에서 어떻게 적용할 수 있는지

(3) 2024년 3분 스피치 대비

① 상황형, 조직생활, 경험형 등 어떤 주제가 나오더라도 공직가치, 직무역량, 조적적응력을 중심으로 풀어갈 수 있도록 준비해야 한다.

② 3분 스피치라고 하지만 실제로는 사전조사서 주제와 비슷하다. 단지 글로 작성하느냐 말로 표현하느냐의 차이만 있을 뿐이다.

MEMO

CHAPTER

04 고양시

1 면접진행방식 및 특징

(1) 면접관은 3인이며 면접시간은 13분 정도이다.

(2) 고양시는 공직관 및 인성 중심으로 면접이 진행된다.

(3) 면접 중요도는 높은 편이다.

(4) 지역현안 및 지방자치에서 지역현안에 대한 질문 비중은 높지 않으나 직렬과 연결시켜 준비하는 것이 필요하다.

① 시정비전 및 목표, 지원지역 인구, 노인인구, 지역이슈, 고양시 예산

② 고양시 시급한 문제

③ 공무원에게 고객은 누구인가?

   ➡ 외부고객은 국민, 주민이며 내부고객은 타 부서 및 같은 부서 동료, 상사, 관련기관 등이다.

④ 악성 민원인 대응

(5) 직렬별 직무관련 질문에서 직렬별 질문 비중도는 낮다.

① **사회복지직:** 복지사각지대 해결방안, 보편적 복지 및 선별적 복지, 코로나시대 취약계층은 누구인가, 정책제안

② **세무직:** 지자체가 자주적으로 쓸 수 있는 세원, 우리가 수원시나 용인시보다 왜 재정자립도가 낮은지 이유

(6) 사회이슈 ⇨ 저출산 원인 및 해결방안, 이해충돌방지법, MZ세대

(7) 공직관 및 조직생활 ⇨ 시민행복을 위한 3가지 방법, 가족약속과 시장님 지시가 겹쳤을 경우 대처

2 면접질문 사례

사례 01. 보건직(2023)

Q. 자기소개를 해보라.

Q. 사전조사서 ⇨ 고양시에 대한 이미지는 무엇이며 살기 좋은 도시를 만들기 위한 아이디어는 무엇인가?

  ∟[추가질문] 우리 시에 대해 떠오르는 이미지가 그것밖에 없는가?

Q. 보건직이 무엇을 하는지 아는가? 사전에 나와 있는 남들이 다 아는 것 말고 답변해보라.

Q. 사회경험은 있는가?

  ∟[추가질문] 요식업에서만 있었다는 건데 공백은 어떻게 되는가?

Q. 다른 시도 많은데 왜 굳이 고양시에 지원했는가?

Q. 타인을 위해서 무언가를 하였던 경험이 있는가?

Q. 소통능력이 있다고 했는데 어떤 식으로 인지와 단점도 말해보라.

Q. 면접준비하면서 우리 시 뉴스 같은 것을 많이 찾아봤을텐데 우리 시의 문제점은 무엇인가?

  ∟[추가질문] 문제점이 생긴 이유에 대해 아는가?

  ∟[추가질문] 그럼 재정자립도를 높이기 위한 방법에는 어떤 것이 있겠는가?

Q. 노인분야에 관심이 많은 것 같은데 노인말고 보건직이 다른 일은 무엇을 하는지 알고 있는가?

Q. 고양시 정책 중 아쉬운 것이 있는가?

Q. 상사가 부당한 지시를 하며 성과를 강요한다면 어떻게 할 것인가?

Q. 마지막으로 할 말

사례 02. 일반행정직(2022)

Q. 가장 큰 스트레스를 받았던 경험은 무엇이며 어떻게 극복했는가?

Q. 자기소개를 30초 정도 해보라.

Q. 이번 비 피해 때문에 일부 지자체에서 오전 11시까지 공무원들 보고 출근하라고 했었는데 민원인들의 불만이 많았다. 어떻게 생각하는가?

Q. 악성 민원인들 사례에 대해 익히 알고 있을텐데 어떻게 생각하며 대처법은 무엇인가?

  ∟[추가질문] 계속 떼쓰고 변하지 않으면?

Q. 공무원을 지원한 계기는 무엇인가?

Q. 공무원을 하는데 공직가치 중 도움이 될 본인의 자질은 무엇인가?

Q. 공무원 급여가 적은 것도 잘 알고 있는가?

Q. 본인의 성격 중 주변 지인들이나 친구들이 좋아하는 면이나 강점은 무엇이며 반대로 단점은 무엇인가?

Q. 친구들에게 쿨한 편인가 따뜻한 편이라는 소리를 듣는 편인가?

  ∟[추가질문] 친구들이 아쉬워하거나 서운해 하진 않은가?

Q. 일과 가정의 문제가 양립하는 경우가 많다. 집에 급한 일이 있다고 연락이 올 경우 어떻게 할 것인가?

사례 03. 일반행정직(2022)

Q. 사전조사서 ⇨ 2022년 고양시가 특례시가 됨에 따라 본인이 생각하는 발전 방향은 무엇인가?

Q. 사기업과 공기업에서 가장 큰 차이가 무엇이라고 생각하는가?

Q. 사기업에 얼마나 근무했나? 직급이 뭐였는가? 현재 다니고 있는가?

Q. 사기업을 왜 그만 두었는가?

Q. (해외영업을 했다고 답변하니) 본인만의 영업 노하우는 무엇인가?

Q. 민원인들 전부를 만족시킬 수는 없다. 어떻게 할 것인가?

Q. 하나뿐인 친구의 장례식장에 갔는데 직장에 복귀해야 할 경우 어떻게 할 것인가? 업무처리에 있어 꼭 본인이 필요하고 거리도 멀다.

Q. 테크노밸리 사업이 타당하다고 생각하는가?

Q. 일 중심인 편인가? 관계 중심인 편인가?

Q. 10년 뒤 모습은 어떻겠는가?

Q. 본인이 싫어하는 사람이 있으면 어떻게 할 것인가?

Q. 희생해서 남을 기쁘게 한 경험이 있는가?

Q. 고양시에 지원한 이유는 무엇인가?

사례 04. 일반행정직(2022)

Q. 사전조사서
   1. 숙직근무로 남성공무원의 불만이 속출하는 이유와 이에 대한 해결방안은 무엇인가?
   2. 본인이 유튜브를 담당한다면 콘텐츠는 어떤 것으로 할 것인가?

Q. 전공은 무엇인가?
   └[추가질문] 그럼 공무원을 하게 된 진짜 이유는 무엇인가?

Q. 수험기간은 얼마나 되며 사회생활은 얼마나 했는가?

Q. 직장 생활은 몇 년 정도 했는가?

Q. 적극적으로 나서서 변화를 꾀한 적이 있는가?

Q. 이해충돌방지법에 대해 아는가?

Q. 나이 어린 상사를 겪어 봤을 것 같은데 어땠는가?
   └[추가질문] 나이 어린 상사가 본인을 어려워 하진 않는가?
   └[추가질문] 본인이 어떻게 행동을 했기에 어려워하지 않았다고 생각하는가?

Q. 금요일 저녁에 가족들과 한 달 전부터 한 약속이 있는데 시장님 지시로 월요일 오전까지 보고서를 써야 한다며 과장님이 업무 지시를 할 경우 어떻게 할 것인가?

Q. 어디에 살고 있는가?

Q. 직장생활을 하면서 모두 존댓말을 사용했는가?

Q. 전공과 관련이 있긴 하지만 사기업에 다녀봤는데 공무원에 왜 응시했는가?

Q. 고양시에 대해 공부한 것에 대해 답변해보라.

사례 05. 전산직(2022)

Q. 사전조사서
   1. 숙직근무로 남성공무원의 불만이 속출하는 이유와 이에 대한 해결방안은 무엇인가?
   2. 본인이 유튜브를 담당한다면 콘텐츠는 어떤 것으로 할 것인가?

Q. 스트레스를 받으면 어떻게 해소하는가?

Q. 악성 민원이 올 경우 어떻게 대처할 것인가?

Q. 화장품회사에 다녔다고 했는데 화장품을 판매한 것인가? 어떤 일을 했는가?
   ㄴ[추가질문] 회사에 다니면서도 공익을 위해 일할 수 있는데 왜 공무원이 되고 싶은가?
   ㄴ[추가질문] 그럼 진짜 공무원이 되어야겠다고 느꼈던 계기가 있는가?

Q. 다른 사람들이 본인을 어떤 사람이라고 이야기 하는가?
   ㄴ[추가질문] 그 얘기를 들었을 때 본인은 어떻게 생각했는가?
   ㄴ[추가질문] 본인도 스스로 밝다고 생각하는가? 밝으려고 노력하는 것은 아닌가?

Q. 회사에 다니면서 직급이 어떻게 됐는가? 회사 분위기는 어땠는가?
   ㄴ[추가질문] 과장급이었으면 부하나 후배 이런 친구들도 많이 있었을 텐데 차이를 느낀 적이 있는가?
   ㄴ[추가질문] 과장급이었는데 공직에 들어오면 신입인데 어떨 것 같은가?

사례 06. 토목직(2022)

Q. 사전조사서
   1. 공무원의 가장 중요한 공직가치가 무엇이라고 생각하며 그것들을 가지기 위해 노력한 방안 또는 가지고 있는 부분들을 말해보라.
   2. (동료인지 상사인지 헷갈립니다;;) 소통할 때 설득하는 본인만의 방법은 무엇인가?

Q. 전공자이고 토목기사도 있는데 전공자면 다른 사람과 다른 본인만의 강점이 있는가?
   ㄴ[추가질문] 현장실습을 하였다고 했는데 어떤 일을 한 것인가?

Q. 소통역량이 강점이라고 하였는데 어떻게 소통역량을 발휘했는가? 그리고 소통을 했을 때 본인의 단점과 그것을 해결했던 노력방안을 답변해보라.

Q. 공무원 지원동기가 무엇인가?
   ㄴ[추가질문] 사기업도 있는데 왜 하필 공무원에 지원했는가?

Q. 평소에 어떨 때 스트레스를 받으며 어떻게 푸는가?
   ㄴ[추가질문] 그러면 스트레스가 다 풀리는가?

Q. 토목직하면 민원 스트레스가 많을 텐데 혼자는 어떻게 스트레스를 풀 것인가?
   ㄴ[추가질문] 그러면 본인은 스트레스를 풀 때 여러 집단이랑 푸는 것을 선호하는가 혼자서 푸는 걸 선호하는가?

Q. 악성 민원은 일반 민원이랑 다른데 악성 민원에 대해서 어떻게 생각하는가?

Q. 자신을 주변사람들이 어떻게 평가하는가?

Q. 면접을 준비하면서 고양시에 어떤 부분이 중요하다고 생각했는가?
   ㄴ[추가질문] 그럼 고양시 도시재생사업에 대해 조사하였을 것 같은데 어떤 일을 하는지 아는가?
   ㄴ[추가질문] 도시재생지역에 직접 가보아서 아는 것인가?

Q. 좌우명이 무엇인가? 그 좌우명을 공직에 와서 어떻게 행동할 것인가?

3 **면접후기**(2023 보건직)

면접관 자기소개를 해주세요.

응시생 ○○시를 위해 평생 일하고 싶은 지원자 ○○○입니다. 저는 경험 두 가지를 통해 말씀드리겠습니다. 먼저 저는 보건소에서의 실습 경험이 있습니다. 이때 제가 ○○시를 위해서 일할 때 가장 행복하고 보람을 느끼고 열심히 일 할 수 있다는 것을 깨달았습니다. 그리고 저는 오랜 아르바이트 경험이 있습니다. 이때 친절과 소통능력을 통해 칭찬직원에 추천되기도 하였습니다. 저는 이러한 저의 ○○시에 대한 사랑과 친절, 소통능력으로 ○○시민분들의 건강을 위해 힘쓰는 ○○시 보건직 공무원이 되고 싶습니다.

면접관 (사전조사서) 고양시에 대한 이미지는 무엇이며 살기 좋은 도시를 만들기 위한 아이디어는 무엇인가요?

응시생 (제가 횡설수설 답변했더니 면접관님께서 "우리 시에 대해 떠오르는 이미지가 그것밖에 없나요?"라고 하셨습니다.;;)

면접관 그런것 말고 가시적으로 나타나는 … 무엇이 있나요? (길게 설명해주셨습니다.)

응시생 발전가능성으로는 GTX 개통과 테크노밸리 기업유치 등이 있습니다.

면접관 그건 미래의 일이고 지금 생각나는 것은 무엇인가요? 정책이라든지요.

응시생 아, 치매관련 정책을 잘 하는 것 같습니다.

면접관 ○○시는 치매다? 알겠습니다.

응시생 아, 네. 치매관리 사업을 잘합니다.

면접관 보건직이 무엇을 하는지 알고 있나요? 사전에 나와 있는 남들이 다 아는 것 말고 답변해보세요.

응시생 시민들의 건강을 위해… (면접관님께서 "그건 당연한거고…"라고 하셨습니다.) 아, 네. 감염병 관리, 모자보건, 치매사업, 만성질환 관리 등의 사업을 합니다.

면접관 사회경험은 있나요?

응시생 직장 경험은 없고 프랜차이즈 패스트푸드점에서 1년 반, 카페에서 4년 일했습니다.

면접관 요식업에서만 있었다는 건데 공백은 어떻게 되나요?

응시생 계속 일하면서 공부했습니다.

면접관 다른 시도 많은데 근데 왜 굳이 고양시에 지원했나요?

응시생 (면접 대기장에서 출신지 말하지 말고 블라인드 준수하라고 하셔서 연고지 어필하고 싶었는데 못했습니다.ㅜㅜ 그리고 무엇이라고 대답했는지 전혀 기억이 나지 않는데 반응이 별로 좋지 않았던 것 같습니다.)

면접관 타인을 위해서 무언가를 하였던 경험이 있나요?

응시생 2017년부터 적은 돈이지만 기부 중입니다. 또 대중교통에서 노약자 양보, 직원으로 일할 때가 아니더라도 키오스크를 어려워하시는 분들을 도와드린 적이 있습니다.

면접관 소통능력이 있다고 했는데 어떤 식으로 인지와 본인의 단점도 답변해주세요.

응시생 봉사와 실습을 통해 어르신들과 소통능력을 길렀습니다. 예를 들어 봉사 때 어르신들과 소통을 어려워하는 친구들을 도와 화기애애한 분위기를 이끌고 아르바이트를 할 때는 다른 알바생들한테 컴플레인이 들어오면 대신 중재를 하였습니다. 저의 단점은 걱정이 많은 편이라… 체크리스트를 사용하는 습관이 있습니다.

면접관 소통능력은 그게 아니라 어떤 방식으로 소통하는 것인지를 물어본 것입니다.

응시생 저는 이해심이 좋습니다. 남들은 왜 저렇게 말하지? 싶어 하는 경우에도 사람의 다면성을 이해하고 그분의 상황을 파악하고 이해합니다. (이런 뉘앙스로 답변했습니다. 그런데 면접관분들이 긴가민가한 표정을 지으셨습니다.;;)

면접관 면접준비하면서 우리 시 뉴스 같은 것을 많이 찾아봤을텐데 우리 시의 문제점은 무엇인가요?

응시생 재정자립도가 경기도에서 낮은 편인 것 같습니다.

면접관 왜 그런지 알고 있나요?

응시생 찾아봤을 때 수도권 규제, …규제들 때문에 일자리를 유치하기 어려워서 그런 것으로 보았습니다.

면접관 그럼 재정자립도를 높이기 위한 방법에는 어떤 것이 있을까요?

응시생 일자리를 우선 늘려야 합니다. 중소기업, 스타트업들이 자기 PR을 해서 지원자를 모을 수 있는 어플을 개발했으면 좋겠습니다. 그리고 관광지에서 관광 후에 다른 지역으로 유출되지 않도록 맛집지도, 관광정보지를 제공하면 좋겠습니다.

면접관 노인분야에 관심이 많은 것 같은데 노인말고 보건직이 다른 일은 무엇을 하는지 알고 있나요?

응시생 금연사업, 심폐소생술 교육, 정신보건 쪽이 있습니다. 그리고 제가 하고 싶은 것 하나 말씀드려도 될까요? (할말이 너무 없어서 갑자기 튀어나온 답변입니다.ㅜㅜ) 요즘 고립청년문제가 많은데 고립은둔청년들을 위해 온라인 자조모임을 하면 그분들을 사회로 이끌어서 정책을 수행하기 쉬워질 것 같습니다. (시 특화사업을 공부해갔는데 일반적으로 전국 보건소에서 하는 것들만 말해버렸습니다.;;)

면접관 ○○시 정책 중 아쉬운 것은 무엇인가요?

응시생 공공자전거를 굉장히 좋아했었는데 최근에 공공자전거 사업이 중단되었습니다. 이전 공공자전거의 정류장시스템을 이용한다면 전기자전거에 경쟁력이 생겨서 시민들의 자전거 이용을 늘릴 수 있을 것이라고 생각합니다.

면접관 상사가 부당한 지시를 하며 성과를 강요한다면 어떻게 할 것인가요?

응시생 우선 복종의 의무에 따라 지시에 따르겠습니다. 하지만 그게 불법적이거나 불합리한 것이라면 상사에게 정중히 지시를 철회드릴 것을 요구하겠습니다.

면접관 그런데 성과를 내라고 하는 것은 … (설명해주셨습니다.)

응시생 네, 성과에 대한 부분은 성과를 내기 위해 노력할 것입니다. 왜냐하면 저의 능력을 믿어주시고 시켜주신 것이라고 생각하기 때문입니다.

면접관 마지막으로 할 말이 있나요?

응시생 긴장해서 횡설수설했는데 끝까지 들어주셔서 정말 감사합니다. 앞으로 저 친구 참 잘 뽑았다 하실 수 있도록 조직에도 빠르게 적응하고 시민분들에게 많은 도움을 드릴 수 있는 ○○시 보건직 공무원이 되겠습니다.

(처음 들어갔을 땐 다들 웃어주셨는데 갈수록 알쏭달쏭하신 표정들과 냉랭한 분위기가 되었던 것 같습니다. ㅠㅠ 제가 질문의 요지를 못 잡고 주절주절 길게 말한 것 같습니다. 원래 말이 빠른 편인데 면접 연습하면서 고쳐졌다고 생각했는데 실전으로 들어가니까 다시 빠르게 말한 느낌이 납니다.)

4 지역 현황 및 현안 핵심

Q. 고양시 정책과 관련하여 여러 가지 정책이 있고 문제점도 있을 것이다. 지금까지 본인이 생각했을 때 "이런 점은 문제점이 있다"라고 생각이 드는 것과 개선방안은?

Q. 시에 대해 떠오르는 이미지 3가지는 무엇인가?

Q. 고양시 국제꽃박람회에 가본 석이 있는가? 거기서 무엇을 느꼈는가?
  ㄴ[추가질문] 거기 심어진 꽃들이 모두 국민의 세금을 통한 것인데 세금이 많이 드는 것은 주민반대가 있을 수 있다. 어떻게 세수를 확보해야 하겠는가?

Q. 통일한국 실리콘 밸리에 대해 아는 대로 설명해보라.

Q. 고양시 청년들이 외부로 빠져나가는 것에 대한 구체적 방안 2가지를 제시해보라.

Q. 지역불균형 해결방안을 구체적으로 2가지 답변해보라.

Q. 고양시의 현재 시행하는 정책이나 고양시에 대해 아는 점 아무거나 답변해보라.
  ㄴ[추가질문] 그러면 고양시가 지금 부족한 분야는 어느 곳이고 어디에 예산을 사용해야 되겠는가?

Q. 고양시에서 시행하고 있는 사업들을 알고 있는가?

Q. 특례시가 가지는 의미는?

Q. 고양시가 가진 강점은? 반대로 약점은?

Q. 고양시 청년정책 아는 것에 대해 답변해보라.

Q. 탄소중립을 위해 고양시에서 하는 사업이나 정책은?

Q. 4차 산업관련 고양시의 사업은 무엇이 있는가?

Q. 본인이 생각하는 고양시의 현안문제는? 그 문제에 대한 해결방안은?

Q. 고양시를 소개해보라.

A. 우리 고양시는 600년의 문화유적을 간직한 역사도시입니다. 이제 신한류 문화예술도시로 거듭나기 위해 아쿠아스튜디오, 킨텍스, 신한류홍보관 등을 통해 드라마, 영화제작의 메카로 자리잡고 있습니다. 고양시는 문화적으로 발전할 수 있는 것이 많은 가능성이 무궁무진한 도시입니다.

CHAPTER

05 가평군

1 면접진행방식 및 특징

(1) 면접관은 3인이며 면접시간은 10~15분이다.

(2) 가평군은 공직관 및 인성 중심으로 면접이 진행된다.

(3) 면접 중요도는 낮은 편이다.

(4) 지역현안 및 조직생활과 관련하여 지역현안에 대한 질문 비중은 직렬별로 차이가 있으나 준비가 필요하다.
  ① 가평군 상징(나무, 꽃, 새), 군정비전 및 목표, 지원지역 인구, 노인인구, 가평군 농산물 브랜드, 지역이슈
  ② 가평군 잘하고 있는 정책
  ③ 실행해 보고 싶은 정책

(5) 직렬별 직무관련 질문은 다음과 같다.
  ① 일반행정직: 행정동과 법정동 차이
  ② 사회복지직: 복지사각지대 해결방안

2 면접질문 사례(2023)

사례 01. 일반행정직

Q. 사전조사서 ⇨ 조직문화와 성향 및 가치관이 다른 경우에 목표달성을 위해 어떻게 할 것인가?

Q. 일반행정에 지원하기 위해 어떤 노력을 했는가?

Q. 회의감이 들 때는 언제인가?

Q. 나쁜 습관은 무엇인가?
  └[추가질문] 스트레스를 받으면 어떻게 해결하는가?

Q. 수험기간이 얼마나 걸렸는가?

Q. 지원동기는 무엇인가?

Q. 실습할 때 힘든 점은 무엇이었는가?

Q. 장기나 특기가 무엇이었는가?

Q. 친구가 몇 명인가?

사례 02. 일반행정직

Q. 사전조사서 ⇨ 조직문화와 성향 및 가치관이 다른 경우에 목표달성을 위해 어떻게 할 것인가?

Q. 자기소개를 해보라.
  └[추가질문] 많은 아르바이트 경험을 해봤다고 했는데 어떤 것들을 해봤는가?
  └[추가질문] 그중 가장 오래했던 것은?

Q. 가평군에 대해 소개를 해달라.

Q. 조직생활을 하면 이름하여 꼰대라고 하는 상사가 있는데 서로 이해하는 부분이 맞지 않으면 어떻게 할 것인가?
  └[추가질문] 실제 정책이나 제도 부분에서는 많이 갈등하지 않는 편이다. 그런 부분 말고 이해가 충돌하면 어떻게 하겠는가?
  └[추가질문] 그럼 본인이 이해하는 편이라고 했는데 그렇게 되면 스트레스를 그래도 조금은 받을텐데 스트레스는 어떻게 푸는가?

Q. 준비하면서 공부는 하였을텐데 북부와 남부로 나눠지는 것을 들어 보았을 것이다. 이에 대해 답변해보라.

Q. 우리 지역 문제점은 무엇인가?
  └[추가질문] 고령화야 기존에 있던 분들이지만 저출산 문제나 이런 것은 왜 그런거 같은가?

Q. 봉사활동은 보니까 없는데 언제 마지막으로 봉사를 했는가? 그리고 무슨 봉사를 했는가?
  └[추가질문] 시에 대한 기부랑 봉사가 있다면 어떤 것을 선택할 것인가?

Q. 진상손님을 만났던 적이 있는가?

Q. 마지막으로 하고 싶은 말

사례 03. 토목직

Q. 사전조사서 ⇨ 팀으로 일할 때 가장 중요한 가치는 무엇인가?
  └[추가질문] 3가지 가치 중 무엇이 가장 중요한가?

Q. 자기소개를 해보라.

Q. 팀에서 친화력을 어떻게 기르는가?

Q. 제품 수입 업무를 했다고 했는데 사기업이 월급이 훨씬 많았을 것 같다. 그런데 왜 공무원에 지원하였는가?

Q. 토목직 공무원은 매우 힘들다. 왜 지원하였는가?

Q. 행정직과 토목직의 차이는?

Q. 수험기간 중 콜센터 아르바이트를 했다고 했는데 어떤 일이었는가?
  └[추가질문] 해결했던 민원사례에 대해 말해보라.
  └[추가질문] 공무원 민원은 콜센터보다 훨씬 힘들 수 있다. 잘할 수 있겠는가?

Q. BTM 공법은 무엇인가?

Q. 건축과 토목의 정의는?

Q. 도시계획정비에 대해 설명해보라.

Q. 주변인들이 하는 본인에 대한 평가는?
  └[추가질문] 가까운 친구들은 뭐라고 하는가?

Q. 스트레스 해소 방법은?

Q. 재개발이 될 지역이 확정이 되었다. 갑은 찬성했고 을은 해당지역 토박이고 절대적으로 재개발에 반대이다. 어떻게 설득할 것인가?

3 **면접후기**(2023 일반행정직)

면접관 (사전조사서) 조직문화와 성향 및 가치관이 다른 경우에 목표달성을 위해 어떻게 할 것인가요?

응시생 성향 및 가치관이 다르다고 해도 전부가 다르다고 생각하지 않습니다. 일부분의 의견에서 다르다고 생각합니다. 먼저 저는 이 일을 하기 위해 제가 얼마나 열심히 하고 있는지를 반성하고 부족하거나 한 부분에 대해서 자기계발을 통하여 채워나갈 것입니다. 그리고 그 일에 관해 다른 관련 사례를 찾고 그 방안이 좋다면 그 의견을 따르고 제 의견의 괜찮은 부분도 반영될 수 있는지 이야기해보고 합의안을 찾아보겠습니다. 그리고 다양성 측면에서도 성향이 다른 것은 다양한 의견 방안이 나올 수 있기 때문에 좋다고 생각합니다. 그리고 그 의견들을 협의를 통해 방안을 찾는다면 좀 더 좋은 목표를 달성할 수 있다고 생각합니다.

면접관 심호흡 크게 하시고 자기소개 시작하세요.

응시생 안녕하십니까. 행복과 희망이 함께하는 미래창조도시 가평군의 예비공무원 ○○○입니다. 먼저 저를 설명드리자면 소통왕, 책임감, 성실함이라는 단어로 설명드릴 수 있습니다. 수많은 아르바이트 경험으로 다양한 상황에서 다양한 사람들과 적극적으로 소통하는 법을 배웠습니다. 그런 경험으로 타인의 말에 귀기울이는 사람이 되었습니다. 또한 공부, 아르바이트, 할머니의 병간호를 하면서 어느 하나 소홀함 없이 하여 주변지인들과 사장님들에게 책임감 있고 성실하다고 인정받았습니다. 저의 이런 장점과 밝고 적극적인 성격으로 지역주민들의 이야기에 귀 기울이고 적극행정을 실현할 수 있는 가평군의 공무원이 되겠습니다.

면접관 많은 아르바이트 경험을 해봤다고 했는데 어떤 것들을 해봤나요?

응시생 편의점, 식당 서빙, 결혼식 서빙, 골프장 식음 등을 했습니다.

면접관 그중 가장 오래했던 알바는 무엇인가요?

응시생 편의점입니다. 한 3~4년 가량 했습니다.

면접관 같은 곳에서 계속 그렇게 하셨다는 거죠?

응시생 네.

면접관 그럼 가평군 소개 좀 해주세요.

응시생 가평군은 관광, 레저, 휴양, 힐링이 특징입니다. 또한 수도권과 근접해 있어서 관광객과 같은 유동인구가 많습니다. 이런 저희 지역은 청정 도시로서 관광 활성화를 통해 지역 경제 활성화에 도움이 되고 있습니다. (여기서 뭔가 제가 잘못 말한 것 같아서 끊었습니다.)

면접관 아, 그런 소개말고 가평군 소개 좀 해주세요.

응시생 저는 가평을 한 번 외국인에게 소개해보고 싶습니다. 가평에는 관광순환버스가 있습니다. K-드라마가 인기기 때문에 '드라마 속으로'라는 테마의 관광순환버스로…(이야기 진행 중에 다음으로 넘어갔습니다.)

면접관 그럼 순환버스 노선에 대해 아시나요?

응시생 네, 쁘띠프랑스에서…

면접관 쁘띠프랑스 이름이 바뀌었습니다.

응시생 네, 이탈리아마을과 남이섬으로 가는 노선과 아이들을 위한 관광으로는 이탈리아마을에서 아침고요수목원으로 가는 노선이 있습니다.

면접관 조직생활을 하면 이름하여 꼰대라고 하는 상사가 있는데 서로 이해하는 부분이 맞지 않으면 어떻게 할 것인가요?

응시생 이해가 안 맞는다고 하더라도 공직생활에서 먼저 일을 하셔서 경험이 있고 또한 같은 공직자로서 가치관도 비슷하기 때문에 그 상황에서 옳은 말을 하셨다고 생각합니다. 그러나 아무리 그렇다 하더라도 이해가 가지 않는 부분들은 분명 존재할 수 있다고 생각합니다. 그럴 때는 그 부분이 제도이든 정책이든 제가 부족한 것을 관련 사례 같은 것을 찾아보고 이해하도록 해보고 제 의견과 이야기하며 합의안을 찾도록 하겠습니다.

면접관 실제 정책이나 제도 부분에서는 많이 갈등하지 않는 편입니다. 그런 부분 말고 이해가 충돌하면 어떻게 하겠나요?

응시생 저는 상대방을 이해하는 편입니다. 그래서 트러블문제가 자주 발생한 적이 없지만 그렇게 된다면 먼저 그런 이해충돌이나 갈등이 있다면 제게도 분명 부족하거나 상관분께서 불만이 있으신 부분이 있을 거라고 생각합니다. 따라서 차라도 한잔 하면서 이야기를 나눠보기도 하고 주변 동료분께 어떤 것을 좋아하시는지 조언도 구해보며 갈등 상황을 풀어나가도록 할 것 같습니다.

면접관 그럼 본인이 이해하는 편이라고 했는데 그렇게 되면 스트레스를 그래도 조금은 받을텐데 스트레스는 어떻게 푸나요?

응시생 노래방을 갑니다.

면접관 그럼 노래방 18번이 무엇인가요?

응시생 tears입니다.

면접관 옛날 노래 아닌가요? ㅎㅎ

응시생 (어려보이는데 옛날 노래부른다고 하시는 듯하셔서 저는 미소를 지었습니다.)

면접관 그럼 혹시 준비하면서 공부는 하셨을텐데 북부와 남부로 나눠지는 것을 들어 보았을 것입니다. 이에 대해 답변해주세요.

응시생 (잘 몰라서) 솔직히 잘 모르는 부분이긴 하지만 북부와 남부의 차이가 더 커질 것이라고 생각했습니다. 또한 인프라가 가평이 다른 쪽으로 몰려있어서 좀 더 불편하지 않을까 하는 생각도 들었습니다.

면접관 그래요? 그럼 안 좋기만 할까요?

응시생 그건 아니지만 교통부분에서나 더 좋은 것 같습니다.

면접관 정답은 없어요. 하지만 북부와 남부로 나누고 싶어하는 분들은 가평이나 포천 북부분들이 많습니다. 그렇지만 정답은 없는 문제입니다.

응시생 아~ 네! (잘못 대답한 것 같아 당황해서 인정하는 듯이 끄덕였습니다.)

`면접관` 그러면 우리 지역 문제점은 무엇 같은가요?

`응시생` 아무래도 고령화와 지방소멸, 저출산 문제 같습니다.

`면접관` 고령화야 기존에 있던 분들이지만 저출산 문제나 이런 건 왜 그런 것 같은가요?

`응시생` 일자리 부족과 아이들을 키우기에는 의료와 교육시설을 필요로 하기 때문에 그런 것 같습니다.

`면접관` 봉사활동은 보니까 없네요. 언제 마지막으로 봉사를 했나요? 그리고 무슨 봉사를 했나요?

`응시생` 노인 복지센터 같은 곳에서 할머니, 할아버지들 기저귀를 빨래하는 일과 치매노인분들을 같이 놀아드리는 그런 봉사를 했었습니다.

`면접관` 그럼 혹시 그러고 수험기간동안 2년 동안은 비어있는데 못한 이유가 공부때문인지 아니면 다른 이유가 있었나요?

`응시생` 공부도 하고 아르바이트도 했습니다. 그런데 그 외 시간에는 할머니 병간호를 해야 했기 때문에 그랬습니다.

`면접관` 기부랑 봉사가 있다면 어떤 것을 선택하실 건가요?

`응시생` 저는 두 가지 측면으로 생각해 보면 돈이 있고 여유가 있다면 기부를 택할 것 같습니다. 솔직히 말씀드리면 시간적 여유가 있어야 하고 봉사라는 것이 말처럼 쉬운 일은 아니라고 생각합니다. 그리고 기부를 해서 경제적으로 그분들에게 도움을 주는 것 또한 큰 도움이 될 수 있을 것이라고 생각했습니다. (더 두 번째 측면을 이야기하고 싶었는데 답변이 끝난 줄 알고 다른 질문을 하셔서 멈췄습니다.)

`면접관` 아르바이트를 많이 해봤는데 JS 아시나요?

`응시생` 아, (순간 당황해서) 어… 모르겠습니다.

`면접관` 요즘 MZ세대는 다 알던데 '진상'을 말하는 건데 그런 진상손님을 만났던 적이 있나요?

`응시생` 편의점 일을 할 때 술에 취하신 분들이 자주 있었습니다. 그중 술에 취하신 분이 ATM기가 안되었는지 발로 차시고 소란을 피우셨던 적이 있었습니다. 놀라고 무서웠지만 일단 안에 손님이 있는지 보았고 한 분이 계셔서 술에 취하신 것 같다고 죄송하다 말씀드리고 얼른 계산해드리고 보내드린 후에 제가 그 분께 가서 무서웠지만 무엇이 안 되시냐고 물어보고 오히려 더 반응을 크게 하여 "(큰소리로) 아, ATM이 왜 안될까요?" 하면서 반응하였더니 오히려 당황하셔서 그때 제가 무엇이 안 되시는지 제가 대신 해드린다 하여서 해드렸고 그리고 나서 손님께서도 미안하고 고맙다고 하셨던 적이 있었습니다.

`면접관` 네, 수고하셨습니다. 마지막으로 하실 말 있으시면 해주세요.

`응시생` 저는 제가 행복함을 느끼는 것보다 타인이 행복함을 느낄 때 더 행복한 사람입니다. 이런 저의 성향은 지역 주민의 삶을 위해 일하는 공직생활과 맞다고 생각하여 지원하게 되었습니다. (양손으로 주먹 불끈쥐며) 작은 고추가 맵다!!!!라는 말이 있습니다. 키도 작고 누군가가 보기엔 보잘 것 없다고 생각할 수 있지만 내면은 꽉 찬 실속있는 사람이라고 말씀드릴 수 있습니다. 저의 밝고 적극적인 성격, 책임감, 배려심과 같은 자질을 발휘하여 공직내외에서 작은 고추가 맵다는 말을 인정받을 수 있는 공직자가 되어 가평군에서 꿈을 펼치고 싶습니다. 감사합니다.

4 지역 현황 및 현안 핵심

Q. 가평이 받고 있는 규제들에는 무엇이 있는가? 규제에 대한 생각은?

Q. 가평군의 가장 시급한 현안은? 이에 대한 해결방안은?

Q. 가평을 비롯한 경기북부 발전방안은?

Q. 가평군이 가진 강점은? 반대로 약점은?

Q. 탄소중립을 위해 하는 사업이나 정책은?

Q. 4차 산업관련 사업은?

Q. 청년정책을 제안해본다면?

Q. 군정비전은? 비전의 의미는?

Q. 지역화폐의 장단점은?

Q. 일자리 사업에 대해 답변해보라.

Q. 경기도 산하 공공기관으로 가평으로 이전된 곳에 대한 질문 ⇨ 경기관광공사, 경기문화재단, 경기평생교육진흥원, 경기연구원, 경기신용보증재단, 경기도경제과학진흥원, 경기복지재단, 경기주택공사 등

Q. 귀농 및 귀촌을 늘리는 방안은?

MEMO

CHAPTER
06 과천시

1 면접진행방식 및 특징

(1) 면접관은 2인이며 면접시간은 10분이다.

(2) 과천시는 공직관 및 인성 중심으로 면접이 진행된다.

(3) 면접 중요도는 낮은 편이다.

(4) 지역현안 및 지방자치에서 지역현안에 대한 질문 비중이 낮은 편이다.
   ① 시정비전 및 목표, 지원지역 인구, 노인인구, 지역이슈
   ② 재개발 관련(석면, 비산먼지 대책, 정부청사 유휴부지 공공주택 활용, 과천시 뉴딜정책)
   ③ 미래성장동력사업(강소연구개발특구 지정 및 벤처기업육성촉진지구 지정, 지식정보타운 조성 후 우수기업유치)

2 면접질문 사례

사례 01. 일반행정직(2022)

Q. 자신의 강점을 포함한 자기소개를 해보라(1분).
Q. 감명을 받았거나 인상이 깊었던 정책이 있는가?
Q. 자신이 추진하고 싶은 정책은 무엇인가?
Q. 사기업 경력도 있는데 왜 공무원에 지원했는가?
Q. 수험기간은 얼마나 되는가? 가장 힘들었던 일은 무엇인가?
Q. 조직에서 일할 때 자신의 강점 3가지를 들어보라.
Q. 신규로 들어올 때 가장 중요하게 생각하는 것은 무엇인가?
Q. 공무원의 역량 중 중요하게 생각하는 것은 무엇인가?

사례 02. 전기직(2021)

Q. 사전조사서 ⇨ 조직 내에서 가장 중요하다고 생각하는 것은 무엇이며 그것이 가장 중요하다고 생각되었던 경우 혹은 중요하게 생각되는 이유는 무엇인가?
Q. 전문성은 충분한 것 같으니 그럼 전문성이 아닌 본인이 공직사회에 들어와서 이것만은 반드시 지키겠다 하는 것은 무엇인가?
   ┗[추가질문] 중요한 것은 알겠으니 반드시 지키겠다 하는 것은 무엇인가?

Q. 갈등상황 해결방법은 무엇인가?

Q. 실무 경험이 많은 것 같은데 한 회사에만 있었는가?

　└[추가질문] 왜 그만두었는가?

　└[추가질문] 왜 공무원이 잘 맞는 직업이라고 생각했는가?

Q. 공무원 사회가 굉장히 엄격하다. 그럼 그 어색함을 풀기 위해 어떤 노력을 할 것인가?

Q. 과천에서 살고 있는가?

　└[추가질문] 태양광과 관련하여 최근 과천 이슈를 알고 있는가?

Q. 과천의 야간 조명이 어떤가?

Q. 과천에 대해 얘기해보라.

3 면접후기(2020 전기직)

면접관 (사전조사서) 조직 내에서 가장 중요하다고 생각하는 것은 무엇이며 그것이 가장 중요하다고 생각되었던 경우 혹은 중요하게 생각되는 이유는 무엇인가요? (질문이 자세히 기억이 나지 않습니다.)

응시생 ('협업'이라고 적었으며, 협업이 중요한 이유에 대해 1~4가지를 적었고 그게 어떻게 공직과 연계가 되는지를 작성하였습니다.)

면접관 자기소개를 해보세요.

응시생 저는 전기 실무 경험이 풍부한 사람입니다. 건축전기와 관련하여 전반적인 업무를 다루어보았고 모든 과정을 경험해 보았기 때문에 문제사항을 예측하거나 문제사항을 빠르게 해결할 수 있는 능력이 있습니다. 또한 저는 태양광 사업개발 및 시공에 대한 일을 한 경험도 있습니다. 이런 저의 다양한 경험은 과천시 전기업무에 유연하게 대처할 수 있을 것이라고 생각합니다. (준비한 것을 제대로 얘기 못하고 끝맺음이 약했습니다.)

면접관 전문성은 충분하신 것 같은데 그럼 전문성이 아닌 내가 공직사회에 들어와서 이것만은 반드시 지키겠다하는 것은 무엇일까요?

응시생 저는 책임감이 가장 중요하다고 생각합니다. 책임감이 결여된다면 업무에 대한 효율성이 떨어질 뿐만 아니라 지역주민들의 신뢰성을 잃을 수 있다고 생각하기 때문입니다.

면접관 중요한 것은 알겠습니다. 그런데 반드시 지키겠다하는 것은 뭘까요?

응시생 책임감을 반드시 지키겠습니다.

면접관 갈등상황에서 해결방법은 무엇인가요?

응시생 실제로 상사가 질문을 해도 대답을 안 해주시고 무시하시곤 하였습니다. 그런데 제가 이 문제를 어떻게 해결할까 고민하다가 적극성을 보여드리자고 생각하였고 업무에 대해 미리 숙지하고 옆자리로 자리를 옮겨서 계속 질문하고 숙지했음을 알려드렸습니다. 제 적극성에 관계가 나아졌고 지금은 정말 좋은 상사와 부하로 지내고 있습니다.

`면접관` 실무 경험이 많으신 것 같은데요? 한 회사에만 계셨나요?

`응시생` 아니요. 건설회사 4년, 태양광 회사에서 4년을 근무하였습니다.

`면접관` 왜 그만두셨나요?

`응시생` 저는 어릴 적부터 공무원이 되고 싶다는 막연한 꿈이 있었습니다. 사기업을 다니다보니 너무 자신의 이익에만 치중되는 직원들이 많았습니다. 거기에 많이 지쳤고 돈을 벌기만을 목적으로 하기 보다는 제 전문성을 이용하여 직접 많은 사람들에게 도움을 주는 목적으로 일하고 싶었습니다. 그래서 공무원이 저에게 잘 맞는 직업이라고 생각했습니다.

`면접관` 왜 공무원에 잘 맞는 직업이라고 생각하시나요?

`응시생` (답변이 기억이 안 나는데 두루뭉술하게 답변한 것 같습니다.)

`면접관` 공무원 사회가 굉장히 엄격합니다. 그럼 그 어색함을 풀기 위해 어떤 노력을 할 것인가요?

`응시생` 제가 다른 기업에 근무하면서 다른 분들이 말씀해 주시길 '너가 있는 자리는 언제나 화기애애하다'였습니다. 이 화기애애함은 공직에서도 팀 내 분위기를 좋게 만들어 줄 수 있을 것이라고 확신합니다. (그러고 보니 노력에 대한 대답을 못했습니다.)

`면접관` 과천분이신가요?

`응시생` 네, 맞습니다.

`면접관` 태양광과 관련하여 최근 과천 이슈를 알고 있나요?

`응시생` (이슈라고 하셔서 사건인 줄 알았습니다.) 화재 사건 말씀이신가요?

`면접관` 그건 아니죠.

`응시생` 거기까지 제가 확인을 못했습니다. 숙지하도록 하겠습니다. (알고 있던 내용이라 너무 속상했습니다, ㅠㅠ)

`면접관` 과천의 야간 조명이 어떤가요?

`응시생` 제가 면접 준비하면서 야간 조명을 보기 위해 실제로 과천을 한 바퀴 돌았습니다(실제로 했었습니다). 예전에 과천은 조명이 어두운 편이었는데 새 아파트가 생기고 스마트 횡단보도 등이 생기면서 LED가 많아져서 훨씬 화사해졌다고 생각합니다.

`면접관` 과천에 대해 얘기해보세요.

`응시생` 과천은 자연친화적 도시입니다. 또한 시민들도 검소하고 조용한 도시입니다. 하지만 근래에 들어서 지정타 등 원래 있던 원주민과 이주민과의 소통에 문제가 있는 것 같습니다. 이 문제가 보완된다면 더 나은 과천시가 될 것 같습니다.

면접관 마지막으로 하고 싶은 말이 있나요?

응시생 제가 이번에 면접 준비를 하면서 정말 과천에 대해 새로운 것을 많이 알았습니다. 세심한 곳에서 공무원 분들이 많은 것을 해주시고 있다는 것을 느낄 수 있었습니다. 저도 과천시민을 위해 세심한 부분부터 신경쓰는 공무원이 되고 싶습니다. 마지막까지 부족한 저의 얘기를 들어주셔서 감사합니다. 그리고 과천시를 위해 일 해주셔서 진심으로 감사드립니다.

(정말 질문에 대한 답이 아닌 하고 싶은 말을 하고 왔다는 것을 다시 한 번 느끼고 있습니다. 전기직렬은 4명 중 2명을 뽑는데 커트라인 한분이 면접에 안 오셔서 4명 중 3명이 면접을 보았습니다. 앞에 두 분은 재면접이 아닌 것으로 보아 보통을 받으신 것 같습니다. 점수도 제가 3등이라 이미 마음을 비우고 있었는데 저만 미흡을 받은 것이 확실한 것 같아서 제가 너무 부족한 사람인 것 같습니다.;;)

4 지역 현황 및 현안 핵심

Q. 과천시의 행정동과 법정동의 개수는?

Q. 과천의 대표직인 정책과 발전방향은?

Q. 과천시의 현재 문제는 무엇이고 해결방안은?

Q. 요즘 저출산 문제가 심각한데 본인이 생각한 해결방안이나 현재 과천시에서 실행하는 정책에 대해서 말해보라.

Q. 과천청사 유휴부지 활용방안은?

Q. 강소연구개발특구지정 및 벤처기업육성촉진 지구 지정에 대한 질문 ⇨ 기업유치 방안 필수

Q. 탄소중립을 위해 하는 사업이나 정책은 무엇인가?

Q. 적극행정 사례 아는 것이 있는가?

Q. 4차 산업 관련한 사업에 대해 알고 있는가?

Q. 청년정책을 제안해본다면?

Q. 시정비전은 무엇이며 비전의 의미는?

Q. 지역화폐의 장단점은 무엇인가?

Q. 과천시의 장점과 단점 한 가지씩 이야기해보라.

Q. 도시재생사업에 대해 답변해보라.

MEMO

CHAPTER

07 광명시

1 면접진행방식 및 특징

(1) 면접관은 3인이며 면접시간은 10분이다.

(2) 광명시는 공직관 및 인성 중심으로 면접이 진행된다.

상황형 ⇨ 셋째 아이의 출생신고를 하러 온 민원인 응대를 해보아라.

(3) 면접 중요도는 낮은 편이다.

(4) 지역현안 및 지방자치에서 지역현안에 대한 질문 비중이 낮은 편이다.

① 시정비전 및 목표, 지원지역 인구, 노인인구, 지역이슈, 재정자립도

② 광명시 소개 ⇨ "광명시는 네모다."로 소개해보라.

(5) 직렬별 직무관련 질문에서 직렬별 질문 비중도가 높다.

① **간호직:** 수인성 감염질환 종류와 대처법, 치매국가책임제, 보건소에서 하는 일

② **보건직:** 보건직에 필요한 역량, 광명시 보건소에서 시행 중인 정책, 보건직 업무

③ **사서직:** 도서관 열람실 개방시간, 상호대차 권수, 광명시 도서관 이용시 불편한 점, 유네스코가 지정한 세계 책의 날

④ **사회복지직:** 광명시 대표 복지정책, 사회복지 3대 원칙, 수급자 3대 기준, 4차 산업혁명시대 사회복지 전문성 확보 방안

⑤ **지방세:** 국세종류, 고액체납자 처분, 벌금과 과태료 차이, 재정자립도

2 면접질문 사례

사례 01. 일반행정직(2023)

Q. 사전조사서 ⇨ 본인의 역할이나 업무가 아닌데도 꼭 필요한 일이라 했던 경험에 대해 서술하시오.

Q. 광명시에 대해 아는 것을 전부 말해보라.

Q. 광명시에 거주하는가?

Q. 사회생활 경험은 있는가?

Q. 공부할 때나 무언가를 할 때 혼자하는 편인가? 여러 명이 함께하는 편인가?

Q. 여러 명이서 창의력을 발휘했던 경험이 있는가?

ㄴ[추가질문] 주도하는 편인가 따르는 편인가?

Q. 주민자치회에 대해 아는대로 말해보라.

ㄴ[추가질문] 주민자치회에 대해 어떻게 생각하는가?

Q. 탄소발자국마일리지에 대해 알고 있는가?

└[추가질문] 탄소중립을 실천하는 것이 있는가?

Q. 공무원으로서 가져야 할 자세가 무엇인가? 성실함 같은 식상한 것 제외하고 답변해보라.

Q. 사회생활을 안 해봤다고 하는데 학교생활 말고 경험한 것이 있는가?

└[추가질문] 해당 경험이 공무원에 도움이 될 것이라 생각하는가?

Q. 공무원에 도움이 될 자신의 강점은 무엇인가?

└[추가질문] 창의적인 것과 원리원칙은 상반된 것이지 않은가?

사례 02. 일반행정직(2023)

Q. 사전조사서 ⇨ 많은 사람들이 경각심을 느끼지 않고 하는 행동을 제지한 경험이 있다면 서술하시오.

Q. 자기소개를 해보라.

└[추가질문] 면접을 준비하면서 시청 홈페이지를 많이 들어가 보았는가? 그렇다면 광명시의 장점과 단점은?

└[추가질문] 사전조사서에 적은 내용이 다른 지원자랑 매우 흡사하다. 혹시 스터디를 통해 답변을 공유한 것은 아닌가?

Q. 답변을 잘 하는 것을 보니 나중에 조직에서도 잘 할 것 같다. 그렇다면 지원자의 장점과 단점은 무엇이며 또 친구들이 말하는 본인의 단점은?

└[추가질문] 요즘 관심가지고 있는 것은 무엇인가?

Q. 챗GPT 얘기가 나와서 말인데 4차 산업혁명에 대해서 질문하고 싶다. 광명시가 4차 산업혁명을 적용한 정책이 무엇이 있는지 알고 있는가?

└[추가질문] 그렇다면 인공지능이 많이 발전하고 있는데 공무원의 수를 줄여야 한다고 생각하는가?

└[추가질문] 그렇다면 인공지능보다 공무원이 직무를 수행하는 데 더 나은 점이 있는가?

Q. 마지막으로 할 말

사례 03. 사회복지직(2023)

Q. 광명시 축제에 대해 아는대로 말해보라.

Q. 축제에 참여했다고 하는데 어떤 축제에 참여했는가?

Q. 지원동기는 무엇인가?

Q. 공무원 행동강령에 대해 답변해보라.

Q. 전문성을 기르기 위해 어떤 노력을 하였는가?

Q. 복지사각지대 발굴을 위해 광명시는 어떤 노력을 하고 있는가?

Q. 다른 사람을 위해 희생한 경험이 있는가?

Q. 지역사회복지란 무엇이라고 생각하는가?

Q. 광명시 지역봉사활동 관련 질문

Q. 마지막으로 하고 싶은 말

사례 04. 사회복지직(2023)

Q. 사전조사서 ⇨ 내가 본받을 만한 친구의 본받을 점과 그 친구를 위해 보완해줄 수 있는 것에 대해 서술하시오.

Q. 광명시를 얼마나 알고 있는가?
　└[추가질문] 그렇다면 광명시에 살지 않는 것인가?

Q. 사회복지공무원은 언제부터 꿈꿨는가?

Q. 노인복지법상 노인은 무엇인가?

Q. 갈등경험이 있는가?

Q. 본인은 여러 사람이 일하는 걸 좋아하는가? 혼자 일하는 것을 좋아하는가?
　└[추가질문] 그렇다면 당신은 리더형인가 팔로워형인가?
　└[추가질문] 리더가 된다면 더 적극적이고 더 빛날 수 있을텐데 왜 리더가 되지 않는가?

Q. 지역사회복지에 대해 알고 있는가?

Q. 복지사각지대에 맞서서 우리 시가 시행하는 정책을 알고 있는가?

Q. 또 알고 있는 우리 시만의 발굴정책은 없는가?
　└[추가질문] 그렇다면 혹시 핀셋지원이라고 들어보았는가? 내용에 대해서도 답변할 수 있는가?

Q. 전문성 향상을 위해서 어떠한 노력을 했는가?

Q. 봉사정신을 기르기 위한 노력은 없었나?

Q. 공무원행동강령에 대해 아는가?

Q. 상사가 부당한 지시를 하면 어떻게 할 것인가?
　└[추가질문] 그럼에도 계속 지시한다면?
　└[추가질문] 그러면 불법이어도 부당한 것이어도 따르겠다는 것인가?

사례 05. 사회복지직(2023)

Q. 사전조사서 ⇨ 내가 본받을 만한 친구의 본받을 점과 그 친구를 위해 보완해줄 수 있는 것에 대해 서술하시오.

Q. 광명시에 대해 아는 대로 말해보라.

Q. 1365나 vms 아이디 없는가?

Q. 하안노인복지관에서 봉사했는데 왜 봉사리포트 제출을 하지 않았는가?

Q. 광명시에 대해 잘 아는 것 같은데 광명시 축제에 대해 아는 대로 답변해보라.
　└[추가질문] 그럼 최근에 참여한 축제가 있는가? 초등학생 때 구름산 예술제 참여한 것 제외하고 답변해보라.

Q. 지원동기는 무엇인가?

Q. 일을 할 때 혼자 일하는 것과 같이 일하는 것 중 무엇을 선호하는가?

Q. 그럼 조직에서 리더형인가 팔로워형인가?
　└[추가질문] 그와 관련한 경험이 있는가?
　└[추가질문] 반장 말고 사회생활 하면서 리더역할을 한 적이 있는가?

Q. 대학병원에서 일했다고 했는데 정확히 무슨 일을 했는가?
　└[추가질문] 아까 지원동기 말고 하필 왜 대학병원을 다니다가 사회복지공무원에 지원한 것인가?

Q. 공무원 행동강령에 대해서 아는가?

Q. 혹시 상사가 부당한 지시를 할 때 어떻게 대처할 것인가?

Q. 노인의 정의에 대해서 아는가?

Q. 장애인의 종류에 대해 아는가?

Q. 광명시에 대해 잘 안다고 했는데 광명시가 사각지대 발굴을 위해 하고 있는 사업에 대해 답변해보라.
ㄴ[추가질문] 그래서 그것에 대해서 아는 구체적인 단체가 있는가?

Q. 마지막으로 하고 싶은 말

3 면접후기(2022 일반행정직)

1. 면접상황

제가 10번째로 마지막 순서였고 최대한 간략하게 대답하라고 하셔서 최대한 짧게 말하려 노력했습니다. 코칭받을 때 지적해주셨던 '핵심만 탁탁탁!' 이게 면접장에서 빨리 말해야 하는 분위기 때문에 오히려 잘 되었던 것 같고 티키타카가 조금은 잘 되는 느낌이 들었습니다. 들어가서부터 끝까지 최선을 다해서 웃었고 마지막 멘트할 때도 온 힘을 끌어모아 웃었습니다. 세 분 중에 한 분은 근엄한 이미지셨고 나머지 두 분은 많이 웃어주시면서 나긋한 이미지셨습니다. 저의 느낌은 대체적으로 온화하고 미소가 있는 면접이었고 끝날 때쯤 되니깐 세분 다 미소 띤 모습이었던 걸로 기억합니다. (느낌이 나쁘지 않았습니다.) 그리고 중간중간 질문하실 때 첫마디가 "지원자 분은 광명에 대해 잘 아는 것 같은데~", "사회복지에 대해 많이 아시는 것 같은데~"로 시작하는 경우가 종종 있었습니다.

2. 사전조사서

가장 가까운 지인의 본받을 만한 점과 그 지인을 위해 보완해줄 수 있는 것에 대해 서술하시오.

3. 개별질문

(간략하게 대답하라면서 시작하겠다고 하시더니 자기소개 건너뛰고 바로 질문주셨습니다.)

면접관 광명시에 대해 아는대로 말해주세요.

응시생 저는 광명시에서 광명동굴 아르바이트, 광명시 청년취업성공사관학교, 광명시 대학생 아르바이트에 참여하며 광명시를 알기 위해 노력해왔습니다. 그리고 최근에는 하안노인복지관에서 봉사도 했었습니다. (이 질문은 자기소개로 준비한 앞부분 살짝 변형해서 말씀드렸습니다.)

면접관 1365나 vms 아이디 없나요?

응시생 둘 다 있습니다.

면접관 그럼 하안노인복지관에서 봉사했는데 왜 봉사리포트 제출을 하지 않았나요?

응시생 시험이 끝나고 봉사를 다녀온거라 제가 다녀왔을 때는 봉사리포트를 제출할 수 있는 기간이 아니었습니다.

면접관 광명시에 대해 잘 아시는 것 같은데 광명시 축제에 대해 아는대로 말해주세요.

응시생 오리 이원익 축제 그리고 구름산 예술제는 초등학생 때 자주 참여했습니다. 올해 10월에는 경기도 정원 축제가 광명시에서 열린다고 알고 있습니다. (원래 정원 축제에 대해 몰랐는데 면접 직전 대기실에서 친해진 녹지직 지원자분이 알려주셔서 바로 대답에 써먹었습니다. 정원축제 말씀드리니 면접관님들이 순간 저를 쳐다보는 느낌이 들었습니다.)

면접관 그럼 최근에 참여한 축제가 있나요? 초등학생 때 구름산 예술제에 참여한 것은 제외하고 답변해주세요.

응시생 사실 수험기간엔 참여가 힘들었고 제가 대학병원에서 근무할 동안에는 타 지역에 거주했어서 최근에는 관심을 가지고는 있었지만 참여할 수 없는 상황이었습니다.
(이때를 틈타 대학병원에서 근무했다는 걸 언급했습니다.)

면접관 지원동기는 무엇인가요?

응시생 저는 대학병원에서 의료비 지원을 하다가 저소득 환자를 탈락시켜야했던 경험이 있습니다. 그때 든 생각이 복지 사각지대에 놓인 사람들을 발굴해도 지원책이 없다면 완전한 발굴이 힘들 수 있겠다는 생각을 했습니다. 그래서 정책적인 어려움을 직접 공부하고 개선하고 싶어 사회복지 공무원에 지원했습니다.

면접관 일을 할 때 혼자 일하는 것을 선호하나요? 같이 일하는 것을 선호하나요?

응시생 저는 개인적으로는 혼자 일하는 게 좋은데 결과는 같이 일할 때 시너지가 더 많이 나는 것 같습니다.

면접관 그럼 조직에서 리더형인가요? 팔로워형인가요?

응시생 사실 제가 원해서 한 적은 없지만 저는 리더 역할을 많이 해왔습니다. 저는 사람들을 따르는 것을 잘하다 보니 어느새 리더가 되어있는 경우가 대다수였습니다.

면접관 그와 관련한 경험이 있나요?

응시생 저는 고등학생 때 반장이 되었던 적이 있습니다. 당시 저는 '왕따 없는 학급'을 만들고 싶어서 '점심 같이 먹기 캠페인'을 진행했던 적이 있습니다. 처음엔 참여하는 사람이 조금 뿐이었지만⋯ (면접관님께서 "네, 그건 여기까지 듣겠습니다."라고 하셨습니다. 말하면서도 설명이 길어질까봐 걱정했는데 면접관님께서 알아서 잘라주셨습니다.)

면접관 반장 말고 사회생활 하면서 리더 역할을 한 적이 있나요?

응시생 네, 저는 대학병원에서 근무한 지 8개월 만에 선임자의 퇴직으로 사업을 혼자 이끌게 되었습니다. 이후로 후임자 선생님을 선발해서 제가 주로 사업의 리더 역할을 해왔습니다.

면접관 대학병원에서 일했다고 했는데 정확히 무슨 일을 했나요?

응시생 저는 국고보조사업인 '응급실기반 자살시도자 사후관리 사업'을 운영했습니다. 자살시도자들에게 단기 사례관리를 제공하고 의료비 지원, 기관 연계 그리고 세미나도 개최하면서 사업 운영 전반을 담당했습니다.

면접관 아까 지원동기 말고 하필 왜 대학병원을 다니다가 사회복지공무원에 지원한 것인가요?

응시생 사실 저는 병원에서 국고보조사업을 운영하다가 병원으로부터 사업종료 통보를 받고 퇴직하게 되었습니다. 당시에 환자나 보호자분들께서 의료비 지원이 끊기게 되어 반대하셨던 기억이 있고 저도 개인적으로 가슴이 많이 아팠습니다. (이때 안타까워하는 표정을 지었습니다.) 그래서 제가 사회복지공무원이 되어서 이런 문제들에 책임감을 갖고 열심히 일해보고 싶었습니다. (제 느낌에 면접관님들이 끄덕끄덕 하는 분위기인 것 같았습니다.)

면접관 공무원 행동강령에 대해서 알고 있나요?

응시생 공정한 직무수행, 부당이익 수수금지, 건전한 공직풍토 조성이 있습니다.

면접관 혹시 상사가 부당한 지시를 할 때 어떻게 대처할 것인가요?

응시생 저는 일단 부당한 지시인지 아닌지를 검토해보겠습니다. 상사님께 일단은 검토해보겠다고 말씀드린 뒤에 사례나 판례들을 우선적으로 찾아보겠습니다.

면접관 아니 그런 것 말고 어떻게 행동할 건지 말해주세요.

응시생 일단은 부당한 지시는 결국에는 감사에 걸린다는 것을 너무 잘 알기 때문에… (여기서 면접관들이 끄덕끄덕 해주시는 느낌이 들었습니다.)

면접관 그래서 신고한다는 거죠?

응시생 네, 일단은 그 전에 최대한 상사님을 설득시켜보겠습니다.

면접관 노인의 정의에 대해서 알고 있나요?

응시생 65세 이상의… 어… (살짝 당황함) 네, 65세 이상의 연령으로… 시간이 없어 여기까지 답변드리겠습니다.

면접관 그럼 장애인의 종류에 대해 알고 있나요?

응시생 네, 장애인의 종류는 신체장애인과 정신장애인으로 나눌 수 있습니다. 신체장애인에 속하는 장애는 시각장애인, 청각장애인, 뇌병변 장애인, 심장, 신장, 간장, 요루 장애… (시간 압박 때문에 최대한 웃으며 빠르게 답변드리려고 했습니다.)

면접관 네, 잘 아시네요. 여기까지 듣겠습니다. 아까 광명시에 대해 잘 아신다고 했는데 광명시가 사각지대 발굴을 위해 하고 있는 사업에 대해 말씀해주세요.

응시생 저는 인적 안전망 확대 사업을 관심 있게 봤습니다.

면접관 (대답 중에 질문주심) 그래서 그것에 대해서 아는 구체적인 단체가 있나요?

응시생 네, 누리보듬단, 복지통장, 좋은이웃들, 광명희망나기운동본부 등이 있습니다.

면접관 마지막 하고 싶은 말을 짧게 10초 드리겠습니다.

응시생 저는 제 롤모델을 말씀드리고 마치겠습니다. 저는 사회복지를 알려주셨던 선생님이 제 롤모델입니다. 선생님께서는 누구보다 재밌게 사회복지를 공부하셨습니다. 저도 선생님의 영향을 받아 정말 즐겁게 복지를 공부했습니다. 저는 전국에서 사회복지 점수가 가장 높지는 않지만 누구보다도 즐겁게 공부했습니다. 이제는 제가 가진 즐거움으로 조직에 긍정적인 영향을 주는 분위기 메이커가 되겠습니다! 감사합니다.

4 지역 현황 및 현안 핵심

Q. 광명시의 대표적인 정책과 발전방향은?

Q. 요즘 저출산 문제가 심각한데 본인의 해결방안이나 현재 광명시에서 실행하는 정책에 대해서 말해보라.

Q. 탄소중립을 위해 하는 사업이나 정책은 무엇이 있는가?

Q. 광명시의 장점과 단점은?

Q. 4차 산업관련한 사업에 관해 답변해보라.

Q. 청년정책을 제안해본다면?

Q. 시정비전은 무엇이며 비전의 의미는?

Q. 지역화폐의 장단점은?

MEMO

CHAPTER

08 광주시

1 면접진행방식 및 특징

(1) 면접관은 3인이며 면접시간은 12분이다.

(2) 광주시는 공직관 및 인성 중심으로 면접이 진행된다.

➔ 직렬별 질문 비중도가 높다.

(3) 면접 중요도는 난이도 '중' 정도이다.

(4) 지역현안 및 지방자치에서 지역현안에 대한 질문 비중이 높은 편이다.

① 시정비전 및 목표, 지원지역 인구, 노인인구, 지역이슈, 지역축제

② 시에 대해 소개

③ 법정동과 행정동의 차이와 지역 내 행정동 사례

(5) 직렬별 직무관련 질문에서 직렬별 질문 비중도가 높다.

(6) 사회이슈에 대한 질문이 이루어진다.

(7) 4차 산업혁명 관련 질문이 이루어진다.

(8) 악성 민원 대응, 창의성 경험에 대한 질문이 이루어진다.

2 면접질문 사례

사례 01. 일반행정직(2022)

Q. 사전조사서 ➔ 광주 시정 5대 의무 교통도시, 문화도시, 경제도시, 복지도시, 지속가능한 도시 중 하나를 선택하여 필요한 점 등에 대해 서술하시오.

Q. 사전조사서에 보면 교통난 해소를 위해 유튜브를 통해 교통정보를 시민들에게 알린다고 했는데 이런 것 말고 다른 방법은 없겠는가?

Q. 광주시의 제일 큰 문제는 무엇인가?

Q. 성격이 맞지 않는 동료가 있다면 어떻게 할 것인가?

Q. 이전직장은 왜 그만둔 것인가?

Q. 광주시가 보완해야 할 점은 무엇인가?

Q. 상사와의 갈등 사례를 답변해보라.

Q. 창의적으로 했던 경험에 대해 답변해보라.

사례 02. 일반행정직(2022)

Q. 사전조사서 ⇨ 코로나 시대 실내마스크 착용이 의무화인데 마스크를 쓰지 않고 소란을 피우는 악성 민원인의 대처방안에 대해 서술하시오.

Q. 시정비전에 대해 알고 있는가?

Q. 광주시에 관광지가 많은데 가본 곳이 있는가?

Q. 공익을 위해 공무원이 노력해야 하는 것은 무엇인가?
  └[추가질문] (청렴성이라고 답변하여) 청렴성 관련한 경험이 있는가?

Q. 4차 산업혁명 관련해서 본인이 가지고 있는 기술이 있는가?

Q. 왜 공무원에 지원했는가?
  └[추가질문] (비영리적인 쪽에서 일하고 싶다고 답변하여) 비영리적인 일을 하는 곳은 많은데 왜 공무원이어야 했는가?

Q. 창의성을 발휘한 경험이 있는가?

Q. 우리가 왜 지원자를 뽑아야 하는가?

사례 03. 일반행정직(2022)

Q. 사전조사서 ⇨ 시정 비전 5개 중 택 1 '안전하고 편리한 교통도시'에 대한 정책 제안을 서술하시오.
  └[추가질문] 사전조사서에는 배차간격이라는 결과에 대해서만 적어두었는데 배차간격이 20분이 된 원인은 제시하지 않았다. 혹시 원인을 알고 있는가?

Q. 공직에 지원한 이유가 무엇인가?

Q. 광주시에 대한 애착이 큰 것 같은데 광주시를 홍보하기 위한 방안이 있는가?

Q. 광주시에서 시행하고 있는 정책 중에 좋다고 생각하는 것은 무엇인가?

Q. 공공근로 외에 행정 경험이 있는가? 아니면 사기업을 다녔는가? 혹은 회사를 다니지 않았는가?

Q. 지원자 PR을 해보아라.

Q. 민원인에는 다양한 사람들이 있다. 악성 민원인에 대해 어떻게 대처할 것인가?
  └[추가질문] 그때 주무관님을 위해 뭔가 해드린 일은 없는가?

Q. 지원자를 채용해야 하는 이유는 무엇인가?
  └[추가질문] 끼가 많다고 했는데 어떤 게 있는가?

Q. 살면서 한계점에 다다랐다고 느낀 적이 있는가?

사례 04. 건축직(2022)

Q. 사전조사서 ⇨ (예시사례 제시 후) 이와 같이 공무원에게 있어 가장 중요한 공직가치는 무엇이며 이유는 무엇인가? 또한 그것을 증진시키기 위한 방안은 무엇인가?
  └[추가질문] 사전조사서에 청렴함을 꼽았는데 본인이 청렴함으로 행동을 이끈 경험은?
  └[추가질문] 만약 적발이 안되었다면?
  └[추가질문] 그래도 억울하다고 하면 어떻게 할 것인가?

Q. 왜 공무원이 되고 싶은가?

Q. 건축물에 관심이 많다고 했는데 그럼 광주시내 공공 건축물 중 개선해야할 곳이 있다면 구체적으로 선택하여 개선점까지 답변해보라.

Q. 전문성을 갖추기 위해 노력한 점은 무엇인가?

Q. 본인이 가진 자격증 2개를 어디에 활용할 수 있을 것 같은가?

Q. 본인이 지원한 직렬이 어디인가?
  └[추가질문] 건축공무원이 하는 업무에 대해 아는 대로 말해보라.

Q. 본인이 건축도면을 자주 봤고 읽어봤다고 했는데 작은 현장 말고 큰 도면도 본 적이 있는가?
  └[추가질문] 자격증 취득이 언제쯤인가?
  └[추가질문] 자격증이 있는데 그럼 건축현장실습은 나가보지 않았는가?

Q. 자기 PR을 해보아라.

Q. 건축이란 것이 일하다 보면 외부의 청탁 등에 노출되기 쉽다. 그런 상황이면 어떻게 할 것인가?

사례 05. 토목직(2022)

Q. 지원동기를 포함하여 1분 이내로 자기소개를 해보아라.
  └[추가질문] 진정한 직업의 가치를 느꼈다고 했는데 그게 어떤 것인가?
  └[추가질문] 돈을 받고 하는 일인데 어떻게 봉사하는 것인가?
  └[추가질문] 봉사가 무엇이라고 생각하는가?
  └[추가질문] 봉사활동을 하였는데 어떤 활동을 하였는가?

Q. 위기를 극복한 경험이 있는가?
  └[추가질문] 구체적으로 이야기해달라.

Q. 토목직 공무원으로서 필요한 공직가치는 무엇인가?
  └[추가질문] 그 이유는 무엇인가?
  └[추가질문] 안전사고가 왜 발생한다고 생각하는가?
  └[추가질문] 왜 급속시공을 하는가?

Q. MZ세대 간의 갈등이 발생하는 데 왜 발생한다고 생각하는가?

Q. 본인만의 일을 효율적으로 하는 방법이 있는가?
  └[추가질문] 일의 순서를 정하는 데 기준이 있는가?

Q. 협업능력이 중요한데 여기서 필요한 능력 한 가지만 설명해보고 그에 대한 경험을 이야기해보라.
  └[추가질문] 어떤 어려움이 있었는가?
  └[추가질문] 어떤 업무가 차질이 빚어졌는가?

3 면접후기(2022 일반행정직)

1. 사전조사서

Q. 시정 비전 5개 중 택 1하여, '안전하고 편리한 교통도시'에 대한 정책 제안을 서술하시오.

A. 사전조사서 연습이 부족해 내용을 그다지 적지 못하였습니다. 경강선 배차간격이 20분으로 광주-성남 분당 출퇴근하는 우리 시민들이 불편함을 겪기 때문에 주민들의 의견을 수렴하고 지자체장, 국회의원 등 시 관계자들이 적극적으로 국토교통부에 증차를 촉구해야 한다는 내용을 적었습니다.

2. 질의응답

(면접관은 여성 한 분, 남성 두 분으로 총 세 분이셨고 타이머 12분 맞춰놓고 시작했습니다.)

면접관 공직에 지원한 이유가 무엇일까요?

응시생 (광주시에 대한 애정과 공직 지원동기를 동시에 제시하기로 함) 제가 어릴 적 아직 광주시가 큰 발전을 이룩하지 않았을 당시 저는 도농도시에 살고 있다는 사실이 어린 마음에 부끄럽게 느껴졌습니다. 그래서 대도시를 동경했고 대학을 서울로 진학했습니다. 제 기대와 달리 서울은 유동인구가 너무도 많았고 교통은 혼잡하며 사람이 살기에 쾌적한 환경이 아니었습니다. 이는 광주시의 환경이 얼마나 소중한 가치인지를 깨닫는 계기가 되었습니다. 또한 저는 대학 재학 중 이곳 광주시청 2층 복지정책과에서 공공근로를 하였는데 그전까지는 막연하게 공무원이라는 직업을 오로지 절차에 따라 업무를 처리하는 것으로 생각하였다가 다른 주무관님들을 보조하면서 공무원이 우리 주민들의 마음에 다가가는 직업이라는 것을 깨달았습니다. 이러한 경험들을 바탕으로 저는 우리 광주시와 시민들의 삶에 이바지하기 위해 오늘 이 자리에 나왔습니다.

면접관 광주시에 대한 애착이 큰 것 같은데 광주시를 홍보하기 위한 방안이 있을까요?

응시생 (우리 시에서 개최하는 행사의 개선점을 제안, 문제점을 개선함으로써 우리 시를 더욱 널리 알릴 수 있을 거라는 취지에서) 몇 년 전(코로나 이전) 퇴촌토마토축제에 다녀온 적이 있습니다. 축제에는 토마토 풀장, 퍼레이드 등 가족 단위로 참여할 수 있는 좋은 프로그램들이 있었지만 개선해야 할 부분도 있었습니다. 예를 들어 터키 아이스크림과 같이 토마토 축제와 무관한 부스가 설치되어있거나 주차에 큰 어려움이 있었습니다. 축제에 어울리지 않는 부스를 배제하고 주차 문제를 해결하는 한편 토마토고추장 / 잼 / 소스 등을 만들 수 있는 참여형 부스를 설치하고 축제 참가자들에게 토마토 모종을 기념품으로 제공하면 좋을 것 같습니다.

면접관 광주시에서 시행하고 있는 정책 중에 좋다고 생각하는 것은 무엇인가요?

응시생 조사해보니 최근 초월읍 주민자치센터에서 외국인 주민들을 위한 한국어 교육을 정기적으로 실시하고 있다는 것을 알게 되었습니다. 인구 세대 조사 내용을 보면 우리 시에서 오포읍, 초월읍, 곤지암읍은 특히 외국인 주민이 가장 많은 지역이기 때문에 이들을 위한 한국어 교육 실시는 관내 외국인 주민들이 우리 시에 적응하는 데 큰 도움을 줄 수 있어 고무적이라 생각합니다.

면접관 공공근로 외에 행정 경험이 있을까요? 아니면 사기업을 다녔는지? 혹은 회사를 다니지 않았는지요?

응시생 (별도의 행정 경험은 없고 과거 어학원 강사로 일했다고 말씀드렸고 추가 질문은 없었습니다.)

면접관 지원자 PR을 해보세요.

응시생 우선 저의 강점은 어학 능력을 들 수 있습니다. 저는 학창시절 영어편지 번역 봉사활동을 했고 해외 자매교 학생의 홈스테이를 담당했습니다. 또 다른 강점은 저의 공감능력과 목소리입니다. 저는 평소 친구들의 이야기를 잘 들어줘 친구들이 고민이 있을 때 저를 찾아오고 함께 문제 해결방안을 모색합니다. 그리고 저는 어렸을 때부터 목소리가 좋다며 아나운서, 성우를 지망해보는 것은 어떠냐는 이야기를 많이 들어왔습니다. 이는 제가 민원인을 응대함에 있어 민원인의 말에 귀를 기울이고 차분하고 신뢰감을 주는 공무원이 될 수 있을 것 같습니다.

면접관 민원인에는 다양한 사람들이 있습니다, 악성 민원인에 대해 어떻게 대처할 것인가요?

응시생 (공공근로 당시의 일화 1) 공공근로 당시 하루는 제 옆자리 주무관님께서 전화민원을 응대하신 적이 있습니다. 이 민원인은 소위 악성 민원인으로 주무관님께서 민원응대를 꺼리셨는데 찬찬히 민원인의 사연을 들으시고 눈물을 보이셨습니다. (우선은 민원인의 이야기를 듣는 것이 중요하다는 취지에서 답변을 했는데 끝을 어떻게 맺었는지 기억이 나지 않습니다.)

면접관 [추가질문] 그때 주무관님을 위해 뭔가 해드린 일은 없나요?

응시생 (알바생이라 따로 뭔가 해드릴 생각을 하지 못했다고 답변했습니다.)

면접관 지원자를 채용해야 하는 이유가 무엇일까요?

응시생 (앞서 지원동기와 PR을 통해 충분히 어필을 했다고 생각했기 때문에 이 질문을 받고 어떤 다른 답변을 내놓아야할지 당황스러웠습니다.) 저는 공감능력이 뛰어나 다른 동료들과 시너지를 낼 수 있고 끼가 많아…

면접관 [추가질문] 끼가 많다고 했는데 어떤 게 있을까요?

응시생 저는 평소 조용한 성격이지만 무대 체질이라 낭독극, 연극 등의 연기를 잘하고 어렸을 때부터 피아노를 쳐 교회에서 반주 봉사를 하거나 학교 밴드부 소속으로 키보드 연주를 담당했습니다. 제가 공무원이 된다면 마음 맞는 동료들과 함께 소모임을 만들어 노인복지관 등을 찾아 노인분들을 위해 악기 연주를 해드리고 싶습니다.

면접관 살면서 한계점에 다다랐다고 느낀 적이 있을까요?

응시생 (실패한 경험을 말씀드려도 되겠냐고 여쭤었습니다. 좋다고 하셔서 준비한 답변을 말씀드렸습니다.
⇨ 공공근로 일화 2) 하루는 전화를 받았는데 자신을 요양보호사라고 밝히신 분이 다급하게 특정 주무관님을 찾았지만 마침 주무관님께서 자리에 계시지 않았습니다. 민원인은 자신의 어려운 상황에 대해 이야기를 늘어놓으셨고 도움을 요청해왔습니다. 그래서 저는 시청에서 아르바이트를 하고 있는 입장이라 제가 도움을 드릴 수 없다고 말씀드렸습니다. 그러자 민원인은 그걸 지금 이야기하면 어쩌냐고 크게 화를 내셨습니다. 그 당시에는 이 사건이 무척 억울했지만 제가 공무원을 준비하면서 이때 일을 돌이켜보니 그분 입장에서는 급히 자신이 처한 문제를 해결해줄 수 있는 사람이 자리에 없으니 화나실 만했던 것 같습니다. 제가 공무원이 된다면 그때와 달리 문제를 해결할 자격이 있는 사람으로서 빠르게 민원에 응대하고 싶습니다.

면접관 (사전조사서 작성 내용에 대한 질문을 하셨습니다. 주제는 시정 비전 5개 중 택 1하여 '안전하고 편리한 교통도시'에 대한 정책 제안을 서술하는 것이었습니다. 사전조사서 연습이 부족해 내용을 그다지 적지 못하였습니다. 경강선 배차간격이 20분으로 광주-성남 분당 출퇴근하는 우리 시민들이 불편함을 겪기 때문에 주민들의 의견을 수렴하고 지자체장, 국회의원 등 시 관계자들이 적극적으로 국토교통부에 증차를 촉구해야한다는 내용을 적었습니다.)
사전조사서에는 배차간격이라는 결과에 대해서만 적어두었는데 배차간격이 20분이 된 원인은 제시하지 않았네요. 혹시 원인을 알고 있나요?

응시생 (처음에는 모르겠다고만 답변하였다가 추가로 답변을 드렸습니다.) 역동 이편한세상 아파트 협의회 자료를 통해 2026년까지 경강선 증차를 위한 예산이 책정되어있지 않다는 사실을 알게 되었습니다. 배차간격을 줄이기 위해 신속히 예산을 책정할 필요가 있습니다.

면접관 30초 드리겠습니다. 하고 싶었는데 못다한 말이 있으면 하세요.

응시생 이 자리에 오기까지 마음고생을 많이 하였습니다. 그동안 흘린 눈물을 거름 삼아 우리 광주시민들을 위한 결실을 맺는 공무원이 되고 싶습니다. 감사합니다.

4 지역 현황 및 현안 핵심

Q. 광주는 많이 돌아다녀 보았는가? 어디가 가장 괜찮았는가?

Q. 광주하면 떠오르는 것은?

Q. 광주시 정책 중 개선할 부분은?

Q. 광주시 비전은 무엇이며 시정 방침과 목표는?

Q. 탄소중립을 위해 하는 사업이나 정책은?

Q. 4차 산업관련 사업에 대해 답변해보라.

Q. 청년정책을 제안해본다면?

Q. 시정비전은 무엇이며 비전의 의미는?

Q. 고령화 대책에 대해 답변해보라.

Q. 광주시 4대 축제에 대하여 이야기 해보고 그중 한 가지만 설명을 해보라.
  ➡ 광주왕실도자기축제, 남종분원마을 붕어찜축제, 퇴촌 토마토 축제, 광주남한산성문화제

Q. 광주시의 대표적인 현안문제는 무엇이며 그 문제에 대한 해결방안은?

Q. 광주시에 소각시설 설치 찬반입장은?

Q. 광주시의 장단점은?

MEMO

CHAPTER
09 구리시

1 면접진행방식 및 특징

(1) 면접관은 3인이며 면접시간은 7~8분이다.

(2) 구리시는 공직관 및 인성 중심으로 면접이 진행된다.

(3) 면접 중요도는 낮은 편이다.

(4) 지역현안 및 지방자치에서 지역현안에 대한 질문 비중은 낮은 편이다.
   ① 시정비전 및 목표, 슬로건, 지원지역 인구, 노인인구, 지역이슈, 시 소개
   ② 예산 및 복지예산

(5) 직렬별 직무관련 질문에서 직렬별 질문 비중도가 높다.
   사서직 ⇨ 도서관 프로그램 아는 것, 도서관 활성화방안, 북큐레이터가 되어 면접관에게 책 추천

2 면접질문 사례

사례 01. 일반행정직(2022)

Q. 사전조사서 ⇨ 모범적인 행동으로 다른 사람에게 긍정적인 영향을 끼친 경험에 대해 서술하시오.
Q. 장점이 많은 것 같은데 장점 및 단점을 넣어서 자기소개를 해보라.
Q. 단점은 무엇인가?
Q. 살면서 실패 및 좌절한 경험이 있는가? 어떻게 극복했으며 무엇을 깨달았는가?
  └[추가질문] 그래서 다음 발표는 잘했는가?
  └[추가질문] 구리시가 작은 시인 것은 알고 있는가?
  └[추가질문] 그럼 구리시랑 남양주시나 하남과 비교해본 적이 있는가?
  └[추가질문] 남양주시랑 하남시랑 비교했을 때 구리시의 장점과 아쉬운 점은?
  └[추가질문] 과밀억제구역 같은 것이 해결이 어렵긴한데 파악을 잘 한 것 같다. (이후 질문내용 有)
Q. 구리시 홈페이지에는 들어가 보았는가? 장단점은 무엇인가?
  └[추가질문] 요즘 젊은 사람들은 모바일로 많이 접속을 하는가?
Q. 직장경험이 있는가?
  └[추가질문] 아르바이트 경험은?
  └[추가질문] 상관이 지시하지 않았는데 주도적으로 일을 해결해 본 경험이 있는가?
Q. 왜 구리시에 지원했는가?

사례 02. 일반행정직

Q. 사전조사서 ⇨ 이제까지의 경험 중에서 본인의 행동이 타인에게 모범적인 사례가 있었다면 무엇인지 기술하시오.
Q. 공무원에게 가장 중요하다고 생각하는 공직가치(공직관 및 윤리관)는 무엇이고, 국민들이 기대하는 것은 무엇이라고 생각하는가?
Q. 10년 후의 나의 모습은 어떨지와 그에 대한 본인의 노력은?
Q. 경험 중에서 갈등을 겪었던 사례와 어떻게 해결했는지?
Q. 공무원은 야근이 많은데 그것에 대해서 어떻게 생각하는가?
Q. 일반행정직에 지원했는데 하고 싶은 업무는?

사례 03. 일반행정직

Q. 사전조사서 ⇨ 작은 아이디어로 다른 사람을 즐겁고 기쁘게 한 경험에 대해 서술하시오.
Q. 공무원에게 요구되는 자세가 많은데 어떤 것이 있으며 지역주민이 공무원에게 요구하는 것은 무엇인가?
Q. 10년 후 본인의 모습은 어떻겠는가?
  ㄴ[추가질문] 구체적으로 어떻게 홍보하고 싶은가?
Q. 본인의 역량적 강점은 무엇인가?
Q. 합리적으로 갈등을 해결한 경험이 있는가?
Q. 평소에 갈등해결을 어떻게 하는가?
Q. 본인의 단점은 무엇인가?
Q. 사회생활을 어느 정도 해보았는가?
Q. 본인이 가장 잘한 선택은 무엇인가?
Q. 상사와 의견이 다를 때 어떻게 하겠는가?

사례 04. 일반행정직

Q. 공무원에 지원한 이유는 무엇인가?
Q. 사회생활을 해 본 경험이 있는가?
Q. 공직생활을 하면서 갈등이 일어난다면 갈등해결 방법은?
  ㄴ[추가질문] 대화를 시도했는데 상대방이 그냥 본인이 희생하라고 한다면?
  ㄴ[추가질문] 희생해서라도 갈등상황을 먼저 푼다는 소리인가?
Q. 단점은 무엇인가?
  ㄴ[추가질문] 구리시에 사는가? 어디에서 운동을 하는가?
Q. 민원인이 왔는데 법령상 해드릴 수 있을 것 같은데 없을 것 같기도 하고 애매한 상황이면 어떻게 할 것인가?
  ㄴ[추가질문] 상사가 알아서 하라고 한다면?
  ㄴ[추가질문] 해결해드리는 쪽으로 할 것인가?
Q. 공직가치에 대해 나열해보라.
Q. 본인의 역량적인 강점은 무엇인가?
Q. 봉사는 사이트에서 보고한 것인가? 몇 시간 하였는가?
Q. 구리시에 지원한 동기는 무엇인가?

1. 사전조사서

Q. 본인의 모범적인 행동으로 다른 사람에게 긍정적인 영향을 끼친 경험에 대해 서술하시오.

A. 패스트푸드점에서 노부부께서 주문에 어려움을 겪고 계셔서 도와드렸던 경험을 적었습니다. 앞사람이 한숨쉬고 짜증내서 상황을 알게 되었고 주문방법을 한 단계씩 차근차근 알려드렸고 전광판에 번호 뜨는 것도 같이 기다려드려 매우 고마워 하셨습니다. 요즘 어딜 가나 이런 기계가 많아서 힘든데 앞으로는 좀 더 수월하게 할 수 있을 것 같다고 해주셨습니다. 저도 어르신분들의 고충을 느낄 수 있었고 조금이나마 도움이 된 것 같아서 뿌듯했다고 마무리 지었습니다.

'상황 / 나의 행동 / 긍정적 영향' 이렇게 문단 구성했고 줄글로 맨 끝줄까지 꽉 채워서 써냈습니다.

2. 면접상황

일단 문 열자마자 3번 면접관님이 웃고 계셔서 저도 웃으면서 "안녕하십니까!" 하면서 약간은 신나게 들어갔습니다. 구리시랑 남양주, 하남 비교 질문은 마음에 들어하시는 느낌이 화 왔습니다(특히 단점 얘기한 부분). 1번 면접관님은 질문 하실 때 단문 아니고 엄청 풀어서 설명해주셨고 그동안 눈 마주치고 몸 앞으로 기울이고 끄덕끄덕하고 경청하는 자세로 들었습니다. 2번 면접관님은 자기소개 시키신 이후로는 끄덕끄덕만 하시고 그 후로는 아예 말씀이 없으셨습니다. 3번 면접관님은 내내 웃어주셨습니다. 압박도 없으셨고 저는 안에 있으면서 전반적으로 분위기가 너무 좋다고 느꼈습니다. 그래서 평소보다 좀 업 되어서 이야기한 면이 있는 것 같습니다.;; 후기들 보니까 저만 그런 건 아니고 2조 들어가신 분들 다 그렇게 느끼셨더라구요. 그래서 변별력이 크게 없는 면접인 것 같다는 느낌이 듭니다. 복기는 최대한 비슷하게 해보려고 노력했는데 쓰면서 좀 다듬어진 것이라서 내용보다는 조금 더 횡설수설 했던 것 같습니다. 구리시가 70명 뽑고 제가 현재 공단기상에서 70등이라서 걱정이 많이 됩니다.

3. 질의응답

면접관 장점이 많으실 거 같은데 장점 및 단점을 넣어서 그거 위주로 자기소개를 해주세요.

응시생 단점 위주로요? (당황해서 이렇게 질문했더니 장점이든 단점이든 넣어서 하라고 하셨습니다.) 안녕하십니까! 구리시 일반행정직에 지원한 ○○○입니다. 저는 적극적으로 행동할 줄 아는 사람입니다. 제가 백화점 팝업 스토어에서 아르바이트를 하면서 가장 많이 했던 말이 '도와드릴까요?'였습니다. 고객들이 오셨을 때 가만히 있기보다는 먼저 다가가서 적극적으로 응대하려고 노력했습니다. 그 결과 적극적인 응대는 판매에 기여했고 매니저님은 그런 제 모습을 보시고 행사가 있을 때마다 같이 일하자고 연락을 주시기도 하셨습니다. 저는 공직에 임하는 자세도 이와 다르지 않다고 생각합니다. 지역 주민들이 모르거나 어려워서 우리 지역의 다양한 공공 서비스를 놓치는 일이 발생하면 정말 안타까울 것 같습니다. 따라서 그 분들의 고충을 귀담아 듣고 해결해 드리는 것에서 한 발 더 나아가서 적극적으로 정책들을 홍보하고 필요한 사항들을 먼저 발굴하는 공무원이 되도록 노력 하겠습니다. (장점 버전만 있어서 외워간 대로 이렇게 답변했습니다.)

면접관 단점은요?

응시생 아, 단점은 일이 쌓이면 조급해진다는 점입니다. 저에게 업무가 주어지면 빠르게 처리하려고 하고 일이 쌓여있는 것을 잘 못 보는 편입니다. 이런 점 때문에 빠뜨리고 실수한 적이 있어서 최근에 아르바이트를 하면서 아침에 출근을 하자마자 그 날 할 일을 포스트잇에 적어서 모니터에 붙여놓고 체크했습니다. 그리고 계획을 세우고 우선순위를 정해서 일하려고 노력합니다.

면접관 살면서 실패하거나 좌절했던 경험이 있나요? 어떻게 극복했고 무엇을 깨달았나요? (질문이 정확히 기억이 안납니다.)

응시생 제가 대학교 때 발표에 실패했던 경험을 말씀드리도록 하겠습니다. 당시에 저희 조가 조금 특별하게 발표를 진행하고 싶어서 PPT가 아닌 다른 프로그램으로 발표를 준비했었습니다. 수업 전날 확인했을 때는 잘 되었었는데 당일에 가보니 구동이 안 되었습니다. 교수님께서 원칙대로 해야 한다고 하셨고 좋은 점수를 받지 못했습니다. 그 때 어떤 일을 할 때 더 꼼꼼하게 체크해야 하고 또 그런 상황이 생길 것을 대비해서 플랜B까지 준비해야 한다는 것을 깨달았습니다.

면접관 그래서 다음 발표는 잘했나요? (극복한 포인트를 말하지 못해서 다시 질문하신 듯 했습니다.;;)

응시생 네, 잘 했습니다.

면접관 구리시가 작은 시인 것은 알고 있나요?

응시생 네, 가장 작은 시인 것으로 알고 있습니다.

면접관 그럼 구리시랑 남양주시나 하남시와 비교해본 적이 있나요? (여기서 갸우뚱했습니다.;;) 남양주시랑 하남시랑 비교했을 때 구리시의 장점과 아쉬운 점은 무엇인가요?

응시생 우선 장점은 교통의 요충지라는 것입니다. 가장 작은 시이긴 하지만 중심부에 위치해 있어서 서울로 가기 편리합니다. 또 내년에 8호선이 개통되면 교통이 더 발전하고 접근성이 좋아질 것이라고 생각합니다. 그리고 단점은 자족할 수 있는 인프라가 부족한 것 입니다. 구리시가 과밀억제권역으로 지정되어 있고 개발제한구역도 있어서 개발이나 발전이 지체되고 있는 것 같습니다. 이런 문제들을 해결하고 산업단지를 구축하거나 기업을 유치하면 발전에 더 도움이 될 거라고 생각합니다.

면접관 과밀억제구역 같은 게 해결이 어렵긴 한데 파악을 잘 하셨네요. (답변을 마음에 들어 하시는 것 같았습니다.) 구리시 홈페이지는 들어가 보았나요? 장단점은 무엇이었나요?

응시생 장점은 다양한 정보가 많아서 좋았습니다. 단점은 제가 모바일로도 접속해 보았는데 좀 느리고 구동이 잘 안되었습니다. 그리고 정보가 많은 것은 좋은데 연결이 조금 잘 안 되는 것 같아서 하이퍼링크 등을 삽입한다든지 하면 더 좋을 것 같다고 생각했습니다.

면접관 요즘 젊은 사람들은 모바일로 많이 접속을 하죠?

응시생 네, 그렇습니다.

면접관 직장경험이 있나요?

응시생 직장경험은 없습니다.

면접관 그럼 아르바이트 경험은요?

응시생 아르바이트 경험은 있습니다.

면접관 그럼 상관이 지시하지 않았는데 주도적으로 일을 해결해 본 경험이 있으면 말해보세요.

응시생 네, 생각을 좀 해 보겠습니다. (잠깐 생각하고) 답변 드리겠습니다. 제가 브런치 카페에서 아르바이트를 할 때 달고나 메뉴가 있었습니다. 모양을 내고 나서 남은 부분은 아르바이트생들이 간식으로 먹고 그래도 남으면 버렸었습니다. 저는 그게 아깝다고 생각해서 주방장님께 작은 포장지를 사서 포장해서 배달이나 포장 손님에게 드리자고 제안했습니다. 그래서 그렇게 시행을 했고 덕분에 좋은 리뷰도 달리고 이미지도 좋아졌습니다.

면접관 네, 잘하셨네요~ 그럼 다음 질문으로 왜 구리시에 지원했나요?

응시생 우선 저는 구리시에서 태어나기도 했고 구리시의 좋은 인프라 속에서 성장했다고 생각합니다. 초등학교 때는 구리타워 수영장에서 수영을 배웠고 중고등학교 때는 교문, 인창, 토평도서관을 돌아다니면서 공부도 했습니다. 그리고 장자못에서 산책이나 왕숙천에서 자전거 탄 것도 좋은 기억으로 남아있습니다. 저의 이런 경험을 바탕으로 저도 시에 이바지 하고 싶어서 지원하게 되었습니다. (일단 구리에서 태어났다고 하는 순간 뒷부분은 잘 안 들으시는 느낌이었습니다.)

면접관 수고하셨습니다.

응시생 네, 감사합니다! (말로만 신나게 인사하고 목례를 안하고 나왔습니다.;; 나오면서 들렸는데 면접관님들이 다들 구리시에 사네 이런 식으로 코멘트를 하셨습니다.)

4 지역 현황 및 현안 핵심

Q. 구리시에서 추진하고 있는 정책 중 보완하고 싶은 정책이 있다면 무엇이며 어떻게 보완을 했으면 좋겠는가?

Q. 구리시 예산에 대해 알고 있는가? 그중 구리시 복지예산은?

Q. 구리시 시정 비전 및 슬로건은?

Q. 구리시에 대해 소개 및 자랑을 해보아라.

Q. 본인이 구리시장이라면 가장 하고 싶은 정책은 무엇이며 그 이유는?

Q. 구리시에서 할 만한 중요한 정책은 무엇이 있겠는가?

Q. 구리시 방문 후 첫 느낌은?

Q. 구리시 전통시장은 어디어디에 있으며 활성화방안은?

Q. 구리시 현안문제는 무엇이며 그 문제를 어떻게 해결할 것인가?

Q. 탄소중립을 위해 하는 사업이나 정책은 무엇인가?

Q. 4차 산업관련 사업에는 어떤 것이 있는가?

Q. 시정비전은 무엇이며 비전의 의미는?

Q. 지역화폐의 장단점은?

Q. 반려견 놀이터 조성에 대한 의견은?

Q. 1회용품 줄이기 대책은?

Q. 주민자치회란?

Q. 구리시민 행복청원이란?

Q. 구리시의 장단점은 무엇이며 남양주시와 비교했을 때 장단점은?

CHAPTER

10 군포시

1 면접진행방식 및 특징

(1) 면접관은 2인이며 면접시간은 10분이다.

(2) 군포시는 공직관·인성·지역현안·직렬전문성 중심으로 면접이 진행된다.

(3) 면접 중요도는 난이도 '중'이다.

(4) 지역현안 및 지방자치에서 지역현안에 대한 질문 비중은 직렬별로 차이가 있으나 준비가 필요하다.
   ① 군포시 슬로건, 도시재생, 지역이슈, 군포시 인구, 시 승격년도, 군포 8경
   ② 책의 도시에 대해 아는 대로 답변
   ③ 군포시가 해결해야 할 가장 큰 문제
   ④ 법정동과 행정동의 차이, 군포시에 법정동 및 행정동이 일치하는 곳

(5) 직렬별 직무관련 질문은 다음과 같다.
   ① **사회복지직:** 탈시설화, 신사회위험, 전통적사회위험
   ② **간호직:** 보건소에서 하는 사업, 4차 산업혁명 관련 군포시 보건소에서 하는 일

(6) 사회이슈 및 시사 ⇨ 젠트리피케이션

2 면접질문 사례

사례 01. 일반행정직(2023)

Q. 자기소개를 해보라.
  ∟[추가질문] 엑셀과 관련해서 무엇을 어떻게 수행하였으며 어떤 성과를 냈는지 자세히 말해보라.
Q. 아르바이트를 제외하고 사회생활 경험은 있는가?
  ∟[추가질문] 아르바이트 때 매출이 몇 프로 늘었나?
Q. 창의성이 중요하다고 생각하는가?
  ∟[추가질문] 창의성 말고 다른 것은 무엇이 중요한가?
Q. 30년간 공직에서 어떻게 버틸 것인가?
Q. 싫은 사람 유형은 어떤 유형이 있는가?
  ∟[추가질문] 그럼 그 사람에게는 어떻게 대처할 것인가?
Q. 조직에서 희생한 경험이 있는가?
Q. 공무원이 되고 싶은 이유는?
Q. 마지막으로 하고 싶은 말

사례 02. **일반행정직**(2022)

Q. 사전조사서 ⇨ 조직 내에서 갈등이 발생했을 때 해결한 경험과 조직에서 갈등 발생시 본인의 역할을 구체적 사례로 설명해보라.
　└[추가질문] 조직 말고 사적인 관계에서 갈등을 해결할 때 중요한 자세는?
Q. 자기소개와 지원동기를 연결시켜 말해보라.
Q. 외국어가 강점이라고 어필하였는데 외국어는 사기업에서 더 유리하게 적용할 수 있지 않은가?
Q. 외국어나 외국인과 전혀 관련이 없는 과에 발령이 난다면 어떻게 할 것인가?
Q. 군포시에서 가장 해결해야 할 문제는 무엇이라고 생각하는가?
Q. 봉사활동에 대한 본인의 생각은 무엇인가?
Q. 요즘 코로나나 장마 때문에 야근이나 휴일 근무가 많아 공무원들의 피로가 누적되고 있는데 본인은 스트레스를 어떻게 해소할 것인가?
Q. 전문성 확보를 위해 노력한 것이 있는가?
Q. 가장 중요하게 생각하는 공직가치는 무엇인가?

사례 03. **일반행정직**

Q. 자기소개랑 지원동기를 같이 이야기해보라.
　└[추가질문] 세심하고 경청을 잘하는 게 장점이라고 하였는데 단점은 무엇인가?
　└[추가질문] 아르바이트를 했다고 했는데 세심하고 그런 점 때문에 일처리가 느려지진 않았는가?
Q. 봉사활동을 어릴 때 했다고 했는데 초등학생 때 많이 한 것인가?
　└[추가질문] 그럼 그 이후에는 한 적이 없는가?
　└[추가질문] 그러면 만약에 자원봉사랑 후원 중에 하나만 해야 한다면 무엇을 할 것인가?
　└[추가질문] 후원을 세이프칠드런이나 ○○○(하나는 생각이 안 납니다;;) 이런 곳에서 하는 것인가? 해외아동 결연지원 같은 것인가?
Q. 공직윤리 중에 청렴, 성실, ○○(하나가 생각이 안 납니다.;;) 이거 3가지 제외하고 공직자가 갖춰야 할 자세나 태도에 대해서 이야기해보라.
　└[추가질문] 그러면 만약에 상사가 능률성만 강조하는 사람이다. 근데 본인이 말한 민주성, 시민들이 참여하고 이것을 아우르는 이런 방식과 차이가 있지 않은가. 그러면 상사가 이런 능률성만을 계속 강조하면 어떻게 할 것인가?
　└[추가질문] 능률성이 무엇인지 알고 있는가?
Q. 군포시에 지원한 이유는 무엇인가?
Q. 마지막으로 군포시가 추진 중인 정책에서 개선했으면 하는 것에 대해 답변해보라.

사례 04. **일반행정직**

Q. 사전조사서 ⇨ 조직 내에서 갈등이 발생했을 때 해결한 경험과 조직에서 갈등 발생시 본인의 역할을 구체적 사례로 설명해보라.
　└[추가질문] 컵케이크에 대해 홍보를 한 번 해보라. 당시 컵케이크 제안을 어떻게 했는가?
Q. 자기소개를 해보라.
Q. 사회경험은 있는가?

Q. 왜 공무원에 지원했는가?

Q. 현재 군포시가 가장 먼저 해결해야 할 큰 문제는 무엇인지 아는가?
　└[추가질문] 그럼 그런 업무를 하는 부서가 어디인지는 알고 있는가?

Q. 만약 공무원을 그만둔다면 무엇 때문일 것 같은가?

Q. 가장 해보고 싶은 업무는?
　└[추가질문] 그럼 관련한 정책에 대해 답변해보라.
　└[추가질문] 홀로봇인형 같은 것은 예산도 많이 들어갈텐데 현재 군포시 다문화가정 예산이 총 얼마나 들어가는지 알고 있는가?
　└[추가질문] 그럼 다문화가정 인구는 어느 정도 되는가?

Q. 본인이 고쳐야 할 단점은 무엇인가?

Q. 상관님의 지시가 법령에 어긋날 때 어떻게 할 것인가?
　└[추가질문] 상관님의 의견이 부당한 지시일 때 어떻게 할 것인가?

Q. 면접을 준비하면서 공직사회에서 무엇이 가장 중요한 것 같은가?

Q. 수험공부는 한 1년 정도 했을 것 같은데 수험기간이 총 몇 년인가?
　└[추가질문] 이번이 몇 번째 시험인가?
　└[추가질문] 이번이 필기시험에 처음 붙은 것인가?

Q. 본인을 꼭 뽑았으면 하는 가장 큰 이유를 말해보라.

3　면접후기(일반행정직)

1. 사전조사서

Q. 조직 내에서 갈등이 발생했을 때 해결한 경험과 조직에서 갈등 발생시 본인의 역할을 구체적 사례로 설명해보세요.

A. 친구들과 함께 '군포시 청년 제과제빵 동아리' 활동을 할 때였습니다. 맨 처음으로 활동을 시작할 때, 컵케이크를 만들자는 의견과 호두파이를 만들자는 의견이 대립하였습니다. 첫 활동부터 메뉴 정하는 게 쉽지 않아서 서로가 지쳐있는 상태였습니다. 당시에는 군포시에서 지원받는 동아리지원금도 한정되어 있었고 기부를 받으실 어르신들이 드시기에 편해야 한다고 생각했습니다. 그래서 조장으로서 갈등을 해결하기로 하였습니다. 어떤 메뉴의 재료비가 가장 덜 들어가는지 분석해보고 씹을 때 불편하지 않은 게 무엇일지 분석해보니 '컵케익'이 가장 부합하는 것 같아 이를 제안했더니 결국 동아리원들은 제안에 찬성했고 성공적으로 다같이 웃으면서 맛있는 컵케익을 만들 수 있었습니다.

Q. [꼬리질문] 컵케이크에 대해 홍보를 한 번 해보세요. 당시 컵케이크 제안을 어떻게 했나요?

A. (설마 이런 것까지 물으실 줄은 몰랐습니다. 처음에 질문을 잘 못 알아듣고 "컵케익 말씀이신가요?"하고 당황했습니다. 그러다가 메뉴 어떤 것 필요한지 포털사이트에서 찾은 것 보여주고 사진 같은 것 보여주었다고 답변했습니다.)

2. 질의응답

면접관 자기소개를 해보세요.

응시생 저는 제 자신을 봉사정신+공감능력으로 소개하겠습니다.

봉사정신으로는 외국인유학생 도우미로 소외감을 느끼지 않도록 학교생활을 도와주었습니다. 아동복지센터 봉사활동을 하면서는 가정형편이 어려운 아이들에게 공부를 가르쳐주었습니다. 수험생활 중에는 친구들과 군포시 청년 제과제빵 동아리를 결성하여 빵, 쿠키를 만들고 군포시 복지관의 어르신, 아이들에게 기부를 하였습니다.

공감능력으로는 대학시절 복수전공인 글로벌통상학과의 현장실습으로 국내 및 해외 전시회 보조업무 경험이 있습니다. 당시 다양한 방문객들을 응대하며 서로 다른 문화, 가치관, 입장 등을 이해하고 존중하는 자세를 키울 수 있었습니다. 이렇게 제가 쌓아온 봉사정신과 공감능력을 발휘하여 군포시 주민분들께 행복을 드리고 언제나 찾고 싶은 공무원이 되겠습니다.

면접관 사회경험이 있나요?

응시생 대학생 때 영어학원 보조교사 아르바이트를 했었습니다. 청년 무역사업단 현장실습으로 각종 전시회 부스 보조업무를 맡았습니다.

면접관 왜 공무원에 지원했나요?

응시생 졸업 후 진로고민을 하다가 대학시절 봉사활동을 하면서 크게 성취감을 느꼈던 기억이 떠올랐습니다. 외국인유학생 도우미, 아동복지센터 봉사활동 등 늘 이런 활동을 하며 저의 도움을 받은 사람들이 밝게 웃고 행복해하는 모습을 볼 때마다 저도 같이 행복을 느끼곤 했습니다. 이를 통해 어려움을 겪는 사람들에게 관심을 갖고 봉사정신을 실천하는 공무원이 저의 적성에 맞다는 생각이 들었습니다.

면접관 현재 군포시가 가장 먼저 해결해야 할 큰 문제는 무엇인지 알고 있나요?

응시생 구도심과 신도심의 격차가 커지고 있다는 것입니다. 이를 해결하기 위해 낙후된 주택이 많은 금정역에 카페거리를 조성하면 좋을 것 같습니다. (면접관님이 약간 갸우뚱하셨습니다. ;;)

면접관 그럼 그런 업무를 하는 부서가 어디인지는 알고 있나요?

응시생 (침묵 후) 음… 소상공인을 지원하는 지역경제과인 것 같습니다.

면접관 만약 공무원을 그만둔다면 무엇 때문일 것 같나요?

응시생 (침묵 후) 물론… 저는 그럴 일은 없겠지만 아마도 적은 보수 때문일 것 같습니다.

면접관 가장 해보고 싶은 업무는 무엇인가요?

응시생 다문화가정 지원 업무입니다. 대학시절 외국인유학생 도우미 활동을 하면서 외국인들이 한국생활을 하며 많은 고충을 겪고 있다는 것을 느꼈습니다. 또한 동네 전통시장을 다니다보면 예전에 비해 군포시에 거주하는 외국인분들이 부쩍 많이 보이는 걸 느꼈고 다문화가정을 위한 정책을 펼치고 싶습니다. 이분들이 코로나도 그렇고 각종 대면교육 서비스를 제대로 받지 못해 소외감을 느끼는 게 가장 문제이기 때문에 이를 해결해야 할 것입니다.

면접관 그렇다면 관련한 정책에 대해 한 번 답변해보세요.

응시생 각 가정에 AI 홈로봇인형을 보급해드리는 것입니다. (이때 뭔가 반응이 좋아보였습니다.) 이렇게 한다면 소외감도 해소되고 자연스레 한국어 대화능력도 키울 수 있을 것입니다.

면접관 그런 홈로봇인형 같은 것은 예산도 많이 들어갈텐데 현재 군포시 다문화가정 예산이 총 얼마나 들어가는지 알고 있나요?

응시생 (고민) 죄송합니다. 제가 그 부분은…

면접관 그럼 다문화가정 인구는 어느 정도인지 알고 있나요?

응시생 현재 5,526명입니다.

면접관 본인이 고쳐야 할 단점은 무엇인 것 같은가요?

응시생 신속하지 못한 업무처리입니다. 저는 지나치게 꼼꼼한 편입니다. 일상생활을 하며 사소한 것 하나하나라도 시간 타이머를 맞춰두고 제한시간 내에 모든 집중력을 발휘하여 한 번에 끝내는 연습을 하고 있습니다. 실제 공직생활을 하면서도 검토가 많이 필요한 업무와 다급한 업무를 잘 구별하여 상황별로 융통성 있게 조절해 나가겠습니다.

면접관 상관님의 지시가 법령에 어긋날 때 어떻게 할 것인가요? (이때 수평적 조직 등에 대해 언급하셨습니다.)

응시생 (의견이 안 맞을 때로 오해하고) 제 의견이 어떤 점에서 지역 주민에게 이득이 되는지 각종 근거자료와 함께 말씀드리겠습니다. 그리고 만약 설득이 안 되면 그땐 상관님 의견에 따르겠습니다.

면접관 아니 상관님의 의견이 부당한 지시일 때를 질문한 것입니다.

응시생 아, 만약 그런 상황이라면 법령에 어긋난 지시를 따르면 언젠가는 지역 주민에게 분명 피해가 갈 것이고 공직사회 전체의 신뢰가 무너질 것입니다. 그래서 일단 상관님께 지역 주민에게 어떤 피해가 갈지 심각성에 대해 자세하게 말씀드려 볼 것 같습니다.

면접관 면접을 준비하면서 공직사회에서 무엇이 가장 중요한 것 같은가요?

응시생 제가 인터넷강의 등을 들으면서 조직생활이 중요하단 걸 느꼈습니다. 그중 조직생활의 협동심인 것 같습니다. 제가 가진 지식을 함께 나누고 서로 부족한 점을 보완해주고 다 같이 성장하도록 이끌어주는 것이 중요하다고 생각합니다.

면접관 보니까 공부는 한 1년 정도 했을 것 같은데 수험기간이 총 몇 년인가요?

응시생 1년 반입니다.

면접관 이번이 몇 번째 시험인가요?

응시생 4번째입니다. (이때 "1년 반 준비했는데 4번째 시험이라고요?" 하면서 놀라셨습니다.)

면접관 이번이 필기시험에 처음 붙은 것인가요?

응시생 네! 이번에 첫 면접입니다!

면접관 본인을 꼭 뽑았으면 하는 가장 큰 이유를 말해보세요.

응시생 군포시 제과제빵 동아리에서 친구들이 꾸미기를 주로 어려워했습니다. 저는 주로 꾸미기 노하우를 많이 알고 있어서 쿠키모양을 예쁘게 내는 요령이나 과자에 초콜릿을 깔끔하게 묻히는 요령을 직접 시범을 보이며 설명해주니 다들 더욱 쉽고 빠르게 따라할 수 있었습니다. 실제 조직 업무를 할 때도 어려워하는 동료가 있으면 협동심을 실천해나가겠습니다.
(전반적 분위기는 크게 인상쓰시거나 한 건 아닌 것 같은데 저에게는 압박형 면접 분위기로 느껴졌습니다. 꼬리질문들에서 제가 고민을 오래할 때 의미심장한 미소로 뭔가 적으시고 그때 얼른 대답은 했습니다.)

4 지역 현황 및 현안 핵심

Q. 군포가 책과 관련한 정책을 많이 추진 중인데 그 이유가 무엇이라고 생각하는가?
Q. 군포 8경은 어디인가?
Q. 군포시 현안문제는 무엇이며 그 문제를 어떻게 해결할 것인가?
Q. 군포시 뉴딜사업은 무엇이며 그중 그린뉴딜사업은?
Q. 탄소중립을 위해 하는 사업이나 정책은?
Q. 4차 산업관련한 사업은 무엇인가?
Q. 청년정책을 제안해본다면?
Q. 시정비전은 무엇이며 비전의 의미는?
Q. 지역화폐의 장단점은?
Q. 1회용품 줄이기 대책은?
Q. 군포시의 장단점을 한 가지씩 이야기하고 장점을 강화할 수 있는 방안과 약점을 보완할 방법은?

MEMO

CHAPTER
11 김포시

1 면접진행방식 및 특징

(1) 면접관은 3인이며 면접시간은 15분 이내이다.

(2) 면접 중요도는 높은 편이다.

(3) 김포시는 공직관 및 인성 중심으로 면접이 진행된다.
   ① 자기소개에서도 외운 거 말고 자신의 생각을 표현하도록 질문
   ② 인성검사 결과에 대한 후속질문
   ③ 실패경험, 한계치 경험, 창의적으로 문제해결 경험 등 질문

(4) 지역현안 및 지방자치에서 지역현안에 대한 질문 비중이 높은 편이다.
   ① 시정비전 및 목표, 지원지역 인구, 노인인구, 지역이슈, 김포시 몇 개 읍면동
   ② 시장 성함, 시 소개, 김포시 발전가능성
   ③ 한강하구가 어디인지
   ④ 김포 5호선 문제
   ⑤ 김포시의 가장 시급한 현안
   ⑥ 김포시 홈페이지에서 눈에 띄는 정책

(5) 직렬별 직무관련 질문에서 직렬별 질문 비중도가 높다.
   농업직 ⇨ 김포시 농업의 문제점, 김포시 농업 고령화 해결방안

(6) 민법문제를 내기도 함 ⇨ 이웃집 감나무 가지가 넘어왔을 때 대응

2 면접질문 사례

사례 01. 일반행정직(2022)

Q. 사전조사서 ⇨ 자신의 약점을 극복하기 위해 노력한 경험을 서술하시오.
Q. 공직생활에 좋을 만한 장점과 함께 자기소개를 해보라.
Q. 자기소개를 들어 보니 협동 경험이 많은 것 같은데 그러한 협동 사회에서 가장 힘들었던 점은 무엇인가?
   └[추가질문] 어떠한 다른 업무를 주었는가?
Q. 9급은 아무래도 리더십보다는 팔로워십이 요구되는 경향이 많은데 이러한 팔로워십의 역량을 가지고 있는 것 두 가지를 이야기해보라.
Q. 사전조사서에는 긴장하면 말이 빨라진다고 했는데 지금은 말이 그렇게 빠르지 않은 걸 보니 긴장하지 않은 것인가?
Q. 자신만의 스트레스 해소 방법을 개인적인 방법 하나, 업무적인 방법 하나씩 말해보라.

Q. 김포시 슬로건과 시정목표가 무엇인가?
Q. 공무원의 의무 11가지 외에 중요하게 생각하는 3가지는 무엇이 있는가?
  └[추가질문] 차별 금지의 의무란 그러니까 모두 동등하게 대한다는 말인가?
Q. 옆집 감나무 가지가 면접자의 집에 넘어왔다. 어떻게 대응할 것인가?
  └[추가질문] 법적으로는 우리 집 소유가 맞다는 것인가?
Q. 같이 일하고 싶은 사람의 유형은 무엇인가?
Q. 사기업과는 다른 공무원에게 있어서 성실함이란 무엇인가?

사례 02. 일반행정직(2022)

Q. 사전조사서 ⇨ 나와 대립되는 의견을 인정하여 과제를 수행한 경험에 대해 서술하시오.
Q. 공무원의 의무는 무엇인가?
Q. (사전조사서 관련 경험) 어떻게 타인을 설득했는가?
Q. 봉사활동 경험이 있다면 빈도는 어떻게 되며 꾸준히 했는가?
Q. 김포시에서 무슨 일을 하고 싶은가?
Q. 자신의 단점을 장점으로 바꾼 경험이 있는가?
Q. 남들과 차별화되는 본인의 장점은 무엇인가?
Q. 직업이란 무엇이라고 생각하는가?
Q. 나이 차이가 많이 나는 선배님들과 어떻게 소통할 것인가?
  └[추가질문] 위의 상황을 업무적으로 어떻게 할 것인가?
Q. 융통성을 법에는 어떻게 적용해야 하겠는가?

사례 03. 일반행정직(2022)

Q. 사전조사서 ⇨ 자신의 약점을 극복하기 위해 노력한 경험을 서술하시오.
  └[추가질문] 구체적인 경험은 무엇인가?
  └[추가질문] 낯선 사람과 어떻게 친해질 것인가?
  └[추가질문] 친해지려 한 사람이 거리를 두려고 대답을 회피하면 어떻게 할 것인가?
Q. 공직에서의 쓸 수 있는 본인의 강점은 무엇인가?
Q. 하고 싶은 업무는 무엇인가?
Q. 김포시에서 개선하고 싶은 점은 무엇인가?
Q. 수험기간 동안 전문성을 기르기 위해 한 노력은 무엇인가?
  └[추가질문] 민원 응대 능력 같은 것 말고 전문성을 예로 들자면 자기개발 같은 것은 없는가?
Q. 공무원의 11대 의무 외에 중요하다고 느끼는 것 3가지는 무엇인가?
Q. 김포시의 3대 시정목표 및 비전은 무엇인가?
Q. 개인으로 일 할 때와 팀으로서 일 할 때 본인의 장점 각각 1개씩을 말해보라.
Q. 팀으로 일할 때 어떤 사람이 본인과 맞지 않는 사람인 것 같은가?
Q. 관공서 아르바이트 할 당시 느꼈던 본인의 단점은 무엇이며 어떻게 개선할 것인가?
Q. 본인이 생각하는 악성 민원인이란 어떤 사람인가?
Q. 이웃이 기르는 나무가 내 담장 안으로 들어왔을 때 대응방안은 무엇인가? ⇨ 이웃의 나무가 큰 피해를 주고 있다고 가정

사례 04. 일반행정직(2022)

Q. 사전조사서 ⇨ 이해관계 충돌로 이를 해결했던 경험에 대해 서술하시오.
Q. 본인의 어떤 점이 공무원으로서 적합한 것 같은가?
Q. 고칠 점을 보완한다고 했는데 보완하기 전에 잘 노력해서 극복하면 될텐데 어떤 노력을 했는가?
Q. 공무원 11대 의무 외에 본인이 생각하는 중요한 3가지 의무는 무엇인가?
Q. 옆집의 나무가 본인담장을 넘어왔다면 어떻게 할 것인가?
Q. 상사가 부당한 지시를 한다면?
Q. 민원인이 감사하다며 음료를 가져올 경우 어떻게 할 것인가?
  ㄴ[추가질문] 그 민원인이 나이드신 분이라면?
Q. 조직생활 중 본인이 주도적으로 의견을 내어 일을 해결했던 경험이 있는가?
Q. 본인과 맞지 않는 사람의 유형은?
  ㄴ[추가질문] 만약 그런 사람이 상사라면 어떻게 하겠는가?
Q. 공무원이 된다면 어떤 자기개발을 하고 싶은가?

3 면접후기(2022 일반행정직)

(사전조사서는 갈등해결 관련한 것이었는데 사전조사서에 대한 질문은 하나도 없었습니다. 사전조사서에서는 학생회에서의 갈등 이야기를 썼습니다.)

면접관 자기소개를 해보세요.

응시생 안녕하십니까. 저는 김포시 일반행정직에 지원한 ○○○입니다. 저를 한마디로 표현하자면 저는 끈끈이입니다. 제가 끈기가 있다고 제 주위 친구들이 지어준 별명인데요. 저는 하고 싶은 일이나 해야 하는 일이 있으면 끝까지 해내려고 노력합니다. 대학교 시절 원하는 자격증을 따기 위해 몇 번 떨어졌지만 계속 도전해 결국 취득하거나 성적장학금을 받기 위해 그 전 학기에 중간정도였던 등수를 열심히 공부해 그 다음 학기에 1등을 차지해 성적장학금을 받은 적도 있습니다. 이러한 저의 성취들은 저의 끈기 덕분이라고 생각합니다. 제가 김포시 공무원이 된다면 저의 장점인 끈기를 이용해 끝까지 노력하는 공무원이 되겠습니다.

면접관 장점이 끈기가 있다고 했는데 단점은 무엇인가요?

응시생 저의 단점은 성격이 급하다는 것입니다. 성격이 급하면 실수가 발생할 수 있는데요. 저는 이러한 점을 극복하기 위해서 체크리스트를 만들고 일일이 체크하는 습관을 만들었습니다. 제가 레스토랑에서 알바했을 때 메뉴이름이 어렵고 종류가 많아 실수한 적이 있습니다. 저는 이러한 실수를 줄이려고 영수증 메뉴에 일일이 음식이 나갔는지 체크하고 마지막에 한 번 더 체크해 실수를 줄이려고 노력하였습니다. 저는 이러한 저의 습관으로 단점을 극복할 수 있었습니다.

면접관 공무원에게 중요하다고 생각하는 것은 무엇인가요?

응시생 저는 청렴성이라고 생각합니다. 저는 공무원이 지역주민의 의견을 들어주고 해결해주는 역할이라고 생각합니다. 그러한 관계에서 중요한 것이 신뢰라고 생각합니다. 공무원이 청렴하지 않다면 주민들은 공무원을 신뢰할 수 없을 것이고 일을 믿고 맡길 수 없을 것입니다. 또한 공무원 개인이 청렴하지 않다는 이미지를 가지면 공무원 조직 전체가 청렴하지 않은 이미지를 가질 수 있고 역시 주민들이 공무원을 신뢰할 수 없기 때문에 청렴성이 가장 중요하다고 생각합니다.

면접관 (첫 번째 면접관님이 면접 끝내시고 두 번째 면접관님이 "이제 제가 질문할게요." 하면서 실문하셨습니다.) 인성검사 할 때 어려운 것이 있었나요?

응시생 (사실 이 질문 듣고 인성검사 결과가 잘못 나왔나 너무 당황했습니다. 당황해서 고민하니까 그냥 없으면 없다고 해도 된다 하셨습니다.) 인성검사 할 때 어려움은 없었습니다.

면접관 청렴성 말고 공무원에게 중요한 역량이나 능력은 무엇일까요?

응시생 저는 소통능력이 중요하다고 생각합니다. 공무원은 특히 지방직 공무원은 민원인을 직접적으로 마주하고 민원을 해결해주기 때문에 소통능력이 중요하다고 생각합니다. 저는 소통능력을 기르기 위해 다양한 알바를 경험해보면서 소통능력을 길렀습니다.

면접관 아르바이트 하면서 어떻게 소통능력을 길렀나요?

응시생 저는 레스토랑 알바부터 키즈카페 알바까지 다양한 알바를 했습니다. 레스토랑의 다양한 연령층의 사람들과 소통하며 어린 아이들까지 다양한 연령대의 고객들을 만나면서 제 소통능력을 길렀던 것 같습니다.

면접관 진상고객을 만나본 적이 있나요?

응시생 (약간 고민하다가) 제가 일했던 곳에서 힘들었던 고객은 없었던 것 같습니다.

면접관 알바하는 곳에서의 이미지는 어땠나요?

응시생 저는 아까 말한 영수증에 체크하는 방법을 제가 먼저 시도하고 그 뒤에 다른 분들이 같이 따라해주셨는데요. 다른 알바분들은 제 방법을 보시고 제가 오히려 꼼꼼하다고 해주셨습니다. 저는 저의 단점을… (말이 안 나와서 더듬으니까 "아, 단점이 장점이 되었네요?"라고 해주셔서 "네, 맞습니다."라고 했습니다.)

면접관 아까 본인을 끈끈이라고 하면서 하고 싶은 일이나 해야 하는 일을 끝까지 한다고 했는데 그럼 하기 싫은 일을 끝까지 해낸 경험이 있나요?

응시생 (정말 준비 안했던 거라 너무 당황해서 버벅거리다가 잠시 생각해봐도 괜찮은지 여쭤보고 대답했는데 쌩뚱맞게 희생한 경험을 얘기해버렸습니다. ㅠㅠ) 제가 고등학교 때 프로젝트를 진행한 적이 있는데 프로젝트 중 많은 사람의 의견을 들었어야 했습니다. 많은 사람의 의견을 들으려면 점심시간을 이용해야 했었는데 아무도 자신의 점심시간을 이용하면서 하려 하지 않았습니다. 저는 제가 자원해서 진행했고 성공적으로 프로젝트를 마무리 할 수 있었습니다.

면접관 지금 끈기에 대해 이야기 하시는 것 맞죠?

응시생 네. (사실 잘 기억이 안나는데 그냥 열심히 노력해서 끝까지 했다는 이야기를 했던 것 같습니다.)

면접관 (두 번째 면접님이 마치고 세 번째 면접관님이 질문하셨습니다.) 오늘 같이 비오는 날 비상근무를 하는데 공무원이 무슨 일하는지 알고 있나요?

응시생 비상근무에서는 주민들의 안전을 보호하기 위해서 일을 하는 것으로 알고 있습니다. 위험한 곳이 생기면 보호해주고 전화를 받고… (잘 기억은 안 나는데 안전보호하고 전화받고 이런 이야기를 한 것 같습니다.)

면접관 비상근무를 할 수 있겠나요?

응시생 네, 가능합니다. 저는 앞서 말씀드렸듯이 공무원은 지역 주민들의 의견을 들어주고 해결해줌으로써 삶의 질을 향상시키는 역할이라고 생각합니다. 그러기 위해서 지역주민을 위해서 먼저 나서서 보호해야 한다고 생각합니다. (이것도 잘 생각은 안 나는데 이런 식으로 말했던 거 같습니다.)

면접관 어떨 때 동료의식을 느끼나요?

응시생 (이것도 준비 안 했던 것이라 여기서부터 멘붕이었습니다.) 저는 공동의 목표를 가질 때 동료의식을 느끼는 것 같습니다. 개인의 목표보다는 공동의 목표가 있어야 서로 협력하고…

면접관 그렇게 추상적으로 말고 구체적인 경험 같은 것이 있으면 답변해보세요. 팀 프로젝트라던지요.

응시생 (학생회 말하면 되는데 제가 당황해서 팀 프로젝트라는 단어에 꽂혀서 갑자기 팀 프로젝트 갈등 얘기를 했습니다.) 제가 대학교 때 팀 프로젝트를 할 때 갈등… (답변하다가 중간에 "죄송합니다. 제가 질문 의도를 잘 이해하지 못한 거 같습니다."라고 하니 면접관님이 웃으시면서 "괜찮습니다."라고 하셨습니다.)

면접관 본인을 희생한 경험이 있나요?

응시생 (아까 말했던 고등학교 점심시간 희생 얘기를 했습니다.)

면접관 사실 고등학생은 너무 옛날 얘기인데 다른 것은 없나요?

응시생 혹시 희생 말고 배려로 바꿔서 말씀드려도 될까요? (가능하다고 하셔서) 제가 친구들과의 여행지를 정할 때 어떤 친구는 활동적인 여행지를 가고 싶어 했고 어떤 친구는 조용한 곳에서 휴양 같은 여행을 하고 싶어 했습니다. 각각의 의견이 좁혀지지 않아 저는 활동적인 여행지의 조용한 곳을 찾아보고 조용한 곳의 여행지에서 활동적인 활동을 찾아서 제시하였고 잘 해결되었습니다. (사실은 여행지에서 제가 양보했다 이 말을 하려고 했는데 멘붕인 상태로 계속 얘기해서 어쩌다 보니 갈등 해결처럼 말했습니다. ㅜㅜ)

면접관 30초 정도 남았는데 마지막 하고 싶은 말하세요.

응시생 먼저 지금까지 저의 이야기를 들어주셔서 감사합니다. 저는 이번에 면접준비를 하면서 김포시에 더욱 애정을 갖게 되었고 공무원을 더욱더 하고 싶다고 생각했습니다. 제가 김포시의 공무원이 된다면 면접 준비할 때의 마음가짐, 초심을 잃지 않고 열심히 노력하는 공무원이 되겠습니다. 감사합니다.
(면접관님들이 들어가자마자 블라인드 얘기하시면서 위배되는 내용은 말하지 말라고 하셨어요. 남자분1 여자분2이었는데 매우 친절하셨어요. 사실 저는 1배수 안이라서 보통만 받으면 좋을 것 같은데 미흡을 받을 것 같아 너무 걱정이 됩니다.;; 지역 현안은 하나도 안 물어보셨고 거의 경험 위주였는데 제가 경험이 많이 부족하고 질문 의도에 어긋난 답변을 많이 해서 사실 매우 걱정되고 불안합니다.)

4 지역 현황 및 현안 핵심

Q. 김포시가 추진하고 있는 취약계층을 위한 정책들을 아는 대로 말해보라.

Q. 김포시에 개선하고 싶은 점이 있다면? 본인이 김포시장이라면 하고 싶은 일은?

Q. 도농복합도시란?

➲ 본인이 합격한 지역이 도농복합도시인지는 알고 있어야 한다.★

Q. 김포 5호선 연장과 4차 철도망 계획 GTX-D 노선에 대해 답변해보라.

Q. 김포시 교통문제는?

Q. 인구 50만 도시진입의 의미는?

Q. 김포시 현안문제는 무엇이며 그 문제를 어떻게 해결할 것인가?

Q. 탄소중립을 위해 하는 사업이나 정책은?

Q. 4차 산업관련한 사업은 무엇인가?

Q. 청년정책을 제안해본다면?

Q. 시정비전은 무엇이며 비전의 의미는?

Q. GTX 노선관련 갈등해결 방안은?

MEMO

CHAPTER
12 남양주시

1 면접진행방식 및 특징

(1) 면접관은 3인이며 면접시간은 15분이다.

(2) 면접 중요도는 난이도 '중'이다.

(3) 남양주시는 공직관 및 인성 중심으로 면접이 진행된다.
> 창의력 발휘 경험, 한계극복 경험, 봉사활동 경험, 소통경험

(4) 지역현안 및 지방자치에서 지역현안에 대한 질문 비중이 낮은 편이다.
시정비전 및 목표, 지원지역 인구, 노인인구, 지역이슈, 시 소개

(5) 직렬별 직무관련 질문에서 직렬별 질문 비중도가 높다.
① **농업직:** 유기농의 의의, 유기농테마파크
② **사회복지직:** 희망케어센터, 남양주 사회복지 정책 잘한 것과 부족한 것, 사회복지 여러 분야 중에 관심 있는 분야, 장애인 생애주기 중에서 어디에 가장 집중해야 하는지, 장애인 역차별주장에 대한 생각(똑같이 대해 달라), 노인복지정책 잘 되고 있는 것
③ **건축직:** 남양주 도시재생 방향
④ **토목직:** 연약지반개량공법, 사면안정공법

2 면접질문 사례

사례 01. 일반행정직(2023)

Q. 사전조사서 ⇨ 시정 가치 핵심이 소통인데 소통을 잘 하는 법에 대해 서술하시오.
Q. 보안팀에서 일하였는데 혹시 어떤 일을 했는가?
Q. 봉사활동 제출한 게 없던데 혹시 그 이전에 한 건 없는가?
  └[추가질문] 대학생 때나 졸업하고 나서도 봉사한 적이 없는가?
Q. 자신의 한계를 넘어서 일한 경험이나 누가 시키지 않았는데 새로운 일을 한 적이 있는가?
Q. 이 일을 하기 위해 자격증을 취득한 것이 있는가?
Q. 생활 습관 중에 이건 정말 성실히 하고 있으며 잘 하고 있다는 것 두 가지만 답변해보라.
Q. 인성검사를 하는 중에 시간이 부족하지는 않았는가?
Q. 공무원의 의무 중 가장 중요하다고 생각하는 의무는 무엇인가?
Q. 운동은 혹시 어떤 운동을 하는가?
Q. 최근 규제가 많은데 어떻게 해야 하겠는가?
  └[추가질문] 다핵화도 알고 있고 전문적인 것 같아서 물어보는데 이 규제를 어떻게 해야 하겠는가?
Q. 마지막으로 하고 싶은 말

사례 02. 일반행정직(2023)

Q. 자기소개랑 지원동기를 말해보라.
Q. 의사결정 상황에서 발생한 문제, 과정, 해결, 느낀 점을 말해보라.
  ㄴ[추가질문] 그럼 그때의 과정에서 느낀 점은 무엇인가?
Q. 의사소통을 잘하려면 어떻게 해야하겠는가?
Q. 조직사회에서 무엇이 중요하다고 생각하는가?
Q. 동료가 업무에 비협조적이라면 어떻게 하겠는가?
Q. 공공아르바이트를 하면서 조직과 본인의 가치관이 충돌한 경험을 말해보라.
  ㄴ[추가질문] 그러면 본인과 조직의 가치관이 충돌했을 때 어떻게 할 것인가?
Q. 일반행정직에서 주민이란 누구를 말하는 대상인가?
  ㄴ[추가질문] 단순히 그런 주민들인가?
Q. 본인의 장점과 단점이 무엇인가?
Q. 일반행정직이 하는 일을 3가지로 말해보자면 무엇인가?
Q. 3가지 단어로 본인을 표현하자면?
  ㄴ[추가질문] 그럼 본인의 단점이었던 우유부단함과 방금 표현한 본인의 표현에서 민첩함이 모순되지 않는가?
Q. 6대 의무에 대해 알고 있는가?

사례 03. 간호직(2023)

Q. 사전조사서 ⇨ 공직가치 중 중요하다고 생각하는 2가지와 이유에 대해 서술하시오.
Q. 자기소개를 해보라.
Q. 병원경력이 얼마나 되는가? 종합병원이라면 어느 부서에서 근무했는가?
Q. 지역보건의료계획 주기 및 보고체계에 대해 답변해보라.
Q. 병원 근무시 윤리적인 부분과 관련된 경험이 있는가?
Q. 코로나19가 확산세인데 이럴 때 보건소는 어떤 역할을 해야 한다고 생각하는가?
Q. 비밀엄수는 응시자만 적었는데 다시 한 번 얘기해달라.
Q. 스트레스는 어떻게 푸는가?
Q. 마지막으로 하고싶은 말

3 **면접후기**(2023 일반행정직)

1. 사전조사서

Q. 남양주시에서 실행하고 있는 사업에 대해 아는 대로 말하고 그중 하나를 골라 고른 이유를 설명하시오.

A. 제가 식품관련 전공이고 위생과에서 근무하고 싶어서 '위생관련시설 개선자금융자지원제도'를 선택해서 썼습니다.

2. 질의응답

면접관 자기소개 및 지원동기를 30초로 말해주세요.

응시생 저는 일을 할 때 적극적으로 움직이며 의사소통을 중요시 하는 사람입니다. 요양병원에서 영양사로 근무하면서 형식적으로만 행해지던 밀라운딩을 환자분들과의 적극적인 교류의 시간으로 만든 적이 있습니다. 밀라운딩이란 식사시간에 병동을 돌면서 환자분들의 의견을 듣는 일인데 이전에는 육안으로 만 이루어졌습니다. 하지만 저는 환자분들께 다가가 식사가 괜찮으신지 드시고 싶은 반찬이 있으신지 대화를 나누었습니다. 이를 아신 선임선생님께서 영양상담도 맡겨주셨습니다. 영양상담을 하면서 환자분들과 소통했던 경험과 주방 위생 관리를 하면서 얻은 제 지식으로 더 많은 분들께 도움을 드리고 싶어서 지원하게 되었습니다.

면접관 (사전조사서 관련 질문) 위생 관련으로 쓴 것을 보니 영양사로 근무했었나요?

응시생 제가 진로를 한번 바꾼 적이 있습니다. 그래서 주방에서 요리사와 영양사로 근무한 적이 있습니다.

면접관 얼마나 근무했나요?

응시생 요리사 1년, 영양사 1년 근무했습니다.

면접관 둘 다 짧은 기간인데 요즘 젊은 세대들은 조금만 안 맞으면 금방 그만 두는 것 같은데 혹시 금방 그만 둔 이유에 준비성이나 책임감 부족인 것은 아닌가요?

응시생 저는 신중하게 고민한 끝에 선택을 했습니다. 괜찮으시다면 책임감과 관련된 사례를 말씀드려도 될까요?

면접관 네, 짧게 해주세요.

응시생 제가 요리사로 주방에서 근무할 때 매장 사정상 입사 6개월 만에 주방 직원으로 혼자 남은 적이 있습니다. 상급직원 없이 혼자 책임져야 한다는 생각에 누락되는 업무가 없도록 메모를 하며 진행했고 홀에도 인력이 여유롭지 않아 홀 업무도 중간 중간 도우며 서비스의 질을 높인 적이 있습니다.

면접관 요리사나 영양사로 근무할 때 혼자 근무한 것 같은데 그럼 그만 둘 때 힘들어서 그만둔 것인가요?

응시생 주방을 그만둘 때 힘들어서 그만 둔 것도 요인 중 하나였습니다. (준비한 멘트가 있었는데 압박하는 느낌이라 당황해서 너무 솔직하게 말한 것 같습니다.ㅠㅠ) 하지만 영양사는 2명이서 근무했기 때문에 힘들어서 그만 둔 것은 아닙니다.

면접관 공직에서도 민원 응대나 업무적으로 스트레스도 받고 힘들텐데 괜찮겠나요?

응시생 네, 제가 그때는 20~21살의 나이로 어려서 스트레스 대처 방법을 잘 알지 못했습니다. 하지만 지금은 제 자신을 잘 알기 때문에 스트레스 해소 방법도 알고 있습니다. 그래서 그 부분은 괜찮습니다.

면접관 위생과 관련해서 일하고 싶은가요?

응시생 솔직하게 그러면 좋을 것 같습니다. (이때 제가 좀 많이 웃으면서 말했습니다.)

면접관 그쪽으로 관련해서 나중에 공직에 들어온다면 하고 싶은 것이 있나요?

응시생 저는 위생교육센터를 운영하고 싶습니다. 이는 주민센터에서도 운영할 수 있으며 센터에서 교육을 진행하고 위생관련 사업자에게 교육이나 상담도 진행할 수 있습니다. 또한 시장가격보다 저렴한 가격으로 위생 관련 물건을 판매한다면 지역 주민들의 삶의 질을 높이는 데 도움을 줄 수 있다고 생각합니다.

면접관 그 사업을 하려고 하는데 다른 부서에서 반대하며 텃세를 부린다면 어떻게 할 것인가요?

응시생 대화를 시도하여 타협점을 찾아 설득하는 방향으로 진행하겠습니다.

면접관 위생 관련해서는 보통 보건소나 보건직렬이 많이 갑니다. 근데 왜 일반행정직을 지원했나요?

응시생 네, 보건직도 있다는 것을 알긴 했지만 저는 위생과만 고집한다기 보다는 더 일반적이고 다양한 공익실현을 할 수 있는 일반행정직을 선택했습니다.

면접관 요즘 공직이 보수도 낮고 보수적인데 왜 지원했나요?

응시생 네, 저는 보수가 낮다고 생각하지 않습니다. 사기업 사회 초년생이면 비슷한 임금을 받는다고 생각합니다. (이 말을 괜히 했나 싶었습니다.;;) 또한 공무원은 대가성을 바라고 하는 직업이 아니라고 생각합니다. 제가 직접 겪어보진 않았지만 요즘은 공직도 많이 개방적으로 바뀌고 있다고 알고 있습니다.

면접관 공무원의 의무에 대해 알고 있는 것이 있나요? 가장 중요하다고 생각하는 것과 그 이유는 무엇인가요?

응시생 공무원 6대 의무와 4대 금지 의무에 대해 알고 있습니다. (하나씩 나열하지는 않았습니다.) 저는 품위유지 의무가 가장 중요하다고 생각합니다. 나 하나 때문에 조직 전체의 이미지가 부정적으로 남고 그것은 곧 시민들이 공무원에 대한 신뢰도를 떨어뜨린다고 생각합니다.

면접관 남양주시가 규제하고 있는 것이 많습니다. 발전하려면 어떤 규제를 없애야 할 것 같은가요? 조사한 게 있으면 말해보세요. (준비를 못한 질문이었습니다.ㅠㅠ)

응시생 네, 제가 자세하게 준비하지 못했지만 자연환경 보존으로 인한 개발 제한이 있는 것으로 알고 있습니다.

면접관 구체적이기 보다는 그냥 크게 조사하셨군요. 그럼 다음으로 넘어가죠. 봉사활동 제출을 안했는데 봉사활동을 못한건가요 안한건가요?

응시생 수험공부 때문에 시간을 못냈지만 저희 동네에 폐지를 모으시는 할아버지가 계시는데 어느 날 언덕길을 힘들게 수레를 끌면서 올라가시는 것을 본 적이 있습니다. 그래서 제 작은 힘을 보태드리고자 같이 밀어드린 적이 있습니다.

면접관 소소한 일상에서 봉사를 하셨군요. 예전에도 봉사활동을 한 경험이 없나요?

응시생 헌혈과 도서관에서 한 적이 있습니다.

면접관 도서관은 남양주 시립도서관인가요?

응시생 아니요. 남양주시는 아니었습니다. (이유를 말씀드리고 싶었는데 다음 질문으로 바로 넘어갔습니다ㅜㅜ)

면접관 본인이 희생하거나 배려한 적이 있나요?

응시생 제가 아이스크림 가게에서 아르바이트를 할 때 있었습니다. 드라이아이스가 필요한데 입고될 때 크게 입고되고 작은 크기로 자르는 것은 아르바이트생들의 업무였습니다. 하지만 드라이아이스가 화상의 위험도 있고 힘도 꽤 들어서 서로 미루는 경향이 있었습니다. 제가 항상 먼저 나서서 솔선수범으로 드라이아이스 작업을 했고 사장님께서 이를 아시고는 칭찬도 해주셨습니다.

면접관 마지막으로 할 말이 있나요?

응시생 저는 깨끗한 물같은 공무원이 되고 싶습니다. 깨끗하고 맑은 물이 청렴을 상징하고 액체라 모양이 자유자재로 변하는 것처럼 융통성 있게 대처하며 살아가는 데 꼭 필요한 요소인 것처럼 꼭 필요한 공무원이 되겠습니다.

4 지역 현황 및 현안 핵심

Q. 다산 정약용 선생이 말한 공직자의 태도 6가지에 대해 답변해보라.
  ➡ 몸가짐, 청렴한 마음가짐, 가정을 잘 다스림, 비리 근절, 예산을 절약해서 씀, 즐거운 마음으로 베품

Q. 10년 후의 남양주의 미래와 모습은 어떠할 것 같은가?

Q. 남양주 4.0 지능형 도시전략이란?

Q. 남양주 뉴딜정책은?

Q. 남양주 청년정책은?

Q. 도농복합도시란?
  ➡ 본인이 합격한 지역이 도농복합도시인지는 알고 있어야 한다.★

Q. 남양주시 현안문제는 무엇이며 그 문제를 어떻게 해결할 것인가?

Q. 탄소중립을 위해 하는 사업이나 정책은?

Q. 남양주시 장점과 단점 한 가지씩 답변해보고 단점의 극복방안은?

Q. 4차 산업관련한 사업은 무엇인가?

Q. 청년정책을 제안해본다면?

Q. 시정비전은 무엇이며 비전의 의미는?

Q. 지역화폐의 장단점은?

Q. ESG 경영이란 무엇이며 남양주 ESG 행정에 대해 아는 것을 답변해보라.

MEMO

CHAPTER

13 동두천시

1 면접진행방식 및 특징

(1) 면접관은 3인이며 면접시간은 10분이다.

(2) 면접 중요도는 낮은 편이다.

(3) 동두천시는 공직관 및 인성 중심으로 면접이 진행된다.

(4) 지역현안 및 지방자치에서 지역현안에 대한 질문 비중은 낮은 편이다.
시정비전 및 목표, 슬로건, 지원지역 인구, 노인인구, 지역이슈, 시 소개

(5) 직렬별 직무관련 질문에서 직렬별 질문 비중도가 높다.
사회복지직 ⇨ 사회복지업무를 담당하는 부서, 지역사회보장협의체의 의의, 노인복지관 토요일 운영
요청시 대처, 2019년 사회복지제도 변경사항, 사회복지기관에서 가장 부족한 인력(간호사 및 요양관련
종사자 등), 사회복지 관련법, 국민기초생활보장법 급여, 중위소득

2 면접질문 사례

사례 01. 일반행정직(2023)

Q. 동두천시 인구가 얼마인가?

Q. 인구유출이 심한데 해결 방법이 있는가?

Q. 동두천 집값이 얼마인지 아는가?

Q. 만약에 공무원이 된다면 하고 싶은 정책이 무엇인가?

Q. 현재 동두천 중점현황을 알고 있는가?

Q. 공무원이 본인의 적성에 맞는가?

사례 02. 일반행정직(2023)

Q. 사전조사서 ⇨ 공무원에게 필요한 공직가치와 자신의 장점을 어떻게 연결할 수 있는지 서술하시오.

Q. 자기소개를 1분 정도 해보라.

Q. 동두천시의 시장이 됐다 생각하고 동두천시를 한 번 소개해보라.

Q. 공무원이 되기로 결심한 이유는 무엇인가?

Q. 동두천시에 지원한 이유는 무엇인가?

Q. 인생에서 가장 잘했다 싶은 기억에 남는 경험이 있는가?

Q. 직장경험이 없다고 했는데 들어오면 어떻게 할 것인가?

Q. 일반행정직은 다양한 업무를 해야 하는데 중요한 것 3가지를 말해보라.

Q. 조직의 이익과 본인의 이익이 충돌하면 어떻게 할 것인가?

Q. 많은 경험을 해봐서 갈등 상황이 있었을 것 같은데 갈등을 중재하거나 해결한 경험이 있는가?

Q. 살면서 일하면서 힘들 때가 올 수 있는데 어떻게 극복할 것인가?

Q. 마지막으로 하고 싶은 말

사례 03. 사회복지직(2023)

Q. 사전조사서 ⇨ 살아오면서 가장 힘들었던 일과 이를 해결했던 경험에 대해 서술하시오.

Q. 자기소개를 해보라.

Q. 동두천에 지원한 동기는 무엇인가?

Q. 하고 싶은 업무는 무엇인가?

Q. 사회복지사로 근무하면서 힘들거나 어려웠던 점은 무엇인가?

Q. 동두천시를 주변인에게 소개한다면?

Q. 동두천시의 현안과 해결점은 무엇인가?

Q. 육아·돌봄정책에 대한 문제점과 해결방안은 무엇인가?

Q. 육아·돌봄의 시간적 측면에서 어떻게 보완 및 개선이 되어야 한다고 생각하는가?

Q. 사회복지정책 중 문제점과 해결점은 무엇인가?

Q. 마지막으로 할 말

사례 04. 일반행정직(2023)

Q. 1분 자기소개를 해보라.

Q. 공무원 지원동기가 무엇인가?

Q. 갈등을 겪고 힘들었던 일은 무엇인가?

Q. 탁구를 잘 치는가?

Q. 본인이 노력해서 이룬 것은 무엇인가?

Q. 조직과 개인 중 무엇이 더 중요한가?

Q. 후회하는 일이 있는가?

Q. 10년 후 본인의 모습은 어떠할 것 같은가?

Q. 면접관으로서 본인과 같은 인재를 뽑을 것 같은가?

Q. 인사담당관으로 필요하다고 느끼는 것은 무엇인가?

Q. 공무원을 하지 않는다면 무엇을 하고 있을 것 같은가?

Q. 본인이 생각하기에 일반행정직이 갖추어야 할 3가지는 무엇인가?

Q. 동두천에 대해 아는 것에 대해 답변해보라.

Q. 마지막으로 하고 싶은 말

사례 05. 일반행정직(2023)

Q. 자기소개를 해보라.

Q. 지원동기는 무엇인가?

Q. 갈등을 겪고 힘들었던 일이 있는가?

Q. 본인이 생각하는 일반행정직의 특징은 무엇인가?

Q. 본인의 직렬을 위해 노력했던 경험이 있는가?

Q. 10년 뒤의 본인의 모습은 어떠한가?

Q. 조직의 의견과 개인의 의견이 충돌할 때 어떻게 할 것인가?

Q. 동두천시의 정책에 대해서 아는 것이 있는가?

Q. 마지막으로 하고 싶은 말

3 면접후기(2023 사회복지직)

1. 면접상황

면접위원 3명 모두 남성이셨습니다. 큰 공간에 파티션으로 구역을 나눠 순번대로 진행되었고, 구역별 간격이 넉넉하여 동시에 진행하는 쪽에서의 목소리는 신경쓰이지 않았습니다. 마지막 순서였는데도 불구하고 면접위원분들이 말을 끊지 않고 다 들어주고 면접위원 한 분당 할당된 시간을 면접위원끼리 정한 것 같아 보였습니다.

2. 사전조사서

Q. 살아오면서 가장 힘들었던 일과 해결했던 경험에 대해 서술하시오.

A. **상황** ⇨ 가족 구성원과의 감정마찰로 대화단절상황

과정 및 해결했던 방법 ⇨ 개인보다 가족 전체가 힘들어하는 모습을 보며 자괴감을 느끼며 개인의 잘못, 실수로 전체 구성원에게 피해를 주고 있는 상황을 객관적으로 인식할 수 있었고 문제시정의 경각심을 갖고 대화시도노력. 갈등상황인 구성원과 대화를 시도했지만 잘 되지 않음. 이에 자기반성과 자신의 잘못의 진정성 있는 사과, 재발방지, 서로를 배려하는 마음을 견지하겠다고 글을 남겨 전달. 결국 대화를 할 수 있었고 잘 해결됨.
느낀 점 ⇨ 비록 사회적 조직은 아니지만 한 조직에서의 개인의 실수, 잘못으로 조직 전체에 영향을 끼쳐 조직의 협응심에 굉장한 악영향을 끼칠 수 있다는 점에 대해 크게 느낌. 또한 나아가 조직 업무의 효율성, 효과성에도 영향을 미치므로 개인의 언어, 행동에 신중을 기해야 한다는 것을 알았음. 만약 갈등이 생기더라도 그것을 즉각적으로 시정하려는 노력과 자기반성, 의사소통능력, 배려 등 이러한 가치들이 제반되어 앞으로의 조직사회에서 항상 발전하는 사람으로 늘 노력해야 한다고 봄.

3. 개별질문

면접관 자기소개를 해보세요.

응시생 안녕하십니까. 적극행정 우수공무원으로 선정될 동두천시 지원자 ○○○입니다. 저는 주어진 역할을 넘어 적극적으로 행동하는 사람입니다. 제가 정신건강복지센터에서 근무할 당시 경로당에 방문하여 노인분들 대상으로 우울증선별검사를 진행했던 적이 있습니다. 한 할머니께서 요즘 까먹는 일이 잦다며 불안감을 호소하셨습니다. 저는 팀장님께 당시 있었던 사례에 대해 보고했고 센터 내의 서비스는 아니지만 지자체에 있는 치매안심센터의 조기치매선별검사에 대해 안내해드려도 될지 자문요청하였고 할머님께 연락을 드려 서비스를 연계하였습니다. 할머님께서는 그러한 서비스를 공짜로 받을 수 있는지 몰랐다며 고맙다고 말씀하셨습니다. 이를 바탕으로 저는 지역주민의 작은 걱정에도 놓치지 않고 문제해결에 최선을 다하는 동두천시 사회복지공무원이 되겠습니다.

면접관 동두천에 지원한 동기가 무엇인가요?

응시생 저는 동두천시 노인복지관에서 어르신 대상 마음치유심리극 프로그램을 보조했던 봉사활동을 한 적이 있습니다. 당시 저는 저의 경험을 공유하기도 하며 어르신들의 진짜 이야기를 이끌 수 있도록 참여를 독려하였으며 경청하고 감정에 공감하기도 했습니다. 그때 제가 느낀 점은 노인분들이 정서적 고립감을 많이 느낀다는 점이었습니다. 경기도 노인인구 비율이 높은 지자체 중 하나가 동두천시라고 알고 있습니다. 실제로 동두천시는 65세 노인인구비율이 22%로 초고령사회에 속해있습니다. 그러한 특성상 분명히 정서적 어려움을 겪는 분들이 많으실 것이라 예상됩니다. 저는 제가 어르신분들께 먼저 다가가 그분들의 진짜 이야기를 이끌어 내어 욕구가 무엇인지 파악하여 적절한 서비스 연계가 이루어질 수 있게 하겠습니다. 나아가 마음열고 소통할 수 있는 마음 건강한 동두천시를 만들겠습니다.

면접관 하고 싶은 업무는 무엇인가요?

응시생 복지사각지대 발굴 및 관리를 우선적으로 하고 싶습니다. 복지사각지대는 욕구가 있음에도 불구하고 정책이나 관심의 영향이 미치지 못해 생활상의 어려움을 겪는 분들이 사회 곳곳에 많습니다. 이러한 분들을 선제적으로 발굴하여 적절하고 충분한 사회적 자원을 연계하여 인간다운 삶을 영위할 수 있게 하는 것이 중요하다고 생각하며 이것이 사회복지공무원만이 할 수 있는 적극행정이라 생각하며 사회적 책임성을 발휘할 수 있는 업무라 봅니다. 그렇기 때문에 저의 경험과 전문성을 발휘하여 가장 먼저 복지사각지대 발굴 업무를 하고 싶고 저로 인해 복지사각지대 해소를 한 지차체 1위라는 타이틀을 얻을 것이라 자신합니다.

면접관 사회복지사로 근무하면서 힘들거나 어려웠던 점은 무엇인가요?

응시생 (단점극복사례 제시) 신입사회복지사로 근무했던 당시 저는 한 가지 일에 몰두하면 오버페이스 되는 경향으로 야근도 자의적으로 많이 하고 체력적으로 소진이 되어 삶의 질이 꽹장히 떨어졌습니다. 당시 이렇게 일해서는 체력적 소진과 더불어 다음 날 저의 업무에도 악영향을 미치므로 개선의 필요성을 깨닫고 개선하려 노력하였습니다. 돌발성 업무와 업무의 시급성(우선순위)을 고려하여 업무계획을 시간단위로 계획하였고 여러 번의 반복 끝에 업무에 있어서 완급조절을 할 수 있게 되었습니다. 또한 퇴근 후 매일 1시간씩 조깅하는 운동습관으로 체력적인 취약점도 개선할 수 있었습니다. 지금까지도 이러한 노력들이 이어져 건강을 덤으로 얻을 수 있게 되었습니다. 앞으로도 공직사회에서 늘 발전하는 사람이 되겠습니다.

면접관 동두천시를 주변인에게 소개한다면 어떻게 할 것인가요?

응시생 제가 마지막 순서라 앞서 다른 응시생과 같은 단어가 나오겠지만 창의적으로 한번 답변해보겠습니다. 동두천시는 북단으로는 연천을 접하며 남단으로는 양주와 접해있습니다. 또한 동서남북 6대 산으로 둘러 쌓인 분지형태로 자연경관을 활용한 관광지가 많습니다. 또한 경기도 속 외국을 체험해보기에도 좋은 도시입니다. 예를 들어 소요 별&숲 테마파크, 자연휴양림, 놀자숲 등이 자연친화적인 관광지이고 외국인관광특구 보산캠프는 미국문화를 느낄 수 있고 니지모리 스튜디오는 일본의 전통문화를 체험해 볼 수 있는 곳입니다. 혹시 제가 보완점에 대해 말씀드려도 괜찮겠습니까? (면접관님께서 "마침 질문하려고 했는데 말씀해보세요."라고 하셨습니다.) 제가 느끼기에는 이러한 관광지가 대중교통을 이용해서 다녀오기 참 힘들었습니다. 그래서 시티투어버스나 여행택시를 개발하여 관광지 위주로 다니는 경로를 설정하여 관광사업을 활성화하면 외부 관광객을 많이 유치할 수 있을 것이라 생각합니다.

면접관 동두천시 현안과 해결점은 무엇인가요?

응시생 최대 문제는 인구소멸이라 봅니다. 인근 양주 신도시, 의정부 민락동으로 유출되는 인구가 많습니다. 이에 따른 인구유입정책을 잘 갖추고 이루어져야 한다고 생각합니다. 사실 인구소멸 문제의 원인은 연쇄적인 고리를 가지고 있습니다. 동두천시는 미군부대를 이전하면서 주변 상권의 일자리가 감소했고 이로 인해 청년층이 많이 유출됐으며 저출산과 고령화 문제에 들어섰습니다. 전체적인 인구감소로 상점과 공장이 폐쇄로 이어지며 이것은 또 다시 일자리 감소로 순환패턴을 가지며 계속해서 인구소멸의 문제를 심각하게 합니다. 이에 따른 해결방안은 우선 일자리 창출이 가장 시급하게 이루어져야 합니다. 또한 동두천시에서 정말 내 아이를 낳고 키우기 위한 실감나는 정책으로 매력적인 도시를 만들어야 한다고 생각합니다. (해결책에 대해 더 구체적으로 이야기해야했지만 생각이 나지 않았습니다.)

면접관 육아 및 돌봄정책에 대한 문제점과 해결방안은 무엇인가요?

응시생 이 문제에 대해서는 제 주변 친구들의 고민이기도 해서 평소에 관심도 갖고 생각을 많이 했던 이슈입니다. 현재 다자녀 혜택은 자녀 2명일 때 주어집니다. 하지만 정말 인구를 증가시키기 위해 저출산 문제를 해결해야 하는 시각에서 다자녀 혜택은 자녀가 2명일 때 주어지는 것이 아니라 1명일 때에도 주어져야 한다고 생각합니다. 아이를 1명만 낳아도 나의 소득공백을 채워주는 정책, 재취업을 장려하는 분위기와 시스템, 안심하고 맡길 수 있는 보육 및 돌봄 인프라가 있다면 이것이 유인책이 되어 1명만 낳자가 아닌 다자녀를 생각해볼 수 있을 것이라 생각합니다. 최근에 뉴스기사로 외국인가사도우미 사용을 돌봄정책으로 시행할 계획이라고 본 적이 있습니다. 사실 이에 대해 아쉽다는 생각을 했습니다. 외국인을 쓴다는 것이 또 다른 착취라 보며 정말 여성들이 원하는 돌봄정책이 맞나 싶기도 했습니다. 저라면 여성들이 원하는 돌봄정책이 무엇인지 수요조사를 하거나 공청회를 열어 의견을 수렴하여 욕구에 맞는 정책을 제안하고 시행해 보고 싶습니다.

면접관 육아 및 돌봄의 시간적 측면에서 어떻게 보완 및 개선이 되어야 한다고 생각하나요?

응시생 먼저 직장인의 근무시간(9~6시)에 보육기관에 맡길 수 있는 것에 대해 생각해 볼 수 있고 그 외의 시간에 대해서는 마을공동육아를 통해 서로 돕는 육아 환경 조성을 하고 지자체에서는 필요한 일정금액을 보조해주는 시스템으로 이루어지면 좋을 것 같습니다.

면접관 사회복지정책 중 문제점과 해결점 2가지를 답변해주세요.

응시생 지금 생각나는 것은 사회복지사의 처우 개선입니다. 제가 신입사회복지사로 근무했던 당시 위급하고 응급상황을 마주했던 때가 있었습니다. 물론 그때마다 동료나 상급자분들의 도움을 받아 해결했지만 법과 정책적으로 사회복지사의 안전을 위협하는 상황을 방지할 수 있도록 선제적이고 적극적인 규정이 필요하다고 생각합니다. (면접관님께서 "또 한가지 말해볼래요?"하셨습니다.) 이로 인한 사회복지사의 정신건강 문제에 대해 말하고 싶습니다. 아무래도 사회적 약자분들의 어렵고 힘든 상황을 자주 마주합니다. 업무 특성상 스트레스를 받는 경우가 많고 위협을 가하는 분들도 가끔 있기 때문에 소진의 우려가 있습니다. 이에 따라 의무적으로 정신건강 상담을 받게 하여 대상자분들에게 좀 더 안정적이고 질 좋은 사회복지 서비스를 제공할 수 있을 것이라 생각합니다.

면접관 마지막으로 할 말이 있는가요?

응시생 저는 저 자신보다 타인, 조직을 먼저 생각합니다. 또한 저만의 행복을 추구하기 보다는 사회 전체의 행복을 우선으로 생각하는 사람입니다. 동두천시를 위해 발 벗고 뛰는 최일선의 공무원이 되겠습니다. 그리고 저는 부드러움과 냉철함을 두루 갖추고 있습니다. 주민분들을 만날 때는 부드러운 면모로, 전문가적 판단이 필요할 때는 냉철한 면모로 사회복지를 실천하겠습니다. 부족한 답변 들어주셔서 감사합니다.

4 지역 현황 및 현안 핵심

Q. 동두천을 소개해보라. ⇨ 동두천을 자랑해보라.
Q. 동두천시 정책에 대해 아는 것을 말해보라.
Q. 경기북부 발전방안에 대한 생각은?
Q. 도시재생사업에 대해 답변해보라.
Q. 동두천시 뉴딜사업이란?
Q. 동두천시 현안문제는 무엇이며 그 문제를 어떻게 해결할 것인가?
Q. 탄소중립을 위해 하는 사업이나 정책은?
Q. 4차 산업관련한 사업은 무엇인가?
Q. 시정비전은 무엇이며 비전의 의미는?
Q. 지역화폐의 장단점은?
Q. 동두천시 발전 방향은?

MEMO

CHAPTER
14 부천시

1 면접진행방식 및 특징

(1) 면접관은 3인이며 면접시간은 13분이다.

(2) 면접 중요도는 '중'이다.

(3) 부천시는 공직관·인성·지역현안·직렬전문성 중심으로 면접이 진행된다.

(4) 지역현안 및 지방자치에서 지역현안에 대한 질문 비중이 높은 편이다.
  ① 부천이 문화를 활성화 하려는 이유
  ② 부천시 자랑
  ③ 부천영화제, 부천영화제 관객 수 감소 추세 대응방안
  ④ 부천시 구와 동 개수, 행정복지센터에서 하는 일

(5) 직렬별 직무관련 질문에서 직렬별 질문 비중도가 높다.
  ① **보건직:** 부천시 식품위생 정책, 식중독 발생시 역학조사의 목적, 식품으로 인한 감염질환 종류, 무허가 노점상, 부정식품 및 불량식품 구분
  ② **간호직:** 공공의료에서 중요한 것, 민간병원과 보건소 비교, 태움문화에 대한 생각
  ③ **사회복지직:** 광의 및 협의의 사회복지, 전문성을 살리기 위해 한 노력, 사회복지사를 하지 않고 공무원이 되려고 한 이유, 민간사회복지사와 사회복지공무원의 신분상 차이, 미인가시설에의 지원 여부, 소진
  ④ **녹지직:** 부천시 녹지 중 마음에 드는 곳, 자연생태공원, 서울의 공원 중 부천시에 적용하고 싶은 부분과 그 이유
  ⑤ **전기직:** 신재생에너지 아는 것, 태양광 패널이 우리나라에 적합한지, 발전소에서 전력이 가정에 공급되는 과정, 스마트그리드, 전동기와 발전기 차이, 인덕터 및 컨덕터
  ⑥ **환경직:** 부천시 수질관련 개선하고 싶은 것

2 면접질문 사례

사례 01. 일반행정직(2023)

Q. 사전조사서 ⇨ 근무하고 싶은 부서와 근무하기 싫은 부서를 적고 이유를 쓰시오.
Q. 자기소개를 해보라.
Q. 지원동기는 무엇인가?
Q. 본인의 고치고 싶은 점은 무엇인가?

Q. 공직가치 중 자신있는 것은 무엇인가?

Q. 비서 일과 공직 일의 차이는 무엇인가?

Q. 비서 일이 공직에 도움이 될만한 점이 있는가?

Q. 퇴사한 이유는 무엇인가?

Q. 본인의 삶의 비전 및 전체적인 꿈은 무엇인가?

Q. 마지막으로 하고 싶은 말

사례 02. 일반행정직(2023)

Q. 사전조사서 ⇨ 공직에 들어온다면 희망하는 부서와 희망하지 않는 부서를 1개씩 선정하고 그 이유를 기재하라.

Q. 자기소개를 본인의 강점을 포함해서 해보아라.

Q. 자기소개에서 목표 달성을 위해 노력했다고 했는데 그런 경험이 있는가?

　└ [추가질문] 혹시 또 다른 목표 달성 경험이 있는가?

Q. 사전조사서에 근무하고 싶지 않은 부서로 교통 관련 부서를 적어주었는데 본인에게 전문적인 지식이 없는 부서는 교통 말고도 건축 등의 여러 부서가 있을 것 같다. 왜 하필 교통인가?

Q. 어떤 일이든지 최선을 다한다고 답변했는데 그렇다면 본인이 잘 모르는 업무를 담당하게 된다면 어떻게 할 것인가?

Q. 그렇다면 본인의 인생에서 가장 큰 도전은 무엇이었던 것 같은가?

Q. 봉사활동 실적 리포트에 보건의료통합봉사회 중앙본부원으로 활동한 경험을 써주었는데 다른 봉사활동 경험은 없는가?

Q. 그럼 가장 오래 한 아르바이트는 어떤 것이었나?

　└ [추가질문] 3년 6개월이면 오랫동안 한 것 같은데 어떻게 그렇게 오래 할 수 있었던 것 같은가?

Q. 사실 일하면서 항상 마음 맞는 사람만 만날 수는 없는 것 같다. 조직에서 마음이 맞지 않거나 갈등 상황은 없었는가? 그리고 어떻게 해결했는가?

Q. 빵집이나 디저트 카페에서 주로 아르바이트를 한 것을 보면 베이커리에 관심이 많은 것 같은데 왜 공무원에 지원했나?

Q. 공무원에 지원하는 사람들은 공무원을 자꾸 봉사하는 사람이라고 생각하는 것 같다. 왜 그렇게 생각하는가?

Q. 희생이나 헌신을 한 경험이 있는가?

Q. 자신의 단점이 무엇이라고 생각하는가?

Q. 공직생활에서의 무리한 부탁에는 어떤 것들이 있을 것 같은가?

　└ [추가질문] 그럼 그런 무리한 부탁을 반복적으로 한다면 어떻게 해결할 것인가?

Q. 그렇다면 성격적 측면 말고 본인의 부족한 분야는 무엇이라고 생각하는가?

　└ [추가질문] 그럼 그 부족한 부분을 채우기 위해 어떤 노력을 하고 있는가?

　└ [추가질문] 워드나 컴활 같은 것은 4차 산업혁명과는 상관이 없는 것 같다. 혹시 다른 노력을 한 것은 없는가?

Q. 혹시 부천시의 카카오톡 AI 민원 서비스를 직접 사용해본 적이 있는가?

Q. 부천시에 대해 많이 알고 있는 것 같은데 그럼 부천시의 문제점은 무엇이라고 생각하는가?

Q. 마지막으로 하고 싶은 말

사례 03. 일반행정직(2023)

Q. 사전조사서 ⇨ 공직에 들어온다면 희망하는 부서와 희망하지 않는 부서를 1개씩 선정하고 그 이유를 기재하라.

Q. 자기소개를 해보아라.

Q. 사전조사서를 작성했는데 가장 가고 싶은 부서의 내용부터 설명해달라.

Q. 생각나는 힘들었던 경험이 있는가?

Q. 그런 일들이 주로 민원과에서 일어나는 것에 대해 알고 있는가? 민원과에 가서 잘 할 수 있겠는가?

Q. 그럼 소통 밀고 전공 같은 역량은 무엇이 있는가?

Q. 인상 깊었던 부천시 정책 하나를 말해보라.

Q. 전공이 행정학과라고 하니 전공 질문을 많이 하고자 한다. 부천시 광역동 제도가 내년에 폐지되는데 그 이유가 무엇이라고 생각하는가?

  ㄴ[추가질문] 광역동 제도가 시행된지 꽤 됐는데 다시 돌아가면 더 혼란스럽지 않겠는가?

Q. 그렇다면 만약 본인이 정책을 만들려고 하는데 찬성과 반대가 거의 50 대 50으로 갈등 중이다. 이런 경우 어떻게 할 것인가?

  ㄴ[추가질문] 부천시는 돈이 많은가? 모두한테 다 돈을 줄 수 없는데 50 대 50으로 갈등 중이면 반대측이 말하는 문제점을 파악해서 고치려고 하는 것이 먼저이지 않은가?

Q. 공무원의 적극행정을 장려하기 위해 적극행정 면책제도라는 것이 있다. 그 대상이 누군지 아는가?

Q. 마지막으로 하고 싶은 말

사례 04. 일반행정직

Q. 사전조사서 ⇨ 공직에 들어온다면 희망하는 부서와 희망하지 않는 부서를 1개씩 선정하고 그 이유를 기재하라.

Q. 장점을 포함한 자기소개를 해보아라.

Q. 지원동기는 무엇인가?

Q. 공무원이 되면 하고 싶은 업무는 무엇인가?

Q. 복지에 관심이 많은데 왜 사회복지 말고 일반행정을 선택했는가?

Q. 변화나 혁신을 추구할 때 좌절했던 경험은?

Q. 다툰 경험이 있는가?

Q. 본인은 참는 편인가 주장하는 편인가?

Q. 상사와 의견이 다를 때 어떻게 할 것인가?

Q. 민원인이 편하지만은 않은데 민원인에 대해 어떻게 대처할 것인가?

Q. 사회생활 경험은 몇 년이고 실습한 기간은 얼마인가?

Q. 10년 후에 어떤 공무원이 되고 싶은가?

Q. 공무원을 하면서 어떤 점이 어려울 것 같은가?

Q. 마지막으로 하고 싶은 말

사례 05. **일반행정직**(2023)

Q. 사전조사서 ⇨ MZ세대 갈등이 이슈인데 상사와 신규직원은 어떤 자세를 취해야 하는지 그리고 상사와 신규직원의 관계 완화를 위해 어떻게 해야 하는지 자기 경험을 포함해서 말해보시오.

Q. 시민을 위해 봉사한다고 했는데 구체적으로 어떻게 할 것인가?

Q. 세무사무소에서 아르바이트 할 때 일처리를 하기 위해 상사에게 어떤 식으로 대했는가?
└[추가질문] 구체적으로 어떻게 말했는가?
└[추가질문] 실수를 하였다고 했는데 어떻게 극복했는가?

Q. 세무사무소에서 아르바이트 할 때 업무를 효율적으로 처리하기 위해 어떻게 행동하였는가?

Q. 세무사무소에서 야근을 많이 했다고 했는데 힘들진 않았는가? 조금 예민해져서 주변사람들에게 피해를 입힌 적은 없는가?

Q. 세무사무소에서 남들보다 30분 일찍 출근하면서 열심히 일하였는데 이렇게 책임감을 갖고 일한 이유가 무엇인가?

Q. 행정직을 나타내는 업무 대표적인 것을 말해보라.

Q. 다양한 아르바이트를 통해 소통능력을 길렀다고 했는데 구체적 사례가 있는가?

Q. 성취경험이 있는가?

Q. 마지막으로 할 말

사례 06. **일반행정직**(2023)

Q. 자기소개를 해보라.

Q. 왜 일반행정직에 지원했는가?

Q. 살면서 어려움을 극복한 경험은 무엇인가?

Q. 이전 직장은 왜 그만두었는가?

Q. 최근에 언제 스트레스를 받았는가? (면접관님이 육아말고 답변해달라고 하심)

Q. 공무원의 업무강도가 센 것에 대해 알고 있는가? 코로나때 보았는가?

Q. 어떤 공무원이 되고 싶은가? 공무원으로서의 비전이 무엇인가?

Q. 마지막으로 하고 싶은 말

MEMO

1. 사전조사서

Q. 공직에 들어온다면 희망하는 부서와 희망하지 않는 부서를 1개씩 선정하고 그 이유를 기재하라.

2. 개별질문

`면접관` 자기소개 해주세요.

`응시생` 저는 소통을 잘하는 사람입니다. 저는 작년 약 1년간 편의점 야간 아르바이트를 하며 다양한 유형의 사람을 응대했고 대학교 총무과 근로 장학생으로 근무하며 학교 내외의 관계자분들의 전화 문의를 응대했습니다. 이러한 경험을 살려 공무원의 주요 업무 중 하나인 민원 처리 업무를 잘 할 수 있는 사람입니다. 다음으로 저는 부천시에 대한 큰 애정을 지닌 사람입니다. 어렸을 때 중앙공원에서 어린이날마다 열렸던 축제에 참여한 경험, 친구들과 부천시청 뒤쪽에서 가끔 상영해주던 영화를 봤던 경험, 돈이 없던 학생시절 학습 공간을 제공해준 각종 시립도서관에서의 경험 등 많은 추억이 남아있는 부천시에 대한 애정을 바탕으로 부천시 지역 주민들을 위해 지역의 발전을 위해 노력하는 공무원이 되고 싶습니다.

`면접관` 아까 사전조사서를 작성했는데 그 내용에 대해 조금 설명해주실래요? 가장 가고 싶은 부서부터요.

`응시생` 저는 민원과를 적었습니다. 저는 지역 주민들에게 도움이 되기 위해 제가 해당 업무를 가장 잘 할 수 있는 부서를 선택했습니다. 앞서 말씀드린 소통 경험을 통해 민원과에서 민원인들을 잘 상대할 수 있을 것입니다. 가기 싫은 부서로는 홍보과를 적었습니다. 제가 홍보과를 적은 이유는 홍보과의 업무가 맘에 안 들어서가 아닙니다. 저는 정책을 홍보하는 일이 매우 중요하다고 생각합니다. 그렇기 때문에 앞의 내용과 비슷하게 일에 대한 전문적인 지식이 있는 사람이 홍보과에 가는 것이 아무래도 주민들에게 더욱 좋을 것이라 생각되어 홍보과를 가기 싫은 부서로 적었습니다. 물론 실제로 배정된다면 맡은 일을 잘 수행할 수 있도록 열심히 노력하겠습니다.

`면접관` 생각나는 힘들었던 경험이 있으세요?

`응시생` 편의점 야간 아르바이트 당시 아무래도 야간 시간이다 보니 술에 잔뜩 취해 욕설을 하시거나 크게 소리치시는 고객님들이 많았습니다. 처음에는 이런 부분이 정말 힘들었습니다.

`면접관` 그런 일들이 주로 민원과에서 일어나는 것 알고 계신가요? 민원과에 가서 잘 할 수 있겠어요?

`응시생` 제가 추가 설명해도 될까요? 저는 당시 편의점 아르바이트를 당장 관둘 생각이 없었고 상황을 극복하기 위한 방안을 찾기 위해 노력했습니다. 어느 날은 술에 취해 크게 소리치는 손님이 하는 말을 중간에 끊기보다는 그냥 끝까지 들어보자라고 생각했고 말을 끝까지 들어주자 손님께선 화가 조금 가라앉은 듯 보였고 나갈 때는 사과까지 하고 가셨습니다. 이를 통해 소통에 있어서 말을 효과적으로 전달하는 것뿐만 아니라 들어주는 것도 매우 중요하다는 것을 새삼 느꼈습니다.

면접관 그럼 소통 말고 전공 같은 역량은 뭐 없나요?

응시생 저는 행정학과를 전공했습니다. 학과 전공 중 '관료제도론'이라는 과목에서 행정복지센터를 방문하는 과제가 있었습니다. 저는 행정복지센터를 방문하여 공무원들을 인터뷰하고 각 층에 어떤 시설이 있는지 조사했습니다. 이러한 과제를 통해 아무래도 공직에 들어갔을 때 조금이나마 적응하기 빠르지 않을까 생각합니다.

면접관 인상 깊었던 부천시 정책 하나 말해주세요.

응시생 저는 최근에 부천시 365일 24시간 챗봇을 활용한 민원 시스템 도입이라는 기사를 읽었습니다. 4차 산업혁명 시대에 들어서며 기술을 활용하는 것이 공무원에게도 매우 중요한 역량으로 자리매김했습니다. 이 사례를 통해 부천시에서도 새로운 기술을 도입하고 변화를 위해 노력한다는 느낌을 받았고 제가 공직에 들어가서도 새로 개발되는 기술을 업무에 도입할 수 있는 방안을 찾기 위해 노력해야겠다고 생각했습니다.

면접관 전공이 행정학과라고 하니 전공 질문을 많이 할게요. 부천시 광역동 제도가 내년에 폐지되는데 그 이유가 뭐라고 생각하나요?

응시생 광역동 제도는 여러 행정동을 광역동으로 통합하여 지역 주민들이 행정 시스템을 이용하기 편리하도록 하기 위해 시행된 제도입니다. 그러나 적절한 홍보가 되지 않고 시행되는 바람에 지역 주민들이 오히려 행정 시스템을 이용하는 데에 혼란을 가져왔기 때문에 다시 폐지하는 것입니다.

면접관 광역동 제도가 시행된지 꽤 됐는데 다시 돌아가면 더 혼란스럽지 않을까요? (추가 답변을 하려하자 그냥 다음 질문으로 넘어가심) 그렇다면 만약 본인이 정책을 만들려고 하는데 찬성과 반대가 거의 50 대 50으로 갈등 중입니다. 이런 경우 어떻게 할 것인가요?

응시생 저는 우선 양측 의견 간의 합의점을 찾는 것이 가장 중요하다고 생각합니다. 그럼에도 불구하고 한측의 의견을 채택해야 한다면 반대측에게 보상금이나 별도의 새 정책을 마련하여 양측 모두 만족할 수 있도록 해야합니다.

면접관 부천시는 돈이 남아도나요? 모두한테 다 돈을 주게요? 50 대 50으로 갈등 중이면 반대측이 말하는 문제점을 파악해서 고치려고 하는 게 먼저이지 않나요? (이번에도 추가 답변 하려하자 다음 질문으로 넘어가심) 공무원의 적극행정을 장려하기 위해 적극행정 면책제도라는 것이 있습니다. 그 대상이 누군지 알고 있나요?

응시생 고의로 하였거나 중과실이 있는 경우입니다.

면접관 맞아요. 고의나 중과실. 근데 그게 끝입니까? 더 없나요?

응시생 제가 그 부분까지는 알아오지 못했습니다. 다음에 뵙게 되었을 때 꼭 답변드릴 수 있도록 숙지해오겠습니다. (이후 사례형 질문과 답변이 있었는데 잘 기억이 나지 않습니다.;;)

면접관 마지막으로 하고 싶은 말 해주세요.

응시생 오늘 면접장을 오면서 평소 아무 생각 없이 다니던 길을 지나서 왔습니다. 이 길이 출근길이 될 수도 있다는 생각에 마음이 참 이상했습니다. 부천시의 발전과 지역 주민을 위해 정말로 일하고 싶습니다. 열심히 하는 공무원이 되겠습니다. 제 답변 들어주셔서 감사합니다.

4 지역 현황 및 현안 핵심

Q. 부천시 자랑(부천시 소개)을 한번 해보아라.

Q. 부천에서 생산할 수 있는 콘텐츠는 무엇이라고 생각하는가?

Q. 부천하면 떠오르는 것은 무엇인가?

Q. SNS를 하는가? SNS를 통하여 우리 시를 홍보한다면 어떻게 홍보하겠는가?

Q. 부천시 시장님 성함과 부천시 시정목표 및 부천시 슬로건에 대해 답변해보라.

Q. 부천시에서 시행한 구 폐지에 대해서 아는 대로 말해보라.

Q. 부천시 교통문제 해결방안은?

Q. 스마트안심도시란?

Q. 부천시 문화정책은?

Q. 부천시 뉴딜정책은?

Q. 부천시 도시재생사업은?

Q. 시 현안문제는 무엇이며 그 문제를 어떻게 해결할 것인가?

Q. 탄소중립을 위해 하는 사업이나 정책은?

Q. 4차 산업혁명 관련 사업은?

Q. 시정비전은 무엇이며 비전의 의미는?

Q. 지역화폐의 장단점은?

MEMO

CHAPTER

15 시흥시

1 면접진행방식 및 특징

(1) 면접관은 3인이며 면접시간은 15분 이내이다.

(2) 면접 중요도는 높은 편이다.

(3) 시흥시는 공직관·인성·지역현안 중심으로 면접이 진행된다.

(4) 지역현안 및 지방자치에서 지역현안에 대한 질문 비중이 높은 편이다.

① 시정비전 및 목표, 지원지역 인구, 노인인구, 지역이슈

② 시청홈페이지를 들어가서 느낀 점

③ 시흥시의 특색 있는 정책 아는 것

④ 시흥시의 건강도시 정책

⑤ 황해경제자유구역(경제자유구역 배곧지구)

⑥ 시흥시 뉴딜사업, 도시재생사업

⑦ 4차 산업혁명 관련 정책

⑧ 청년정책

(5) 직렬별 직무관련 질문에서 직렬별 질문 비중도가 높다.

① **도시계획직:** 지구단위계획의 정의와 절차, 용도지역 종류

② **보건직:** 병원생활에서 배운 점

③ **사회복지직:** 취약계층에 대한 사례관리 방안과 순서, 읍면동복지허브화, 교육격차 해소를 위해 지자체에서 할 수 있는 일, 아동학대예방, 소득재분배정책 아는 것, 민관거버넌스 사례, 민간－공공차이, 고독사 문제, 재난지원금 선별 vs 보편 지급, 복지사각지대

④ **전기직:** 정전시 조치사항, 시흥시 태양광발전 위치, 전기자동차 관련

⑤ **기계직:** 4차 산업혁명 관련 개선점, 열역학관점에서 설명, 상하수도시설

2 면접질문 사례

사례 01. 일반행정직

> Q. 사전조사서 ⇨ 코로나19로 인해 비대면 업무를 시행하고 있는데 이에 대한 문제점들이 많이 있다. 이에 대한 해결방안을 서술하시오.
> Q. 자기소개를 해보아라.
>   └[추가질문] 프렌차이즈에서 일했는가? 그러면 그 직종에 있을 때 고객을 대할 때 어떤 감정을 가지고 대했는가?
>   └[추가질문] 열린 마음이라는 건 어느 정도 스킬적인 부분 아닌가? 그 감정이나 감성 같은 것 말고 다른 것은 없는가?
> Q. 그렇다면 본인의 역량을 개발하기 위해 한 것이 무엇이 있는가?
>   └[추가질문] 그러면 공무원이 되기 위해 본인이 키운 역량이 대인관계 역량이라는 말인가?
> Q. 사전조사서를 봤는데 여기 비대면 업무방식에서 실적을 확인하는 방법을 만든다고 되어있는데 어떻게 실적을 확인할 수 있겠는가?
>   └[추가질문] 거기서 어떤 업무를 주로 했는가?
> Q. 최근에 공무원이 퇴직률이 높은데 본인은 공무원이 얼만큼 되고 싶은지 그 절박함을 말해보라.
> Q. 앞으로 공무원이 되면 보고서를 작성할 일이 많은데 보고서를 어떻게 작성해야 하겠는가? 보고서의 양식이나 표현방식은 어떻게 할 것인가?
> Q. 비상근무에 대해 어떻게 생각하는가?
> Q. 시흥시가 가장 잘하는 정책이 무엇이라고 생각하는가?

사례 02. 일반행정직

> Q. 사전조사서 ⇨ 코로나19로 인해 비대면 업무를 시행하고 있는데 이에 대한 문제점들이 많이 있다. 이에 대한 해결방안을 서술하시오.
> Q. 자기소개를 해보라.
> Q. 비대면 업무를 하고 있는 것에 대해 알고 있는 것을 답변해보라.
> Q. 의사소통에서 가장 중요한 마음가짐은 무엇인가?
>   └[추가질문] 어떻게 편안함을 주었는가?
> Q. 업무가 너무 많을 경우 본인은 어떻게 할 것인가?
>   └[추가질문] 그런 경험이 있는가?
> Q. 본인의 보고서 작성 실력은 어떠한가?
> Q. 평소에 자기개발은 어떻게 하고 있는가?
> Q. 왜 공무원이 되고 싶은가?
>   └[추가질문] 요즘 공무원이 야간근무도 많고 힘들다. 보람만으로 하기 힘들텐데 어떻게 생각하는가?

사례 03. 일반행정직

Q. 도전정신을 발휘한 경험이 있는가?
└[추가질문] 그러면 시흥시에서 도전정신을 발휘할 수 있는 분야는 어디인가?
Q. 어려움을 극복해 본 사례가 있는가?
└[추가질문] 당시에 본인이 아쉬웠던 점이나 부족했던 점은 무엇인가?
Q. 개인이 일하는 것과 조직이 일하는 것 중 어느 것이 더 효율적인가?
Q. 문제해결 경험 중 어려움을 가장 합리적인 근거로 극복한 사례가 있는가?
└[추가질문] 성과에 대해 보상을 받았는가?
Q. 의사결정을 해본 경험이 있는가?

사례 04. 일반행정직

Q. 사전조사서 ⇨ 코로나19로 인해 비대면 업무를 시행하고 있는데 이에 대한 문제점들이 많이 있다. 이에 대한 해결방안을 서술하시오.
Q. 자기소개를 해보라.
└[추가질문] 자기소개에서 책임감이 강점이라고 했는데 책임감을 발휘한 경험이 있는가?
└[추가질문] 본인이 팀플 조장인데 프리라이더 대처를 어떻게 했는가?
Q. 상관의 부당한 지시에 어떻게 대처할 것인가?
└[추가질문] 상관이 경험이 많은데 과연 그 지시가 부당한지 모르겠는가? (약간의 압박 같았습니다;;)
Q. 역사 강사 아르바이트를 한 계기가 무엇인가?
Q. 공무원에 지원한 계기가 무엇인가?
Q. 역사학과 전공이 공직에 어떻게 도움이 되겠는가?
Q. 본인의 취미는 무엇인가?
└[추가질문] (운동이라고 답하니) 그러면 밖에서 하는 활동과 안에서 하는 활동 중 본인은 어느 쪽을 선호하는가?

사례 05. 일반행정직

Q. 사전조사서 ⇨ 코로나19로 인해 비대면 업무를 시행하고 있는데 이에 대한 문제점들이 많이 있다. 이에 대한 해결방안을 서술하시오.
Q. 적극적으로 무엇인가를 한 경험이 있는가?
└[추가질문] 어떻게 민원이 누락되나?
└[추가질문] 그 일을 할 수 있는 게 본인 밖에 없었는가?
└[추가질문] 민원 업무를 하면서 악성 민원이 있었는지 구체적으로 답변해보라.
└[추가질문] 기관명이나 그런 것을 생략하고 답변해달라.
└[추가질문] 어떻게 대처했는가?
Q. 시흥시에 기여할 수 있는 것은 무엇인가?
└[추가질문] 구체적으로 어떻게 기여할 것인가?
Q. 가장 잘한 의사결정은 무엇인가?
Q. 혼자 일하는 게 좋은가 조직으로 일하는 게 좋은가?

Q. 조직에서 어떤 역할이 힘든가?

Q. 현재 시흥시 현안은 무엇인가?

Q. 가장 힘들었던 일은 무엇인가?

  ㄴ[추가질문] 그 일을 할 수 있는 것이 본인 밖에 없었는가?

  ㄴ[추가질문] 후임자에게도 그런 업무 자료를 전해주었는가?

Q. 혼자 결정을 내려야 할 상황에 어떻게 대응할 것인가?

3 면접후기(2022 일반행정직)

1. 면접상황 및 후기

면접분위기는 좋았던 것 같습니다. 면접관 분들이 너무 선하게 생기셔서 당황했습니다. 그리고 면접질문이 밖에서도 들릴까봐 엄청 조용한 목소리로 말씀하셔서 질문을 들을 때 몸을 앞으로 최대한 숙여 거의 배가 허벅지에 닿을 정도로 숙여서 질문을 들었습니다. 그리고 한 분은 피곤하셨는지 눈을 감으시다가 제가 어떤 답변을 할 때 갑자기 눈을 뜨셔서 놀랐습니다. 그리고 한 면접관님은 눈을 마주치면 눈을 피하셔서 당황했습니다. 다들 필기하면서 답변에 경청해 주셔서 감사했습니다.

면접 스터디원들을 봐도 이번 시흥 면접은 경험형 질문이 많았습니다. 한 달 동안 스터디 하고 쌤 강의 들으면서 시정비전, 인구(유아, 노인, 출산율, 외국인 등), 시정방침, 탄소정책, 인구정책, 시사, 시흥인구소멸지수, 시흥 문화재 등 엄청 많이 외우고 준비했는데 경험 질문이라 너무 아쉬웠습니다.ㅠㅠ

2. 사전조사서

Q. 코로나19로 인해 비대면 업무를 시행하고 있는데 이에 대한 문제점들이 많이 있다. 이에 대한 해결방안을 기술하시오.

A. 비대면 업무의 단점, 해결방안, 효과를 개조식으로 작성했습니다.

단점으로 1) 업무의 성과 측정 어려움, 2) 업무시간을 준수하는지 확인하기 어려움, 3) 공무원은 협업하는 일이 많은 데 협력의 어려움, 4) 대면업무 직원 수 부족으로 정보소외계층에게 대면업무 제공 어려움을 적었고 해결방안과 효과까지 포함해서 15줄 정도 작성했습니다.

3. 질의응답

(사전조사서 및 자기소개는 물어보지 않으셨습니다.)

`면접관` 오늘 어떻게 면접장에 왔나요?

`응시생` 감사하게도 아버지가 태워주셔서 잘 도착할 수 있었습니다.

면접관 지금보다 한톤 목소리 작게 말씀해주시면 좋을 것 같아요. (제 강점이 크고 또박또박한 목소리라고 생각해서 당황스러웠지만 조용한 목소리로 바꿔 말씀드렸습니다.) 적극적으로 무언갈 한 경험이 있나요?

응시생 (자기소개가 아니라 당황함) 네, 저는 공공기관에서 국가근로를 할 때 전자 민원 업무를 할 때, 민원이 누락될 경우 민원인에게 적시에 도움을 줄 수 없기 때문에 담당한 부서뿐만 아니라 전체 부서의 민원을 꼼꼼히 검토했습니다. 공무원이 되어서도 책임감을 가지고 시민들에게 적시에 도움을 주는 공무원이 되겠습니다.

면접관 어떻게 민원이 누락되나요?

응시생 전자민원 중 광고 민원이 오는데 광고라고 표기하지 않거나 사번을 적어야 하는 민원에서 사번을 적지 않는 경우 누락이 생겼습니다.

면접관 그 일을 할 수 있는 게 본인밖에 없었나요?

응시생 다른 근로장학생도 있었지만 저는 일을 한지 2년이나 되었고 다른 친구들보다 검토하는 데 능숙하기 때문에 제가 직접 했습니다.

면접관 민원 업무를 하면서 악성 민원이 있었는지 구체적으로 답변해주세요.

응시생 공공기관이 어딘지 아시게 될 것 같은데 말씀드려도 되나요?

면접관 그럼 기관명이나 그런 것 생략하시고 말씀해 주세요.

응시생 네, 어떤 정책이 있는데 그 정책을 신청하지 않으시고 지원금을 달라고 하시는 민원인이 계셨습니다.

면접관 어떻게 대처했나요?

응시생 저는 근로장학생이고 관련 업무에 책임이 없어서 관련 분야의 직원을 알려드렸습니다. (완전 아차 싶어서 다시 답변하고 싶었습니다.ㅜㅜ)

면접관 시흥시에 기여할 수 있는 것은 무엇인가요?

응시생 저는 평생교육과에서 일하고 싶습니다. 평생교육은 은퇴 후 상실감을 느끼는 노인, 육아로 경력 단절된 여성, 일상 속 체력 증진이 필요한 주민 등 다양한 문제를 해결할 수 있습니다. 저는 학부시절 평생교육원에서 인턴으로 일한 경험이 있기 때문에 시흥시 평생교육에 더욱 기여할 수 있습니다.

면접관 구체적으로 어떻게 기여할 것인가요?

응시생 저는 평생교육원 인턴으로 일할 때 수강생관리, 협력업체관리, 계약금 관리 등을 하면서 엑셀을 사용했습니다. 그 결과 컴퓨터 활용능력 1급 자격증도 취득했습니다. 그래서 정왕평생교육센터, ABC평생학습센터의 관리나 인턴강사들의 관리에 있어서 업무에 기여할 수 있습니다.

면접관 본인이 가장 잘한 의사결정이 있나요?

응시생 처음 한 봉사활동입니다. 처음 간 봉사활동은 장애아동 유치원이었습니다. 신체적 장애아동과 정신적 장애아동이 구분 없이 교육받는 모습을 보고 복지가 부족한 현실을 깨닫게 되었습니다. 저 한 사람이라도 타인을 위해 봉사해 복지를 증진시켜야겠다고 생각했고, 공무원이라는 꿈을 꾸며 용기있게 도전하게 되었습니다. (조리있게 말을 못해서 질문과 관련 없는 답변이었습니다. 제 의도는 봉사활동을 통해 공무원 꿈을 꾸게 되어 이 봉사기관을 선택한 것이 잘한 의사결정이라는 말이었습니다.ㅜㅜ)

면접관 혼자 일하는 게 좋은가요? 조직으로 일하는 게 좋은가요?

응시생 저는 조직으로 일하는 것이 좋습니다. 조직으로 일할 때는 시너지도 느낄 수 있고 서로의 부족한 점을 보완할 수도 있습니다. 저는 영어조교아르바이트를 할 때 조직으로 협력한 경험이 있습니다. 서로 업무방식이 달랐는데 이로 인해 갈등하지 않고 어떤 방법이 제일 빠른지 직접 초를 세가며 업무의 효율성을 높이기 위해 기여하고 서로 소통하며 조직적으로 일했습니다.

면접관 (질문이 잘 기억이 안납니다.) 조직에서 어떤 역할이 힘들었나요?

응시생 저는 리더역할은 부족한 것 같습니다. 저는 밝고 긍정적인 성격이라 항상 파이팅을 외치며 팀원들의 사기를 북돋는 역할을 잘합니다. 따라서 사기가 떨어지는 동료에게 긍정적인 힘을 전달하는 팔로워 역할에 맞습니다. 제가 리더로서 팀의 방향을 제안하거나 그런 것 보다 조직 내 사기를 북돋우는 역할을 하겠습니다. (이것도 제 단점을 너무 드러낸 것 같아서 마음에 걸립니다.;;)

면접관 현재 시흥시 현안은 무엇인가요?

응시생 구도심과 신도심의 균형발전입니다. 면접을 준비하면서 균형발전 방안을 찾기 위해 신천동과 대야동에 방문했습니다. 10년 넘게 번하지 않은 간판이 저에게는 정겨웠지만 원도심의 경쟁력을 키우기 위해 간판지원사업이 필요하다고 생각했습니다. 현재 신도시를 중심으로 상권이 발달되어 있어 구도심의 15년, 20년 넘게 가게를 이어온 맛집 리스트 등을 만들면 구도심의 경쟁력을 회복하는 좋은 정책이 될 것입니다.

면접관 가장 힘들었던 일은 무엇인가요?

응시생 평생교육원에서 인턴으로 일할 때입니다. 교육관리 업무를 맡았고 다수의 교육생은 3교대를 하는 근로자들이었습니다. 교육 공지를 할 때 연락을 받지 않는 경우가 대부분이어서 마감하는 데 어려웠습니다. 교육생분들의 업무일정을 모두 기록했고 휴무일과 야간근무일에 공지할 것이 있다면 3일, 5일 전 미리 공지를 드렸습니다. 그리고 일정이 헷갈리시지 않도록 직접 표를 만들어 드렸습니다. 공무원이 되어 다른 부서에 협조를 구할 때 다른 부서의 일정을 배려하고 업무상 소통이 잘 되도록 기여하겠습니다.

면접관 그 일을 할 수 있는 것이 본인밖에 없었나요?

응시생 네, 당시 인턴은 저 혼자뿐이었고 저에게 주어진 일이기 때문에 제가 열심히 노력했습니다.

면접관 후임자에게도 그런 업무 자료를 전해줬나요?

응시생 아, 제가 인턴이라 제 후임자까지는 만나지 못했습니다. (여기도 아차 싶었습니다. 공무원이 되면 꼭 후임자를 위한 매뉴얼을 만들 것이라고 답변할 걸 그랬습니다. 그렇지만 다들 웃어주셨고 "인턴인데 후임자가 있겠나?" 이러시면서 면접관님이 질문하신 면접관님에게 말씀하셨습니다. ㅎㅎ)

면접관 혼자 결정을 내려야 할 상황에 어떻게 대응할 것인가요?

응시생 우선 이전에 이런 일이 있었는지 사례를 찾아보고 다른 지자체 사례를 찾거나 혹은 상급기관에 문의하겠습니다. 그 후 스스로 결정에 대한 장점과 단점을 정리해 최선의 결정을 내리겠습니다. 그리고 이 결정을 왜 이렇게 했는지 이유, 원인을 적어 이후에 상관님께 상황에 대해 보고하겠습니다.

면접관 마지막으로 하고 싶은 말이 있나요?

응시생 저는 시흥사랑 실천단으로 활동하며 지역주민을 위해 봉사한 경험이 있어 다른 지원자들보다 애향심이 있다고 생각합니다. 또 면접을 준비하면서 시흥시청, 행정복지센터, 연꽃축제에 참여했습니다. 앞서 말씀드린 평생교육 이외에도 관내 대학생 지원사업, 시흥시 축제 기획 등 여러 업무에 열정이 있습니다. 시흥시 공무원이 된다면 이 열정을 잃지 않고 열심히 임하겠습니다. 감사합니다.

4 지역 현황 및 현안 핵심

Q. 시흥시 다다커뮤니티에 대해 아는 대로 말해보라.

Q. 시흥시 골목자치 활성화방안은?

Q. 우리 시에 필요한 정책이 있는지?

Q. 지방분권이 무엇인가?

Q. 시흥시의 장점과 단점 그리고 단점에 대한 해결방안은?

Q. 시흥시에서 가장 시급한 현안은 무엇이라고 생각하는가?

Q. 시흥시에서 시행하고 있는 복지정책에 대하여 아는 것이 있는가? 본인이 복지정책을 시행한다면?

Q. 문화도시에 대해 어떻게 생각하나?

Q. 시흥시에 기업은 몇 개가 있는지 혹시 아는가?

Q. 시흥시는 건강도시를 위한 정책을 많이 하고 있다. 이를 지속시킬 방안은?

Q. 주로 이용하는 대중교통은 무엇인가? 평소에 이용하면서 불편했던 점과 개선방안에 대해 말해보라. 시흥시 교통불편 해결방안은?

Q. 버스준공영제에 대한 의견을 말해보라.

Q. 시흥시의 낙후지역(구도심권)과 발전지역(신도심권)은 어디를 말하는가?

Q. K 골든코스트란?

Q. 시흥시 배곧지구를 황해경제자유구역으로 추가지정한 의미는? 경제자유구역이란?

Q. 시 현안문제는 무엇이며 그 문제를 어떻게 해결할 것인가?

Q. 탄소중립을 위해 하는 사업이나 정책은?

Q. 4차 산업혁명 관련 사업은 무엇인가?

Q. 시정비전은 무엇이며 비전의 의미는?

Q. 지역화폐의 장단점은?

Q. 시흥시 경제자유구역에 대해 아는 대로 말해보라.

MEMO

CHAPTER

16 안산시

1 면접진행방식 및 특징

(1) 면접관은 3인이며 면접시간은 12~15분이다.

(2) 면접 중요도는 낮은 편이다.

(3) 안산시는 공직관 및 인성 중심으로 면접이 진행된다.

(4) 지역현안 및 지방자치에서 지역현안에 대한 질문 비중은 높은 편이다.

　① 시정비전 및 목표, 슬로건, 지원지역 인구, 노인인구, 지역이슈, 시 소개, 재정규모, 재정자립도, 지역불균형 해설방안

　② 안산시의 장단점 및 문제점

　③ 청년정책

(5) 직렬별 직무관련 질문에서 직렬별 질문 비중도가 높다.

　① **일반행정직**: 행정복지센터에서 하는 일, 인가와 허가의 차이

　② **사회복지직**: 보편적 복지 및 선별적 복지, 복지예산 확보방안, 출산축하용품 구성

　③ **지방세**: 자동차세 1년 납부횟수, 납기가 오늘까지일 경우 은행마감 도움방법, 예산의 원칙

　④ **기계직**

(6) 사회이슈 및 시사질문은 다음과 같다.

　① 최저임금의 정의, 최저임금 결정방법, 현재 최저임금

　② 김영란법 법안 이름, 경조사비 등의 조정

2 면접질문 사례

사례 01. 일반행정직(2023)

Q. 자기소개를 해보라.
　└[추가질문] 사회복무요원으로 근무하였다고 했는데 어느 기관들에서 근무했는가?

Q. 공무원으로 가장 중요하게 생각하는 가치들은 무엇들이 있는가?
　└[추가질문] 그러면 주민들이 공무원에게 가장 바라는 점은 무엇이라고 생각하는가?
　└[추가질문] 중요한 가치가 전문성이라고 하였는데 소통이 중요하다고 생각하니 상반되는 거 아닌가?

Q. 그럼 복무요원으로 근무하면서 무언가 해결하거나 바꾼 경험이 있는가?

Q. 소통이 중요한 이유가 무엇인가?

Q. 회의자료를 파일에 넣어 바꿨다고 했는데 그냥 놔둬도 됐을텐데 굳이 바꾼 이유는 무엇인가?

Q. 상사나 동료와 의견이 다르다면 어떻게 할 것인가?

Q. 사회생활을 하면서 수모 같은 걸 당한 적이 있는가?
  └[추가질문] 한 번에 설득이 되었는가?
Q. 마지막으로 하고 싶은 말

사례 02. 사회복지직(2023)

Q. 사전조사서 ⇨ 지원한 직렬에서 일하게 된다면 제일 먼저 하고 싶은 정책은 무엇인지 기술하시오.
Q. 자기소개 겸 지원동기를 1분 내로 답해보라.
Q. 아동학대를 목격했을 때 어떻게 할 것인가?
Q. 직업상담 대상자별로 다르다고 했는데 무엇이 다른가?
Q. 스트레스를 어떻게 푸는가?
  └[추가질문] 동료들과 이야기하면서 푼다고 했는데 어떻게 이야기 하는가?
  └[추가질문] 무엇 때문에 스트레스를 받는가?
Q. 실습은 어디에서 했고 느낀 점은 무엇인가?
Q. 복지사각지대는 어디에서 주로 발생하는가?
  └[추가질문] 해결방안은 무엇인가?
Q. 지금까지 했던 일과는 다른 일을 하게 되는데 무엇이 힘들 것 같은가?
Q. 마지막 하고 싶은 말

3 면접후기(2023 일반행정직)

면접관 공무원이 되기 위해 열심히 노력하셨을텐데 오시느라 정말 고생많았고 먼저 자기소개 부탁드릴게요.

응시생 안녕하십니까. 저는 안산시 일반행정직에 지원한 ○○○입니다. 과거 사회복무요원으로서 행정복지센터에서 근무한 경험이 있습니다. 여러 업무를 민원 등을 보조하면서 공무원들과 지역의 작은 현안을 꾸려나간 경험이 있습니다. 특히 현수막 제거 당시 안산시에 오래 거주한 경험을 살려 곳곳에 현수막을 제거한 경험이 있고 이렇듯 제 경험과 열정이 주민들에게 힘이 된다는 것을 알았습니다. 어… 이렇듯 제 경험과 열정으로 지역 주민들의 작은 부분들까지 해결할 수 있는 안산시 공무원이 되겠습니다. 감사합니다.

면접관 사회복무요원으로 근무하셨다고 하셨는데 어느 기관들에서 근무했나요?

응시생 네, 행정복지센터에서 쭉 근무했습니다.

면접관 공무원으로서 가장 중요하게 생각하는 가치들은 어떤 것이 있나요?

응시생 일단 애국성, 민주성, 다양성, 책임성 등이 있는데 저는 전문성이 가장 중요하다고 생각합니다. 일반행정직 공무원은 어느 업무에도 배정될 수 있는 넓은 의미의 공무원이라고 생각합니다. 이렇듯 어느 업무에 배정될 수 있는 만큼 다양한 분야에 전문성을 갖고 있어야 된다고 생각합니다. 그리고 책임성은 다양한 분야에 근무하는 만큼 어떤 업무에 소홀해 질 수 있기에 책임성도 중요하다고 생각합니다.

`면접관` 그러면 주민들이 공무원에게 가장 바라는 점은 무엇이라고 생각합니까?

`응시생` 소통이라고 생각합니다. 복무요원 근무당시 공무원분들을 보면서 민원인분들이 딱딱한 분보다는 소통하는 공무원분들을 더 좋아했고 저도 민원인분들이나… 위원분들과 대화… 소통할 때 더 좋아하셨습니다. 이렇듯 소통을 해야 다양성도 나올 수 있고… 소통하는 공무원이 되겠습니다.

`면접관` 아까 중요한 가치가 전문성이라고 하셨는데 소통이 중요하다고 생각하니 상반되는 거 아닌가요?

`응시생` 아, 공직가치를 고려해 얘기하다 보니 그렇게 말 한 것 같습니다. 죄송합니다.

`면접관` 그럼 복무요원으로 근무하면서 뭔가 해결하거나 바꾼 경험이 있나요?

`응시생` 소소한 경험을 말씀드리겠습니다. 복무요원 근무당시 주민자치회의 회의자료를 보조한 경험이 있는데 종이 대봉투에 넣어 배포하다보니 훼손 분실의 문제가 있었습니다. 그래서 파일에 넣어 위원분들께 각자에게 배포하는 것을 건의했고 파일에 넣어 배포했습니다. 파일에 넣어 배포하다보니 훼손이나 분실의 문제가 많이 사라졌습니다.

`면접관` 아까 소통이 중요하시다고 했는데 소통이 중요한 이유가 무엇인가요?

`응시생` 제 경험을 말씀드려도 될까요? (면접관님이 "네"하셔서) 복무요원 근무 당시 로터리에 쓰레기를 버리는 일이 있었습니다. 거기에 쓰레기통이 아닌 꽃을 심으려고 했습니다. … 사무장님이 심으려고 했습니다. 근데 터무니 없다는 생각들이 있었고 주민자치회의에서 이 현안을 꺼내자 모두들 동의하셨고 통장님들의 도움을 받아 꽃을 심었고 해결했고… 쓰레기를 버리지 않았습니다. 이렇듯 주민들과 소통한다면 주민들의 지지에 힘입어 적극적으로 추진할 수 있고 다양한 의견이 나올 수 있다고 생각합니다.

`면접관` 회의자료를 파일에 넣어 바꿨다고 하셨는데 그냥 놔둬도 됐을텐데 굳이 바꾼 이유는 뭔가요?

`응시생` 저도 사실 공무원에 대한 부정적인 생각을 갖고 있었습니다. 다른 시민들처럼 일 안 하고 불친절하다는 생각을 갖고 있었습니다. 그러나 센터에서 근무하다보니 열심히 일하는 공무원들을 보면서 그리고 여러 민원을 해결하는 공무원분들을 보면서 큰 보람을 느끼는 공무원분들을 보면서 친해지게 됐고 저도 공무원분들께 그리고 주민분들께 힘이 될 수 있는 뭔가를 계속 고민했습니다.

`면접관` 상사나 동료와 의견이 다르다면 어떻게 하실 건가요?

`응시생` 저는 일단 동료분들의 의견을 검토하겠습니다. 검토하고 음… 그리고 제 의견이 주민들에게 옳은 것이라면 설득하는 쪽으로 가겠습니다. 제 의견의 근거를 말씀드리고 주민의 질 향상에 옳은 방향이라고 설명드리고 의견의 근거를 말씀드리면 상사분도 아… 동료분들 상사분들도 이해해 주실거라 믿어 의심치 않습니다.

`면접관` 사회생활을 하면서 수모 같은 걸 당한 적이 있나요?

`응시생` 부당한 경험을 말씀드려도 될까요? 복무요원 근무 당시에 선임분이 업무를 후임들에게 미루고 계속 지각을 했습니다. 공무원분들도 안 좋게 보기 시작했고 저도 안 좋은 눈으로 바라봤습니다. 그래서 설득하기 시작했고 업무를 분담하게 됐습니다. 그리고 제가 그 위치에 선임이 됐을 때 업무를 미루지 않고 솔선수범 했습니다. 이렇듯 저는 솔선수범 하는 공무원이 되겠습니다. 감사합니다.

`면접관` 한 번에 설득되셨나요? (웃음)

`응시생` 아닙니다. 한 2번 정도 설득한 것 같습니다.

면접관 그러면 어떻게 설득했나요?

응시생 네, 최대한 진정성 있게 설득하니 설득이 되었습니다. 원래 친했던 사이였습니다.

면접관 고생하셨고 마지막으로 하고 싶은 말이나 못 한 말 있으면 해주세요. (웃음)

응시생 네, 저는 언젠가부터 티비를 보다보면 안산시가 나오면 멈추고 인터넷에 안산시에 관한 정책이 나오면 클릭 하곤 합니다. 이렇듯 저에게 안산은 저의 인생이 됐고 미래가 됐습니다. 지역 주민의 작은 부분까지 해결할 수 있는 안산시 공무원이 되겠습니다. 감사합니다.

면접관 네, 수고하셨습니다.

4 지역 현황 및 현안 핵심

Q. 안산시 올해 예산은?

Q. 안산하면 떠오르는 것은 무엇인가?

Q. 안산에서 가장 인상 깊은 정책은?

Q. 안산시 노인인구는 얼마인가? 노인 일자리 해결방안은?

Q. 안산에서 지금 추진하고 있는 대형 정책이 무엇인지 알고 있는가?

Q. 안산에 외국인 주민이 많은데 몇 명 정도 살고 있는지 아는가?

　ㄴ[추가질문] 그러면 외국인 주민이 많이 사는데 사실 부정적인 이미지도 있다. 이걸 좋은 쪽으로 활용하려면 어떡하면 좋겠는가?

Q. 중국인 비율 중에 조선족 비율이 굉장히 높은데 조선족은 거의 우리나라 사람인데 축제를 하는 게 의미가 있겠는가?

　ㄴ[추가질문] 안산시의 재정으로 외국인들의 축제를 열어주는 게 우리에게 어떤 의미가 있는가?

Q. 안산시 SWOT는? ⇨ 강점, 약점, 기회요인, 위협요인

Q. 시 현안문제는 무엇이며 그 문제를 어떻게 해결할 것인가?

Q. 탄소중립을 위해 하는 사업이나 정책은?

Q. 4차 산업혁명 관련 사업은?

Q. 시정비전은 무엇이며 비전의 의미는 무엇인가?

Q. 지역화폐의 장단점은?

Q. 외국인노동자들이 많이 거주하는데 장점과 단점은 무엇이며 단점의 해결방안은?

Q. 안산시에서 외국인노동자들을 위해 추진해보고 싶은 정책이 있다면?

MEMO

CHAPTER

17 안성시

1 면접진행방식 및 특징

(1) 면접관은 3인이며 면접시간은 15분이다.

(2) 면접 중요도는 '중상'이다.

(3) 안성시는 공직관 및 인성(경험형) 중심으로 면접이 진행된다.

(4) 2019년부터 면접이 강화되었다.

(5) 지역현안 및 지방자치에서 지역현안에 대한 질문 비중이 낮은 편이다.
   ① 시 정책 중 좋다고 생각하는 사업
   ② 시장이라면 추진하고 싶은 정책
   ③ 시 인구 정체현상의 원인

(6) 직렬별 직무관련 질문에서 직렬별 질문 비중도가 높다.
   ① **일반행정직:** 본인이 희망하는 과에서 하는 사업, 비합리적 민원이란
   ② **축산직:** 안성시 축산분야 문제점 및 해결방안, 살처분 매립 문제점

2 면접질문 사례

사례 01. 일반행정직(2023)

Q. 1분 자기소개를 해보라.
  ㄴ[추가질문] 조직의 분위기를 부드럽게 형성했던 경험이 있는가?
Q. 살면서 힘들었던 경험을 어떻게 극복했는가?
  ㄴ[추가질문] 그 경험에서 얻은 것이 있는가?
  ㄴ[추가질문] 직장 경험이 많다고 하셨는데 조직에서 동료나 상사와의 갈등에서 어떻게 해결했는가?
Q. 공무원 의무 중 무엇이 가장 중요한가?
Q. 마지막으로 하고 싶은 말

사례 02. 일반행정직

Q. 사전조사서 ⇨ 책임성을 발휘했던 경험에 대해 기술하시오.
Q. 자기소개를 해보라.
Q. 사전조사서를 보니 스터디 조장도 하고 문구 서포터즈도 할 정도로 장점이 되게 많은 것 같다. 그럼 본인의 단점은 무엇인가?
  ㄴ[추가질문] 그럼 하루에 처리할 수 있는 계획이 어느 정도인가?

Q. 스터디 조장도 하고 서포터즈 같은 것도 하면서 갈등이 있었을텐데 그런 것은 어떻게 처리했는가?
└[추가질문] 답변을 준비한 것 같으니 다른 질문을 하고자 한다. 그럼 가족갈등은 어떻게 해결하는가? 가족갈등도 중요한 갈등 중 하나이지 않은가?
Q. 사전조사서가 책임성을 주제로 나온 만큼 공무원에게 책임성이 중요하다. (무슨 말씀을 더 하시고) 안타까운 민원인이 있는데 규정대로 하기 어려우며 딱 규정선에 있다. 그럴 땐 어떻게 할 것인가?
Q. 공무원은 책임성에 대해서 무한한 책임성과 유한한 책임성이 있는데 이 중에 뭐가 더 공무원에게 알맞겠는가?
Q. 전공이 무엇인가?
Q. 수험기간은 어떻게 되는가?
Q. 창의성도 굉장히 중요하다. (스케치북을 꺼내며) 'ㅇㅇ해야 하는데 ㅁㅁ했었어야 하는데' 이거 읽어보겠는가?
└[추가질문] 땡땡 말고 동그라미랑 네모로 읽어보시겠어요?
└[추가질문] 여기에 맞춰서 이야기해보라.
└[추가질문] 노력을 조금 덜 하는 편인가?
Q. 공직자가 되면 하고 싶은 정책이 있는가?
Q. 면사무소, 동사무소, 시청 등을 다녀오면서 공무원이 이건 고쳐야 하는데 싶었던 점이 있는가?

사례 03. 일반행정직

Q. 사전조사서 ⇨ 지역에 가장 내놓고 싶은 정책에 대해 서술하시오.
Q. 자기소개를 해보라.
Q. 사형제도 찬반에 대해 어떻게 생각하는가?
Q. 다문화 가정에 대한 공직가치에서는 무엇이 중요한가?
Q. 우리 사회에 외국인노동자들이 많이 들어오는데 그들이 의료보험도 잘 안내고 불법체류자들도 있고 범죄도 낸다. 이에 대한 정책이 있는가?
Q. 사전조사서에 보니까 지역정책에 대해 잘 작성한 것 같다. 그러면 여기에 쓴 거 말고 또 다른 정책이 있는가?
Q. 그럼 본인에 대한 장점은 알겠으니 남들이 보는 본인의 단점은 무엇인가?
Q. 스트레스 해소법은 무엇인가?
Q. 본인의 인생관은 무엇인가?

3 면접후기(2023 일반행정직)

[면접관] 1분정도 자기소개 해보세요.

[응시생] 저는 저를 2가지 키워드로 소개하겠습니다. 저는 사교성이 뛰어나고 인내력이 강한 사람입니다. 먼저 저는 지금까지 살아오면서 주변 지인들이나 직장 동료들과 큰 갈등 없이 좋은 관계로 살아왔습니다. 이러한 제 사교성은 조직 내로는 부드러운 분위기를 형성하고 조직 외로는 타 부처나 타 기관과의 협력시에 큰 강점이 될 것 같습니다. 그리고 저의 인내심은 어려운 업무나 누구나 기피하는 부처에서 포기하지 않고 완수하는 것과 민원인들의 말에 경청하는 자세를 가지는 데에 큰 강점이 될 것 같습니다. 이러한 저의 장점들을 바탕으로 안성시의 필요한 공무원이 되겠습니다.

면접관 조직의 분위기를 부드럽게 형성했던 경험이 있나요?

응시생 일했던 직장에서 업무처리가 미숙한 신입직원이 주변 동료늘에게 따돌림을 당했었습니다. 그때 먼저 다가가서 신입직원의 업무를 도와주고 신입직원이 동료들과 잘 어울릴 수 있도록 했습니다.

면접관 구체적으로 답변해주세요.

응시생 신입직원의 업무처리가 미숙한 것이 고의적으로 못하는 것이라는 오해를 풀 수 있도록 중간에서 소통의 역할을 했습니다.

면접관 살면서 힘들었던 경험을 어떻게 극복했나요?

응시생 목표 없이 대학교에 입학해 방황했었습니다. 대학교를 자퇴하고 다양한 직무 경험을 통해 꿈을 찾고자 했습니다. 이 과정에서 학벌에 막혀 원하던 직장에 지원조차 하지 못하는 경험을 하고 제 선택에 큰 후회를 했습니다. 하지만 저의 선택이니 끝까지 책임져 좌절하지 않고 이 자리까지 오게 되었습니다. 그리고 그 과정에서 조직 생활에 대한 이해와 다양한 실습경험을 얻게 되었습니다.

면접관 그 경험에서 얻은 것이 있나요?

응시생 앞으로 선택할 때는 돌다리도 두들겨 보고 건너듯 바로 앞의 미래뿐 아니라 먼 미래까지 보고 선택하는 신중함을 얻었습니다.

면접관 직장 경험이 많다고 하셨는데 조직에서 동료나 상사와의 갈등에서 어떻게 해결했나요?

응시생 앞서 말했듯이 저는 동료나 상사와 갈등이 발생한 적이 없습니다. 다만 동료끼리 갈등이 있었던 적이 있었습니다. 이 갈등을 풀기 위해 갈등이 있던 동료 두 명을 따로 회식에 초대해 저랑 같이 갈등을 풀었던 기억이 있습니다.

면접관 공무원의 의무 중 무엇이 가장 중요한가요?

응시생 저는 친절·공정의 의무가 가장 중요하다고 생각합니다. 제가 일했던 판매업 직장에서 일처리는 미숙하지만 항상 고객들에게 친절했던 동료가 있었습니다. 그 동료는 일처리가 더 빠른 동료들보다 실적이 좋았습니다. 비록 업무는 다르지만 고객을 상대하는 것은 똑같다고 생각했기 때문에 제 경험에 비추어 친절·공정이 중요하다고 생각합니다.

면접관 본인은 그렇지 않았다는 건가요?

응시생 저는 판매업에서 고객을 응대하는 분야가 아니었습니다. 하지만 그 동료를 본받아 매장에 들어오는 고객분들에게 밝은 얼굴로 인사하는 습관을 가지게 되었습니다.

면접관 마지막으로 하고 싶은 말이 있나요?

응시생 저는 곰인형 같은 사람이라고 생각합니다. 누구나 말하기 힘든 고민을 방에 있는 곰인형에게 털어놓듯 제 주변지인들이 저에게 먼저 다가와 고민을 털어 놓고 위로를 받습니다. 그 이유는 제가 경청하는 자세와 공감하는 태도를 지녔기 때문이라고 생각합니다. 안성시민들이나 주변 동료들이 힘들 때 저에게 먼저 고민을 털어놓을 수 있는 곰인형 같은 공무원이 되겠습니다.

4 지역 현황 및 현안 핵심

Q. 안성시가 다른 지역에 비하여 발전 가능성이 높은 것은 무엇이라고 생각하는가?

Q. 안성시 특산물 아는 것이 있는가?

Q. 안성맞춤의 유래에 대해 아는가?

Q. 안성시 인구증가 방안은?

Q. 안성시 현안은 무엇이며 현안에 대한 해결방안은?

Q. 안성시 뉴딜정책은?

Q. 안성시 관공서를 방문해보고 나서 고쳐야 할 점이 있다면 무엇인가?

Q. 탄소중립을 위해 하는 사업이나 정책은?

Q. 4차 산업혁명 관련 사업은 무엇인가?

Q. 시정비전은 무엇이며 비전의 의미는?

Q. 지역화폐의 장단점은?

Q. 안성시 외국인노동자와 관련하여 추진하고 싶은 정책은?

Q. 안성시의 장단점 및 단점 극복 방안은?

MEMO

CHAPTER

18 안양시

1 면접진행방식 및 특징

(1) 면접관은 3인이며 면접시간은 15분 이내이다.

(2) 면접 중요도는 '중' 정도이다.

(3) 안양시는 공직관·인성·지역현안·직렬전문성 중심으로 면접이 진행된다.

(4) 지역현안 및 지방자치에서 지역현안에 대한 질문 비중은 높은 편이다.
① 시정비전 및 목표, 지원지역 인구, 노인인구, 지역이슈
② 신도시 및 구도시 지역격차 해소방안
③ 안양의 자랑거리
④ 시정현안

(5) 직렬별 직무관련 질문에서 직렬별 질문 비중도가 높다.
① **사회복지직:** 고독사 노인 발견시 조치, 일반행정직 공무원과의 차이점, 이론으로 배웠던 점과 실습현장에서 달랐던 점, 장애인관련 안양시 시행정책
② **일반행정직:** 등본 발급비용, 우리나라 공무원 청렴지수, 확정일자제도, 전월세계약 신고제도
③ **환경직:** 왜 물을 사서 마실까?, 폭우시 공장 등에서 폐수 무단 방류에 대한 대책, 오존 발생과정, 오존 발생과정에 관여하는 화학물질, 대구수돗물 사건, 토양오염원인물질 및 대책

2 면접질문 사례

사례 01. 일반행정직(2023)

Q. 사전조사서 ⇨ 안양시가 다른 지자체와 다르게 가진 차이점과 그 이유에 대해 기술하시오.

Q. 자기소개를 해보라.

Q. 공무원 행동강령에 대해 답변해보라.

Q. 6대 의무에 대해 답변해보라.

Q. 시민에게 가장 필요한 공직가치는 무엇인가?

Q. 조직에서 소통을 잘했던 경험은 무엇인가?

Q. 안양일번가를 찾는 사람들의 유입이 줄어들고 있는데 왜 그렇다고 생각하는가?
└[추가질문] 그럼 안양일번가를 소개해달라.

Q. 안양시의 저출산 문제가 심각한 편인데 어떻게 해결해야 하겠는가?

Q. 이번에 공부하면서 안양에 아쉬움이 남았던 곳이 있었는가?

Q. 조직을 위해 희생했던 경험이 있는가?
  ㄴ[추가질문] 왜 먼저 나서서 했는가?
Q. 소통이 장점이라 하였는데 소통 중에 뭐가 가장 중요하다고 생각하는가?
  ㄴ[추가질문] 다른 사람의 입장을 이해하는 게 가장 중요하다는 말인가?
Q. 조직에서 어떤 갈등을 창의적으로 해결했던 경험을 얘기해달라.
Q. 업무에서 어려움이 생긴다면 어떻게 할 것인가?
Q. 안양시에 대해 소개를 한 번 해보라.
Q. 안양시의 가장 직면한 문제가 무엇인가?
Q. 마지막으로 할 말

사례 02. 일반행정직(2023)

Q. 사전조사서 ⇨ 안양시가 타 지역에 비해 자랑할 만한 것과 그 이유를 구체적으로 기술하시오.
Q. 자기소개를 해보라.
Q. 공무원에 지원한 동기와 안양시에 지원한 동기는 무엇인가?
Q. 사전조사서에 도서관을 언급하였는데 도서관을 이용해보았는가? 좋았던 점과 안 좋았던 점은 무엇인가?
Q. 대민업무시 중요하게 생각하는 것은 무엇인가?
Q. 공무원의 6대 의무 중 중요한 것 1가지는 무엇인가?
Q. 이름을 한자로 쓰는 부분은 왜 작성하지 않았는가?
Q. 공무원의 장점 3가지에 대해 답변해보라.
Q. 일반행정직이 하는 업무에는 무엇이 있는가?
Q. 공무원이 갖춰야 할 역량은 무엇인가?
Q. 어린이집을 퇴사한 이유가 무엇인가?
  ㄴ[추가질문] 동료들의 평가는 어땠는가?
Q. 본인의 장점과 단점은 무엇인가?
Q. 진짜 본인을 뽑아야 하는 이유는 무엇인가?
  ㄴ[추가질문] 다른 사람을 잘 돌본 사례가 있는가?
Q. 어린이집 경험이 공무원의 어떤 부분에 도움을 줄 것 같은가?
Q. 마지막 하고 싶은 말

사례 03. 일반행정직(2023)

Q. 사전조사서 ⇨ 안양시가 타 지역에 비해 자랑할 만한 것과 그 이유를 구체적으로 기술하시오.
Q. 자기소개를 해보라.
Q. 봉사활동을 해보았는가? 그렇다면 무엇을 느꼈는가?
Q. 최근 최저시급과 공무원 9급 봉급표 이슈에 대해 알고 있는가? 그렇다면 본인의 솔직한 생각은?
Q. (사전조사서 질문관련) 안양시에서 하는 청년정책 중 무엇이 가장 인상깊었는가?

Q. 본인의 경험에 비추었을 때 여러 사람들과 소통을 강조했고 최근 소통이 강조되고 있는데 본인이 근무 중 배운 진정한 소통의 의미는 무엇인가?
　ㄴ[추가질문] 그렇다면 본인만의 노하우는?
Q. 10년 뒤의 모습에 대해 생각해 보았는가?
Q. 본인이 평소 지인이나 직장 또는 친구들로부터 뭔가 부족한 점 또는 개선할 점 등 피드백을 받은 경험이 있을 것 같은데 이야기해보아라.
Q. 봉사를 얼마나 자주 했는가?
Q. 본인이 "이렇게까지 해봤다" 하는 것이 있는가?
Q. 본인이 제안하여 바꾼 것이나 개선한 것이 있는가? 거창한 것을 말하라는 것이 아니니 아무거나 간단하게 답변 해보라.
Q. 본인이 생각할 때 공직가치 중 가장 우선시하는 것과 그 이유는?
Q. 마지막 하고 싶은 말

사례 04. 일반행정직(2023)

Q. 사전조사서 ⇨ 안양시가 다른 지자체와 다르게 가진 차이점과 그 이유에 대해 기술하시오.
Q. 자기소개를 해보라.
Q. 공무원 행동강령에 대해 얘기해보라.
Q. 공무원의 의무에 대해 답변해달라.
Q. 시민에게 가장 필요한 공직가치는 무엇인가?
Q. 조직에서 소통을 잘했던 경험은?
Q. 안양일번가를 찾는 사람들의 유입이 줄어들고 있는데 왜 그렇다고 생각하는가?
Q. 안양에 대해 많이 공부한 것 같은데 이번에 공부하면서 안양에 아쉬움이 남았던 곳이 있었는가?
Q. 조직을 위해 희생했던 경험이 있는가?
　ㄴ[추가질문] 왜 먼저 나서서 했는가?
Q. 소통이 장점이라 하였는데 소통 중에 무엇이 가장 중요하다고 생각하는가?
Q. 조직에서 어떤 갈등을 창의적으로 해결했던 경험에 대해 답변해달라.
Q. 업무에서 어려움이 생긴다면 어떻게 할 것인가?
Q. 안양시에 대해 소개를 한 번 해달라.
Q. 안양시의 가장 직면한 문제가 무엇인가?
Q. 마지막으로 하고 싶은 말

사례 05. 보건직(2023)

Q. 사전조사서 ⇨ 스트레스를 받았던 경험과 스트레스 해소방안에 대해 기술하시오.
Q. 자기소개를 해보라.
Q. 치매지원센터에서 일했다고 했는데 학교에서 쓰는 용어를 어르신들은 모르셨을 텐데 어떻게 했는가?
Q. 공무원으로서 어떤 자세가 중요한 것 같은가?

Q. 스터디 그룹을 만들었다는데 어떤 기준으로 만들었는가?

Q. 조직에 들어가면 '이 친구 참 잘 뽑았다.'라고 생각이 들게 하는 본인의 강점은 무엇인가?

Q. 사전조사서에 계획대로 되지 않았다고 했는데 어느 부분에서 스트레스를 받았는가?

Q. 그럼 조직에 들어가서 '이 친구 잘못 뽑았다.'라고 생각이 들만한 본인의 단점이 있는가?
　└[추가질문] 본인이 조직에 끼칠 수 있는 단점에 대해 답변해달라.

Q. 조직을 위해 희생했던 경험이 있는가?
　└[추가질문] 왜 먼저 나서서 했는가?

Q. 본인이 공무원이 되기 위해 전문지식을 쌓은 것이 있는가?
　└[추가질문] 조직에서 본인의 전문성을 살리기 위해 노력한 부분이 있는가?

Q. 컴퓨터나 그런 관련된 것은 없는가?

Q. 보건직 공무원이 되면 다양한 업무를 할텐데 어떤 업무를 하는지 알고 있는가?
　└[추가질문] 다른 업무는 또 없는가?
　└[추가질문] 더 구체적인 방안은 없는가?

Q. 마지막으로 하고 싶은 말

3 　면접후기(2023 일반행정직)

1. 사전조사서

Q. 다른 도시와 비교되는 안양의 자랑거리와 이유에 대해 기술하시오.

A. 1) 여러 산으로 둘러쌓여 있어 다양한 산들을 가보면서 주민건강에도 도움을 주고 맑은 공기를 위해 외부로 가시는 인구유출을 막을 수 있음

2) 여러 공원 등이 잘 조성되어 안양시민뿐 아니라 외부 관광객 유치 가능, 재정자립도 기여

3) 교통의 요지 ⇨ 월판선 등 완공계획으로 앞으로도 더 발전가능성 높음

4) 청년정책 매우 좋음 ⇨ 4차 산업혁명기반 창업 지원하는 펀드 운영, 최초로 안양시인재등록제 사업 시행 중, 청년유입하는 좋은 정책

5) 시민과 함께하는 거버넌스 실천중

2. 질의응답

면접관　오늘 면접장에 올 때 무엇을 타고 왔나요?

응시생　택시타고 왔습니다!ㅎㅎ

면접관　자기소개를 해보세요.

응시생　저는 저를 동기부여 요정이라고 소개드리겠습니다! 저는 수험생활 전 3년간 대형 프랜차이즈카페에서 중간 관리자매니저로서 일하며 서비스 점수 높이기 업무를 맡았는데 다들 너무 지쳐있어서 동기부여가 필요하다고 판단했습니다. 장점을 기록해놨다가 일할 때 슬쩍 말해주면서 사내 자격증 취득이나 진급 자소서 등을 퇴근 후 밥을 사주며 봐주고 이에 한 명씩 눈에 생기가 돌면서 분위기가 밝아지고 점수도 높아졌습니다. 저는 이런 저의 역량을 통해 이웃같이 다가가는 공무원이 되고 싶습니다.

면접관 봉사활동을 해보았나요? 거기서 무엇을 느꼈나요?

응시생 정말 부끄럽지만 공부하는 최근 1년 6개월에서 2년간 봉사를 하지 못하여 실적제출을 못하였습니다. 그 전에 저는 말레이시아 여행시 보육원봉사, 금정역 부근에서 어학원 다니시는 인도네시아분들 말동무해드리기 등의 봉사를 했습니다. 최근 다양성이 굉장히 이슈가 되는 것으로 알고 있는데 저는 아직도 히잡을 쓰신 분들에 대한 인식이 안 좋다는 것을 깨달았고 시민들의 인식개선을 위한 정책시행이 필요하다고 생각했습니다.

면접관 최근 최저시급과 공무원 9급 봉급표 이슈에 대해 알고 있나요? 그렇다면 본인의 솔직한 생각은 어떤가요?

응시생 공무원 월급은 내외적으로 균형이 필요하다고 배웠습니다. 최저시급을 받으시는 분들보다 너무 많이 받아서도 안 되는 것 같습니다. 호봉제이기 때문에 열심히 하면 승진할 수 있을 것이라 생각하여 더욱 노력하겠습니다. 무엇보다 공무원은 봉사정신을 바탕으로 하여 좀 더 직업윤리에 임하는 게 맞다고 생각합니다.

면접관 사전조사서 질문과 관련하여 안양시에서 시행하는 청년정책 중 무엇이 가장 인상깊었나요?

응시생 4차 산업혁명 관련 스마트시티 조성이 최대호시장님의 공약 중 하나이신걸로 아는데 그것을 실천하고 계신 것 같았습니다. 청년창업을 위한 펀드 그중에서도 4차 산업혁명과 관련된 창업지원을 위한 펀드 조성이 인상깊었습니다. 1차는 성공적으로 마쳤고 2차 기획중인 것으로 알고 있습니다.

면접관 본인의 경험에 비추었을 때 여러 사람들과 소통을 강조했고 최근 소통이 많이 강조되고 있는데 본인이 근무 중 배운 진정한 소통의 의미는 무엇인가요?

응시생 저는 정말 참된 공감이 중요하다고 느꼈습니다. 어떤 분들이시건 진짜 원하는 걸 얻겠다는 것보단 진정한 공감과 소통으로 인해 행복감을 느끼시는 분들이 많다는 걸 알게 되었기 때문입니다.

면접관 그렇다면 본인만의 노하우는요?

응시생 저는 연령대별로 다르게 다가갔습니다. 노인분들께는 친근하게 손녀딸처럼 다가갔고 메뉴판을 잘 못 읽으신 분들이 많기에 어떻게 하면 더 저렴하게 구매하실 수 있는지 등 정책을 미리 결제 전에 안내해 드렸습니다. 아이들 같은 경우는 눈높이를 맞추어 무서워할 수 있는 결제공간 등을 친근하게 다가가려고 노력했습니다.

면접관 10년 뒤의 모습에 대해 생각해본 적이 있나요?

응시생 네, 물론입니다!ㅎㅎ 저는 아직 미혼인데 안양시민으로서 아이를 키우며 공무원으로서 성실히 근무할 것 같습니다.

면접관 (후속질문) 아, 아직 업무관련 부서는 생각 못하셨겠죠?ㅎㅎ

응시생 아닙니다! 하고픈 업무 말씀드려도 되겠습니까? (끄덕) 저는 역사전공으로 고고학수업 들을 때 교수님 따라서 다양한 발굴지에 가 보았고 기와탁본 등 경험을 바탕으로 하여 청동기부터 고려와 지금 현재까지 이어져오는 안양의 역사를 답사로 기획해보고 싶습니다.

면접관 본인이 평소 지인이나 직장 또는 친구들로부터 뭔가 부족한 점 또는 개선할 점 등 피드백을 받은 경험이 있을 것 같은데 이야기해보시겠어요?

응시생 저는 처음 진급했을 때 이렇게 다양한 업무를 한 번에 익히게 될 줄 몰라서 당황했습니다. 그때 전 상사분께서 저에게 너무 한 번에 잘 하려하지 말고 차근차근 하라는 피드백을 주셨습니다. 저는 그래서 매일 업무일지를 작성하고 저에 대한 피드백을 적어보았고 눈에 띄는 약점부터 차근차근 고쳐나갔고 허둥지둥하는 것을 극복하여 위기상황에도 침착하게 대응이 가능했습니다.

면접관 봉사를 얼마나 자주 했나요?

응시생 솔직히 말씀드리자면 그렇게 봉사를 많이 한 것 같지는 않습니다.

면접관 최근 언제 마지막으로 봉사를 했나요?

응시생 3년 전인 것 같습니다.

면접관 학교 다닐 때 동아리 등을 해보았나요?

응시생 네, 대자보를 쓰고 플랜카드에 페인트와 붓으로 학과행사홍보동아리를 했습니다.

면접관 시간을 많이 할애했을 것 같은데 얼마나 했나요?

응시생 일주일에 2번 2시간 정도였던 것 같습니다.

면접관 그럼 거기서 본인이 "이렇게까지 해봤다" 하는 것이 있나요? ("이렇게까지"를 강조하셨습니다.)

응시생 학과행사 중 가장 더운 여름에 고인이 되신 동지 추모회가 있는데 가장 큰 행사였습니다. 정말 더운 32도에 땀을 뻘뻘 흘리며 같이 옥상에서 여기 공간만한 천에 그림과 홍보문구 쓰는 작업을 하루에 몇 시간씩 며칠에 걸쳐서 해내었습니다. 제가 음료수를 사와서 나눠주고 후배들 기를 북돋는 등의 역할을 했습니다.

면접관 성과는 좋았나요? ㅎㅎ

응시생 네, 물론입니다! 학과장님께서 매우 좋아하셨습니다. ㅎㅎ

면접관 그럼 그 활동에서 본인이 제안하여 바꾼 것이나 개선한 것이 있나요? 거창한 것을 말하라는 것이 아니니 아무거나 간단하게 말해보세요.

응시생 음… 저희 동아리 내에서 그림을 그리는 것에 대해 다들 엄청 부담스러워했고 저도 너무 미술에 소질이 없어서 정말 공감했습니다. 그래서 자보에 그림 그리는 것 대신 문구를 좀 더 효과적인 걸로 대체하자고 하였고 제가 제 학번 중에서 가장 자보글씨를 잘 쓴다고 선배들이 그러셔서 제가 그 자보를 맡아서 썼었습니다.

면접관 본인이 생각할 때 공직가치 중 가장 우선시 하는 것은 무엇인가요?

응시생 성실성과 책임성이 일맥상통 하는 것 같아 두 가지를 꼽고 싶습니다.

면접관 그 이유는요?

응시생 최근 소극행정으로 이슈가 많이 되는데 공무원은 헌법에 명시된 것처럼 지역 주민의 삶의 질 향상을 위해 노력해야 합니다. 항상 성실하게 노력하는 자세를 가지고 멈추지 않고 어떻게 하면 주민분들의 삶의 질 향상에 편하게 해드릴지 연구하는 자세가 늘 필요하다고 생각하기 때문입니다.

면접관 마지막 하고픈 말이나 질문이 있나요?

응시생 지방직 필기시험 한 달 전 정말 정신적으로 힘든 날 산책을 나갔는데 저 멀리서 이렇게 (팔 열심히 흔들음) 야쿠르트아주머니가 인사해주셔서 가서 인사드렸더니 쉼이라는 제목의 음료를 주셨습니다. 그날 쉬지 않았으나 정말 쉼을 얻은 것 같이 힘이 많이 됐는데 앞으로 시민분들 그리고 민원인분들께도 더 나아가 공직 내부에서도 활기를 불어넣는 따수운 이웃 같은 공무원이 되고 싶습니다! 감사합니다!

면접관 수고하셨고 조심히 귀가하십시오.

4 지역 현황 및 현안 핵심

Q. 안양시에 오랫동안 거주했다고 했는데 그러면 안양시민들의 주민구성이나 특징 같은 것이 무엇이라고 생각하는가?

Q. 안양시 시정방침에 대해서 알고 있는가?

Q. 안양에 관심이 많은 것 같은데 홍보대사로 안양을 소개해봐라.

Q. 안양시 칭찬을 한 번 해보아라.

Q. 안양시에 제안하고 싶은 정책이 있는가?

Q. 안양시에서 추진하고 있는 정책 중 마음에 드는 것 한 가지와 했으면 좋겠다는 것 한 가지를 말해보라.

Q. 안양시에서 아쉬운 것은 무엇인가?

Q. 우리 시 행정정책 중 자랑할 만한 것은 무엇인가?

Q. 5대 핵심전략사업은 무엇인가?

Q. 안양시 도시재생사업 및 안양시 뉴딜사업은 무엇인가?

Q. 안양시의 장점 3가지를 답변해보라.

Q. 4차 산업혁명 관련 안양시의 정책 및 제안하고 싶은 사업이 있는가?

Q. 안양시의 도서관이 몇 개인지 아는가? [사서직]

Q. 안양시의 미세먼지 시스템과 미세먼지 처리 방안을 말해보라. [환경직]

Q. 시의 현안문제는 무엇이며 그 문제를 어떻게 해결할 것인가?

Q. 탄소중립을 위해 하는 사업이나 정책은?

Q. 시정비전은 무엇이며 비전의 의미는 무엇인가?

Q. 스마트시티란? 스마트 건강도시, 스마트 안전도시란?

Q. 안양시 장점과 단점은 무엇이며 단점 극복방안은?

MEMO

CHAPTER 19 양주시

1 면접진행방식 및 특징

(1) 면접관은 3인이며 면접시간은 15분 이내이다.

(2) 면접 중요도는 높은 편이다.

(3) 양주시는 공직관·인성·지역현안·직렬전문성 중심으로 면접이 진행된다.

(4) 지역현안 및 지방자치에서 지역현안에 대한 질문 비중이 높은 편이다.

    ① 시정비전 및 목표, 지원지역 인구, 노인인구, 지역이슈

    ② 양주의 자랑거리

    ③ 시정현안 ⇨ 양주 테크노밸리사업

    ④ 양주시 출산율

    ⑤ 양주시는 다른 시·군과 달리 행정법 및 행정학 질문을 함

(5) 직렬별 직무관련 질문에서 직렬별 질문 비중도가 높다.

    ① **지적직:** 양주 면적, 도로명주소의 장단점과 개선방안, 지적이란?

    ② **사회복지직:** 사례관리란?, 민간사회복지업무와 사회복지직 공무원 업무의 차이, 공동체의 의미와 활성화 방안, 사회복지 중 잘한 사업

2 면접질문 사례

사례 01. 일반행정직(2023)

Q. 자기소개를 해보라. 가급적이면 성인이 되고 어떻게 살아왔는지 답변해보라.

Q. 양주시에 거주하였다고 했는데 양주시 소개를 짧게 해보아라.

Q. 양주 별산대 이야기를 하였는데 직접 별산대 공연을 본 적이 있는가? 어땠는가?

Q. 양주시가 숲이고 시민들이 나무라면 무엇이 우선이고 그 이유는?

Q. 리더의 역할을 해본 적이 있는가?

Q. 본인의 강점과 약점은 무엇인가?

Q. 양주시 시민과 지자체의 갈등은 어떻게 해결할 것인가?

Q. 장점으로 책임감을 답변했는데 그걸 대학생 시절에 어떻게 발휘했는가?

Q. 성취감을 느꼈던 경험이 있는가?

Q. 공무원은 법에 정해진 일을 해야 하는데 만약 그 법이 없다면?

사례 02. 일반행정직(2023)

Q. 공무원이 되기 위해 전문성도 필요한데 전문성을 키우기 위해 한 것이 있는가?

Q. 적극성을 발휘한 사례가 있는가?
ㄴ[추가질문] 공공기관에서 얼마나 근무했나?

Q. 민선 8기 현안이 무엇이라고 생각하는가?

Q. 교통을 개선하려면 토지를 개발하고 하는 등 많은 것들이 필요하다. 그러면 손실보상과 손해배상의 차이를 아는가?

Q. 양주시의 제정규모와 인구수는?

Q. 스쿨존은 속도를 30km로 제한하는 존인데 레드존이 무엇인지 아는가?

Q. 지방자치단체에서 제정할 수 있는 법이 무엇인지 아는가?
ㄴ[추가질문] 그럼 조례에서 제정하지 못하는 법이 있는데 그게 무엇인지 아는가?

Q. 양주시의 이미지가 무엇이라고 생각하는가?

Q. 6대 의무와 그중 중요하게 생각하는 것과 이유에 대해 답변해보라.

Q. 자신이 공무원이 되면 활용할 수 있는 전문성 및 경쟁력이 있는가?

Q. 최근에 봉사한 것이 있는가?

Q. 공무원이 되면 이득이 되니까 본인이 하려고 하는 것일텐데 본인이 생각하는 이득이 무엇인가?

Q. 시정목표가 몇 가지 있는데 말해보라.

Q. 본인을 진짜 뽑아야 하는 이유에 대해 말해보라.

Q. 마지막으로 하고 싶은 말

사례 03. 일반행정직(2023)

Q. 사전조사서 ⇨ 욕설 및 폭력 등을 행하는 악성 민원 때문에 정신적·신체적으로 피해보는 공무원을 위한 예방과 보호는 어떻게 하면 좋을지 시민들과 공무원이 만족할 수 있는 방법을 포함하여 기술하시오.

Q. 자기소개를 해보라. 가급적이면 성인이 되고 어떻게 살아왔는지 답변해보라.

Q. 양주시에 거주하였다고 했는데 양주시 소개를 짧게 해보아라.

Q. 양주 별산대 이야기를 하였는데 직접 별산대 공연을 본 적이 있는가? 어땠는가?

Q. 양주시가 숲이고 시민들이 나무라면 무엇이 우선이고 그 이유는 무엇인가?
ㄴ[추가질문] 시민과 공무원 사이에 입장차이가 생긴다면?

Q. 리더의 역할을 해본 적이 있는가?

Q. 본인의 강점과 약점은 무엇인가?

Q. 장점으로 업무를 배우는 태도가 올바르다고 했는데 그런 경험이 있는가?

Q. 주변에서 본인에게 많이 하는 말은 무엇인가?

Q. 성취감을 느꼈던 경험이 있는가?

Q. 공무원은 법에 정해진 일을 해야 하는데 만약 그 법이 없다면?

사례 04. 건축직(2023)

Q. 사전조사서 ▷ 본인의 직렬이 지역 자치단체에서 하는 업무는 무엇이며 본인이 하고 싶은 업무와 그 이유에 대해 기술하시오.

Q. 1분 정도 자기소개를 해보아라.

Q. 업무를 수행하면서 상사로부터 부당한 지시를 받았을 때 어떻게 할 것인가?

Q. 살면서 실패했던 경험이 있는가? 어떻게 극복했는가?

Q. 최근 우리나라도 더 이상 지진 안전국이 아니다. 이에 내진설계 적용 건축물에 대한 규정이 강화되었다. 알고 있는 내용에 대해 모두 말해보아라.

Q. 업무경험이 있는가?
  ㄴ[추가질문] (업무경험은 없고 현장실습만 했다고 대답 후) 그러면 현장실습 기간은? 어쨌든 조직생활을 경험해 본 것인데 대인관계에서 가장 중요한 것이 무엇이라고 생각하는가?

Q. 대인관계에 문제가 있었던 적 있는가?
  ㄴ[추가질문] 그럼 원만하게 대인관계를 유지하고 있는 비결은 무엇인가?

Q. 최근 건축에서 논란되는 것에 대해 알고 있는가? 알고 있다면 논란이 되는 문제는 무엇이며, 무량판 구조에 대해 아는 만큼 말해보라.

Q. 무량판 구조를 보강할 수 있는 방법은?

Q. 양주시에 지원한 이유는 무엇인가?

Q. 전공이 건축학이면 본인의 세부 전공이 있는가?

Q. 면접 준비를 하면서 직렬 업무에 대해 살펴보았는가? 그렇다면 본인이 관심 있는 업무는 무엇인가?

Q. 양주시 건축 정책 현안에서 관심 있는 사업은 무엇이며 무엇이 중요하다고 생각하는가?

Q. 마지막으로 할 말과 본인이 다른 응시자와 비교했을 때 본인만의 강점은 무엇인지 답변해보라.

사례 05. 일반행정직(2023)

Q. 사전조사서 ▷ 욕설 및 폭력 등을 행하는 악성 민원 때문에 정신적·신체적으로 피해보는 공무원을 위한 예방과 보호는 어떻게 하면 좋을지 시민들과 공무원이 만족할 수 있는 방법을 포함하여 기술하시오.

Q. 본인의 직무역량을 공무원에 입직했을 때 어떻게 발휘할 수 있는지 자기소개와 함께 답변해보라.

Q. 공무원이 소극행정을 하면 법적으로 위반이 되는데 그 법이 무엇인가?

Q. 그럼 공무원에게 중요한 공직가치는 무엇이라고 생각하는가?
  ㄴ[추가질문] 소통이 중요하다고 하였는데 갈등이 생기는 경우에 어떻게 할 것인가?

Q. 행정절차법에 대해 답변해보라.

Q. 양주시 시정 목표에 대해 답변해보라.

Q. 양주시에 대해 소개해보라.

Q. 불합리한 요구를 하는 민원인에 대해서 어떻게 할 것인가?

Q. 공무원의 6대 의무에 대해 답변해보라.

Q. 마지막으로 할 말

사례 06. 일반행정직(2023)

Q. 사전조사서 ⇨ 공무원이 되면 무엇이 힘들 것 같은지와 이를 극복하기 위한 본인만의 대처 방법은 무엇인지 기술하시오.

Q. 본인의 장점이 들어간 자기소개를 짧게 해보라.

Q. 캐피탈 회사를 다녔다고 하였는데 몇 년 정도 다녔는가?

Q. 수험생활은 몇 년 정도 했는가?

Q. 면접은 몇 번째 보는 건가?

Q. 공무원을 지원하게 된 동기가 무엇인가?

Q. 행정에 관한 일을 하기 때문에 관련 질문을 하고자 한다. 행정행위와 처분의 차이가 무엇인가? 잘 모르면 다른 질문으로 넘어가겠다.

Q. 그럼 행정형벌과 행정질서벌의 차이가 무엇인가?

Q. 통고처분은 행정형벌인가, 행정질서벌인가?

Q. 다른 사람이 본인에 대해 어떻게 평가하는가?

Q. 그럼 반대로 단점은 무엇인가?

  └[추가질문] 단점이 신중함이라고 하였고 꾸준한 끈기가 있다고 했는데 본인만의 기한을 정한다고 하였는데 그 기한이 다른 사람보다 늦어지면 업무를 하는 것도 늦어질 수 있지 않은가?

Q. 업무를 하면서 다른 사람보다 늦게 배우고 적응할 수 있지 않은가?

Q. 순환근무가 자주 있는데 그런 어려움은 어떻게 대처할 수 있다고 생각하는가?

Q. 여러 시가 있는데 양주시에 지원한 동기가 무엇인가?

Q. 양주에 여러 문화재가 있는데 문화재에 대해 아는 대로 답변해보라.

Q. 자치법규가 무엇인가?

Q. 공무원의 6대 의무에 대해 답변해보라.

Q. 마지막으로 하고 싶은 말

사례 07. 일반행정직(2023)

Q. 자기소개를 해보라.

Q. 양주시에 왜 지원했는가?

Q. 6시 이후에 민원인이 방문했다. 그러나 본인은 개인일정이 있을 경우 어떻게 할 것인가?

Q. 양주시에 유네스코에 등재된 것과 등재 예정인 것에 대해 답변해보라.

Q. 노동3권에 대해 답변해보라.

  └[추가질문] 그중에 공무원에게 금지된 것은 무엇인가?

Q. 행정심판과 행정소송의 차이는 무엇인가?

Q. 전공을 활용할 방안이 있는가?

Q. 사회생활을 해보았는가?

  └[추가질문] 사회생활을 하면서 어려웠던 점은 무엇인가?

Q. 양주시의 지역현안과 해결방안은 무엇인가?

Q. 마지막으로 하고 싶은 말

1. 사전 조사서

Q. 공무원이 되면 무엇이 힘들 것 같은지와 이를 극복하기 위한 본인만의 대처 방법에 대해 기술하시오.

A. 악성민원에 대한 응대시 힘들 것 같습니다. 악성민원이 생기는 것을 방지하기 위해서 초기 대응을 잘 하는 것이 중요하다고 생각합니다. 초기에 민원인의 민원 내용에 경청하고 법령과 규칙이 없고 처리해 드릴 방법이 없는 경우에 납득하실 수 있도록 충분히 설명해 드리겠습니다. 법령과 규칙이 없는 경우 관련 판례나 상급기관에 문의하여 해결방안이 있는지 찾아보면서 해결하기 위해 최대한 노력하는 모습을 보여 민원인에게 신뢰를 주도록 하겠습니다. 이를 통해 작은 민원이 악성민원으로 커지는 것을 방지하도록 하겠습니다.

공직생활을 하는 동안 스트레스가 많이 쌓인다면 공원에서 걷기 운동이나 좋아하는 음악을 들으면서 스트레스를 해소하겠습니다. 이전에 회사를 다니면서 걷기 동호회 활동을 하여 사람들과 함께 한강공원, 남산, 둘레길 등을 걸으면서 기분전환도 하고 스트레스를 해소했습니다. 공무원에 입직한 후에도 체력관리에도 도움이 되는 걷기운동과 음악감상과 같은 취미 생활을 하여 스트레스를 해소하고 효율적으로 업무를 수행하도록 하겠습니다.

(사전조사서를 제가 10줄 정도 밖에 못 썼는데 결과에 안 좋은 영향이 있을지 걱정이 됩니다. 펜으로 쓰다 보니 중간에 덧붙여서 쓰기가 애매해서 그대로 제출했는데 마음에 걸립니다.)

2. 질의응답

면접관 본인의 장점이 들어간 자기소개를 짧게 해주세요.

응시생 저는 소통 능력으로 양주시민이 중심이 되는 열린 도시를 만들어 나가는 지원자 ○○○입니다. 저의 강점은 소통하는 능력과 조직생활 능력입니다. 이전에 은행, 캐피탈 회사에서 계약직으로 대출 서류 검토와 심사 업무를 했었습니다. 다양한 고객에게 대출 신청 관련하여 안내하는 업무를 하면서 소통 능력을 길렀습니다. 나이가 많으신 고객 분에게는 부모님께 컴퓨터를 하다가 모르실 때 알려 드렸던 경험을 떠올려서 차근차근 알기 쉽게 전달했습니다. 또한 시에서 운영하는 공원에서 행정인턴 경험과 은행, 캐피탈 회사에서 다양한 사회 경험을 쌓아 조직생활 능력을 갖추었습니다. 이처럼 소통 능력과 조직생활 능력을 바탕으로 양주시민과 원활하게 소통하여 양주시가 경기북부중심도시로 도약하는 데 보탬이 되는 공무원이 되고 싶습니다.

면접관 캐피탈 회사를 다녔다고 하셨는데 몇 년 정도 다니셨어요?

응시생 계약직으로 근무해서 캐피탈 1년, 은행 2군데 다닌 것까지 포함해서 5년 정도 근무했습니다.

면접관 수험생활은 몇 년 정도 하셨나요?

응시생 3년 정도 했습니다.

면접관 면접은 몇 번째 보시는 건가요?

응시생 처음입니다.

면접관 공무원을 지원하게 된 동기가 무엇인가요?

응시생 대학 졸업 후 행정인턴을 6개월 간 하면서 막연하게 공무원의 꿈을 갖게 되었습니다. 하지만 집안에서 장녀로 취업을 빨리 해야 하는 사정이 있어서 은행에 계약직으로 입사하여 근무하게 되었습니다. 여러 곳의 금융회사를 다녔지만 안정적으로 근무할 수 있고 예전에 행정인턴을 하면서 가졌던 공무원의 꿈이 있었기에 진로에 대해 고민하게 되었습니다. 3년 전에 금융회사를 그만둔 이후에 가족과 상의하여 공무원을 준비하게 되었고 이 자리에 오게 되었습니다.

면접관 행정에 관한 일을 하기 때문에 관련 질문을 하겠습니다. 행정행위와 처분의 차이가 뭔가요? 잘 모르시면 다른 질문으로 드리겠습니다.

응시생 행정행위는 공권력으로 구체적인 법집행을 하는 것입니다. (뒷부분 답변은 기억이 잘 나지 않습니다.)

면접관 그럼 행정형벌과 행정질서벌의 차이가 뭔가요?

응시생 행정형벌은 죄형법정주의가 적용되어 형법상의 벌이 적용되는 것을 말합니다. 예를 들면 벌금, 징역이 있습니다. 고의 또는 과실이 있어야 합니다. 행정질서벌은 죄형법정주의가 적용되지 않고 질서위반규제법이 적용되며 과태료가 부과되는 것을 말합니다.

면접관 통고처분은 행정형벌인가요, 행정질서벌인가요?

응시생 행정형벌입니다.

면접관 다른 사람이 본인에 대해 어떻게 평가하나요?

응시생 꾸준한 끈기가 있다고 합니다. 이전 회사에서 신규사업을 하면서 상품기획업무를 담당하게 됐습니다. 처음에는 수정시항이 많이 있어 힘들었지만 타 사이트를 벤치마킹하고 기획안 자료를 찾아보면서 꾸준히 개선하기 위해 노력했습니다. 상품을 구매하는 고객의 입장에서 기획안을 쓴 결과, 팀장님께 칭찬을 듣게 되었고 판매실적도 올라가고 기획안 작성 능력을 향상시킬 수 있었습니다.

면접관 그럼 반대로 단점이 어떤 게 있나요?

응시생 반면에 저의 단점은 신중함입니다. 신중하게 결정을 내리다 보니 시간이 다소 걸리는 점이 있습니다. 이를 보완하기 위해 신속한 결정이 필요할 때는 저만의 기한을 정해서 생각하는 시간을 줄이고 행동에 옮겨 실행하려고 노력합니다.

면접관 단점이 신중함이라고 하셨고 꾸준한 끈기가 있다고 했는데 본인만의 기한을 정한다고 하셨는데 그 기한이 다른 사람보다 늦어지면 업무를 하는 것도 늦어질 수 있지 않나요?

응시생 생각하는 시간을 줄이기 위해서 기한을 정해서 신속하게 결정하려고 한다는 의미로 말씀드렸습니다.

면접관 업무를 하면서 다른 사람보다 늦게 배우고 적응할 수 있지 않나요?

응시생 조직생활과 사회경험을 많이 해봤기 때문에 업무를 빠르게 습득하고 배울 수 있다고 생각합니다.

면접관 순환근무가 자주 있는데 그런 어려움은 어떻게 대처할 수 있다고 생각하나요?

응시생 이전회사에서 팀 내 순환 근무를 하여 기피 업무를 맡게된 적이 있었는데 처음에는 어려울 수 있다는 생각도 들었었는데 업무의 전체적인 흐름을 파악하고 업무 경험의 폭을 늘리고 배우는 기회가 되었다고 생각합니다. 입직한 후에 순환 근무를 배움의 기회로 삼아 업무를 하도록 하겠습니다.

면접관 여러 시가 있는데 양주시에 지원한 동기가 뭔가요?

응시생 양주시는 제가 살고 있는 집에서 가깝고 어릴 적부터 가족과 함께 송추 계곡, 장흥 유원지에 자주 방문하여 저에게 친숙한 지역입니다. 면접을 준비하는 동안 양주 종합사회복지관에서 봉사활동을 하면서 옥정 회천 신도시 개발로 현재 GTX, 지하철 7호선 등 다양한 인프라 사업이 진행 중이라는 것을 알게 되었습니다. 도시의 모습과 풍부한 자연환경이 어우러진 양주시에 매력을 느꼈고 양주시에서 일하고 싶어서 지원하게 되었습니다.

면접관 양주에 여러 문화재가 있는데 문화재에 대해서 아는 대로 말씀해보세요.

응시생 유네스코 문화유산 양주별산대놀이, 왕실 사찰을 느낄 수 있는 회암사지, 장욱진 미술관, 양주 온릉 등 다양한 문화 관광지를 경험할 수 있습니다.

면접관 자치법규가 뭔가요?

응시생 잠깐 생각해보고 말씀드려도 될까요?

면접관 시간이 없으니까 바로 다음 질문으로 넘어가겠습니다. 공무원의 6대 의무에 대해서 말씀해보세요.

응시생 성실, 복종, 친절공정, 비밀엄수, 청렴, 품위유지의무가 있습니다. 저는 공무원의 의무 중 성실의 의무가 가장 중요하다고 생각합니다. 맡은 업무에 임무를 다하지 못하는 경우 지역주민들에게 직접적인 피해가 갈 수 있기 때문입니다. 예전 회사에 다닐 때 대출 서류가 갑자기 많이 늘어났던 적이 있습니다.

면접관 사례로 다 얘기하면 너무 길어지니까 다음 질문드리겠습니다. 마지막으로 하고 싶은 말이 있으면 말씀해 보세요.

응시생 4차 산업혁명으로 인공지능, 네트워크가 결합하여 기반한 기술이 등장함에 따라 공무원에게 관련된 능력도 많이 요구되고 있습니다. 저의 전공인 정보통신공학 지식을 바탕으로 현재 양주시가 하고 있는 디지털 플랫폼정부 인프라 구축을 하는 데 보탬이 되어 스마트 행정을 구현해 나가는 데 보탬이 되겠습니다.

4 지역 현황 및 현안 핵심

Q. 양주시를 친구에게 소개한다면 무엇을 소개해줄지 3가지만 이야기해보라.

Q. 요즘 지역 홍보가 중요한데 어떤 식의 홍보가 효율적이겠는가?

Q. 양주를 한자로 쓸 줄 아는가?

Q. 양주는 몇 개 읍, 면, 동으로 구성되었는가?

Q. 양주시하면 생각나는 것은 무엇인가?

Q. 양주시가 북한하고 가까운데 자꾸 북한이 위협하는 것에 대해 어떻게 생각하는가?

Q. 주민센터 설립배경에 대해 아는 대로 답변해보라.

　└[추가질문] 그럼 주민자치센터 활성화방안이 있다면 답변해보라.

Q. 양주시가 행하고 있는 복지사각지대 해결을 위해서 하고 있는 정책들은 무엇인가? 그리고 본인이 생각하는 복지사각지대 해결방안은 무엇인가?

Q. 면접준비를 하면서 양주의 여러 곳을 둘러 보았을텐데 어디가 가장 인상적이었는가?

Q. 양주시에 대한 새로운 사자성어를 선정한 것이 있는데 말해보라.

Q. 양주시에 4차 산업혁명을 적용한다면?

Q. 양주시의 탄소중립 정책은?

Q. 시 현안문제는 무엇이며 그 문제를 어떻게 해결할 것인가?

Q. 시정비전은 무엇이며 비전의 의미는?

Q. 지역화폐의 장단점은?

Q. 양주시 발전방안은?

CHAPTER

20 양평군

1 면접진행방식 및 특징

(1) 면접관은 3인이며 면접시간은 10~15분이다.

(2) 면접 중요도는 높은 편이다.

(3) 양평군은 공직관 및 인성 중심으로 면접이 진행된다.

(4) 지역현안 및 지방자치에서 지역현안에 대한 질문 비중이 높은 편이다.
군정비전 및 목표, 지원지역 인구, 노인인구, 지역이슈, 양평의 장단점, 문제점, 양평의 특산물, 양평군의 인구변화

(5) 직렬별 직무관련 질문에서 직렬별 질문 비중도가 높다.
사회복지직 ⇨ 독거노인의 문제점과 해결방안, 양평군 사회복지 정책, 전문성 보완 방법, 고독사문제

2 면접질문 사례

사례 01. 보건직(2023)

Q. 사전조사서 ⇨ 자신의 신념이나 원칙 등이 위반되는 상황이 발생했을 때 어떻게 행동하고 대처했는지 기술하시오.

Q. 자격증은 어떤 것을 취득했는가?

Q. 치과에서 근무하면서 왜 공무원을 생각했는가?

Q. 직렬관련 전문성을 키우기 위해서 무엇을 노력했는가?

Q. 봉사활동으로 헌혈을 하였는데 다른 봉사는 왜 안했는가?
└[추가질문] 최근에 또 헌혈을 했는가?

Q. 인생을 살면서 어려움을 어떻게 극복했는가?

Q. 보건직 공무원이 하는 일은 무엇인가?

Q. 팀으로 일하는 것과 개인으로 일하는 것 중에 선택한다면? 그 이유도 같이 답변하고 관련한 경험에 대해서도 답변해보라.

Q. 어르신들과 치과에서는 어떻게 소통했는가?

Q. 관심 있는 사업 혹은 추진하고 싶은 사업이 있는가?

Q. 건강형평성에 대해 알고 있는가?

Q. 건강형평성을 위해 어떻게 해야겠는가?

Q. 마지막으로 하고 싶은 말

사례 02. **일반행정직**(2023)

Q. 사전조사서 ⇨ 자신의 신념이나 원칙 등이 위반되는 상황이 발생했을 때 어떻게 행동하고 대처했는지 기술하시오.

Q. 지원동기는 무엇이며 자기소개를 2분정도 해보라.

Q. 공무원은 무엇으로 행동해야 하는가?

Q. 조례는 누가 만드는가?
   └[추가질문] 그럼 조례를 만드는 사람들을 누구라고 하는지 아는가?

Q. 양평에서 고쳐야 할 점이 있다면 아주 사소한 것이라도 답변해보라.

Q. 경험 중 일반 행정 업무를 하면서 도움이 되었던 경험이 있는가?

Q. 구체적인 수치를 들어 양평을 소개해보라.

Q. 경기 남도와 북도로 왜 나누어야 하겠는가?

Q. 노인관련 대책에 대해 답변해보라.

Q. 업무를 했는데 동료 때문에 일을 망쳤을 경우 어떻게 하겠는가?

Q. 업무를 같이 했는데 본인에게만 보상이 없다면 어떻게 하겠는가?
   └[추가질문] 그래도 계속 그러면?

Q. 상사의 부당한 지시에 대해 어떻게 하겠는가?

3 **면접후기**(2023 일반행정직)

1. 사전조사서

Q. 자신의 신념이나 원칙 등이 위반되는 상황이 발생했을 때 어떻게 행동하고 대처했는지 기술하시오.

A. 1) 대학생 때 학생들이 모두 중간고사를 족보 보고 공부함
   2) 내 신념은 정정당당하게 노력해서 보상받는 것
   3) 나에게도 족보를 보라고 유혹이 옴
   4) 족보를 보지 않고 나 자신을 믿고 꿋꿋이 공부하고 더 노력함
   5) 결과적으로 우수한 성적을 받음
   6) 앞으로도 그런 유혹에 넘어가지 않고 내 노력만으로 결과를 얻으려 노력함
   7) 꿋꿋이 노력하는 것의 중요성에 대해서도 느낌

2. 질의응답

면접관 지원동기는 무엇이며 자기소개를 2분정도 해보세요.

응시생 (준비해 갔던 답변을 하였습니다.)

면접관 공무원은 무엇으로 행동해야 하나요?

응시생 처음엔 국민의 뜻에 따라 행동하고 두 번째는 법률과 규정에 따라 행동해야 합니다.

면접관 조례는 누가 만드나요?

응시생 조례는 지방의회, 규칙은 지방자치단체장이 만드는 걸로 알고 있습니다.

면접관 그럼 조례를 만드는 사람들을 누구라고 하는지 아나요?

응시생 군의원님들로 알고 있습니다. (이거 틀렸네요;;)

면접관 양평에서 고쳐야 할 점이 있다면 아주 사소한 것이라도 답변해주세요.

응시생 (응급실 및 산부인과, 도로 등을 말하고 살아봤는데 딱히 불편했던 점이 없었다고 답변하고 면접 끝나고 더 알아보겠다고 했습니다.)

면접관 경험 중 일반 행정 업무를 하면서 도움이 되었던 경험이 있나요?

응시생 대학 때 근로장학생을 하면서 학과 안내나 민원처리를 담당했는데 일반 행정 직군 업무도 민원 응대를 많이 하니 도움이 될 것 같습니다.

면접관 구체적인 수치를 들어 양평을 소개해보세요.

응시생 (준비한 답변인 행정구역, 인구 총 예산, 재정자립도, 슬로건 등을 다 말했는데 도중에 답변을 중단시키셨습니다.)

면접관 경기 남도와 북도로 왜 나누어야 할까요?

응시생 남도에 비해 북도가 더 잘 살고 행정기관도 더 많습니다. 이에 균형적으로 발전해야 해서 나눠야 한다고 생각합니다. (대답을 잘 못했습니다.;;)

면접관 노인관련 대책에 대해 답변해보세요.

응시생 찾아가는 노인 복지 서비스, 4차 산업혁명 기술을 활용해 화상으로 복지정책에 대해 설명해드리면 좋을 것 같습니다.

면접관 업무를 했는데 동료 때문에 일을 망쳤을 경우 어떻게 할 것인가요?

응시생 그 일에 대해 최대한 알아보고 제가 혼자 처리하려 노력하겠습니다. 안되면 동료랑 의논해서 협의점 및 개선점을 찾아서 대응하겠습니다.

면접관 업무를 같이 했는데 본인에게만 보상이 없다면 어떻게 할 것인가요?

응시생 저는 팀워크를 중요시해서 남의 공인지 제 공인지는 신경을 안쓸 것 같습니다.

면접관 그래도 계속 그러면요?

응시생 그래도 계속해서 신경 안 쓰고 제 업무를 철저히 하겠습니다.

면접관 상사의 부당한 지시에 대해 어떻게 할 것인가요?

응시생 저는 우선 상사의 부당한 지시가 부당한 것인지 아닌지 파악하겠습니다. (시간이 다 되었다고 하시면서 답변을 끊으셨습니다.)

Q. (양평의 연고지 여부에 대하여 질문) 31개 시·군 중에 왜 양평을 선택했는가?

Q. 양평군이 받고 있는 제재들은 무엇들이 있는가?

　➡ 수정법과 그리고 본인이 합격한 시·군이 제재를 받고 있는 사항들은 교재 각 도 현안내용에 모두 정리가 되어 있으므로 필수적으로 정리를 해두어야 한다.

Q. 양평군의 좋은 점, 나쁜 점, 제한되는 점에 대해 답변해보라.

Q. 양평군의 고령화저출산 문제 해결방안은?

Q. 양평에서 가장 시급한 문제는 무엇이라고 생각하며 해결방안은 무엇인가?

Q. 양평에는 축제가 너무 많다고 하는 의견과 축제를 활성화해야 한다는 의견이 분분하다. 본인의 생각은 어떠한가?

Q. 양평군정 비전은 무엇이며 그 의미는?

Q. 양평군의 현안문제는 무엇이며 그 문제에 대한 해결방안은?

Q. 양평군의 장단점은?

Q. 탄소중립을 위해 하는 사업이나 정책은?

Q. 적극행정 사례에 대해 알고 있는 것이 있는가?

Q. 4차 산업혁명 관련한 사업에는 어떤 것이 있는가?

MEMO

CHAPTER

21 여주시

1 면접진행방식 및 특징

(1) 면접관은 3인이며 면접시간은 15분이다.

(2) 면접 중요도는 낮은 편이다.

(3) 여주시는 공직관·인성·지역현안 중심으로 면접이 진행된다.

(4) 지역현안 및 지방자치에서 지역현안에 대한 질문 비중이 낮은 편이다.
   ① 여주시 축제 활성화 방안
   ② 지역 농산물 소비를 높일 수 있는 방안
   ③ 남한강 관련 사업
   ④ 지방분권
   ⑤ 지방의회 제도
   ⑥ 주민의 직접참여제도
   ⑦ 여주시의 강점 및 문제점

2 면접질문 사례

사례 01. 기계직(2023)

Q. 사전조사서 ⇨ 하수처리장 등 본인에게 피해가 가는 시설이 있는데 그런 시설에 대해서 본인이 살고 있는 지역에서의 사례 또는 다른 지역에서의 사례를 적고 거기에 대한 본인의 느낀 점과 해결방안을 기술하시오.

Q. 공무원이 박봉인데 괜찮겠는가?

Q. 공무원생활을 하면서 어떤 것이 중요하다고 생각하는가?

Q. 전문성을 키우기 위해 해본 노력이 있는가?

Q. 기계직이 하는 업무가 무엇인지 알고 있는가?

Q. 기계직렬은 사기업 등 다른 직업을 가질 수 있는데 공무원에 지원한 이유가 무엇인가?
   ㄴ[추가질문] 또 봉사활동한 경험이 있는가?

Q. 희생을 해본 경험이 있는가?

Q. (사전조사서 내용과 관련한 질문) 사전조사서에 강원도 홍천의 내용을 기재했는데 이것과 연관지어 이야기해보라.

Q. 본인의 단점은 무엇이며 이를 개선한 경험이 있는가?

Q. 마지막으로 하고 싶은 말

사례 02. 지적직(2023)

Q. 자기소개를 해보아라.
Q. 누가 시키지도 않았고 수당을 주는 것도 아닌데 왜 연장근무를 했는가?
Q. 전에 어떤 직장에 다녔는가?
Q. 전에 다니던 직장 업주가 본인의 장단점을 말한다면 무엇이라고 말할 것 같은가?
Q. 전에 다니던 직장에서 겪은 어려움은 무엇인가?
Q. 봉사가 왜 필요하다고 생각하는가?
Q. 실무경험이 있다고 했는데 어느 정도 깊이의 실무를 알고 있는가?
Q. 입직하게 되면 동료나 선후배 및 상사랑 갈등이 왜 생기는 것 같은가? 그렇다면 어떻게 갈등을 해결할 것인가?
Q. 지적직에 있는 팀과 각각 하는 업무에 대해 말해보라.
Q. 해보고 싶은 업무가 있는가?
Q. 마지막으로 하고 싶은 말

3 면접후기(2023 기계직)

1. 사전조사서

Q. 하수처리장 등 본인에게 피해가 가는 시설이 있는데 그런 시설에 대해서 본인이 살고 있는 지역에서의 사례 또는 다른 지역에서의 사례를 적고 거기에 대한 본인의 느낀 점과 해결방안을 기술하시오.

A. (좀 길게 적었는데 기억이 잘 안 나서 간추려 적겠습니다.)
여주시에 가축분뇨처리시설과 관련해서 악취, 환경오염, 부동산가격 문제가 있다고 알고 있습니다. 이것과 관련하여 지역 주민들이 여주시청 앞에서 시위도 하고 갈등을 빚고 있는데 갈등을 해결해야 합니다. 지역 주민들 입장에서 생각해보면 피해가 갈 수 있다고 생각을 합니다. 강원도 홍천에서 에너지타운이라고 같은 시설을 만든 게 있는데 이 시설은 시설 안에서 생기는 가스를 이용하여 도시가스를 만들어서 도시가스회사에 판매를 하여 수익을 발생시킵니다. 또 가축분뇨를 농가에서 직접 처리하는 양을 줄여주어서 노동력 절감도 됩니다. 부동산 가격 문제는 지을 때 보기 좋게 짓도록 하고 또 부족하다면 주변 자연환경을 꾸며주면 부동산 가격 하락 문제도 어느 정도 해결이 될 거라고 생각합니다.

2. 질의응답

면접관 (설명하시고 나서) 공무원이 박봉인데 괜찮겠나요?

응시생 공무원이 다른 직업에 비해 급여는 적을 수 있지만 지역 주민의 삶이 향상되는 것에 보람을 느끼고… (답변이 잘 기억이 안 납니다.) 그리고 사명감을 가지고 일해야 합니다.

면접관 공무원생활을 하면서 어떤 것이 중요하다고 생각하나요?

응시생 전문성이라고 생각합니다. 전문성이 있다면 민원이 들어왔을 때 제가 좀 더 많은 부분을 도와드릴 수 있을 것입니다. 또 주변동료들에게 궁금한 것을 물어보지 않고 바로 해결할 수 있으므로 이것은 효율성이 높아질 것이고 지역 주민의 삶의 질 향상과 직결될 것입니다.

면접관 전문성을 키우기 위해 해본 노력이 있나요?

응시생 학생 때 전공으로 역학과 plc 등을 배워서 실제 어떤 식으로 응용되는지 궁금했고 제조업 국가다 보니까 공장에서의 생산 과정과 검수 등이 궁금하여서 학생 때 방학을 이용하여서 아이오닉 자동차 문짝 생산 공장에서 알바를 한 경험이 있습니다. 실제 공장의 현장도 보았고 스팟 용접을 영상으로만 봤었는데 실제로 봤으며 plc장비가 어떤 메이커를 사용하는지 등을 보았습니다.

면접관 기계직이 하는 업무가 무엇인지 알고 있나요?

응시생 홈페이지에 들어가면 하는 업무가 무엇인지 나와 있는데 교통과가 메인이라고 들었는데 불법 주정차 단속 등을 하고 유튜브에서 보니 전광판, 가로등 유지보수 등도 하는 것을 보았습니다. 또 이번에 오송 지하차도 사건과 관련이 있는데 지하차도에 물이 차게 되면 배수펌프를 통해서 물을 빼주는데 이것을 유지보수 하는 업무도 합니다.

면접관 기계직렬은 사기업 등 다른 직업을 가질 수 있는데 공무원에 지원한 이유가 무엇인가요?

응시생 사실 주변사람들이 공무원하면 안정성, 워라밸이 좋다고 막연하게 하는 그런 이야기만 듣고 지원하였습니다. 그런데 이번에 면접준비를 하면서 알아보니 실제 겪으시는 노고가 많고 보이지 않는 곳에서 지역 주민들을 위해 알지 못하는 힘든 일을 많이 한다는 것을 알게 되었습니다. 저도 보이지 않는 곳에서 제 역할을 잘 수행하도록 하겠습니다.

면접관 또 봉사활동한 경험이 있으신가요?

응시생 중고등학교 때 선도부를 한 경험이 있습니다. 다른 친구들보다 30분 일찍 등교하여 복장, 두발규정 등을 단속하며 교칙을 잘 지켰습니다. 점심, 저녁시간에도 다른 친구들보다 밥을 일찍 먹고 단속을 하는데 이 시간을 이용해 교문 밖을 나가려고 하는 학생들이 있었습니다. 이 때 저와 친하다고, 잠깐만 나갔다 온다고 맛있는 걸 사준다고 해도 내보내 주지 않았습니다. 이처럼 공무원은 준법의식과 공정성, 청렴성을 잘 지켜 행동하는 게 특히 중요하다고 생각합니다.

면접관 희생해 본 경험이 있나요?

응시생 (다른 질문에서 답변한 것을 다시 답변을 했는데 어떤 질문에 대한 답이었는지는 기억이 잘 안납니다.) 캡스톤 디자인할 때 프로그래밍 언어 중 자바가 필요한데 다른 친구들이 하기 싫어해서 제가 공부하는데 어려움이 있겠지만 제가 한다고 이야기를 하였습니다.

면접관 그게 희생이라고 생각하시나요?

응시생 네, 저는 어느 정도의 희생이라고 생각합니다.
(이 질문이 나올 것 같다는 생각은 했는데 희생해 본 경험이 아무리 생각해도 안 떠올랐습니다. 면접 끝나고 이 질문을 답한 것을 생각해보니 답변이 잘못되었다고 생각합니다. ;;)

면접관 사전조사서에 강원도 홍천에 대한 내용을 쓰셨는데 이것과 연관지어서 이야기 해보세요.

응시생 (어떻게 답변을 해야할지 생각이 잘 안 나서 사전조사서 내용 중 강원도 홍천에서 에너지타운이라고 같은 시설을 만든 게 있는데 이 시설은 시설 안에서 생기는 가스를 이용하여 도시가스를 만들어서 도시가스회사에 판매를 하여 수익을 발생시킵니다. 이렇게 사전조사서 쓴 내용과 똑같이 답변을 하였습니다. 부동산 문제와 노동력 절감 등 이런 내용은 갑자기 기억이 나지 않아서 답변에 적은 그대로만 답변하였습니다.)

면접관 (이 질문은 초반에 나왔던 것 같은데 기억이 잘 안 납니다.) 본인의 단점이 무엇이며 개선한 경험이 있나요?

응시생 웃음이 잘 없어서 표정이 굳어있는 게 제 단점이었습니다. 롯데마트에서 음료진열 알바를 한 적이 있는데 이 때 음료담당 주임님께서 자기는 아는 사람이기 때문에 상관이 없지만 고객분들께서는 표정이 무표정이면 안 좋아하실 수도 있다며 또 표정이 밝은 사람은 다들 좋아한다고 이야기 해주셨습니다. 이 얘기를 듣고 저도 '내 얼굴이 굳어있나?' 이런 생각을 가지고 있었는데 밝은 표정을 지으려고 하면서 지내니 표정이 밝아져서 보기 좋다고 이야기 해주셨습니다.

면접관 마지막으로 할 말 있으세요?

응시생 여기 계신 면접관님과 마주하기 위해 저는 여기까지 왔습니다. 제가 준비하고 노력한 점을 다 보여드리기 위해 최선을 다했습니다. 제 역량을 다 보여드리지 못한 아쉬움이 있습니다. 하지만 최선을 다했기 때문에 후회는 없습니다. 제 진심이 면접관분들께 잘 전달되었다면 좋은 결과가 있을 거라고 믿습니다. 면접 봐주셔서 감사합니다.

4 지역 현황 및 현안 핵심

Q. 여주시의 경우에도 노인인구의 비중이 높기 때문에 복지정책에 대한 관심이 남다를 수밖에 없다. 여주시에서 내세울 수 있는 차별적인 복지정책들로는 어떤 것이 있겠는가?

Q. 여주가 시로 승격된 해는? 시로 승격하면서 가지는 장단점? 그리고 시로 승격한 여주시의 발전방향은?

Q. 여주도자기축제 활성화 방안은?

Q. 여주시에 지원한 이유와 여주시가 다른 지역과 다르게 특별히 내세울 수 있는 것은?

Q. 남한강 자전거 국토종주 코스 이용객이 늘어남에 따라 남한강 자전거도로에서 사고가 많이 발생하고 있는데 해결방안은?

Q. 여주시에서 가장 가볼만한 곳으로 지인에게 추천하고 싶은 곳과 그 이유는?

Q. 남한강에서 진행되는 사업은?

Q. 시 현안문제는 무엇이며 그 문제를 어떻게 해결할 것인가?

Q. 탄소중립을 위해 하는 사업이나 정책은?

Q. 적극행정 사례 아는 것이 있는가?

Q. 4차 산업혁명과 관련된 사업에 대해 알고 있는가?

Q. 시정비전은 무엇이며 비전의 의미는?

Q. 여주시민행복위원회란?

Q. 여주시 장단점은?

MEMO

CHAPTER

22 연천군

1 면접진행방식 및 특징

(1) 면접관은 3인이며 면접시간은 15분이다.

(2) 면접 중요도는 낮은 편이다.

(3) 공직관·인성·지역현안·직렬전문성 중심으로 면접이 진행된다.

(4) 지역현안 및 지방자치에서 지역현안에 대한 질문 비중이 높은 편이다.

① 연천군 슬로건에 들어가는 Yes의 뜻

② 연천군 산과 강이름, 군청도로명주소, 군의원 수, 연천군 읍면리 개수

③ 4차 산업관련 연천군에 접목시킬 수 있는 사업

④ 연천에서 현재 하고 있는 정책 아는 것

⑤ 연천군 추진 유네스코 등재사업

(5) 직렬별 직무관련 질문에서 직렬별 질문 비중도가 낮다.

사회복지직 ⇨ 연천군 사회복지정책 아는 것

2 면접질문 사례

사례 01. 일반행정직(2023)

Q. 사전조사서 ⇨ 살면서 가장 소중한 것과 그 이유는 무엇이며, 공무원이 되기 위해 어떤 역량을 갖추고 있는지 구체적인 사례를 들어서 기술하시오.

Q. 자기소개 및 지원동기는 무엇인가?

└[추가질문] 행정복지센터에서 일하게 되었다는데 그 전에 무슨 일을 했는가?

Q. 공기업이나 사기업에 가도 충분할 것 같은데 왜 공무원에 지원했는가?

Q. 공무원이 되기 위해 어떤 노력을 했는가?

Q. 행정복지센터에서 민원인 응대할 때 힘들었던 일이 있었는가?

Q. AI기술 활용 사례와 행정서비스에 어떻게 활용할 것인지?

Q. 협동하기 위해 가장 필요한 것 3가지는?

└[추가질문] 그런 것들을 못 했을 때 어떻게 할 것인가?

Q. 부당한 지시를 받았을 때 어떻게 할 것인가?

└[추가질문] 그럼에도 계속 부당한 지시를 내린다면?

Q. 공무원 일을 하면서 어떤 점이 제일 힘들 것 같은가?

사례 02. **일반행정직**(2023)

Q. 자기소개를 해보라.

Q. 다른 일은 안하고 아르바이트만 한 것인가?
 └[추가질문] 어떤 아르바이트를 했는가?
 └[추가질문] 각각 아르바이트를 한 기간이 어떻게 되는가?

Q. 공무원이란 직업은 장점도 있지만 단점도 있다. 본인이 생각했을 때 단점 2가지를 말해보아라.

Q. 보니까 준비된 인재인 것 같은데 다른 사기업에는 원서를 넣어보지 않았는가? 왜 공무원에 지원했는가?

Q. 살면서 시련이 있었던 적이 있는가?
 └[추가질문] 그 시련을 어떻게 극복하였는가?

Q. 공무원 일을 하다보면 상상 이상의 민원인들이 많다. 이 민원인들에 대한 스트레스는 어떻게 풀 것인가?

Q. 아르바이트를 많이 하였는데 말을 되게 차분하게 하고 조곤조곤 잘 하는 것 같다. 아르바이트를 하면서 혹시 진상이 있었다면 어떤 진상이 있었고 어떻게 풀었는지 이야기를 해보아라.

사례 03. **보건직**(2023)

Q. 사전조사서 ⇨ 부당한 지시나 대우 또는 부탁을 받았던 적이 있는지 기재하고 지원한 직렬에 대해 노력했던 경험에 대해 기술하시오.

Q. (사전조사서와 관련하여) 부당한 부탁을 받은 경험이 있는가?

Q. (사전조사서와 관련하여) 노력했던 경험을 자세히 답변해달라.

Q. 자격증 및 면허증이 있다면 어떤 것이 있으며 언제 취득하였는가?

Q. 직렬에 관한 경력이 있는가?

Q. 아르바이트를 오래한 이유가 무엇인가?

Q. 발령이 난 부서는 어떤 팀이었는가?

Q. 노인인구가 많은데 어떻게 보건관련 사업을 할 것인가?

Q. 개선하고 싶거나 제안하고 싶은 정책 및 사업이 있는가?

Q. 갈등을 겪었던 경험은 무엇이며 어떻게 대처했는가?

Q. 연천을 방문해보았는가? 있다면 언제 어디를 방문했으며 느낀 점은 무엇인가?

Q. 여기가 연고지가 아닌데 출퇴근은 어떻게 할 것인가?

사례 04. **보건의료직**(2023)

Q. 사전조사서 ⇨ 부당한 지시나 부탁을 받았던 경험 및 대처방법에 대해 기재하고 지원한 직렬에 흥미를 느끼게 된 이유에 대해 기술하시오.

Q. 자기소개를 해보라.

Q. 연천시의 노인분들을 위해 어떤 정책을 하고 싶은가?

Q. 간호직이 아니라 보건진료직에 지원한 이유는 무엇인가?
 └[추가질문] 임상경력이 적어 보이는데 어떻게 생각하는가?

Q. 사회경력이 있는가?

Q. 소아과와 보건소의 차이는 무엇이며 보건소 쪽이 더 어려운 점은 무엇인가?

Q. 연천은 지역이 넓다. 이에 의료관련한 정책은 어떤 것을 했으면 좋겠는가?

Q. 관련 과가 아닌데 회계업무에 있어 어려운 점은 어떻게 극복했는가?

Q. 치매와 알츠하이머의 차이는 무엇인가?

Q. 보건의료원 내 사업에 대해 알고 있는가?
  ㄴ[추가질문] AI 말고 내부에서 진행되는 사업에 대해 알고 있는가?

Q. 마지막으로 하고 싶은 말

사례 05. 토목직(2023)

Q. 관련 자격증이 있는가?
  ㄴ[추가질문] 토목기사를 준비 중이면 준비기간은 얼마나 되는가?

Q. 전공은 무엇인가?

Q. 사회생활 경험과 경력은 어떻게 되는가?

Q. 굵은 골재 최대치수 기준은?

Q. 콘크리트 구성요소는?

Q. 교량이 파손될지도 모른다는 민원인의 전화에 어떻게 대처 및 응대할 것인가?

Q. 다른 곳도 도로정비 많이 하는데 왜 연천군에 지원했는가?

Q. 전공지식이 토목분야에 어떻게 활용 가능할지 역량 중심으로 답변해보라.

Q. 합격 후에 출퇴근을 할 것인가 자취를 할 것인가?

Q. 토목직 공무원이 무슨 업무를 하는지 알고 있는가?

Q. 토목직 공무원으로서 본인이 무슨 일을 할 수 있겠는가?

3 면접후기(2023 일반행정직)

면접관 너무 떠시네요. 저흰 압박면접이나 이런 것 없으니 편하게 한숨 들이키시고 자기소개 부탁드립니다.

응시생 안녕하세요. 이번 연천군 일반행정직에 지원하게 된 ○○○입니다. 저는 성실함과 책임감만은 확실하다고 생각합니다. 여러 아르바이트를 경험으로 다양한 상황에서 다양한 사람들과 소통하는 법을 배웠습니다. 또한 아르바이트를 하면서 지각이나 무단결근을 한 적이 없으며 일과 공부를 병행하며 주변 지인들에게 성실하고 책임감이 있다는 인정을 받았습니다. 더불어 학창시절 봉사활동으로 어르신들에게 김치와 두부를 만들어드리거나 쓰레기 청소, 정책정보 알려드리기 등의 봉사활동을 도맡아하였습니다. 이러한 저의 장점과 경험으로 지역 주민들에게 항상 귀 기울이고 모든 주민들이 우리군의 복지혜택을 누릴 수 있게 적극행정을 실현할 수 있는 연천군의 성실한 공무원이 되겠습니다.

면접관 네, 잘 들었습니다. 다른 일은 안하시고 아르바이트만 하신 건가요?

응시생 그렇습니다.

면접관 어떤 아르바이트를 하셨는지 물어볼게요.

응시생 식당, 키즈카페, 아기옷 팔기 등을 했습니다.

면접관 각각 알바한 기간이 어떻게 되나요?

응시생 각각 5, 6개월을 하였습니다.

면접관 그렇군요. 공무원이란 직업은 장점도 있지만 단점도 있어요. 본인이 생각했을 때 단점에는 어떤 것들이 있을지 두 가지만 말해보세요.

응시생 첫 번째는 수직적인 문화가 강하다는 것이고 두 번째는 아무래도 다른 직업군보다 도덕적 잣대가 더 엄격하다는 것입니다.

면접관 첫 번째가 수직적인 문화라면 어떻게 공직생활을 할 것인가요? (질문이 잘 기억이 안 납니다.)

응시생 저는 원리원칙주의자라고 생각합니다. 공직생활에선 수직적인 문화가 필요하고 또 그에 맞게 잘 해나갈 것이라고 생각합니다. 또한 그런 문제로 요즘 MZ세대와 기성세대의 충돌이 심한 것으로 압니다. 저는 MZ세대가 조금 더 공직생활을 오래하신 선배님들의 말을 수용해야 한다고 생각합니다. 직장선배로서 또 인생선배로서 해주시는 조언들을 온고지신의 마음으로 새겨듣는 자세가 필요하다고 생각합니다. (이 질문 해주신 면접관님이 고개 엄청 끄덕여주셨어요.)

면접관 보니까 ○○씨는 준비된 인재인 것 같은데 다른 사기업에는 원서를 넣어보지 않으셨나요? 왜 공무원에 지원을 한 거죠?

응시생 네, 학창시절 보도 옆 노후된 벽면에 벽화를 그려 쾌적한 길을 만드는 프로젝트에 참여한 적이 있었습니다. 활동과정에서 현장을 직접 방문하고 주민들의 의견을 들으면서 그분들의 고충을 들어주고 해결해주는 공무원이라는 직업에 관심을 갖게 되었습니다. 또한 봉사활동을 하며 정보에 취약한 어르신들에게 지자체에서 받을 수 있는 혜택을 알려드리는 등의 일을 해결하면서 지역 주민들과 소통하고 지역사회에 기여할 수 있었던 것이 저에겐 매우 의미 있는 일이었기에 처음부터 공무원을 준비하였습니다.

면접관 그렇군요. 그럼 혹시 살면서 시련이 있었던 적이 있나요?

응시생 고등학생 때 어머니가 편찮으신 적이 있습니다. 그때 제가 집안일을 다 하면서 공부도 병행하느라 많이 힘들었던 거 같습니다.

면접관 그 시련을 어떻게 극복하셨나요?

응시생 하루하루 열심히 살아가는 것으로 극복했던 거 같습니다. '이렇게 열심히 살면 언젠간 다 괜찮아지겠지.' 하는 생각으로 늘 기도하면서 정말 하루하루를 충실하게 살면서 스스로에게 다 잘될 거라 믿었습니다.

면접관 공무원 일을 하다보면 상상 이상의 민원인들이 많아요. 이 민원인들에 대한 스트레스는 어떻게 푸실 건가요?

응시생 아무래도 그 민원인들의 민원을 빨리 해결해 드리는 게 그 민원인들로부터 오는 스트레스를 풀 수 있을 거 같습니다. 그분들이 가진 민원이 제가 받는 스트레스이고 최대한 적극적으로 그분들의 민원을 풀어드리고 좋아하는 모습을 보는 것이 저의 스트레스를 빨리 푸는 방법이라 생각합니다. 또한 그 외의 방법으로는 평소에 저는 독서로 스트레스를 풀기에 여전히 공직자가 되어서도 독서로 스트레스를 풀 것 같습니다.

면접관 아르바이트를 많이 하셨는데 말을 되게 차분하게 하시고 말을 조곤조곤 잘 하시는 거 같아요. 아르바이트를 하면서 혹시 진상이 있었다면 어떤 진상이 있었고 어떻게 풀었는지 이야기를 해보세요.

응시생 식당 아르바이트를 하면서 제일 많은 컴플레인은 키오스크 관련 컴플레인이었습니다. 아무래도 저희 할머니, 할아버지 나이대의 분들이 불편해하셔서 이런 거 왜 설치하냐는 불평을 많이 하셨습니다.

면접관 그래서 어떻게 하셨나요?

응시생 최대한 할머니, 할아버지께 키오스크를 사용하는 법을 자세히 적어 A4용지 혹은 포스트잇에 적어서 드리고 알려드렸습니다. 이거 한번 알아두시면 다른 데서도 키오스크 사용법을 잘 하실 수 있을 거라고 말씀드리면서 "아휴 이거 아시면 신세대 할머니로 인정받으실텐데~" 이렇게도 말씀드리면서 최대한 알려드리려고 했습니다.

면접관 아, 그렇게 애교를 부리면서ㅎㅎ 네, 잘 들었습니다. 시간이 다 되었습니다. 면접이 끝났으니 나가보셔도 됩니다.

응시생 네, 오늘 제 이야기를 경청해주셔서 감사합니다.

4 지역 현황 및 현안 핵심

Q. 연천군 사이트에 얼마나 접속해 보았는가?
  ㄴ[추가질문] 인상 깊었던 것은 무엇인가?
Q. 연천군 중 타인에게 소개해주고 싶은 곳이 있다면 소개해보라.
Q. 앞으로 통일이 되면 연천의 발전 방향은?
Q. 연천군 인구에 대해 알고 있는가? 연천군 인구가 적은데 인구를 늘릴 수 있는 방안이 있다면 무엇인가?
Q. 우리 군에는 여러 법률이 적용되는 게 있다. 발전제약과 관련한 법률에 대해 이야기해보라.
Q. 연천전곡리 선사유적에 대해 정리해보라.
Q. 연천군에서 추진 중인 주요 사업은 무엇이 있는가? ⇨ 유네스코 등재사업 등
Q. 연천군 뉴딜사업은?
Q. DMZ 활용방안은?
Q. 군 현안문제는 무엇이며 그 문제를 어떻게 해결할 것인가?
Q. 탄소중립을 위해 하는 사업이나 정책은?
Q. 4차 산업혁명과 관련된 사업에 대해 알고 있는가?
Q. 군정비전은 무엇이며 비전의 의미는?
Q. 연천군의 장점과 단점은 무엇이며 단점 극복방안은?

MEMO

CHAPTER

23 오산시

1 면접진행방식 및 특징

(1) 면접관은 3인이며 면접시간은 10분 이내이다.

(2) 면접 중요도는 낮은 편이다.

(3) 오산시는 공직관·인성·지역현안·직렬전문성 중심으로 면접이 진행된다.

(4) 지역현안 및 지방자치에서 지역현안에 대한 질문 비중은 낮은 편이다.

① 시정비전 및 목표, 지원지역 인구, 노인인구, 지역이슈

② 재정자립도

③ 오산시는 젊은 사람 비중이 높지만 유출인구도 많다. 어떻게 해야 할까?

④ 오산시의 경쟁력 확보방안

⑤ 오산시 정책 아는 것

(5) 직렬별 직무관련 질문에서 직렬별 질문 비중도가 높다.

토목직 ⇨ 오산시에 필요한 시설과 필요 없는 시설, 설계가능 여부

2 면접질문 사례

사례 01. 일반행정직(2023)

Q. 사전조사서 ⇨ 사흘 후에 지구가 멸망할 정도의 재난이 발생한다. 근데 이 사실은 고위직들만 알고 있으며 본인은 이 사실을 알게 되었다. 비밀을 유지할 것인지 아니면 이 사실을 국민에게 알릴 것인지 한 가지를 택하여 해결방안을 서술하라.

Q. 자기소개를 해보라.

Q. 오산시 공무원을 해야겠다는 계기가 무엇인가?

Q. 사전조사서를 보니 공정한 절차를 거쳐서 공표하는 방향으로 간다고 했는데 왜 공무원이 법령을 준수하면서 일을 해야 하는가?

Q. 정부가 비밀을 지키지 않아서 피해를 본 폐해가 있으면 말해보라.

Q. 본인의 장점과 단점 2가지씩 이야기해보라.

Q. 본인이 테스크포스(임시편성팀 이것이 무엇인지 자세히 설명해주셨음)의 팀장이 되었는데 팀에 일을 못하는 사람 한 명이 구성되어 있다. 어떻게 할 것인가?

Q. '내가 이거 물어볼 줄 알고 준비했는데 안 물어봤다' 하는 것이 있으면 말해보라.

사례 02. 일반행정직(2023)

Q. 자기소개를 해보라.
  └[추가질문] 군무원으로서 얼마나 근무했는가?
Q. 공무원의 의무에 대해 말해보라.
Q. 공무원 지원동기는 무엇인가?
Q. 우리 오산 근처에 있는 5개 지차제에 심각한 재난이 닥칠 예정이다. 근데 그 사실을 지금 경기도청 공무원만
  알고 있다. 본인이 이 시실을 알게 되었는데 어떻게 할 것인가?
  └[추가질문] 본인이 말을 해서 발생할 수 있는 문제점에 대해 생각해 보았는가?
  └[추가질문] 그 다음의 부작용은 어떻게 할 것인가?
Q. 본인의 장점과 단점 2가지씩 말해보라.
Q. 본인이 TF팀의 팀장이 되었다. 그런데 능력이 부족해서 못 따라오는 팀원이 1명 있다. 이런 상황에서 팀장으로
  서 팀워크와 목표달성 중 어떤 게 더 중요하겠는가?
  └[추가질문] 그렇게 하면 목표달성에 낭비가 생기지 않겠는가?
Q. 마지막으로 하고 싶은 말

3 면접후기(2023 일반행정직)

1. 사전조사서

Q. 사흘 후에 지구가 멸망할 정도의 재난이 발생한다. 근데 이 사실은 고위직들만 알고 있으며 본인은 이 사실을 알게
  되었다. 비밀을 유지할 것인지 아니면 이 사실을 국민에게 알릴 것인지 한 가지를 택하여 해결방안을 서술하라.
A. [1] 상 황
    사흘 후 재난 사태 발생
  [2] 충돌되는 공직가치
    공개성: 국민의 알권리를 위해 이 사실을 공표한다.
    비밀성: 직무관련 내용에 대해서는 비밀을 유지해야 한다.
  [3] 대처방안
    (1) 관련부서, 상관에게 알게된 사실을 보고한다.
        −들은 사실에 대해 진위 파악
        −어떻게 대비하고 있는지 요청
        −알리지 않는 이유 요청
    (2) 재난 대처 관련 사례, 법령 등을 참조하여 불법, 위법 측면과 공익 침해 측면에서 파악
        −해당 지자체나 관련부서에도 없을 시 상급기관, 다른 지자체, 국가기관의 법령과 사례를 찾아본다.
    (3) 보고서 작성
        −재난 사태를 알리지 않을 시 발생할 수 있는 문제점과 관련하여 보고서를 작성
  [4] 결 론
    법령을 준수하여 공정한 절차를 통해 국민에게 알리는 방향으로 진행함. 좀 더 홍보하면 좋을 것 같음

2. 질의응답

(잠시 아이스 브레이킹이 있었습니다.)

면접관 기다리느라 많이 힘드셨죠?

응시생 아닙니다. 준비하다보니 시간이 금방 갔습니다.

면접관 날씨가 무더운데 본인만의 폭염 즐기기 방안이 있나요?

응시생 에어컨 빵빵하게 틀고 시원한 음식 먹으면서 보냅니다.

면접관 (웃으시면서) 그건 누구나 하는 거고 딴 거 없어요?

응시생 피서가는 것도 가끔 합니다.

면접관 네, 그냥 분위기 풀어주려고 물어본 거였어요.

면접관 자기를 소개해 볼까요?

응시생 안녕하십니까! (순간 생각이 안나서 3초 정적) 안녕하십니까. 오산시와 함께 변화하고 싶은 ○○○입니다. 저는 시민들의 요구사항에 대한 공감과 더불어 그것을 위해 실천할 자신이 있는 사람입니다. 지난 2년간 오산시 학원 강사를 하면서 청각장애 학생이 수업에 어려움을 겪어 이를 해결하고 싶었습니다. 자료조사 한 결과 청각장애를 가지신 분들은 보청기의 도움뿐만이 아니라 입모양을 보고 대화내용을 더 정확히 파악한다는 것을 알았고, 그래서 저는 입모양이 보이는 투명 마스크를 대량 구매하여 다른 선생님께도 그 친구 수업 때 착용을 부탁드렸습니다. 또한 매주 주말에 무료로 제공한 보충 수업을 통해 청각장애인, 중국인, 이해력이 부족한 학생들에게 맞춤형 강의를 제공하여 도움을 주었습니다. 이러한 저의 경험은 공직사회에 입직하여 다양한 입장을 생각하고 그로 인해 더 나은 해결책을 찾을 수 있어 의미 있는 강점이라고 생각합니다. 저는 이러한 강점을 통해 오산시 발전에 영향을 주는 공무원이 되고 싶습니다.

면접관 무슨 과목이었어요?

응시생 영어과목입니다.

면접관 난 영어가 제일 어렵던데…

응시생 아, 네?ㅎㅎ (분위기 진짜 많이 풀어주시려고 노력하셨습니다.)

면접관 공무원이 지켜야하는 의무가 있어요. 말해보실래요?

응시생 공무원에게는 6대 의무가 있습니다. 성실의 의무, 복종의 의무, 품위유지 의무, 청렴의 의무, 비밀엄수의 의무, 친절공정의 의무가 있습니다.

면접관 오산시 공무원을 해야겠다는 계기가 무엇인가요?

응시생 저는 오산시의 '교육기반 AI특별도시'라는 점에 이끌려 2년간 오산시에서 학원강사로 첫 사회경험을 시작했습니다. 강사 생활을 하면서 청각장애학생, 중국인 학생, 수업의 이해도가 느린 학생들에게 주말에 무료로 강의를 했으며 새벽까지 근무하는 원장님을 자진해서 도와드린 경험이 있습니다. 이를 통해 저는 제 몸은 힘들더라도 남을 도울 때 자아 만족감을 충족하는 것을 알게 되었고 이러한 성향은 공무원에 적합하다고 생각합니다. 또한 학생들을 통해 오산시 학교에서는 얼리버드와 같이 코딩, 로봇 수업 등 도전적인 교육과정을 통해 미래로 향하고 있었다는 것을 알게 되었고 교육분야 뿐만이 아닌 주택, 교통, 문화 측면에서 성장하는 오산의 모습을 보면서 저도 교육 분야뿐만이 아닌 일반 행정을 하면서 다양한 분야에서 경험을 쌓고 미래로 가는 오산시와 함께 변화하고 싶다는 생각을 하여 오산시 공무원에 지원했습니다.

면접관 사전조사서 보니깐 공정한 절차를 거쳐서 공표하는 방향으로 간다고 했는데 왜 공무원이 법령을 준수하면서 일을 해야 하죠?

응시생 법령의 준수 없이 자의적으로 일을 하게 되면 예상치 못하는 문제점도 발생할 수 있기 때문이라고 생각합니다.

면접관 정부가 비밀을 지키지 않아서 피해본 폐해가 있으면 말해보세요.

응시생 (사례를 생각하다보니 한 5초? 10초? 정적) 지금 생각나는 사례가 없으나 요즘 정보 발달이 잘 되어있어서 어떤 경로로든 비밀이 유출되어 뉴스나 다른 매체로 알게 된다면 국민들이 왜 정부에서는 알리지 않았는지 의구심을 가지면서 정부에 대한 신뢰를 잃게 될 수 있다고 생각합니다.

면접관 본인의 장점과 단점 2가지씩 이야기 해보세요.

응시생 첫 번째 장점은 봉사정신이 있습니다. 아까 자기소개에서 말했듯이 주말에 무료 강의를 제공하여 맞춤형 강의를 제공했습니다. 제가 봉사정신을 실천하고자 하는 이유는 저희 아버지께서 사람은 혼자 살 수 없고 나도 도움을 받고 도움을 주면서 서로 공동체 의식을 지녀야 함을 알려주셨기 때문입니다. (면접관님들 고개 끄덕끄덕) 두 번째 장점은 집념입니다. 저는 학원 강사를 할 시 제 전공이 아니더라도 아동 언어학을 수강하여 아이들의 언어발달 단계에 대해 알아보는 등 주어진 업무에 깊게 파는 성향이 있습니다. 단점은 제가 열정이 많다가도 슬럼프가 빠지는 경우가 간헐적으로 있는데 처음에는 잠이 부족해서라고 생각해서 잠만 잤지만 무기력하다보니 문화센터에 헬스장을 등록해 체력관리를 하니 몸이 활발해지면서 극복할 수 있었습니다. 두 번째 단점은 소심하다는 점입니다. 고등학교 때부터 공부만 하니 소심해지는 것 같아서 학원강사로 근무하는 것을 도전했고 직장이나 단체에서 제일 활발한 사람 다음으로 활발해지는 것을 가치로 삼아 극복하고자 했습니다.

면접관 본인이 소심하다 하셨는데 전혀 그래 보이지 않고 많이 극복하신 것 같아요.

응시생 감사합니다.

면접관 질문할게요. 본인이 테스크포스(임시편성팀 이것이 무엇인지 자세히 설명해주셨음)의 팀장이 되었는데 팀에 일을 못하는 사람 한 명이 구성되었어요. 어떻게 하실 건가요?

응시생 팀장이면 일을 못할지라도 그 사람에게 업무를 배제시키지 않고 쉬운 일부터 차근히 업무배분을 시켜야 한다고 생각합니다.

면접관 근데 이건 장기간 사업이 아니라 단기간 사업이라서 하나하나 다 알려드릴 수 없습니다.

응시생 그렇다면 그 분이 예전에 어떤 업무를 담당했는지를 판단하여 그에 맞는 업무 배분을 해주는 것이 해결방안이라고 생각합니다.

면접관 (별로 답변을 마음에 안 들어 하시는 것 같았습니다) 음… 팀장이면 팀으로서 가치를 발휘해야 하는데 개인을 챙기다 보면 다른 팀들이 피해를 볼 수 있기에 그런 것을 잘 감안하여 공무원이 되었을 시 좋은 팀장이 되셨으면 좋겠습니다.

응시생 알겠습니다.

면접관 근데 봉사활동 실적이 없네요. 요즘 지원자들이 다 비슷비슷해서 봉사가 있어야 좀 점수를 획득하는데 ("공무원이 되면 봉사 좀 많이 하세요."였는지 "봉사실적 좀 쌓으세요."였는지 둘 중에 어떤 말씀하셨는지 기억이 안 납니다.)

응시생 네, 알겠습니다. (무료로 주말 강의는 했는데 기록에 안 남아서 의심하시는 것 아닌가 잠깐 생각했습니다.)

면접관 '내가 이거 물어볼 줄 알고 준비했는데 안 물어봐서 화가났다!'가 있으면 말해보세요.

응시생 저는 공직에 입문하게 되면 AI, 빅데이터 관리 관련 공부를 할 예정입니다. 오산시는 혁신경제도시로 만들기 위해 반도체 소부장 클러스터 구성과 더불어 세교 2, 3단지 조성에 힘쓰면서 인구 확장과 세수 확보를 위해 노력하고 있습니다. 하지만 사후대책으로 필요한 것은 교통 측면입니다. 제가 AI, 빅데이터를 통해 교통신호체계 등 교통난을 해결할 수 있는 효율적인 구조도를 만들고 싶습니다. 또한 오산시는 유네스코 학습도시상을 수상할 만큼 글로벌 측면에서도 평생교육에 도전하여 이는 세계에 오산을 알리며 투자도 받을 수 있는 강점이라고 생각합니다. 저는 메타버스 등을 활용하여 오산시 맵을 만들고 세계 사람들이 오산시를 간접적으로 체험할 수 있는 가상세계도 만들고 싶습니다.

면접관 네, 잘 들었습니다. 가시면 됩니다.

응시생 (일어나서 90도 인사로 "감사합니다."하고 퇴장했습니다.)

■ 4 ■ 지역 현황 및 현안 핵심

Q. 오산시 재정자립도는? 재정자립도를 높일 수 있는 방안은?

Q. 우리 지역이 젊은 사람들이 많이 살지만 빠져나가는 젊은 인구도 많다. 어떻게 해야 이런 현상이 줄어들겠는가?

Q. 오산시의 경쟁력 제고 방안은?

Q. 오산시 뉴딜정책은?

Q. 4차 산업혁명과 관련하여 적용하고 싶은 정책이 있는가?

Q. 오산시를 교육도시로 만드는데 어떤 방안이 필요하겠는가?

Q. 응시생이 생각하는 오산시의 현안은 무엇인가? 그 현안에 대한 해결방안은?

Q. 오산시의 강점 및 약점은?

Q. 시 현안문제는 무엇이며 그 문제를 어떻게 해결할 것인가?

Q. 탄소중립을 위해 하는 사업이나 정책은?

Q. 4차 산업혁명과 관련된 사업에 대해 알고 있는가?

Q. 시정비전은 무엇이며 비전의 의미는 무엇인가?

CHAPTER
24 의왕시

1 면접진행방식 및 특징

(1) 면접관은 3인이며 면접시간은 10분 이내이다.

(2) 면접 중요도는 낮은 편이다.

(3) 의왕시는 공직관·인성·지역현안·직렬전문성 중심으로 면접이 진행된다.

(4) 지역현안 및 지방자치에서 지역현안에 대한 질문 비중은 낮은 편이다.
  ① 의왕시 주민센터 개수, 의왕시 행정동
  ② 재정자립도
  ③ 의왕시 하면 생각나는 것
  ④ 의왕시 발전방향

(5) 직렬별 직무관련 질문에서 직렬별 질문 비중도가 높다.
  사회복지직 ⇨ 의왕시 복지정책 아는 대로, 아동복지정책 아는 대로, 의왕시 복지정책 중 문제점과 개선방안, 하고 싶은 복지분야

2 면접질문 사례

사례 01. 사회복지직(2023)

Q. 사전조사서 ⇨ 최근 또는 학창시절 윤리나 법에 어긋나는 부당한 지시를 받은 적이 있다면 구체적인 경험을 바탕으로 서술하시오.
Q. 자기소개를 해보라.
Q. 의왕시를 소개해보라.
Q. 지원동기는 무엇인가?
Q. 아이가 아픈데 비상근무를 서야 한다면 어떻게 하겠는가?
Q. 사회복지 직렬인데 상관이 없는 일을 시키면 어떻게 할 것인가?
Q. 사회복지 관련 업무 경험이 있는가?
Q. 왜 사회복지공무원이 하고 싶은가?
Q. 사회복지공무원이 가져야 할 자세는 무엇인가?
Q. 악성 민원인 대처방안은 무엇인가?
Q. 마지막으로 하고 싶은 말

(저는 우선 의왕시 85명 선발에 공단기 입력한 사람 중 19등입니다. ⇨ 실 조정점수 반영)

1. 사전조사서

Q. 현재 코로나19 방역에 협조하지 않는 시민들이 많은데 이 사람들을 검사받게 하기 위해서 본인이 공무원으로서 어떻게 할 것인지 본인의 경험을 살려서 2가지 방법을 제시해보라.

A. 우선 저는 그런 시민들에게 검사를 받지 않으면 주변 가족들과 이웃에게 피해가 간다고 이야기하며 설득하겠습니다. 제가 빵집에서 알바를 했을 때 비닐봉투 무상제공이 안되고 제공할 시 벌금은 내는 정책이 추진되었습니다. 대부분의 손님들은 비용을 내고 구매하거나 그냥 손으로 들고 가져가셨습니다. 그러나 한 할아버지 손님은 왜 담아주지 않냐며 화를 내셨고 저는 그 할아버지께 "한 번 쓰고 버리는 쓰레기를 줄이려고 환경부가 시행해서 그래요"라고 그 이유를 설명드렸습니다. 할아버지께서는 더 이상 말을 잇지 않으시고 돌아가셨습니다. 방역에 협조하지 않는 시민들에게도 이웃과 가족에게 피해가 가니 협조해 달라고 하겠습니다. 또한 강압적인 방법으로 검사를 요구하기 보단 완곡히 표현하여 시민의 한사람으로써 건강이 염려되어 검사를 받으라고 할 것 같습니다. 제가 수학학원에서 강사로 일할 때 공부하기 싫어하는 학생이 있었습니다. 저는 그 학생에게 혼내도 보고 억지로 시키기도 했습니다. 그래도 공부를 열심히 하지 않아서 그 학생에게 "친구야 내가 너가 더 공부 잘했으면 하는 마음에서 열심히 가르치는데 너가 열심히 안배우면 어떡하니"라며 공부를 시켰고 효과를 보았습니다. 이처럼 협조하지 않는 주민들에게도 건강이 염려되니 꼭 받으라고 하며 설득하겠습니다.
(경험을 첨부하라고 해서 당황했습니다.ㅜㅜ 양에 비해 시간도 부족해서 위에 쓴 내용보다 더 정리가 안 되게 썼던 것 같습니다. 실제로도 한 면접관께서는 "준비한 것도 많고 많이 쓴 거 같은데 한눈에 들어오게 쓰지 못한 것 같다"라고 하셨습니다. 제가 그 말을 듣고서 "네, 주의하겠습니다" 이런 말을 못해서 지금 좀 마음에 걸립니다.)

2. 질의응답

면접관 자기소개를 30초 정도 해보세요.

응시생 안녕하십니까. 마음적 거리좁히기 공무원이 되고 싶은 ○○○입니다. 저는 작은 키를 가진 모습과는 다르게 중저음의 목소리와 털털하고 꾸밈없는 성격으로 남녀노소 모두에게 편하고 친근한 친구로 여겨졌습니다. 저는 이런 성격을 바탕으로 대학시절 학생회활동을 활발히 하며 선배, 후배, 동기들과 원만한 관계를 맺었습니다. 학생회활동을 하며 학생들의 복지를 위해 일하였고 대학교 4학년 때는 학생회 총무를 맡아 과행사를 주최하기도 하였습니다. 저는 학생들의 행복을 위해 일하였던 것처럼 이제 의왕시 공무원이 되어 주민들의 행복을 위해 일하는 공무원이 되고자 합니다. 저는 친근하고 스스럼없는 성격으로 주민들께도 가까이 다가가는 공무원이 되겠습니다.
(30초라고 하셨는데 마지막 날 마지막 면접자라서 그런지 시간을 굳이 끊지 않으시고 다 들어주셨습니다.)

면접관 대학시절 학생회 활동을 했다고 했는데 그러면 다른 사회경험은 없는 건가요?

응시생 네, 제가 대학교 졸업 후 바로 공무원 시험 준비를 시작해서 사회경험은 없습니다. 그렇지만 학생회 활동을 하며 다른 과 학생들과 협력해서 일하였고 대학시절 생활비를 벌기 위해 빵집에서 알바하며 다양한 사람들을 응대해 보았고 수학학원에서 일하며 학생들을 가르쳐 본 경험이 있습니다.

면접관 그러면 어떤 일을 노력하여 성취해 본 경험이 있나요?

응시생 제가 수학학원에서 일할 때입니다. 한 학생이 기초수학과 이해력이 떨어졌었습니다. 원장님은 봐주시는 학생이 많아 그런 학생을 꼼꼼히 봐주시질 못하셨습니다. 제가 원장님께 맡아보겠다고 하였고 제 시간을 쪼개어 그 학생에게 초등수학부터 차근차근 가르쳤습니다. 결국 엄청 잘하게 되는 성적은 아니었지만 그래도 교과과정을 따라갈 만한 성적으로 올릴 수 있었고 매우 뿌듯한 경험이었습니다.

면접관 근데 수학학원은 원래 학생들을 가르치는 게 목적이 아닌가요?

응시생 (당황;;) 제가 할 일은 학생들이 강의를 듣고 오면 채점해 주고 틀린 문제만 고쳐주기만 하면 되는 일이었습니다. 근데 그 학생은 너무 많이 틀려 와서 기초부터 꼼꼼히 가르쳐 주기 위해 제 시간을 쪼개서 가르쳐 주었습니다.

면접관 그렇다면 협력해서 일을 해결해 본 경험이 있나요?

응시생 저는 대학교 때 학부연구생으로 일했었습니다. 학부연구생이란 교수님께서 참가하시는 프로젝트에 포함되어서 교수님이 부탁하신 일을 하는 그런 학생들입니다. 교수님께서 보고서 작성을 부탁하셨는데 부탁하신 내용이 전공과목에선 배워보지 못한 내용을 알아야 했습니다. 처음에는 당황했지만 그래도 같이 일하는 학부연구생 선배, 동기들과 협력하여 같이 논문도 찾아보고 공부하고 구글링도 하며 결국 보고서 작성을 완료할 수 있었습니다.

면접관 어떤 과를 나왔나요?

응시생 산업공학과를 나왔습니다.

면접관 그럼 전공한 과목이 행정업무에 어떤 도움이 될 것 같은가요?

응시생 산업공학과는 많은 분들이 어떤 학과인지 잘 모르십니다. 산업공학과는 산업 전반을 관리하는 과입니다. 어떤 사업이 경제성이 있는지 수치적으로 계산하고 또 통계적으로도 계산하여 판단합니다. 행정업무에 적용한다면 새로운 정책이나 사업을 추진할 때 경제적으로 타당한지 판단하는데 제가 배운 과목이 활동될 수 있을 것 같습니다. 또한 최근에 의왕시에서 빅데이터 정책활용 보고회가 열린 것으로 알고 있는데 저의 통계분석 능력이 그러한 정책을 펴는데 보탬이 될 것으로 생각됩니다.

면접관 통계분석을 한다고 했는데 어떤 프로그램으로 했었나요?

응시생 R프로그래밍과 SPSS를 사용했습니다.

면접관 사전조사서에 쓴 거를 보면 시민의식에 기대해서 한다고 했는데 그건 이미 다 해봤는데도 협조가 안 되는 거 아닌가요?

응시생 (당황;;) 네, 아무래도 그분들은 마음속에 계속 부채감을 갖고 계실 텐데 그 죄의식을 벗고 싶어서 본인들이 잘못이 없다고 말해주는 사람의 말을 믿는 것 같습니다. 그렇지만 어… 아무래도 좀 완곡히 말하면 되지 않을까 싶습니다…(무슨 말을 했는지는 정확히 기억나진 않으나 사전조사서에 쓴대로 이야기 하려고 노력했습니다. 저에게 틀린 답을 유도해 내려는 줄 알고 제 생각을 계속 꺾지 않았던 것 같습니다.ㅜㅜ)

면접관 아니 근데 지금 지하철에서 막 난동피우고 그런 사람들한테 시민의식을 기대할 수 있겠어요? 지금 지하철에 보안요원 한 명씩 두고 그래야 하지 않겠어요?

응시생 아… 네… 그럼 좀 난동을 피우는 그 정도에 따라 대처하는 방법을 정해서…(너무 답변을 잘못했습니다. ㅜㅜ)

면접관 그럼 이거 하나 물어봅시다. ○○○씨는 공무원이 가져야 할 가장 중요한 태도가 무엇이라고 생각하나요? 짧게 설명해보세요.

응시생 네, 저는 친절이 가장 중요하다고 생각합니다. 주민들은 행정서비스를 받을 권리가 있고 친절하게 응대해야… 네… 그렇습니다(말을 거의 끊으셨습니다. ㅜㅜ)

면접관 사는 지역이 어디죠?

응시생 군포시입니다.

면접관 군포시 인구가 몇이죠?

응시생 잘 모릅니다.

면접관 그럼 의왕시 인구는 몇이죠?

응시생 16만 1천여 명입니다.

면접관 의왕시 예산은요?

응시생 4,977억원입니다.

면접관 의왕시가 자연도 좋고 살기 너무 좋은데 군포시에 비해 인구가 절반이 안돼요. 그렇다면 의왕시가 중견도시로써 발전하려면 어떻게 해야 하나요?

응시생 의왕시의 아름다운 자연은 잘 유지하여야 한다고 생각합니다. 의왕시는 앞으로 지하철역이 2개나 지나가게 되어서 지하철역도 많이 생기고 또 새로운 주거지도 많이 생기고 있어서 인구유입이 많이 될 거라 생각합니다. 그렇지만 한 가지 아쉬운 점은 중심상권이 없다는 점입니다. (계속 얘기하려고 했는데 답변을 중단시키셨습니다.)

면접관 앞에 얘기하신 분이랑 똑같은 얘기를 하네요. 앞에 분이랑 스터디 같이 하셨어요?

응시생 (억울;;) 아닙니다. 저 혼자 생각해 냈습니다.

면접관 그러면 마지막으로 면접하면서 못했던 말이나 하고 싶은 말해보세요.

응시생 제가 긴장이 되어서 제스처가 좀 많고 했던 말 또 하고 했었던 것 같습니다. 그리고 요즘같이 홍수, 태풍, 코로나 같은 재난 상황에서 저희 공무원 선배님들이 그 자리에서 묵묵히 일하고 있는 모습을 보며 매우 존경스러웠습니다. 저도 공무원이 된다면 그런 자세로 일하도록 하겠습니다. 감사합니다. [길게 말하고 싶었는데 정리하시는 것이 보여서 눈치보여서 말을 많이 못했습니다. 마지막에 인사하고 가려는데 맨 왼쪽에 계시던 외부인사 같으신 분이 (통계분석프로그램 물어보셨음) "잘하셨어요"라고 덕담해주시긴 했습니다.]

Q. 의왕시의 소통행정에 대하여 어떻게 생각하는가?

Q. 의왕시 장단점 및 발전 방향은?

Q. 의왕시에서 현재 진행되고 있는 사업은 어떤 것이 있는가? 사업 개수와 각각의 명칭까지 확실하게 답변해보라.
   그리고 향후 진행될 사업들은 무엇들이 있는지도 같이 답변해보라.

Q. 의왕시 발전방향은 무엇인가?

Q. 4차 산업혁명과 관련된 사업에 대해 알고 있는가?

Q. 의왕시의 뉴딜사업은?

Q. 시 현안문제는 무엇이며 그 문제를 어떻게 해결할 것인가?

Q. 탄소중립을 위해 하는 사업이나 정책은?

Q. 적극행정 사례 아는 것이 있는가?

Q. 시정비전은 무엇이며 비전의 의미는?

Q. 청년정책을 제안해본다면?

Q. 의왕시 개발제한구역에 대해 아는가?

Q. 의왕시의 장점과 단점은 무엇이며 단점 극복방안은?

MEMO

CHAPTER
25 의정부시

1 면접진행방식 및 특징

(1) 면접관은 3인이며 면접시간은 12분이다.

(2) 면접 중요도는 '중' 정도이다.

(3) 의정부시는 공직관 및 인성 중심으로 면접이 진행된다.

(4) 지역현안 및 지방자치에서 지역현안에 대한 질문 비중이 높은 편이다.
　① 비전 및 목표, 지원지역 인구, 노인인구, 지역이슈, 의정부시 브로슈어 확인 여부
　② 의정부시의 슬로건, 랜드마크
　③ 의정부 경전철 문제(장단점 및 개선방안), 관광화 방법
　④ 시에서 주력으로 하고 있는 정책에 대해 아는 것

(5) 직렬별 직무관련 질문에서 직렬별 질문 비중도가 높다.
　① **사회복지직:** 급여의 종류 아는 대로, 사회보장협의체, 기초연금 수령비율
　② **일반행정직:** 정책의 성공요인 중 중요한 점, 전통시장 활성화 방안

2 면접질문 사례

사례 01. 일반행정직(2023)

Q. 사전조사서 ⇨ 없음
Q. 자기소개를 해보라.
Q. 지원동기는 무엇인가?
Q. 공무원의 장점과 단점은 무엇인가?
Q. 행정심판과 행정소송의 차이는 무엇인가?
Q. 수해를 막기 위해 무엇을 해야 하겠는가?
Q. 공무원의 의무에 대해 말하고 그중 무엇이 제일 중요한지 답변해보라.
Q. 복종의 의무를 지켜야 하는 이유는 무엇인가?
Q. 직장 내 성희롱 방지 대책은 무엇인가?
Q. 전공(전자공학)을 공직에 활용할 방안은 무엇인가?
Q. 시장님이 시행하는 정책에 대해 알고 있는 것이 있는가?
Q. 일을 할 때 어떤 것을 우선적으로 하는가?
　└[추가질문] 그건 본인의 판단대로 하는 것인가?
Q. 면접준비로 특별히 한 것이 있는가?

Q. 창의적인 것을 발휘한 경험이 있는가?
Q. 봉사활동에 관해 제출을 하지 않았는데 봉사활동을 한 것이 없는가?
  ㄴ[추가질문] 왜 제출하지 않았는가?

사례 02. 일반행정직(2022)

Q. 사전조사서 ⇨ 우리 시의 장점 및 단점을 2가지씩 쓰고 개선방향을 쓰시오.
Q. 자기소개를 해보라.
  ㄴ[추가질문] 목소리가 씩씩한 게 군대 전역한 지 얼마 안 된 것 같은데 얼마나 됐는가?
Q. 봉사를 41시간 하였는데 지금까지 살면서 가장 보람있었던 봉사 경험이 있는가?
Q. 사전조사서를 보니 재정자립도며 인구며 저출산·고령화며 미군반환공여지며 우리 시에 대해 많이 아는 것 같은데 의정부시하면 생각나는 것 한 가지만 답변해보라.
Q. 존경하는 사람이나 롤모델이 있는가?
  ㄴ[추가질문] 칠판시공? 칠판시공이면 그 분필로 쓰는 칠판을 말하는 것인가?
Q. 공무원 일을 하다 보면 체력이 많이 필요하다. 평소에 체력을 기르기 위해 어떤 노력을 했는가?
Q. 공무원은 협업이 중요한 조직이다. 만약 팀 업무를 하다가 어긋나는 경우가 있다면 어떤 경우이겠는가?
Q. 공무원 조직이 엄청 크다. 그래서 위계적인 문화가 있을 수 있다. 방법론적인 차이가 있을 수도 있다. 팀장님께서 업무를 지시하셨는데 본인이랑 의견이 다른데 우연한 계기로 의견이 조화를 이루게 되었다. 근데 과장님께서 의견에 반대하는 상황이다. 이런 경우 어떻게 할 것인가?
Q. 근무하고 싶은 부서와 맡고 싶은 업무가 있는가?
Q. 공무원의 6대 의무에는 무엇이 있는가?

사례 03. 사회복지직(2022)

Q. 사전조사서 ⇨ 본인의 인생을 나타내는 3가지 키워드와 그 이유에 대해 설명하시오.
Q. 사회복지공무원에 지원한 동기가 무엇인가?
Q. 내부고객과 외부고객 중 어느 곳에 초점을 둘 것인가?
Q. 복지사각지대를 어떻게 발굴할 것인가?
Q. 무슨 과를 전공했는가?
Q. 워라밸이라는 말이 있는데 어떻게 생각하는가?
Q. 공무원이 되기 위해 어떤 자기개발을 했는가?

사례 04. 사회복지직(2022)

Q. 사전조사서 ⇨ 본인의 인생을 나타내는 3가지 키워드와 그 이유에 대해 설명하시오.
Q. 자기소개 및 지원동기는 무엇인가?
Q. 의정부에 지원한 이유와 의정부의 유명한 곳은 어디라고 생각하는가?
Q. 사전조사서에 체력이 약해보인다고 오해를 받는다는 내용이 있다. 보기에 그렇게 약해보이지 않는데 체력관리는 어떻게 하는가?

Q. 정책이란 무엇이라고 생각하는가?
Q. 법으로 도와줄 수 없는 민원인을 어떻게 응대할 것인가?
　└[추가질문] 아들이 부자인 경우 가난한 민원인을 도와줘야하나 외면해야하나?
Q. 멘토가 있는가?
Q. 6대 의무에 대해 알고 있는가? 가장 중요하게 생각하는 공직가치는 무엇인가?
Q. 자격증이 있는가?
Q. 선별적 복지와 보편적 복지에 대해 답변하고 하고 싶은 업무에 대해 답변해보라.
Q. 사회복지사와 사회복지공무원의 차이는 무엇인가?

사례 05. 토목직(2022)

Q. 자기소개를 해보라.
Q. 토목 분야가 왜 중요한 것 같은가?
Q. 이번 비 피해가 발생하면서 싱크홀이 많이 생기고 있다. 싱크홀의 원인이 무엇인가?
　└[추가질문] 싱크홀 해결방안은 무엇이며 아니면 비 피해를 어떻게 막는 것이 좋겠는가? (정확하게 뭐라고 질문하셨
　　는지는 기억이 안 납니다.)
Q. 수많은 지자체가 있는데 의정부시에 지원한 이유는 무엇이며 시의 장점 및 자랑거리는 무엇인가?
Q. 전 세계에서 주목받는 최신의 토목관련 분야는 무엇인가?
Q. 사유지 땅을 피해서 공사를 할 수 없는 경우 어떻게 할 것인가?
Q. 비전공자라고 하였는데 토목기사 자격증은 있는가?
　└[추가질문] 전공은 무엇인가?
　└[추가질문] 그럼 왜 토목직에 지원한 것인가? 설계는 할 줄 아는가?
Q. 본인의 장단점이 무엇인가?
Q. 조직생활에서 중요한 점은 무엇인가?
　└[추가질문] 본인은 소통을 잘 하는가?
Q. 체력도 중요한데 체력을 키우기 위해서 어떤 노력을 했는가?

3　면접후기(2022 일반행정직)

(웃음이 가득한 면접이었습니다. 끝날 때까지 긴장 가득한 큰 목소리로 대답을 했습니다.
템포가 약간 빠르긴 했던 것 같습니다. 면접관님들께서 질문을 해 주실 때 말씀을 하시다가 숨 조절을 하실
때마다 "옙, 옙, 맞습니다! 그렇습니다!" 등의 추임새를 넣어 보았습니다.)

1. 사전조사서

Q. 우리 시의 장단점 2가지씩 쓰고 개선방향을 쓰시오.
A. (전 글 쓰는 일엔 자신이 있었기에 16줄을 채울 수 있었습니다.)

2. 질의응답

응시생 안녕하십니까. 일반행정직렬에 지원한 응시번호 ○○○○○○○ 지원자 ○○○입니다! 만나 뵙게되어 진심으로 반갑습니다!

면접관 목소리가 밝네요. 최선을 다 해봐요. (면접관 세 분 다 웃으셨어요.) 우선 우리가 12분(또는 15분이라고 하셨을 수도 있어요) 정도 질문을 할 건데 열심히 답변해 주시고 그 전에 자기소개 해보세요.

응시생 제가 공무원을 지원하게 된 계기는 공직자로서의 자기계발이 스스로에게만 국한되는 것이 아니라 주민분들께도 도움이 된다는 것이 최초였습니다. 그 후 저는 군 생활 중 대대 인사과에 결원이 생겨 자원하여 보직을 변경하고 직무를 수행하였던 경험이 있습니다. 부대 내에선 공무원의 직무와 가장 유사할 업무라고 생각했기 때문인데요. 저는 컴퓨터 자격증 하나 없이 지원하였음에도 4개월 만에 역대급 인사병이라는 평가를 들었던 만큼 행정업무에 있어서 적성이 있다고 판단하였고 그런 이유로 공직에서 아니 우리 의정부시에서 자기계발과 동시에 주민분들의 삶의 질 향상을 위해 이 재능을 마음껏 발휘해보고 싶습니다!

면접관 목소리가 씩씩한 게 군대 전역한 시 얼마 안 됐네요. 얼마나 됐어요?

응시생 1년 정도 됐습니다!

면접관 그래서 그런지 여전히 군기가 살아있네. ㅎㅎ

응시생 옙, 그렇습니다!!

면접관 그럼 우리가 이제 질문을 할게요. 봉사를 41시간 하셨네요? 지금까지 살면서 가장 보람있었던 봉사 경험이 있나요?

응시생 예! 초등학생 때 ○○○라는 봉사단체의 일원으로서 ○○○○○○○에 주말에는 대체로 아버지를 따라 봉사활동을 하였던 경험이 있습니다. 저는 그 친구들과 함께 놀면서 말랑말랑한 공들이 차 있는 풀장에 깨진 공들과 쭈그러진 공들을 정리하고 식기들을 나르는 일을 했습니다. 놀면서 그 친구들은 결코 저와 다르지 않음을 실감할 수 있었고 그저 같이 노는 것만으로도 정말 즐거웠습니다. 저는 이처럼 봉사가 기쁠 수 있음을 많은 분들께 알리고 싶습니다!! (면접관 세 분 다 웃으셨어요.)

면접관 사전조사서를 보니 재정자립도며 인구며 저출산·고령화며 미군반환공여지며 우리 시에 대해 많이 아시네요? 그럼 의정부시 하면 생각나는 것 한 가지만 말씀해보세요.

응시생 네! 정말 의정부시청의 홈페이지며 블로그며 100번은 넘게 들락날락한 것 같습니다. 저는 의정부시의 음악도서관을 참 좋아합니다. 그곳엔 제가 좋아하는 클래식 음악 LP와 도서들이 있어서 제겐 마치 천국 같습니다. 우리 의정부시는 사립도서관과 대학도서관을 포함하여 52개의 도서관이 있는 문화가 살아있는 시입니다. (면접관님들 다 웃으셨어요. 이하 모든 답변에 웃어주셨습니다!)

면접관 존경하는 사람이나 롤모델이 있나요?

응시생 저는 아버지를 존경합니다. 아버지를 따라 중·고등학생 때부터 칠판시공업무를 따라다니며 도와드렸고… (이때 잠시 말을 버벅거렸어요.)

면접관 칠판시공? 칠판시공이면 그 분필로 쓰는 칠판 말하는 거죠?

응시생 예, 맞습니다!! 한 번은 제 실수로 칠판을 깨뜨렸던 적이 있습니다. 아버지께선 네 잘못이 아니라고 하셨고 저는 이때 직무와 관련하여 상관과 동료 후배님들께서 과중한 업무로 지쳐 계시거나 또는 실수를 하실 때면 격려를 해 드릴 수 있는 적극적인 책임감을 배울 수 있었습니다.

면접관 사실 합격 여부를 우리들이 결정하는 게 아니에요. 알고 있죠?

응시생 예, 알고 있습니다!!

면접관 그래도 합격하시면 아버지께서 엄청 좋아하실 것 같네요.ㅎㅎ

응시생 예, 그렇습니다! 말씀만 들어도 저도 너무 기쁩니다!!

면접관 공무원 일을 하다 보면 체력이 많이 필요해요. 평소에 체력을 기르기 위해 어떤 노력을 했나요?

응시생 제가 사실 ○○○○공원의 숲길 근처의 집에 거주하고 있습니다. 즉, 흔히 숲세권이라 부를 수 있는 곳에서 살고 있습니다. 중학생 때부터 그 길을 다니고 수백 개의 계단을 오르내리고 수험기간 이전엔 가끔 새벽 5~6시쯤에 달리곤 했습니다. 저는 그것들로 어떤 것에도 끄떡없는 체력을 기를 수 있었습니다.

면접관 공무원은 협업이 중요한 조직이잖아요? 만약에 팀 업무를 하다가 어긋나는 경우가 있다면 어떤 경우일까요?

응시생 저는 열심히 안 하시는 것처럼 보이지만 단지 미숙하여 조금 뒤처지는 분이 계실 수 있다고 생각합니다. 그래서 같이 술을 한잔할 때나 식사를 할 때 "이거 이렇게 하면 훨씬 편한 거 알아요?" 이런 식으로 기분이 상하시지 않도록 주의해 가며 도움을 드릴 것 같습니다.

면접관 공무원 조직이 엄청 크잖아요. 그래서 위계적인 문화가 있을 수 있어요. 방법론적인 차이가 있을 수도 있고요. 팀장님께서 업무를 지시하셨는데 본인이랑 의견이 달랐어요. 근데 우연한 계기로 의견이 조화를 이루게 되었습니다. 근데 과장님께서 의견에 반대하는 상황이에요. 이런 경우 스트레스는 어떻게 푸실 건가요?

응시생 제 스트레스 해소 방안은 아침에 뜨거운 커피를 한 잔 마시면서 클래식 음악을 듣는 동시에 책을 한 시간 정도 읽는 것입니다. 이것은 전날 쌓였던 피로를 해소해 주는 것은 물론이거니와 그날 하루의 활력을 보충해 주는 것 같습니다.

면접관 스트레스 해소 방안을 물은 게 아닌데요.

응시생 앗, 저는 과장님도 팀장님도 저도 결국은 주민분들의 삶의 질 향상에 기여하기 위한 과정에서 단지 방법에 의한 의견차이는 얼마든지 발생할 수 있다고 생각합니다. 다만, 만약 저와 팀장님의 의견이 주민분들의 삶의 질 향상에 조금이라도 더 도움이 될 수 있다면 보고서를 만들어 팀장님께 (디크레센도) 과장님을 설득해 주실 수 있으시냐고 요청을 할 것 같습니다.

면접관 근무하고 싶은 부서와 맡고 싶은 업무가 있나요?

응시생 저는 우선적으로 우리 의정부시 시청의 민원여권과 민원봉사팀에서 주민등록, 인감, 제증명 등 민원 업무를 맡아 주민분들의 수요와 니즈를 파악하고 그 경험을 바탕으로 후엔 도시계획 업무를 맡아 의정부시의 인구유입과 인구늘리기 또 재정자립도 향상을 위해 일 해보고 싶습니다.

면접관 공무원의 6대 의무에는 무엇이 있을까요?

응시생 성실, 복종, 청렴, 친절·공정, 비밀엄수, 품위유지의 의무가 있습니다.

면접관 공무원의 처벌이 엄격한 이유는 무엇일까요?

응시생 (이걸 물으셨던 것 같기도 하고 이 질문에서 다른 질문으로 넘어갔던 것 같기도 합니다. 했던 것 같기도 하고 긴가민가하지만 만약 했더라면 이런 답변이었을 거예요.) 처벌 수위가 높아지는 것은 사후처벌을 강화한다는 취지보다는 사전예방적 측면의 이유가 더 크다고 생각합니다. 공직자의 청렴과 공직윤리는 공직자에 대한 주민분들의 신뢰의 척도이기 때문에 주민분들의 대리자인 우리 의정부시 공무원분들은 처벌이 강화되는 것이 오히려 바람직한 방향이라고 생각할 것이라 생각합니다.

면접관 30초 정도 남았네요. 마지막으로 하고 싶은 말 있나요?

응시생 면접관님들, 제 눈을 한번 봐 주시겠습니까?

면접관 이미 보고 있잖아요. ㅎㅎ

응시생 저는 어렸을 적엔 부모님과 친척분들께, 학창시절엔 친구들에게, 군 생활적엔 상관과 선임분들께, 눈이 빛나는 아이라는 말을 자주 들어왔습니다. 어쩌면 그분들은 단지 제 눈에서 빛을 보신 것이 아니라 제가 가지고 있는 긍정성을 보신 것이 아닐까 생각합니다. 저는 이 타고난 긍정성을 바탕으로 우리 의정부시 주민분들과 상관·동료·후배님늘께 행복을 드릴 수 있는 의정부시의 공무원이 되겠습니다. 지금까지 부족한 답변 들어주셔서 진심으로 감사드립니다.

면접관 예, 고생 많으셨어요. 꼭 붙으시면 좋겠네요.

응시생 감사합니다!!! (나가기 전에 다시 한 번) 감사합니다!!!

▨ 4 ▨ 지역 현황 및 현안 핵심

> Q. 의정부시가 잘 살 수 있는 방법에 대해 구체적인 방안 같은 것 생각해 본 적이 있는가?
>
> Q. 의정부를 1분 정도로 홍보해 보라.
>
> Q. 의정부시의 현재 가장 큰 현안이 무엇이라고 생각하는가? 그럼 해결방안은?
>
> Q. 경전철을 타 보았는가? 느낀 점은 무엇인가? 일각에서는 의정부시의 재정을 심각하게 위협하고 있다고 하는데 이에 대한 해결방안은?
>
> Q. 경기북부가 발전하기 위한 전략을 말해보라.
>
> Q. 의정부시의 뉴딜사업은?
>
> Q. 탄소중립을 위해 하는 사업이나 정책은?
>
> Q. 적극행정 사례에 대해 아는 것이 있는가?
>
> Q. 시정비전은 무엇이며 비전의 의미는?
>
> Q. 청년정책에 대해 제안해본다면?
>
> Q. 의정부시 슬로건은 무엇이며 그 의미는?
>
> Q. 의정부시의 장·단점과 단점 극복방안을 말해보라.

CHAPTER

26 이천시

1 면접진행방식 및 특징

(1) 면접관은 3인이며 면접시간은 10~13분이다.

(2) 면접 중요도는 높은 편이다.

(3) 이천시는 공직관·인성·직렬 전문성 중심으로 면접이 진행된다.

(4) 지역현안 및 지방자치에서 지역현안에 대한 질문 비중이 낮은 편이다.
   ① 이천시 소개(강점과 약점)
   ② 이천시 홈페이지 방문 소감, 이천시 유튜브 시청 여부
   ③ 이천시 발전방향

(5) 직렬별 직무관련 질문에서 직렬별 질문 비중도가 높다.
   ① **사회복지직:** 이천시 사회복지 정책의 부족한 점, 송파 세모녀 사건에 대한 생각, 현 정부 복지정책, 보편적 복지 및 선별적 복지, 65세 이상 지하철 무료에 대한 생각, 정책 제안
   ② **일반행정직:** 대민서비스에서 가장 중요하게 생각하는 것

2 면접질문 사례

사례 01. 건축직(2023)

Q. 사전조사서 ⇨ 이천의 강점과 약점에 대해 기술한 후 공무원이 되었을 때 어떤 정책을 제안할 것인지 기술하시오.

Q. 자기소개를 해보라.

Q. 이천의 사회기반시설에 대해 아는 대로 말해보라.

Q. 건폐율과 용적률에 대해 설명한 후 차이점에 대해 답변해보라.

Q. 공직관에서 가장 중요한 것과 그 이유는 무엇인가?
   ㄴ[추가질문] 일련의 사건이 청렴성만 문제였는가? 다른 것은 혹시 없는가?
   ㄴ[추가질문] 감리는 보통 공무원이 하지 않는다. 그들을 전부 통제할 수 있는가?

Q. 공공건물이 지어지는 트렌드가 혹시 있다고 생각하는가? 없다면 앞으로 입직해서 어떻게 짓고 싶은가?

Q. 건축이 공사의 가장 마지막 인·허가를 맡고 있는 것에 대해 아는가? 이 부분에 대해 어떻게 생각하는가?

Q. 마지막 하고 싶은 말

사례 02. 일반행정직(2023)

Q. 자기소개 및 이천시에 지원한 동기에 대해 답변해보라.
Q. 이천시에 행복센터가 몇 개가 있는가?
Q. 조직 생활에서 업무가 과중할 때 어떻게 할 것인가?
  └[추가질문] 만약 급하게 해결하는 업무라면?
Q. 자신을 한마디로 표현하자면?
Q. 지격증 같은 것을 취득한 것이 있는가?
Q. 공무원에게 필요한 역량은 무엇이며 그것을 발휘한 경험이 있는가?
Q. 최근 본 뉴스에서 인상깊었던 것은 무엇인가?
Q. 마지막으로 하고 싶은 말

3 면접후기(2023 건축직)

1. 사전조사서

Q. 이천의 강점과 약점에 대해 기술한 후 공무원이 되었을 때 어떤 정책을 제안할 것인지 기술하시오.

2. 질의응답

[면접관] 자기소개를 해보세요.

[응시생] (준비해 간 답변을 했습니다.)

[면접관] 이천의 사회기반시설에 대해 아는 대로 말해보세요.

[응시생] (사회기반시설이 뭔지 잠시 당황. 교량이나 도로같은 것이라 말해주심) 말씀드리겠습니다. 이천시는 현재 중리동이나 이천역 그리고 몇 군데만 도로가 잘 구비되어 있습니다. 다른 기반시설 역시 마찬가지입니다. 제가 입직을 한다면 이런 기반시설 특히 문화시설들을 곳곳에 배치하여 그곳에 거주하지 않는 분들도 방문을 유도해 이천이 골고루 발전할 수 있게 하고 싶습니다.

[면접관] 건폐율과 용적률에 대해 설명한 후 차이점에 대해 답변해보세요.

[응시생] 건폐율은 대지면적 대비 건축 수평투영면적에 대한 비율이고, 용적률은 건축면적에 대한 바닥면적의 총합을 비율로 하는 의미입니다. 차이점은 건폐율은 대지에 얼만큼 면적을 차지하는지를 말하고 용적률은 쉽게 말해 그 면적에 얼마나 쌓여 건축되었는가를 말합니다. (아마 이거 말고 더 좋은 차이점이 있을텐데 답변이 아쉽습니다. 너무 떨어서 생각이 안 났습니다.ㅠㅠ)

[면접관] 공직관에서 가장 중요한 것과 그 이유는 무엇인가요?

[응시생] 저는 많은 공직관 중에서도 청렴성이 중요하다고 생각합니다. 아무래도 건축은 금전적인 부분과 직결된 것이 많고 부패할 경우 자칫 시민의 생명을 위협할 수도 있기 때문입니다. 일례로 작년에 있던 LH 사건과 얼마 전 있었던 무량판 아파트의 철근 빼돌림 등이 있습니다. 그래서 청렴성을 갖추어야 보다 안전하게…(답변이 기억이 안 납니다.ㅠㅠ)

면접관 [꼬리질문] 일련의 사건이 청렴성만 문제였나요? 다른 것은 혹시 없나요?

응시생 청렴 말고 또 저는 감리 같은 것이 부재해서 생긴 사건들이 아닌가 싶습니다. 제때 관리감독을 했다면 일어나지 않았을지도 모른다고 생각해서 입니다.

면접관 [꼬리질문] 감리는 보통 공무원이 하지 않습니다. 그들을 전부 통제할 수 있나요?

응시생 감리사들을 공무원이 전부 통제할 수 있을 것이라곤 생각하지 않습니다. 대신 잘하고 있는지 감시자의 역할을 할 수 있을 것입니다. 공무원들도 한 업무를 한 직렬만 맡는 게 아니라 다른 직렬들과 병합하여 진행합니다. 그런 것처럼 민간과 공무원이 힘을 합쳐 잘 진행하는지 지켜보고 인력이 부족하면 투입되어 도와주는 등 협력할 수 있을 것입니다.

면접관 공공건물이 지어지는 트렌드가 혹시 있다고 생각하나요? 없다면 앞으로 입직해서 어떻게 짓고 싶은가요?

응시생 제가 다른 지자체 건물을 몇 개 살펴보았을 때 아무래도 시청같은 것은 지자체의 랜드마크 역할을 하기도 하기 때문에 좀 더 외관에 치중하여 리모델링하거나 신규로 건축하는 것 같았습니다. 그렇지만 저라면 공공건물도 결국 공무원과 시민이 이용하는 실용성에 더 중점을 둬야한다고 생각합니다. 들어왔을 때 일목요연하게 알아보기 좋게 표지판이 없어도 알아볼 수 있는 쉬운 구조라던지 또 일하는 공간과 휴게공간, 회의를 하는 공간 등을 구분하여 배치해 서로의 영역을 침범하지 않는 곳으로 만든다면 보다 편하고 행복하게 사용할 수 있지 않을까 생각합니다.

면접관 건축이 공사의 가장 마지막 인·허가를 맡고 있는 것에 대해 알고 있나요? 이 부분에 대해 어떻게 생각하나요?

응시생 네, 건축물을 지을 때 보통 토목공사를 진행한 후 위에 건축물을 올리기 때문에 토목쪽이 먼저 제대로 진행되었는지 검토 후 건축물을 올리게 됩니다. 또한 다 짓고 나서도 계획대로 지어졌는지 빼먹은 것은 없는지 신중하게 검토하게 됩니다. 그래서(여기서 답변 결론이 애매해서 잠시 멈칫) 저는 건축직의 인·허가가 정말 중요하고 신중하게 진행되어야 하니 중요한 역할이라고 생각합니다. (이 질문이 제일 어려웠어요.ㅠㅠ 뭘 원하시는지 모르겠어서..)

면접관 마지막 하고 싶은 말이 있나요?

응시생 우선 제가 너무 떨린 나머지 제대로 답변을 못 드린 것 같아 죄송합니다. 저는 구명용품같은 사람! 다양한 구명용품으로 사람들에게 맞추고 또한 생명에 직결되는 구명용품처럼 없어서는 안 될 사람! 그런 공무원이 되어 이천시청에서 근무하고 싶습니다. 감사합니다.

---

4 지역 현황 및 현안 핵심

Q. 이천시 정책 중 알고 있는 것은 무엇이며 혹시 보완할 점은 무엇인가?

Q. 이천시를 소개해보라.

Q. 참시민 행복나눔운동에 대해서 아는가?

Q. 행복한 동행에 대해서 아는가?

Q. 이천시에 혹시 제안하고 싶은 정책이나 개선이 필요한 정책이 있는가?

Q. 이천시 4대 축제가 무엇이며 그중 제일 중요한 축제와 그 이유는?

Q. 이천시의 소통정책은?

Q. 이천시 뉴딜정책은?

Q. 본인이 생각하는 이천시의 현안문제는 무엇인가? 그 현안에 대한 해결방안은?

Q. 탄소중립을 위해 하는 사업이나 정책은?

Q. 적극행정 사례에 대해 아는 것이 있는가?

Q. 시정비전은 무엇이며 비전의 의미는?

Q. 청년정책을 제인해본다면?

Q. 이천시의 강점과 약점은 무엇이며 약점을 보완할 방안은?

MEMO

CHAPTER 27 파주시

1 면접진행방식 및 특징

(1) 면접관은 3인이며 면접시간은 10분이다.

(2) 면접 중요도는 '중'이다.

(3) 파주시는 공직관·인성·지역현안·직렬전문성 중심으로 면접이 진행된다.
   ① 공무원에게 필요한 역량(자신이 적합한 이유)
   ② 공무원으로 일할 때 정직과 창의 중 각각의 비중 & 이유

(4) 지역현안 및 지방자치에서 지역현안에 대한 질문 비중이 높은 편이다.
   ① 파주 인구 / 외국인 인구
   ② 파주시 읍면동 수
   ③ 가본 관광지와 개선할 점
   ④ 재정규모(예산, 재정자립도, 재정자주도)
   ⑤ 파주시 승격 년도

(5) 직렬별 직무관련 질문에서 직렬별 질문 비중도가 높다.
   ① **사회복지직**: 독거노인사업, 관심 있는 복지영역
   ② **건축직**: 파주시 도시재생을 어디에 어떻게 할 것인지
   ③ **세무직**: 종합금융과세, 지방세 중 하고 싶은 세목, 환율, 대중국 수출규모

2 면접질문 사례

사례 01. 일반행정직(2023)

Q. 사전조사서 ▷ 공통된 목표달성을 위해 동료와 갈등을 겪었던 일의 사례와 공직에서 상사나 동료 또는 민원인과 갈등을 겪을 경우 해결방법에 대해 서술하시오.

Q. 지원동기를 포함한 간략한 자기소개를 해보라.

Q. 파주시를 자랑해보라.

Q. 파주시의 개선할 점은 무엇인가?

Q. 아르바이트 경험이 있는가?
   └[추가질문] 아르바이트를 통해 배운 것을 공직에 적용할 수 있는 것이 있는가?

Q. 자신의 역량은 무엇인가?

Q. 공직에 입직한다면 주로 무엇을 할 것 같은가?

Q. 공무원에게 고객이란?
   └[추가질문] 민원인만 고객인가? 상관이나 동료는?
   └[추가질문] 내부고객과 외부고객 중 무엇이 더 중요한가?
Q. 봉사리포트에 기재한 활동에 대해 말해보라.
Q. 수험기간은 어떻게 되는가?
Q. 일반행정직으로서 현재 전문성이 있는가?
Q. 조직에 필요한 것과 정년퇴직까지 공무원으로서 하고 싶은 일 또는 가치관이나 좌우명 등에 대해 답변해보라.

사례 02. 일반행정직(2023)

Q. 사전조사서 ⇨ 무언가를 성취하거나 도전한 경험을 구체적으로 기재하고 이를 공직에 어떻게 적용할 것인지 서술하시오.
Q. 자기소개를 해보라.
Q. 산학협력과 창의성 관련하여 정책 제안을 해보라.
Q. 행복한 상상으로 파주시 시장이 된다면 어떻겠는가?
Q. 사람들이 본인을 어떻게 평가하는가?
Q. 부당한 지시 혹은 성희롱에 대해 어떻게 생각하는가?
Q. 본인이 MZ세대라고 생각하는가?
   └[추가질문] 면접 내용을 보니 상사에게나 조직생활을 잘 할 것 같다. 그런데 이런 면에서 직장 후배가 불만이 있을 수도 있다. 어떻게 할 것인가?
Q. 마지막으로 하고 싶은 말

사례 03. 간호직(2023)

Q. 사전조사서 ⇨ 자신의 과제를 벗어나서 도전한 경험과 느낀 점은 무엇이며 이를 공직에 적용할 방안에 대해 기술하시오.
Q. (사전조사서 관련) 시 정책에서 개선해야 할 점은 무엇인가?
Q. 공공심야약국의 정보 및 위치에 대해 설명해보라.
   └[추가질문] 공공심야약국이 2개 밖에 없는 이유는 무엇인가?
Q. 첫 출근을 했는데 다른 직원이 무시하면 어떻게 할 것인가?
Q. 근무 경력은 어떻게 되는가?
Q. 간호직에 지원한 이유는 무엇인가?
Q. 마지막으로 하고 싶은 말

사례 04. 사회복지직(2023)

Q. 사전조사서 ⇨ 자신의 과제를 벗어나서 도전한 경험과 느낀 점은 무엇이며 이를 공직에 적용할 방안에 대해 기술하시오.

Q. 공직에 지원한 이유와 동기를 합한 자기소개를 해보라.
Q. 사회복지를 전공했는가?
ㄴ[추가질문] 전공이 독특한데 미술이랑 사회복지랑 공통점이 무엇인가?
Q. 자격증은 취득한 것이 있는가?
Q. 파주시의 정책에 대해 아는 것이 있는가?
Q. 사회생활 경험이 있는가?
Q. 관심 있는 분야는 무엇인가?
Q. 노인복지사업에 대해 아는 것에 대해 이야기해보라.
Q. 현장업무와 행정업무 중 관심 있는 것은?
Q. 정책 실현을 해야 하는데 비전공자라 상사가 힘들 것이라고 하면 어떻게 할 것인가?

사례 05. 사회복지직(2023)

Q. 사전조사서 ⇨ 자신의 과제를 벗어나서 도전한 경험과 느낀 점은 무엇이며 이를 공직에 적용할 방안에 대해 기술하시오.
Q. 자기소개 및 지원동기에 대해 답변해보라.
Q. 사회복지를 전공했는가?
Q. 민간에서 경력이 많은데 공공과 다를 것이다. 구체적으로 무엇이 다를 것 같은가?
Q. 사회복지공무원이 하는 일이 무엇인지 아는가?
ㄴ[추가질문] 그러면 본인은 어떤 업무가 더 맞을 것 같은가?
Q. 공직현장은 민간보다 더 힘들 수 있다. 어떻게 생각하는가?
Q. 관심 있는 복지영역이 있는가?
ㄴ[추가질문] 그 안에서도 어떤 분야에 관심이 있었는가?
Q. 요즘에 소득 기준으로 제한해서 지원하는 것에 대해 말이 많은데 어떻게 생각하는가?
Q. 공공에서 민간에 위탁을 주는 경우도 있다. 그 사이에서 갈등이 일어날 수 있는데 어떻게 할 것인가?

사례 06. 사회복지직(2023)

Q. 자기소개(지원동기+자신의 특기 포함)를 해보라.
Q. 요양원과 요양병원의 차이는 무엇인가?
ㄴ[추가질문] 요양병원은 오래 못 있는다던데 그렇지 않은가?
Q. 전공은 무엇인가?
Q. 요양원에서 무슨 업무를 하였는가?
Q. 사회복지공무원은 무슨 업무를 하는가?
Q. 사회복지사로 요양원에서 근무하면서 어떤 업무를 했는가?
ㄴ[추가질문] 그렇게 분업화가 잘 되어있나?
Q. 요양원은 얼마나 근무하였는가?
Q. 왜 그만두었는가?

Q. 전공을 배우면서 좋아하던 과목이 있었는가?
  └[추가질문] 그럼 이론을 바탕으로 우리 지역사회가 발전하기 위해 무엇을 해야 하는가?
Q. 사회복지공무원이 되면 무슨 업무를 하는지 알고 있는가?
Q. 그럼 본인은 행정업무가 아니라 현장에서 일을 하고 싶다는 것인가?

사례 07. 환경직(2023)

Q. 사전조사서 ⇨ 공직가치에서 가장 중요하다고 생각하는 것을 쓰고 관련된 경험을 바탕으로 공직사회에 어떻게 적용할 것인지 쓰시오.
Q. 자기소개를 해보아라.
Q. 현재 알고 있는 정책이 있는가?
Q. 공무원의 바람직한 공직관이 무엇인가?
Q. 지원동기가 어떻게 되는가?
Q. 전공이 환경쪽이 아닌가?
Q. 환경쪽으로 해본 일이 있는가?
Q. 환경공무원으로서 역량이 있는가?
Q. 우리 쪽이 민원이 거센 편인데 어떻게 민원인을 설득하겠는가?
Q. 살면서 후회되는 결정이 무엇인가?
Q. 들었던 칭찬 중 가장 기억에 남는 것이 무엇인가?
Q. 마지막으로 하고 싶은 말

사례 08. 건축직(2023)

Q. 사전조사서 ⇨ 살면서 가장 후회되는 결정과 가장 만족한 결정은 무엇이며 이로인해 알 수 있는 본인의 장단점에 대해 서술하시오.
  └[추가질문] (사전조사서 관련) 도시재생에 직접 참여하였다는 이야기 같은데 이 공동브랜드를 만든 게 해당 동아리 내에서 그친 것인가? 실제로 실행이 된 것인가?
Q. 자기소개를 해보아라.
  └[추가질문] 학교체육관을 짓는데 참여했다고 했는데 어떤 일을 했는가?
Q. 건축직공무원으로 지원한 계기는 무엇인가?
Q. 학교 체육관을 짓는데 얼마정도 걸렸는가?
Q. 전공이 무엇인가?
Q. 본인이 건축직공무원과 관련해서 전문성을 어떻게 발휘할 수 있겠는가?
  └[추가질문] 미술전공은 외부를 칠하는 거고 건축은 그 내부를 구성하는 것이다. 다시 답변해보아라.
Q. 최근 붕괴사건과 관련해서 극단적인 상황이라 가정하고 지금 지은 건축물들을 다 허물자고 한다. 막대한 손실이 발생할 것인데 건물을 다 허물 것인가? 어떻게 생각하는가?
Q. 파주시 정책에 대해 많이 알고 있는 것 같은데 공공건축과가 신설이 됐다는 것을 알고 있는 것 같은데 맞는가?
Q. 상사가 부당한 지시를 내릴 때 어떻게 할 것인가?
  └[추가질문] 그런데 상사는 부당한 지시가 경험에서 우러나와서 합법적이라고 생각을 한다고 하면 어떻게 할 것인가?

1. 사전조사서

Q. 공직가치에서 가장 중요하다고 생각하는 것을 쓰고 관련된 경험을 바탕으로 공직사회에 어떻게 적용할건지 쓰시오.

2. 개별질문

(사전조사서에 대한 질문 먼저 하셨습니다.
사전조사서 내용 요약 ⇨ 제가 대학교시절 사회적 경제 동아리에서 활동해서 골목상권살리기 프로젝트를 진행하는 과정에서 빵집과 연계하여 간판을 직접 디자인하고 공동브랜드를 만들었습니다.)

면접관 도시재생에 직접 참여하셨다는 이야기와 같은데 이 공동브랜드를 만든 게 해당 동아리 내에서 그친 것인가요? 실제로 실행이 된 것인가요?

응시생 실제 시청과 연계해서 예산지원을 받아 빵페스티벌에 출시해서 실제 매출증대로 이어졌습니다. (면접관분이 고개를 끄덕이셨습니다.)

면접관 지원동기, 관련 업무 경험, 장점을 포함하여 자기소개를 해주세요.

응시생 안녕하십니까? 아름다운 결실을 맺자라는 저의 이름 뜻처럼 파주시에서 아름다운 결실을 맺고 싶습니다. 저는 대학교 시절 사회적 경제동아리 활동에서 골목상권살리기 프로젝트를 진행했으며 이후 사회인으로 학교체육관을 짓는데 참여함으로써 건축직공무원에 대한 꿈을 키워나갔습니다. 저의 전문성을 키우고자 건축도장기능사 자격증을 취득했습니다. 이러한 저의 역량을 발휘하여 파주시에서 진행되는 도시재생, 공공건축 외에 다양한 사업에 참여하여 파주시가 100만 도시로 성장하는 데 기여하고 싶습니다.

면접관 학교체육관을 짓는데 참여했다고 했는데 어떤 일을 했나요?

응시생 계약직 공무원으로 일하면서 학교 체육관 실내 내부 색채계획을 진행했습니다.

면접관 건축직공무원으로 지원한 계기는 무엇인가요?

응시생 학교체육관을 짓는 과정에서 직장 동료분들, 주민분들, 학생들이 즐겁게 활동하시는 모습을 보며 보람을 느꼈고 이러한 업무를 수행하시는 분들이 건축직공무원분들이라는 것을 알게 되었습니다. 그 분들과 이야기를 나누게 되었고 건축직공무원이 내가 꼭 하고 싶은 분야였다는 것을 깨닫게 되었고 확신이 들어 건축직공무원을 지원했습니다. (면접관분이 끄덕여주셨습니다.)

면접관 학교 체육관을 짓는데 얼마정도 걸렸나요?

응시생 6개월 소요됐습니다.

면접관 그러면 거의 다 지어진 상태였겠네요?

응시생 네, 그렇습니다.

면접관 전공이 무엇인가요?

응시생 미술을 전공했고 교직이수를 했습니다.

면접관 본인이 건축직공무원과 관련해서 전문성을 어떻게 발휘할 수 있을 것 같은가요?

응시생 학교체육관을 짓는 과정에서 설계도면을 보는 방법을 익혔고, 도시계획과 관련해서 유니버셜디자인 공공확대 사업을 실시하는 부분에서 제가 직접 유니버셜 관련된 교육 프로그램을 개발해서 해당 학생이 발명상을 수상한 경험이 있습니다. 또한 건축디자인과에서 실시하는 간판 개선사업에서 실제 간판을 제작했던 경험을 살려 심의와 자문의 역할을 하겠습니다.

면접관 미술전공은 외부를 칠하는 거고 건축은 그 내부를 구성하는 것입니다. 다시 말씀해보세요.

응시생 건축직과 관련된 브이로그를 봤습니다. 실제 현장에서 어떤 업무를 하시는지 봤고 실제 공사현장에 대한 영상을 보며 실제 현장에 대한 모습을 익혔습니다. 또한 제가 이곳에 청약이 당첨이 되어서 관련 공사현장을 가봤습니다. (면접관 세 분이 웃으셨습니다.) 부족한 전문성에 대해서는 앞으로 키워나가겠습니다.

면접관 최근 붕괴사건과 관련해서 극단적인 상황이라 가정하고 지금 지은 건축물들을 다 허물자고 합니다. 막대한 손실이 발생할 것인데 건물을 다 허물 것인가요? 어떻게 생각하나요?

응시생 해당 부분에 대해서는 안타깝게 생각합니다. 그러나 시민의 보금자리가 되어야 하는 집이 안전을 위협하는 공간이 된다는 것에 있어서는 공공의 이익을 해하는 것이기 때문에 손실이 있더라도 허물어야 한다고 생각합니다. 덧붙여서 실제 사례에서는 전단철근 보강이 이루어지는 것으로 알고 있습니다.

면접관 파주시 정책에 대해 많이 알고 계시네요. 공공건축과가 신설이 됐다는 것을 알고 계시네요?

응시생 네, 이전에 와서 봤으며 면접 준비를 하면서 더 자세히 알게 되었습니다.

면접관 상사가 부당한 지시를 내릴 때 어떻게 할 것인가요?

응시생 부당한 지시에는 따르지 않도록 하겠습니다. 부당한 지시를 따르는 경우에 있어서 공공의 이익을 침해할 수 있는 부분에 있어서 상사분을 설득하겠습니다. 부당한 지시를 따랐을 경우에 생길 수 있는 문제점에 대한 보고서와 부당한 지시를 따르지 않았을 경우에 생길 수 있는 보고서를 제작하여 상사분께 보여드려 설득하겠습니다.

면접관 그런데 상사는 부당한 지시가 경험에서 우러나와서 합법적이라고 생각을 한다고 하면 어떻게 할 것인가요?

응시생 관련된 법을 검토하고 다른 지자체의 사례를 참고하여 다시 한 번 더 검토하겠습니다.
(면접관분께서 "알겠습니다."라고 하시고 세 분이 웃으셔서 제가 "감사합니다."라고 말씀을 드리며 면접이 종료되었습니다.)

4 지역 현황 및 현안 핵심

Q. 파주시 예산 및 인구는?

Q. 역점시책 4가지 정도를 답변해보라.

Q. 우리 시의 비전은 무엇인가?

Q. 율곡 이이 선생의 인생에 대하여 아는 대로 말해보라. 율곡 이이 선생의 묘소는 어디에 있는지 알고 있는가?

Q. 공무원이 되면 파주시를 어떻게 사랑할 것인가?

Q. 임진각 평화공원 등 접경지역을 관광지로 활성화 시킬 수 있는 방안은?

Q. 파주시의 환경문제에는 어떤 것들이 있는가? 문제의 원인과 해결방안은? [환경직]

Q. 지방세수 부족에 대해 알고 있는가? 지방세 확충을 위해 어떤 방안이 필요하겠는가?

Q. 파주시 발전방향은?

Q. 사회적 가치란? 파주시의 사회적 가치 실현 정책은?

Q. 탄소중립을 위해 하는 사업이나 정책은?

Q. 적극행정 사례 아는 것 있는가?

Q. 시정비전은 무엇이며 비전의 의미는?

Q. 청년정책을 제안해본다면?

Q. 파주시의 강점과 약점은 무엇이며 약점을 보완할 방안은?

MEMO

CHAPTER 28 평택시

1 면접진행방식 및 특징

(1) 면접관은 3인이며 면접시간은 10~15분이다.

(2) 면접 중요도는 높은 편이다.

(3) 평택시는 공직관·인성·지역현안·직렬전문성 중심으로 면접이 진행된다.
① 공무원의 6대 의무 중 성실의 의무관련 사례를 들어봐라. 친절공정의 의무를 설명해보라.
② (상황형) 쓰레기 매립장이 들어선다. 주민들 갈등을 어떻게 해결할 것인가?

(4) 지역현안 및 지방자치에서 지역현안에 대한 질문 비중이 높은 편이다.
① 평택의 상징(꽃, 나무, 새)
② 평택의 대표 관광지, 평택의 자랑거리 설명
③ 평택의 외국인 인구(주한미군 포함)
④ 평택시 재정규모, 사회복지예산 규모

(5) 직렬별 직무관련 질문에서 지역현안과 연계한 직렬별 질문 비중도는 높은 편이다.
① **간호직**: 고령화 대비 4차 산업혁명과 연계할 수 있는 방법, 4차 산업혁명과 연관하여 제안하고 싶은 정책
② **보건진료직**: 보건진료직의 업무특성과 본인의 강점을 연결하여 3가지로 설명
③ **사회복지직**: 4차 산업혁명과 복지를 어떻게 접목시킬 것인가? 아동수당에 대한 의견, 부양의무자 기준 아는 대로, 신임시장님의 복지정책 아는 것, 본인이 생각하는 사회복지의 대상자는?, 평택시 사회복지정책 중 괜찮다고 생각하는 복지정책 2가지
④ **사서직**: 추천해주고 싶은 책, 도서관 운영 방침, 사서가 무엇이라고 생각하는가?, 공공도서관 발전방향
⑤ **토목직**: 평택시에서 하고 있는 토목사업 아는 것, 평택에 난개발지역이 많은데 해결방법, 토목직 공무원으로서 어떤 역량을 보여줄 것인가?
⑥ **일반행정직**: 벤치마킹하고 싶은 다른 나라나 다른 시의 정책, 평택시에서 마음에 드는 정책, 청년들을 위한 현실적 도움방안, 창의성 발휘 사례, 앞으로 평택시에 어떤 민원이 쏟아질 것 같은가? (어떻게 해결할 것인가?), 4차 산업혁명에 대해 설명하고 본인의 어떤 역량으로 민원을 해결할 것인가?
⑦ **사회복지직**: 실습이나 봉사하면서 생긴 갈등, 보람된 경험, 당황한 경험, 알콜중독자 시민이 찾아오면 어떻게 대응할 것인가?

2 면접질문 사례

사례 01. 일반행정직(2023)

Q. 사전조사서 ⇨ 공무원의 8대 의무 중 가장 중요하다고 생각하는 것과 그 이유에 대해 기술하시오.

Q. 자기소개를 해보아라.

Q. 전공과 행정이 괴리감이 있는 것 같은데 전공이 구체적으로 어떤 식으로 도움이 되겠는가?

Q. 가장 중요하게 생각하는 공직가치는 무엇인가?

Q. 일 해보고 싶은 부서는 어디인가?

Q. 평택시는 현재 진행형 중인 도시이다. 완성된 미래에 대해 어떻게 생각하는가?

Q. 평택시가 시급히 해결할 문제는 무엇인가?
  ㄴ[추가질문] 어떻게 해결해야 하겠는가?

Q. 동료와의 갈등해결 방안은 무엇인가?

Q. 상관이 동료가 한 실수의 책임을 본인에게 물을 때 어떻게 할 것인가?

Q. 중요하다고 생각하는 역량은 무엇인가?

Q. 마무리로 하고 싶은 말

사례 02. 일반행정직(2023)

Q. 사전조사서 ⇨ 공무원의 8대 의무 중 가장 중요하다고 생각하는 것과 그 이유에 대해 기술하시오.

Q. 평택시의 자랑은 무엇이며 부족한 점은 무엇인가?

Q. 다양성과 관련된 정책에 대해 알고 있는 것은 무엇인가?

Q. 수험기간이 어떻게 되는가?

Q. 자신의 장점과 단점은 무엇인가?
  ㄴ[추가질문] 또 다른 단점은?
  ㄴ[추가질문] 지각을 그래서 안 하는건가?

Q. 자기소개를 해보아라.

Q. 공무원의 중요한 의무로 친절공정의 의무를 들어주었는데 그 다음으로 중요한 의무는 무엇인가?

Q. 청렴하지 못한 동료를 목격했을 때 어떻게 대처할 것인가?

Q. 상사가 억울하게 동료의 잘못을 본인에게 지적할 시 어떻게 할 것인가?

Q. 공정하게 처리한다고 하였는데 예외상황이 발생한다면 어떻게 할 것인가?

Q. 맡고 싶은 직무는 무엇인가?

Q. 일반행정직에 지원한 동기는 무엇인가?

Q. 지방직은 한 곳에 오래 근무할텐데 괜찮은가?

Q. 공무원에 지원한 동기는 무엇인가?

Q. 공행정과 사행정의 차이점은?

Q. 주변 사람들은 본인을 어떤 사람이라고 평가하는가?

Q. 봉사활동을 하면서 느낀 점은?

Q. 평택시에 지원한 동기는 무엇인가?

Q. 공무원에게 가장 중요한 역량은 무엇이라 생각하는가?

Q. 마지막으로 할 말

사례 03. 환경직(2023)

Q. 자기소개를 해보아라.

Q. 혹시 본인이 지금 일하고 있는 곳이 있는가?

Q. 본인이 실행력이 강하다고 한 걸 보면 적극적인 것 같은데 본인의 원래 성격인가?

Q. 보통 성인이 되어서 성격이 변하기 쉽지 않은데 어떻게 변했는가?

　└[추가질문] 그래서 어떻게 개선이 됐는지를 수치를 들어서 설명해보라. 예를 들면 1년이 6개월로 줄었다는 식으로 말이다. 그리고 그것이 현재의 본인에게는 어떠한 영향을 끼쳤는지 경험을 갖고 설명해달라.

　└[추가질문] 어떤 지적을 제일 많이 받았는가?

Q. 우리 평택 지역에는 여러 환경문제가 있다. 개선되었으면 좋겠다고 하는 게 있는가?

Q. 탄소중립이 요즘 중요한 사항으로 떠오르고 있는데 본인이 생각했을 때 우리 시에서 하는 것 말고 탄소중립을 이룰 수 있는데 도움이 될 만한 것들이 무엇이 있겠는가?

　└[추가질문] 그렇게 넣는 건 좋은데 그러면 수질 처리가 추가적으로 발생한다. 아무리 세척을 했다고 해도 말이다. 이것처럼 환경문제는 하나의 문제를 해결하면 또 다른 문제가 생긴다. 이것에 대해서 환경직공무원이 가져야 할 태도는 무엇이라고 생각하는가?

Q. 삶의 질을 올리는 공무원이 되겠다고 했는데 어떻게 하면 올릴 수 있겠는가? 본인의 직렬과 엮어서 답변해도 된다.

Q. 본인이 지금 환경직 예비공무원으로서 전문성을 갖추고 있는 것이 있는가?

　└[추가질문] 왜 대기기사를 먼저 취득하는 것인가?

Q. 평택의 하수처리장에 가본 적이 있는가? 하수종말처리시설의 수질기준을 알고 있는가?

　└[추가질문] 다른 처리장은 살면서 가본 적이 있는가?

Q. 마지막으로 할 말

사례 04. 환경직(2023)

Q. 사전조사서 ⇨ 적극적이고 열정적으로 한 경험과 느낀 점에 대해 서술하시오.

Q. 자기소개를 해보아라.

　└[추가질문] 자기소개에서 생각해보고 행동한다고 하였는데 그런 점은 분명 단점도 존재한다. 본인이 생각했을 때 어떤 게 단점이라고 생각하는지 그리고 이런 경험이 있었는지?

　└[추가질문] 그랬던 경험은 무엇인가?

　└[추가질문] 본인이 하고 싶었던 역할은 무엇이었나?

　└[추가질문] 단점을 어떻게 극복해 나갔는가?

　└[추가질문] 의견을 따라가는 성격인 것 같은데 앞에 나가서 발표하고 싶어하는 거 보면 굉장히 양면적인 성격을 가지고 있는 것 같다. 그럼 덜 하고 싶은 역할은 소극적으로 참여하는 것인가?

Q. 공직자가 되기로 한 계기가 있는가?

Q. 본인의 성격의 장점은 무엇이라고 생각하는가?

　└[추가질문] 그럼 단점은 무엇인가?

Q. pops들어보았는가? pops에 대해서 설명해보라.

Q. 수질관련 전공을 했는가? 수질기사 등 수질관련 자격증도 취득했는가?

Q. 평택시가 현재 그린도시를 내세우고 있다. 이러한 걸 내세울 수 있는 평택시의 장점이 무엇이라고 생각하는가?

Q. 매립하면 유기오염물질이 많이 발생한다. 매립을 줄이기 위한 방안은?

Q. 물론 그것도 중요하지만 제일 중요한 건 시민의식이다. 시민의식을 높일 수 있는 방안은?
 ㄴ[추가질문] 그런 부분에 있어서 본인의 역량은 어느 정도나 된다고 생각하는가?
Q. 마지막으로 하고 싶은 말

사례 05. 보건직(2023)

Q. 사전조사서 ⇨ 자신의 능력에 미치지 못하는 일을 해본 경험에 대해 기술하시오.
Q. 자기소개를 해보아라.
Q. 공무원과 일반 직장인의 차이는 무엇인가?
Q. 봉사활동 경험이 있는가?
 ㄴ[추가질문] 병원실습은 어땠는가? 어디 병원에 갔는가?
 ㄴ[추가질문] 병원에서 힘들었던 점은 무엇인가?
Q. 보건소에 가본 적이 있는가?
 ㄴ[추가질문] 보건소에서 부족한 점이 있었는가?
Q. PPT와 보고서 같은 총괄역할을 도맡아했다고 했는데 얼마나 했는가?
Q. 수험기간은 몇 년인가?
Q. 마지막으로 하고 싶은 말

3 면접후기(2023 환경직)

1. 면접상황

전반적으로 편하게 해주시려는 게 느껴졌습니다. 초반에 아이스 브레이킹도 해주시고 조금은 편하게 임할 수 있었습니다. 물론 예상했던 질문이 거의 나오지 않아 당황해서 횡설수설하고 전공질문 2개는 날려서 걱정이 되긴 합니다. 조금 놀랐던 것은 전공질문의 비중이 적고 상황형, 공직관 질문은 나오지 않았으며 인성질문(성격)의 비중이 높았던 것입니다.

2. 사전조사서

(평택시는 비공개라서 공개할 수가 없습니다.ㅠㅠ)

3. 질의응답

면접관 자기소개를 해보세요.

응시생 저를 두 가지 키워드로 소개하자면 저는 관찰력과 실행력이 강한 사람입니다. 저는 대학생 때 지역의 환경문제를 조사하는 프로젝트에 참여하여 지역의 환경문제에 대해 원인을 밝혀보고자 했던 경험이 있습니다. 또한 편의점에서 2년 6개월 동안 근무했었는데 편의점이 넓었기 때문에 발생하는 비효율적인 업무방식을 개선한 경험이 있습니다. 저의 이러한 경험은 지역에서 발생하는 환경과 관련된 현상들에 대해 적극적이고 효율적으로 평택시의 환경을 개선하고 발전시키는 데 도움이 될 수 있다고 생각합니다. 감사합니다.

면접관 혹시 본인이 지금 일하고 있는 곳이 있나요?

응시생 현재 맥줏집에서 일하고 있습니다.

면접관 본인이 실행력이 강하다고 한 걸 보면 적극적인가봐요. 본인 원래 성격인가요?

응시생 아닙니다. 대학생 때 한 번 변한 적이 있습니다.

면접관 보통 성인이 되어서 성격이 변하기 쉽지 않은데 어떻게 변했나요?

응시생 저는 어렸을 때는 저의 개인적인 실수로 지적을 받으면 그로 인한 상처를 오래 끌고 가는 스타일이었습니다. (여기서 좀 횡설수설했습니다.) 저는 이것을 극복하고자 사람들이 하는 말의 의도를 파악해보고자 하였습니다.

면접관 그래서 어떻게 개선이 됐는지를 수치를 들어서 설명해주세요. 예를 들면 1년이 6개월로 줄었다는 식으로요. 그리고 그것이 현재의 본인에게는 어떠한 영향을 끼쳤는지 경험을 갖고 설명해주세요.

응시생 저는 이러한 변화를 통해 과거에 1달이었다면 1주일 정도로 줄어들었다고 생각합니다. 제가 일하고 있는 맥줏집은 상황이 워낙 급하게 진행되다보니 실수를 해서 초반에는 지적을 많이 받았는데 그 말씀의 의도가 제가 발전했으면 좋겠다고 하시는 것이라 생각했고 그것을 퇴근 후에 생각하여 다음 날에는 실수를 하지 않는 식으로 발전했습니다.

면접관 어떤 지적을 제일 많이 받았나요?

응시생 테이블 번호를 완벽히 외우지 못했던 것입니다.

면접관 우리 평택 지역에는 여러 환경문제가 있는데요. 개선되었으면 좋겠다고 하는 게 있나요?

응시생 저는 폐기물 처리용량이 추가적으로 확보되어야 한다고 생각합니다. 현재 평택환경교육센터 내에 있는 오썸플렉스 옆 폐기물 처리시설로는 평택시에 발생하는 폐기물을 처리하지 못한다는 기사를 보았습니다. 따라서 오썸플렉스처럼 환경처리시설을 활용한 시설물들이 확보되어야 한다고 생각합니다.

면접관 탄소중립이 요즘 중요한 사항으로 떠오르고 있는데 본인이 생각했을 때 우리 시에서 하는 것 말고 탄소중립을 이룰 수 있는 데 도움이 될 만한 것들이 뭐가 있을까요?

응시생 저는 독일의 판트 제도를 평택시에 적용하면 좋겠다는 생각을 하였습니다. 판트란 플라스틱 보증금 제도로서 마트에서 사용한 빈 페트병을 세척하여 주면 보증금을 반환받는 제도입니다. 이것을 평택의 그린웨이 30년 프로젝트와 합쳐서 추가로 만들어지는 녹지에 판트 시설을 설치하면 폐기물 처리를 통해 발생하는 환경문제를 줄일 수 있을 것이라 생각했습니다.

면접관 그렇게 넣는 건 좋은데 그러면 수질 처리가 추가적으로 발생해요. 아무리 세척을 했다고 해도 말이죠. 이것처럼 환경문제는 하나의 문제를 해결하면 또 다른 문제가 생겨요. 이것에 대해서 환경직공무원이 가져야 할 태도는 무엇이라고 생각하나요?

응시생 저는 하나의 현상에 대해 다양한 각도로 바라보는 것이 중요하다고 생각합니다. 대학생 때 지역의 환경문제를 조사하는 프로젝트를 진행하면서 하나의 문제상황이라 할지라도 여러 원인들이 얽혀있는 것을 배웠습니다. 저는 이러한 경험을 토대로 환경직 공무원이 된다면 하나의 현상에 대해서 여러 관점으로 접근하여 평택시민분들의 삶의 질을 높이는 공무원이 되겠습니다.

면접관 사전조사서에 보면 (평택은 문항이 비공개입니다.) 삶의 질을 올리는 공무원이 되겠다고 했는데 어떻게 하면 올릴 수 있을까요? 본인의 직렬과 엮어도 됩니다.

응시생 저는 일명 '플라스틱 교환제'를 시행하는 것을 생각하였습니다. 제가 생각한 이 제도는 현재 투명 플라스틱과 비투명 플라스틱을 분리하고 있지만 잘 배출이 되지 않는 점을 해결하기 위해 일정량의 투명 플라스틱을 모으면 그것을 쓰레기봉투 등으로 교환해주는 제도입니다. 이 제도를 통해 처리비용을 절감하고 환경오염을 줄일 수 있을 것이라 생각합니다.
(이 때 약간 면접관님들의 표정이 물음표를 띄우면서 갸웃해하셨습니다.)

면접관 본인이 지금 환경직 예비공무원으로서 전문성을 갖추고 있는 것이 있나요?

응시생 솔직히 말씀드리면 지금의 저는 환경직공무원으로서의 전문성은 없다고 생각합니다. 그래서 현재 대기환경기사 취득을 준비하고 있습니다.

면접관 왜 대기기사 먼저 취득하는 거죠?

응시생 이전부터 준비를 계속 하고 있어서 그렇습니다. 하지만 저는 여기에서 그치지 않고 남은 수질, 폐기물, 토양, 소음 진동에서의 기사자격증도 취득하여 환경직공무원으로서의 전문성을 갖출 수 있도록 하겠습니다.

면접관 평택의 하수처리장에 가본 적 있나요? 하수종말처리시설의 수질기준을 알고 있나요?

응시생 죄송합니다. 가본 적은 없습니다.

면접관 다른 처리장은 살면서 가본 적 있나요?

응시생 대학생 때 견학을 갔을 당시 방문해 본 적은 있습니다. (선생님께서 면접 준비할 때 가보라고 하시긴 했는데 전화한 모든 시설에서 거절당해서 솔직히 말씀드렸습니다.ㅜㅜ)

면접관 마지막으로 할 말 하세요.

응시생 네, 우선 저의 면접을 끝까지 경청해주셔서 감사하다는 말씀을 먼저 드립니다. 제가 이번 면접에서는 말씀드리지 못했지만 저의 전공인 환경교육을 살려서 오늘 말씀드린 것 외에도 평택환경교육센터를 더욱 활성화하는 환경직공무원이 되고 싶습니다. 감사합니다.

4 지역 현황 및 현안 핵심

> Q. 평택에 최근 외국인이 급증하고 있다. 이유는 알고 있는가?
> Q. 평택기지 건설이 우리지역에 미치는 긍정적인 효과와 부정적인 효과는?
> Q. 평택 정책 중에서 마음에 드는 것이 있으면 말해보라.
> Q. 평택시가 발전하기 위해서는 무엇에 중점을 두는 것이 좋겠는가?
> Q. 평택시의 SWOT에 대해 말해보라.
> Q. 평택시의 고령화에 대비해 4차 산업혁명과 연계할 수 있는 방법은 무엇이며 제안하고 싶은 정책은 무엇인가?
> Q. 탄소중립을 위해 하는 사업이나 정책은?
> Q. 적극행정 사례 아는 것이 있는가?
> Q. 시정비전은 무엇이며 비전의 의미는?
> Q. 청년정책을 제안해본다면?
> Q. 평택시의 발전방향은 무엇인가?
> Q. 평택시의 강점과 약점은 무엇이며 약점 보완방안을 제시해본다면?

CHAPTER

29 포천시

1 면접진행방식 및 특징

(1) 면접관은 3인이며 면접시간은 10분이다.

(2) 면접 중요도는 낮은 편이다.

(3) 포천시는 공직관·인성·직렬 전문성 중심으로 면접이 진행된다.

(4) 지역현안 및 지방자치에서 지역현안에 대한 질문 비중이 낮은 편이다.
  ① 포천 관광지
  ② 포천의 자랑, 포천의 문제

(5) 직렬별 직무관련 질문에서 직렬별 질문 비중도는 높은 편이다.
  ① **사회복지직**: 잘 되고 있는 복지정책 및 잘못된 복지정책 하나씩 답변
  ② **사서직**: 포천시 공공도서관 개수, 추천하고 싶은 책, 공무원에게 추천하고 싶은 책
  ③ **간호직**: 포천에 제안하고 싶은 정책

2 면접질문 사례

사례 01. 일반행정직(2023)

> Q. 사전조사서 ⇨ 공직자가 되기로 결심한 이유는 무엇이며 중요하게 생각하는 공직가치 두 가지 중 주제 하나를 정하여 15분 안에 작성하시오.
> Q. 자기소개를 해보라.
> Q. 면접용 지원동기 말고 솔직한 지원동기는 무엇인가?
> Q. 전공 경력은 어떻게 되는가?
> Q. 수험기간은 어떻게 되는가?
> Q. 자격증은 있는가?
> Q. 일반행정 직렬을 위해 노력하고 있는 것은 무엇인가?
> Q. 공직가치에 대해 답변해보라.
> Q. 아르바이트 경험이 있는가?
> Q. 부당한 지시를 받는다면?
> Q. 장점과 단점은 무엇인가?
> Q. 공동체에 헌신한 경험이 있는가?
> Q. 본인 스스로의 역량으로 무언가를 성취한 경험이 있는가?

Q. 오랜 수험생활로 스트레스를 많이 받았을 거 같다. 주로 무슨 스트레스였는가?
　└[추가질문] 해소 방법은 무엇인가?
Q. 엑셀을 공부한다고 답변하지 않았는가?
Q. 마지막 하고 싶은 말

사례 02. 간호직(2023)

Q. 사전조사서 ⇨ 조직 내 갈등상황을 극복한 경험을 구체적으로 쓰시오.
Q. 자기소개를 해보라.
Q. 경력이 폐암병동과 분만실인데 얼마동안 근무했는가?
　└[추가질문] 각각 어떤 일을 했었는가?
Q. 병원 일을 하다가 공무원은 보수가 적을텐데 무엇 때문에 지원했는가?
Q. 포천시에 왜 지원한 것인가?
Q. 본인의 장점과 단점을 간단하게 이야기해보라.
Q. 사전조사서에서도 그렇지만 여기서도 다른 성향이 있는데 상사가 불합리한 지시를 한다면 어떻게 할 것인가?
Q. 다른 사람을 도와서 기쁘게 한 경험이 있는가?
Q. 본인의 성격이 내향적이라고 생각하는가? 그게 단점인가? 노력하면 성격이 바뀐다고 생각하는가?
　└[추가질문] 내향적인 사람이 차분하게 설명도 하고 조직에 잘 적응하던데 굳이 왜 성격을 바꾸려고 하는가?
Q. 몇 년도에 졸업하였는가?
　└[추가질문] 그럼 그때 코로나였을텐데 병원 가기 전에 무엇을 했는가? 경력이 어떻게 이렇게 많은가?
Q. 마지막 하고 싶은 말

사례 03. 사회복지직(2023)

Q. 사전조사서 ⇨ 조직 내 갈등상황을 극복한 경험을 구체적으로 쓰시오.
Q. 자기소개 및 지원동기는 무엇인가?
Q. 사회복지 공무원에 지원한 동기는 무엇인가?
Q. 어디서 근무했는가?
Q. 이전 직장에서 몇 년 동안 근무했으며 왜 그만두었는가?
Q. 업무 시간 외 민원인 요청 해결을 한 경험이 있는가?
Q. 규정상 도와줄 수 없는 민원인이 오면 어떻게 할 것인가?
Q. 동료가 지인을 부정수급자로 만들어 준 것을 알았을 경우 어떻게 할 것인가?
Q. 본인의 단점은 무엇인가?
Q. 차상위계층의 정의와 소득기준에 대해 답변해보라.
Q. 포천시 복지사각지대 발굴방안에 대해 답변해보라.
Q. 마지막 하고 싶은 말

사례 04. 간호직(2023)

Q. 자기소개 및 지원동기는 무엇인가?
Q. 본인의 장단점은 무엇인가?
Q. 보건소업무는 무엇을 하는가?
Q. 포천시 보건소에 대해 잘 아는가?
Q. 포천시에 지원한 이유가 무엇인가?
  ┗[추가질문] 사는 곳은 어디인가?
  ┗[추가질문] 서울에 살고 있는데 왜 포천시에 지원했는가?
Q. 해결할 수 있는 방법이 없는 것에 대해 악성민원 대처방안은 무엇인가?
Q. 중요하다고 생각하는 공직가치는 무엇인가?
Q. 졸업은 언제했는가?
Q. 대학병원에 간 이유는 무엇인가?
  ┗[추가질문] 어디에서 일했는가?
  ┗[추가질문] 대학병원은 원래 3개월만 다니려고 계획한 것인가?
  ┗[추가질문] 3개월 다니다 그만 둔 이유는 무엇인가?
  ┗[추가질문] 소통이 되지 않으면 보람을 느끼지 못하는가?
  ┗[추가질문] 보호자 같은 사람들과는 어떻게 소통했는가?
  ┗[추가질문] 임상경력이 있는 사람에 비해 전문성이 떨어지지 않겠나?
Q. 간호직공무원으로서 중요하다고 생각하는 점은 무엇인가?
Q. 마지막 하고 싶은 말

3 면접후기(2023 일반행정직)

1. 사전조사서

① 공직자가 되기로 결심한 이유, ② 중요하게 생각하는 공직가치 두 가지 주제 중 하나의 주제에 대해 종이에 15분 안에 작성하시오.

2. 질의응답

면접관 자기소개를 해보세요.

응시생 안녕하십니까? 포천시 지원자 ○○○입니다. 포천시의 시정비전이 "소통과 신뢰의 시민중심"이라고 알고 있습니다. 저 또한 소통과 신뢰가 저를 소개하기에 적합한 단어라고 생각합니다. 저는 군복무 시절 1년에 한 번 한 명만 선발하는 모범병사로 선발된 적이 있습니다. 조직을 위해서 전우들에게 항상 공감과 소통하는 자세를 가졌고 이러한 저의 노력 덕분에 전우들의 신뢰를 얻어 모범병사로 선발되었다고 생각합니다. 이러한 저를 바탕으로 포천시 발전을 위해 포천시민분들과 소통하며 포천시민분들이 신뢰할 수 있는 포천시 공무원이 되겠습니다.

면접관 몇 사단이었나요?

응시생 25사단입니다.

면접관 거기는 양주 아닌가요?

응시생 제가 근무했던 지역은 파주였습니다.

면접관 아, 사단 본부는 양주 아닌가요?

응시생 네, 맞습니다.

면접관 면접용 지원동기 말고 솔직한 지원동기에 대해 답변해주세요. (사전조사서에 지원동기가 있었습니다.)

응시생 집에서 출퇴근이 가능해 경제적으로 큰 장점이 있습니다. 그리고 공무원이라는 안정적이고 좋은 직업을 가지면 부모님께서 노후에 심적으로 편안하실 거 같다고 생각합니다.

면접관 전공 경력이 있나요?

응시생 저는 대학 진학을 하지 않고 군 전역 후 오랜 수험생활로 인해 사회 경험이 많이 부족합니다. 하지만 저는 군 복무시절 분대장 모범병사 모범운전병 특급전사라는 극소수의 인원에게 주어지는 지위에 모두 선발되었기 때문에 어떠한 조직 안에서 업무능력과 대인관계에 있어서는 괜찮은 사람이다라는 걸 말씀드리고 싶습니다.

면접관 그렇군요. 수험기간은 어떻게 되나요?

응시생 부끄럽지만 5년입니다.

면접관 면접은 처음인가요?

응시생 네, 그렇습니다.

면접관 고생이 많았겠네요. 혹시 자격증은 있나요?

응시생 워드프로세서, 대형면허(군대 버스운전병), 한능검, 지텔프를 취득했습니다.
(여기서 제가 "웨이트트레이닝 경력이 좀 있어서 몸이 좀 부각되는 편이라 생각됩니다."라고 하니 면접관님께서 "운동을 했었나요?"라는 질문과 동시에 운동과 관련된 짧은 사담 하다가 "다른 직업 해볼 생각은 없었나요?" 하셨는데 저는 뭐라도 대답해야 한다는 압박감에 모르고 "트레이너"라고 했습니다;; 그리고 나중에 포천시 공무원이 꿈이기에 지금 다니고 있는 헬스장에서 트레이너 제의를 거절했다고 했습니다.)

면접관 일반행정 직렬을 위해 노력하고 있는 것이 있나요?

응시생 다양한 부서에서 근무하기 때문에 문서작성 능력을 기르고자 한컴오피스 프로그램의 엑셀과 파워포인트를 공부하고 있습니다.

면접관 공직가치 중 중요하게 생각하는 것은 무엇인가요? (사전조사서에 있었는데 또 물어보셨습니다.)

응시생 청렴성, 공정성 등 다양한 공직가치가 모두 중요하지만 저는 사명감이 가장 중요하다고 생각합니다. 저에게 있어 사명감이란 포천시에 애정을 가지고 포천시의 발전과 포천시 지역 주민분들의 삶의 질 향상을 위한 직업적 소명의식을 통해 자아실현을 하는 것이라고 생각합니다.

면접관 아르바이트 경험이 있나요?

응시생 가산에 있는 공장에서 아르바이트 경험이 있습니다.

면접관 상사가 부당한 지시를 한다면 어떻게 할 건가요?

응시생 복종의 의무에 따라서 위법이 아닌 부당지시라면 지시에 따르는 것이 원칙이라 생각합니다. 부당한 지시에 대해 동료분들과 다른 선배님들의 조언을 구한 후 제가 감내할 수 없는 불합리함이라면 상사분께 정중하고 조심스럽게 개선방안에 대해 말씀드려보겠습니다. 그리고 저는 초임 공무원이기 때문에 경험이 풍부하신 상사분의 지시가 부당한 것인지에 대해서 스스로 판단하지 않겠습니다.

면접관 본인의 장점은 무엇인가요?

응시생 제 장점은 꼼꼼함과 배려심입니다. 타인과의 관계에 있어 꼼꼼함과 배려심은 곧 상대방과의 신뢰를 다질 수 있는 장점이라 생각합니다. 또한 스트레스에 굉장히 강하고 어떠한 상황 속에서도 평정심을 유지하려고 노력합니다. 이러한 강점을 바탕으로 그 어떤 업무환경에서도 개인적인 감정에 좌우되지 않고 최선의 업무를 할 수 있을 것이며 그 어떤 민원이라도 차분하게 응대할 수 있을 거라 생각합니다.

면접관 그렇다면 단점은 무엇인가요?

응시생 제 성격의 단점은 타인에게 쓴소리를 잘 하지 못한다는 점입니다. 이러한 단점은 원만한 대인관계에 도움이 될 수도 있겠지만, 지나치게 타인을 배려하다 보니 제가 곤란한 상황을 마주해도 혼자 삭히는 경우가 많았습니다. 이러한 단점을 보완하기 위해 상대방의 기분과 상황을 고려하여 제가 표현하고자 하는 것을 정중하게 전달하기 위해 노력하고 있습니다.

면접관 공동체에 헌신한 경험이 있나요?

응시생 저는 군복무시절 버스 운전병이었습니다. 평일, 주말할 것 없이 버스의 운전량은 굉장히 많기 때문에 저는 야간근무를 하지 않았습니다. 어느 날 수송부 후임병이 고열로 의무대에 입실했던 적이 있었습니다. 이 소식을 제일 먼저 접한 저는 후임병의 야간근무를 대신 하겠다고 했습니다. 그 이유는 저 또한 후임병때 아팠던 적이 있었는데 당시 선임병분들께서 제가 걱정하고 있는 부분에 대해 불편해하지 않도록 굉장히 잘 챙겨주셨기 때문이고 그때의 저는 그 당시의 감사했던 선임병이 된 거 같은 기분이 들어 선행을 되풀이하고 싶었기 때문입니다.

면접관 본인 스스로의 역량으로 무언가를 성취한 경험이 있나요?

응시생 저희 어머니께서 목디스크와 허리디스크로 인해 일상생활에 많은 불편함을 느끼셨었습니다. 저는 어머니를 위해 디스크에 대해 굉장히 많이 알아봤고 수년간 취미였던 웨이트트레이닝이 어머님께 도움이 될 수 있을 거 같다는 생각이 들었습니다. 저는 어머니를 위해 맨몸운동부터 시작해서 튜빙밴드와 여러 소도구들을 이용한 저만의 프로그램을 만들어서 수험생활동안 매일 아침 어머니와 함께 운동했습니다. 혹시라도 이러한 운동을 통해 어머니의 상태가 더 악화될지도 모른다는 불안감도 있었지만 정말 감사하게도 어머니의 상태는 매우 호전됐으며 근육의 사용과 근육의 기능에 대한 부분에서는 디스크로 다치시기 전보다 훨씬 월등해지셨습니다. 현재 어머니는 웨이트트레이닝이 취미가 되셨고 헬스장에서 어머니가 운동하시는 모습을 볼 때마다 굉장한 성취감을 느낍니다.

면접관 오랜 수험생활로 스트레스를 많이 받았을 것 같은데 주로 어떤 스트레스를 받았나요?

응시생 출구가 보이지 않는 터널을 걷는 기분과 제 자신을 통제해야 하는 기계적인 삶이 힘들었습니다. 그리고 가족들에게도 죄송한 마음이 컸습니다.

면접관 해소 방법은 무엇이었나요?

응시생 종합운동장에서 달리기를 합니다. 바람을 맞으며 숨이 찰 때까지 달리다 보면 스트레스에서 완전히 해방된 느낌을 받으며 긍정적인 에너지로 가득차게 됩니다. 또한 달리기를 끝내고 종합운동장을 둘러보면서 이러한 시설이 있는 포천시와 시설을 관리하시는 포천시 공무원분들의 노고에 항상 감사하는 마음을 가졌습니다.

면접관 엑셀 공부한다고 하지 않나요? (여기서 쎄함을 느꼈습니다;;)

응시생 네, 그렇습니다.

면접관 (엑셀 관련 질문 3가지)

응시생 (3가지 모두 숙지한 답변을 하였습니다.)

면접관 마지막 할 말이 있으면 해보세요.

응시생 앞에 계신 훌륭하신 면접관님들 덕분에 마지막 관문인 면접이 잘 마무리 되었습니다. 저의 이야기 경청해 주셔서 감사합니다. 여기 오기까지의 떨림과 간절함이 임용됐을 때 저의 초심이 될 거 같습니다. 포천시 공무원이라는 자부심과 사명감을 가지고 초심을 잃지 않고 배움의 자세를 가지는 공무원이 되겠습니다. 감사합니다.

4 지역 현황 및 현안 핵심

Q. 산정호수에 가 본 적 있는가? 몇 번 정도 가 보았는가? 느낌은 어땠는가?

Q. 포천시 자랑을 해보아라.

Q. 포천시 관광지의 개선점은 무엇이며 포천시 관광지 가본 곳 중에서 고쳐야 할 곳은 어디인가?

Q. 포천시하면 떠오르는 이미지는 무엇인가?

Q. GTX(Great Train Express)에 대해 설명하고 파급효과에 대해 설명해보라. (GTX는 무엇의 약자인가?)

Q. 포천시 지역화폐는?

Q. 포천시 발전방향은?

Q. 본인이 생각하는 포천시의 현안 및 해결방안을 말해보라.

Q. 탄소중립을 위해 하는 사업이나 정책은?

Q. 시정비전은 무엇이며 비전의 의미는?

Q. 청년정책을 제안해본다면?

Q. 포천시의 강점과 약점은 무엇이며 약점 보완 방안을 제시해 본다면?

CHAPTER
30 하남시

1 면접진행방식 및 특징

(1) 면접관은 3인이며 면접시간은 15분이다.

(2) 면접 중요도는 '중'이다.

(3) 하남시는 공직관·인성·직렬 전문성 중심으로 면접이 진행된다.

(4) 지역현안 및 지방자치에서 지역현안에 대한 질문 비중이 낮은 편이다.
   ① 하남시 역사적 인물(유진오 박사)
   ② 하남시에 친구 방문시 데려갈 곳 3군데
   ③ 하남시의 중요 사업과 개선점

(5) 직렬별 직무관련 질문에서 직렬별 질문 비중도는 높은 편이다.
   ① 일반행정직: 세계화시대 본인의 역량이나 강점, 공무원에 대한 인식, 하고 싶은 업무와 관련된 본인의 강점이나 경험
   ② 일반행정직: 롤모델, 감명 깊게 읽은 책

2 면접질문 사례

사례 01. 사회복지직(2023)

Q. 사전조사서 ⇨ 본인이 지원한 직렬과 관련해서 자신이 가진 장점, 역량과 그것을 발휘한 사례(경험)를 서술하시오.

Q. 자기소개를 30~40초 해보아라.
   └[추가질문] 1년 6개월 간 봉사활동을 했다고 했는데 봉사활동을 한 주기가 어떻게 되는가?

Q. 사기업 직원과 공무원이 차이가 있다. 공무원에게 더 중요하게 여겨지는 가치들이 있는데 이것들이 공무원에게 더 중요하게 여겨지는 이유는 무엇인가?

Q. 친절한 민원인도 많지만 소위 악성 민원인이 있다. 어떻게 대처할 것인가?

Q. 힘들 때 극복해서 이루거나 성취한 경험이 있는가? 꼭 성취가 아니더라도 힘들었던 경험을 말해보라.
   └[추가질문] 수험기간 힘든 것은 누구나 그렇지 않은가? 다른 경험은 없는가?
   └[추가질문] 힘들었던 것 말고 다른 것은 없는가?

Q. 전공이 무엇인가?

Q. 공무원 지원동기는 무엇인가?

Q. 사회복지 민원인들은 기초수급자 등 경제적으로 어려운 사람이 많다. 원칙이나 규정에서 벗어나서 못해주는데 해달라고 조르면 어떻게 할 것인가?

Q. 다 잘하고 있지만 하남시 사회복지에서 보완해야 할 점은 무엇인가?
　　ㄴ[추가질문] 연결고리를 구체적으로 어떻게 만들어 줄 것인가?
Q. 본인의 의도와 다르게 상대가 화를 내거나 오해를 한다면 어떻게 해결할 것인가?
Q. 스트레스 받을 때 어떻게 푸는가?
Q. 성격의 단점은 무엇인가?
　　ㄴ[추가질문] 근데 인성검사서에는 다른 사람 말을 잘 듣고 얘기를 잘해준다고 되어있는데 그건 소심이 아니지 않나?
　　　　면접인데 떠는 것 같지도 않고(목소리도 떨고 엄청 떨었는데 긴장하거나 떠는 것 같지 않아 보였나 봅니다.ㅠㅠ) 소
　　　　심이나 그런 것과는 거리가 멀어보이는데?
Q. 마지막으로 하고 싶은 말

사례 02. **일반행정직**(2023)

Q. 사전조사서 ⇨ 입직 후 맡고 싶은 업무나 사업에 대해 기술하시오.
Q. (사전조사서 꼬리질문) 결합혜택에 대해 답변했는데 어떤 것을 말하는 것인가?
Q. 자기소개 및 지원동기에 대해 말해보라.
Q. 공무원이란 무엇인가?
Q. 공무원의 비전은 무엇인가?
Q. 조선시대 왕들이 있는데 그중 제일 좋아하는 왕은 누구인가?
Q. 자신이 공무원이 되면 다른 사람들보다 나은 점은 무엇인가?
Q. 공무원이 되면 차별화 되는 점은 무엇인가?
　　ㄴ[추가질문] 수험기간은 어떻게 되는가?
　　ㄴ[추가질문] 그 기간동안 공무원만 준비했는가?
　　ㄴ[추가질문] 면접 경험은 있는가?
　　ㄴ[추가질문] 그 때 왜 떨어진 것 같은가?
　　ㄴ[추가질문] 무엇이 제일 어려웠는가?
Q. 경제활동은 해보았는가?
　　ㄴ[추가질문] 얼마나 해보았는가?
Q. 본인이 다른 사람과 차별화 되는 점은 무엇인가?
Q. 세종대왕 말고 다른 좋아하는 인물이 있는가?
Q. 다른 사람이 보기에 본인에게 이런 것은 고쳤으면 좋겠다 하는 것이 있는가?
　　ㄴ[추가질문] 고지식하다는 것은 융통성이 없다고도 들리는데 이에 대해 노력한 점이 있는가?
Q. 마지막으로 하고 싶은 말

사례 03. **방재안전직**(2023)

Q. 사전조사서 ⇨ 입직 후 맡고 싶은 업무나 사업에 대해 기술하시오.
Q. 간단하게 강점을 살려서 자기소개를 해보라.
　　ㄴ[추가질문] 그 자격증들과 방재안전직과의 차이점은?
Q. 방재안전직이 하는 일은 무엇인가?

Q. 사전조사서 내용에 직렬과 상관없는 완전 엉뚱한 것을 적어놓은 것이 아닌가?

Q. 가장 중요하게 생각하는 가치는 무엇인가?

Q. 본인과 잘 맞지 않는 사람은 어떤 유형인가?
  ㄴ[추가질문] 본인은 꼼꼼하고 체계적인가?

Q. 취미생활은 무엇인가?

Q. 전공이랑 맞춰서 할 말이 있는가?

Q. 하남시의 안전에 대한 문제점은 무엇인가?

사례 04. 사회복지직(2023)

Q. 자기소개를 지원동기 위주로 해보아라.
  ㄴ[추가질문] 진짜 지원동기는 무엇인가?

Q. 사회복지직 공무원으로 무엇을 갈고 닦아야 하겠는가?

Q. '나랑 다른 사람이다.'라고 느낀 사람은 어떤 유형인가?
  ㄴ[추가질문] 정말 다 맞았는가? 살면서 예를 들어서 가치관이 안 맞았던 사람은 없었는가?
  ㄴ[추가질문] 그래서 그 사람한테는 무엇이라고 말했는가?

Q. 가장 중요하게 생각하는 가치는 무엇인가?

Q. 본인과 잘 맞지 않는 사람은 어떤 유형인가?
  ㄴ[추가질문] 본인은 꼼꼼하고 체계적인가?
  ㄴ[추가질문] 그게 전부인가? 그렇게 대응한 사람이라면 우리 시에서 뽑을 이유가 없다.
  ㄴ[추가질문] 그 사람이 왜 자기 실속만 차렸다고 생각하는가?
  ㄴ[추가질문] 왜 실속이었다고 생각하나? 그분도 이타적인 마음에서 였을 수도 있지 않는가?
  ㄴ[추가질문] 그 사람은 그러고선 다른 곳에서 봉사활동할 수도 있었다고 생각하지는 않는가?
  ㄴ[추가질문] 지역아동센터 관련해서 봉사확인서는 왜 안냈는가? 우리가 다른 것은 블라인드인데 봉사활동은 블라인드가 아니다.
  ㄴ[추가질문] 그럼 6월 증빙을 낼 수 있었던 거 아닌가?
  ㄴ[추가질문] 그럼 면접 준비를 위해서 갔다왔다는 것인데 그럼 못 찾아간 것이 아니라 안 찾아간 것이 아닌가?

Q. 사회복지직과 공무원 어느 것을 위한 것인가?
  ㄴ[추가질문] 사회복지직이라면 그걸 위해 경험한 것은 무엇인가?
  ㄴ[추가질문] 6월에 간 것은 면접때문으로 보이는데 다른 것은 없는가?

Q. 현장성이 중요하다고 했는데 복지에 대한 아이디어는 있는가?
  ㄴ[추가질문] 뻔한 이야기 말고 다른 이야기는 없는가?
  ㄴ[추가질문] 지역 상인들과 어떻게 연락하였는가?
  ㄴ[추가질문] 그게 언제였는가?
  ㄴ[추가질문] 그래서 어떻게 전달했는가?
  ㄴ[추가질문] 어떻게 오다가다 자주 만났는가?
  ㄴ[추가질문] 바로 밑에 집인데 어떻게 본인은 모르고 상인을 통해서 들었는가?

Q. 마지막 하고 싶은 말

3 **면접후기**(2023 사회복지직)

1. 재면접 사전조사서

Q. 하기 싫은 일을 했던 경험과 그것을 어떻게 해결했는지 설명하시오.

2. 질의응답

면접관 재면접을 보러 오시는데 긴장을 많이 했을 것 같네요. 그렇지만 편하게 답변하시면 됩니다.

응시생 넵! 이렇게 재면접의 기회를 주셔서 정말 감사합니다!

면접관 먼저 시간관계상 우리가 다 이해가 되었다고 생각하면 이야기를 중간에 자를 수도 있어요. 이해바랍니다. 그럼 지원동기를 포함한 자기소개를 해주세요.

응시생 안녕하십니까. 사회복지직에 지원하는 ○○○입니다. ("여기가 파티션으로 구분이 되어서 조금만 작게 말씀해주시면 좋을 것 같습니다."라고 하셔서 "아!!!넵!"하며 소리를 줄였습니다.)
저는 기존에 계약직 연구원으로 정책 근거를 만드는 역할을 했습니다. 그러면서 그것이 국민분들에게 직간접적으로 많은 영향을 주는 것을 느끼고 배웠습니다. 저는 이것을 저의 전공인 사회복지를 통해 풀어 나가고 싶었습니다. 그래서 동물복지와 관련하여서는 국민 신문고에 정책제안을 한 적이 있으며, 안타까운 아동학대 사건에는 함께 분노하며 여러장의 엄벌 탄원서를 제출하기도 하였습니다. 또한 저는 다양한 분과 소통하며 일하기를 좋아합니다. 약 1년간 TF를 구성하며 양립하는 입장 속에 조율하기도 했고 (멈칫) 시민분들과 간담회를 통해 의견을 수렴하기도 했습니다. 또한 (다시 멈칫하며 주저하니 "괜찮습니다. 긴장하지 말고 해요."라고 말씀하셨습니다.) 다양한 전문가분들을 만나 뵙고자 발로 뛰며 현장을 찾기도 했습니다. 저는 이러한 소통능력, 복지에 대한 관심, 그리고 빛나는 정책적 아이디어를 저의 고장을 위해 쓰였으면 하는 마음에서 지원하게 되었습니다. 열심히 하겠습니다! (한 면접관분께서 "밝고 씩씩하네요."라며 웃어주셨습니다.)

면접관 직접 일어났던 상황을 물어보겠습니다. 한 남자 노인분께서 알몸으로 동네를 누비신다는 신고가 들어왔습니다. 어떻게 대응하실 건가요?

응시생 우선 저는 여자이기는 하나 공무원으로서 그 현장에 달려가는 것이 저에게 주어진 의무라고 생각합니다. 다만 나가기 전에 주변 동료분들께 이러한 상황을 말씀드리고 유관기관에 협조요청을 드려 위험 상황 시 연락을 드리겠다며 사전에 조치를 취해두겠습니다. (웃으시며, "노인 할아버지가 얼마나 무서운데 겁이 없이 씩씩하네요."라고 말씀해주셨습니다.)

면접관 고립청년 등 복지 사각지대에 대한 논란이 많은데 이를 어떻게 해결하면 좋을까요?

응시생 저는 2단계 복지 네트워크를 구축하겠습니다. 1단계는 사회복지공무원 및 민간 사회복지사, 2단계는 지역 주민 및 상인분들이십니다. 현재 사회복지 공무원의 인력적 한계로 인해 복지 사각지대에 대한 발굴에 제한적이라는 이야기를 들었습니다. 그래서 이 부분을 지역에 오래 거주하시는 미용실, 부동산, 슈퍼마켓, 라이더, 가스 검침원 분들을 통해서 어느 가구가 배달음식을 많이 시키고 고립 가구인 것 같다. 이런 부분을 제보받도록 하겠습니다. 아! 그리고 너무 길어져서 죄송하지만 하나만 더 말씀드리겠습니다. 저는 무인소리함을 설치해서 제보받을 수 있도록 하겠습니다. 저 역시 주변 가구의 안타까운 소식을 들어도 어디에 전해야 할지를 모르는 경우가 있었습니다. 이런 경우 누구든 접근하기 쉽고 언제든 복지 사각지대를 발굴할 수 있는 무인소리함을 설치해 제보를 받았으면 좋겠습니다. 그 무인소리함 제보를 걷는 것은 제가 하겠습니다!!! (하하하 웃어주셨습니다.)

면접관 이전에 1년간 TF를 결성한 경험이 있다고 했는데 어떤 경험이었고 그것이 사회복지직에 어떻게 도움이 될 것 같은가요?

응시생 저는 예전 전파 할당 논의에 참여한 적이 있었습니다. 이때 민관의 갈등이 있었는데 이를 통해 무엇을 우선순위로 두어야 하는지를 배웠습니다. 저는 이러한 배움을 수급자분들의 복합적인 욕구를 파악하고 어느 것을 우선으로 해결할지 고려할 때 그 가치판단의 기준으로 활용할 수 있도록 하겠습니다.

면접관 수급을 요청하시는 노인층이 늘어나는 추세입니다. 이에 대해 어떻게 해결할 것인가요? 특히 정책적으로 어떻게 해결할 것인가요?

응시생 우선 저는 최대한 고충을 들어드리고 매뉴얼을 확인해보되 매뉴얼로 어렵다면 정책 제안이나 제도화할 수 있는 것이 있는지 찾아보겠습니다. 그리고 사회복지 공무원은 공적 자원뿐만 아니라 민간 자원까지 연결할 수 있는 자원연결자로서…

면접관 그것보다는 그 노인분께서 다른 집은 수급을 받는데 나는 수급을 못 받는다며 조르시는 상황입니다. 정책적으로 해결할 방법은 어떤 것인가요?

응시생 아… (잠시 생각한 후) 저는 그럼 우선 이런 더운 날에 찾아오시지 않으시고 제가 직접 방문하여 해결해 드릴 사항이 있는지 살펴보겠습니다. 그리고 제가 이런 내용을 데이터베이스화하여 정책적으로 제안할 수 있는 내용이 있는지 확인한 후 보고하도록 하겠습니다. 아… 제가 이 부분에는 아직 실무를 겪지 않아서 답변에 부족한 부분이 있을 수 있을 것 같습니다! 실무에서 능동적으로 파악하여 개선할 점을 숙지하도록 노력하겠습니다!

면접관 부모로부터 아동학대를 받지만 알려지지 않은 사각지대가 굉장히 문제가 되고 있습니다. 이를 해결할 만한 방법이 있을까요?

응시생 이 부분은 저도 매우 안타깝게 생각하여 고민해보았습니다. 부모로부터 아동학대를 받는 아이는 아동학대의 91%를 차지하나 이를 전수조사해야 함에도 사회복지공무원의 인력의 한계로 인해 전수조사하는 비율은 67%에 그친다고 알고 있습니다. 그래서 저는 하남에서 시행 중인 육아돌보미 제도를 활용하는 방안을 생각해보았습니다. 현재 육아돌보미제도의 경우 많은 대기가 있을 정도로 수요를 감당하지 못한다고 합니다. 그래서 현재 65세 미만만 돌보미로 참여할 수 있는 제도를 65세 이상의 인구도 참여할 수 있도록 하여 노령층에는 재취업의 기회를 주고 영유아 가족에게는 1:1 맞춤 케어를 보장하여 돌봄의 공백을 없애는 동시에 학대 등의 상황을 미연에 방지할 수 있었으면 하는 마음에서 이런 방안을 생각해보았습니다.

면접관 마지막 질문입니다. 4차 산업이 대두되는데 AI 등을 사용하여 효율적으로 노인복지 등에 활용할 방법을 제안한다면요?

응시생 현재 하남에서는 AI스피커 사업을 통해 독거 노인분들의 돌봄 공백을 해소하고 있는 것으로 알고 있습니다. 이러한 것을 확대하면 좋을 것이라 생각하며 웨어러블 디바이스를 통해 노인분들의 움직임을 읽거나 핸드폰 앱을 통해 움직임이 없을 때 위기상황에 빠르게 대처할 수 있는 서비스가 확대되고 있다고 하여 이러한 것을 도입하는 것도 좋다고 생각합니다. 그 외에 제가 현재 챗GPT를 업무에서 종종 써보았는데 국민의 개인정보는 활용할 수 없지만 보고서 초안이나 조사 등의 업무는 충분히 대체가 가능할 것으로 보여집니다. 그렇기에 보고서 작업 등은 챗GPT에 맡기고 사회복지 공무원은 그때 현장에서 시민분들을 더 만날 수 있도록 발로 뛰었으면 좋겠다고 생각하였습니다. (웃으시며 "천천히 말해도 되어요."라고 하셔서 "아, 죄송합니다. 제가 너무 하고 싶은 말이 많아서 그런 것 같습니다. 감사합니다!"라고 말씀을 드렸습니다.)

면접관 하고 싶은 이야기가 많은 것 같은데 그럼 마지막 30초를 줄테니 못한 말이 있다면 해보세요.

응시생 저는 이전 직장에서 빛과 소금 같은 존재라는 말을 종종 들었습니다. 제가 다이어트때문에 한 달간 밥을 먹지 못했을 때(여기서 한 면접관분께서 갑자기 풉하고 웃으셨어요ㅎㅎ) "대체 언제 밥을 먹을 수 있는거냐 네가 없으니 리액션을 해줄 사람도 이야기를 들어주는 사람도 없다."라는 이야기를 들은 적이 있습니다. 저는 이런 저의 자세를 취약계층의 분들의 이야기를 듣고 소통할 수 있는 사회복지 공무원으로서 계속 이어가겠습니다. 그래서 몇 년 뒤 돌아보셨을 때 "아! 저 직원 정말 잘 뽑았네."라고 말씀하실 수 있도록 어려운 현장에 먼저 달려가는 사회복지 공무원이 되겠습니다! 감사합니다!

4 지역 현황 및 현안 핵심

Q. 시정목표와 시정방침은 무엇인가?

Q. 하남시를 1분간 소개해보라.

Q. 하남시를 돌아다니면서 불편했던 점은 무엇이고 그것을 어떻게 고쳤으면 좋겠는지 본인의 생각을 말해보라.

Q. 하남시에 관광객을 유치할 수 있는 방안이 있다면?

Q. 하남시 축제에는 어떤 것들이 있으며 이를 활성화 할 방안은?

Q. 하남시의 발전방향은?

Q. 4차 산업혁명 기술을 하남시에 적용할 수 있는 분야는?

Q. 탄소중립을 위해 하는 사업이나 정책은?

Q. 시정비전은 무엇이며 비전의 의미는?

Q. 청년정책을 제안해본다면?

Q. 하남시의 강점과 약점은 무엇이며 약점 보완방안은?

MEMO

CHAPTER
31 화성시

1 면접진행방식 및 특징

(1) 면접관은 2인이며 면접시간은 10분이다.

(2) 면접 중요도는 낮은 편이다.

(3) 3분 스피치를 실시하는 지역이다.

(4) 화성시는 공직관·인성·지역현안·직렬전문성 중심으로 면접이 진행된다.
 ① 공무원의 6대 의무 중 성실의 의무 사례를 들어보라. 친절공정의 의무를 설명해보라.
 ② 상황형 ⇨ 쓰레기 매립장이 들어선다. 주민들 갈등을 어떻게 해결할 것인가?

(5) 지역현안 및 지방자치에서 지역현안에 대한 질문 비중이 높은 편이다.
 ① 화성의 상징(꽃, 나무, 새) / 화성 8경 / 화성의 자랑거리 설명
 ② 화성의 인구 / 노인인구
 ③ 화성시 재정규모, 사회복지예산 규모(재정자립도 / 향상방안)
 ④ 화성시 국제테마파크 사업
 ⑤ 화성시의 문제점 및 개선방안
 ⑥ 화성시 홍보(구체적)
 ⑦ 화성시 유입인구 급증 원인
 ⑧ 화성시에서 가장 큰 이슈(군공항 이전 제외), 해결방안이나 아이디어

(6) 직렬별 직무관련 질문에서 지역현안과 연계한 직렬별 질문 비중도는 매우 높은 편이다.
 ① **건축직:** 건축직 하는 일, 건폐율 및 용적률, 화성시의 인상 깊은 건축물
 ② **농업직:** 동서균형발전 정책제안
 ③ **보건진료직:** 보건소와 보건진료소의 차이
 ④ **사회복지직:** 화성시 장애인복지시설 아는 것, 화성시 복지정책, 화성시 노인복지사업, 사회복지의 장단점, 맞춤형 복지서비스에서 화성시의 방향, 복지사각지대 해소방안, 아동·청소년 관련 정책 중 제안할 것, 스트레스 해소방법, 화성시 복지시설 종류 및 숫자
 ⑤ **세무직:** 도세와 시세의 의미 및 세목구분, 직접세와 간접세의 차이, 지방세에서 간접세가 무엇인지, 국세와 지방세에서의 목적세, 세무공무원으로서 비밀엄수의 의무가 중요한 이유, 과오납금을 항의하는 민원인 대처법, 지방세수 확보방안
 ⑥ **일반행정직:** 공감능력 관련 사례, 창의력 발휘 경험 및 사례
 ⑦ **조경직:** 가로수의 기능, 화성시 조경 평가, 화성시 1인 녹지율(면적), 조경직이 하는 일

⑧ 축산직: 조사료 쿼터제에 대한 생각, 축산업의 인건비 상승, 악취 등의 문제로 힘든 상황 해결방안, 농식품 브랜드 아는 것, 소 등급

⑨ 토목직: 싱크홀과 포트홀에 대한 설명, 해당 집이 새로 생기는 도로 위에 편입되어 보상을 받았는데 그 돈으로는 새로운 집을 살 수가 없다. 어떻게 할 것인가?, 자격증이나 사회경험, 하천종류, 교량종류, 주민참여형 도로개발사업에 대해 아는가?

⑩ 화공직: 우리나라 에너지 현황 및 정부에서 신재생에너지 비중을 얼마나 올리려고 하는가?, 오존형성 과정, 폐수무단방류 대책, 화공직 하는 업무

⑪ 환경직: 환경영향평가란?

2 3분 스피치

(1) 3분 스피치 형식

① 화성시는 2021년 처음으로 3분 스피치를 면접에 도입했다. 3분 스피치는 과제검토장에서 10분간 과제 검토 후 면접실에 입실하여 3분간 검토과제를 발표하는 형식이다.

② 제시된 주제에 대한 사고능력, 표현력 등을 종합적으로 평가한다.

③ 검토지 여백에 메모할 수 있고 작성 내용을 보고 발표가 가능하다.

(2) 3분 스피치 주제(2022년)

① 사회이슈형: 슬로우 패션에 대한 설명 ⇨ 본인이 슬로우 패션 정책 담당자라면 어떤 사업을 기획할 것인가? (탄소중립과 연관된 주제)
ㄴ[추가질문] 시행계획은 자세히 설명해주었는데 그 앞단에서 홍보라던지 누가 이것을 진행할 건지에 대한 내용은 없는가?
ㄴ[추가질문] 홍보는 어떻게 할 것인가?

② 사회이슈형: 콩고공화국의 석탄석유채굴권 경매와 지구온난화 관련 방안

③ 사회이슈형: 외국인 유입에 따른 외국인 차별 및 혐오를 줄일 수 있는 방안
ㄴ[추가질문] 외국음식에 대한 반감이 있어서 안 먹으면 어떡하겠는가?

④ 사회이슈형: 구독서비스를 활용한 소상공인 판매 지원 방안

⑤ 지역현안: 융건릉을 이용한 도시재생 정책방안
ㄴ[추가질문] 융건릉이 누구를 매장한 것인지 아는가?
ㄴ[추가질문] 정조와 사도세자의 공통점은 무엇인가?
ㄴ[추가질문] 도시재생정책 관련해서 더 말해보아라.
ㄴ[추가질문] 발표한 정책들에 대해 어떤 방향으로 진행할 것인가?

⑥ 지역현안: 한국의 심각한 인구 감소를 해결하기 위한 방안으로 현재 지방자치에서 외국인을 위한 자체 비자를 발급하고 있다. 외국인 유입 증가로 인한 사회적 갈등을 해결하기 위해 국가나 지자체에서 해결할 수 있는 방안을 말하시오.
ㄴ[추가질문] 외국인 유입 증가로 인해 야기되는 사회적 갈등은 무엇이 있겠는가?
ㄴ[추가질문] 문화적 차이에서 오는 갈등을 구체적으로 말해보라.

⑦ **직무형(보건직):** 희귀병 약을 처방 받는 것에 건강보험을 적용해주어야 하는가?
ㄴ[추가질문] 만약 지원을 받지 못하는 분들이 와서 계속 해달라고 즉, 요즘 말하는 찡찡대는 민원인이 오면 어떻게 할 것인가?
ㄴ[추가질문] 요즘은 그렇게 경청을 한다고 해도 소위 말하는 진상들이 있다. 계속 그러면 어떻게 할 것인가?
ㄴ[추가질문] 그러면 아까 들은 걸로 보면 완전한 찬성은 아니라는 것인가?
ㄴ[추가질문] 그럼 그러한 보완할 방법은 무엇인가?
⑧ **직무형(토목직):** 층간소음 모형검사에서 완성 후 검사로 바뀌어 건설사의 반발이 심한 상황이다. 실패시 지자체는 수정권고만 한다. 지자체가 할 수 있는 대책은?
⑨ **공직가치형(일반행정직):** 새로운 기술의 사례와 그 기술로 취약계층을 어떻게 도울 수 있는가?
ㄴ[추가질문] 새로운 기술을 말해보라.
⑩ 키오스크, 스마트폰 등 디지털 소외계층에 대한 문제점과 해결방안은 무엇인가?
⑪ BTS, 오징어게임 등 K-문화가 세계적으로 인기를 끌고 있다. 본인이 관광문화 담당공무원이라면 외국인 대상 화성 홍보콘텐츠를 만들어보아라(예산 10억).
ㄴ[꼬리질문] 그것은 외국인 홍보 아니고 내국인 대상 아닌가?
ㄴ[꼬리질문] 홍보예산이 10억인데 어떻게 쓸 것인가?

(3) 3분 스피치 주제
① 화성시 고유의 자원을 활용한 마을기업 육성방안 [2023]
② 언론징벌적 손해배상제도 찬반 [2021]
③ 화성시에서는 주민참여예산제도를 실시하고 있는데 화성시민으로서 제안하고 싶은 사업 [2021]
④ U 헬스케어 사업 단점 해소방안 [2021 간호직]
⑤ 아동학대를 예방할 정책 [2021 사회복지직]
⑥ 일반적인 도시개발과 다른 화성시 도시재생의 성공요인 [2021]
⑦ 햇살드리 홍보 아이디어 제시 [2021 축산직]

3 면접질문 사례

사례 01. 일반행정직(2023)

Q. 3분 스피치 ⇨ 화성시 고유의 자원을 활용한 마을기업 육성방안
ㄴ[추가질문] 주제는 마을기업 육성방안인데 발표한 건 그냥 기존에 있던 수향미를 발전시키겠다는 거 아닌가? 기업으로서의 수익창출 방안은?
ㄴ[추가질문] 쌀은 화성시 말고 다른 지역에서도 많이 생산한다. 어떻게 차별화를 가져갈 것인가?
Q. 자기소개 1분정도 해보아라.
Q. 승진 빨리하기 vs 편한 보직에 있기 어느 쪽을 선택할 것인가?
Q. 최근 불편을 겪었던 경험은 무엇인가?
ㄴ[추가질문] 본인이라면 어떻게 했겠는가?
Q. 사기업과 공무원의 차이는 무엇이라고 생각하는가?
Q. 적극행정이란 무엇인가?
Q. 최근의 공무원들에게 가장 요구되는 자질이 무엇이라고 생각하는가?

Q. 지자체가 어떤 사업을 시행하는데 결과가 좋지 못해서 안 좋은 소리를 듣는 경우가 있다. 원인이 무엇이라고 생각하는가?
　└[추가질문] 그밖에 다른 것은 없는가?

사례 02. 일반행정직

Q. 3분 스피치 ⇨ 외국인 유입에 따른 외국인 차별 및 혐오를 줄일 수 있는 방안
　└[추가질문] 외국음식에 대한 반감이 있어서 안 먹으면 어떡하겠는가?
Q. 자기소개를 해보아라.
Q. 4차 산업이 무엇이라고 생각하는가?
　└[추가질문] 그렇다면 4차 산업에 대하여 인스타그램에 게시하려고 할 때 5개 정도 해쉬태그로 쓸 키워드를 이야기해보라.
Q. 재원이 한정되어 있는 상황에서 만약 재원을 아끼기 위해 어떻게 할 것인가?
Q. 공직윤리에서 가장 중요하다고 생각하는 것은 무엇인가?
Q. 그렇다면 자신의 가치관에서 가장 중요한 것은 무엇인가?
Q. 남들과 다른 차별성을 나타내어 성과를 거둔 적이 있는가?
　└[추가질문] 그래서 수치상 변화는 무엇인가?
Q. 화성시 예산규모가 얼마나 되는지 아는가? 그리고 그 예산규모 중 어떤 분야가 많은 비율을 차지하는가?
　└[추가질문] 그렇다면 가장 많은 비율을 차지하는 것이 무엇일지 하나만 답변해보라.

사례 03. 일반행정직

Q. 3분 스피치 ⇨ 융건릉을 이용한 도시재생 정책방안
　└[추가질문] 융건릉이 누구를 매장한 것인지 아는가?
　└[추가질문] 정조랑 사도세자의 공통점은 무엇인가?
　└[추가질문] 도시재생정책 관련해서 더 말해보아라.
　└[추가질문] 발표한 정책들에 대해 어떤 방향으로 진행할 것인가?
Q. 화성시 내 치킨집 개수는 몇 개일 것 같은가?
Q. 본인을 소개해보라.
Q. 본인은 업무에 있어서 인정을 받고 잘하는가? 인정 받는다면 본인이 잘한다고 생각하는가? 남이 잘한다고 생각하는가?
Q. 본인이 화성시공무원이 되어서 정책을 진행한다면 어떤 정책을 하고 싶은가?
Q. 100km/h로 주행하는데 카메라에 찍힌 것 같으면 어떻게 할 것인가?

사례 04. 일반행정직

Q. 3분 스피치 ⇨ 새로운 기술의 사례와 그 기술로 취약계층을 어떻게 도울 수 있는지
Q. 유능한 공무원이 되려면 갖춰야 하는 능력은 무엇인가?
　└[추가질문] 유능하려면 친절이 필요한가? 정책이 잘못 되어서 시민들이 불만을 표출하고 있는데 친절하면 해결되겠는가?

Q. 화성시에서 없애고 싶은 정책에 대해서 말해보라.
└[추가질문] 질문은 없애면 좋겠는 정책인데 답변은 다른 주제이지 않은가?
Q. 가고 싶은 부서가 있는가?
└[추가질문] 그럼 있는 아동들을 어떻게 지켜줄 것인가?
└[추가질문] 학대인지 아닌지 밝히는 게 매우 어려운데 부모와 무조건적으로 그렇게 분리할 것인가?

사례 05. 일반행정직

Q. 3분 스피치 ⇨ 슬로우 패션에 대한 설명 후 본인이 슬로우 패션 정책 담당자라면 어떤 사업을 기획할 것인지
└[추가질문] 시행계획은 자세히 설명해주었는데 그 앞단에서 홍보라던지 누가 이것을 진행할건지에 대한 내용은 없는가?
└[추가질문] 홍보는 어떻게 할 것인가?
Q. 공무원으로 갖추어야 할 가장 중요한 덕목이 무엇이라 생각하는가?
Q. 사회생활에서 중요한 게 인간관계인데 인간관계를 잘하려면 경청을 해야 한다거나 그런 것이 있는데 무엇이 필요하다고 생각하는가?
Q. 사회경험이 있는가? 어떤 일을 어느 정도 기간 동안 했는가?
└[추가질문] 그럼 중간 정도의 회사였는가?
Q. 인성검사는 이번이 처음인가?
└[추가질문] 이번에 인성검사 할 때 어땠는가?
Q. 본인이 MZ세대라고 생각하는가?
└[추가질문] MZ세대는 무엇인가?
└[추가질문] 몇 년생이 해당하는지는 모르는가?
Q. 어떨 때 스트레스를 가장 많이 받는가?
└[추가질문] 그럴 땐 어떻게 하는가?
Q. 본인이 가진 공무원으로서의 강점은 무엇이라고 생각하는가?
└[추가질문] 적극성이라고 하면 장점도 되지만 어떻게 보면 나선다고 할 수도 있지 않은가?
└[추가질문] 아이디어 내는 것을 주저하지 않는다는 것인가?
Q. 적극행정 면책제도에 대해 아는가? 면책받기 위한 조건은 무엇인가?

사례 06. 일반행정직

Q. 3분 스피치 ⇨ BTS, 오징어게임 등 K-문화에 대한 설명 후 본인이 관광문화 담당공무원이라면 외국인 대상 화성 홍보콘텐츠를 만들어보라(예산은 10억).
└[추가질문] 그것은 외국인 홍보 아니고 내국인 대상 아닌가?
└[추가질문] 홍보예산이 10억인데 어떻게 쓸 것인가?
└[추가질문] 외국인한테 푸드트럭 판매할 때 어떤 구성으로 로컬푸드를 추천하고 싶은가?
└[추가질문] 화성시 로컬푸드를 이용해서 홍보한다고 했는데 송산포도말고 아는 것은 무엇인가?
└[추가질문] 친구가 화성시로 이사를 온다면 어디를 추천할 것인가?
└[추가질문] 긴장하면 어떤 편인가?

Q. 자기소개를 해보라.
  └[추가질문] 회사생활에서 어떤 사무업무를 해 보았는가?
  └[추가질문] 회계관련 지식이 있었는가?
  └[추가질문] 정부과제를 발굴했다는 것인가? 정부과제 관련해서 본인이 어떤 역할을 했는가?
Q. 화성시의 경쟁도시는 어디라고 생각하는가?
Q. 화내는 민원인의 원인에 따른 유형별로 답변해보라.

사례 07. 토목직

Q. 3분 스피치 ⇨ 층간소음이 모형검사에서 완성 후 검사로 바뀌어 건설사의 반발이 심한 상황이다. 실패시 지자체는 수정 권고만 하는데 이에 대해 지자체가 할 수 있는 대책
Q. 도로공사방법은?
Q. 비전공인데 토목직 지원이유는?
Q. 자격증은 있는가?
Q. 본인이 토목직 관련해서 어필하고 싶은 것은?
Q. 보상과 배상의 차이는?
Q. 마지막 하고 싶은 말

4 면접후기(2023 일반행정직)

(3분 스피치 작성시간 20분 ⇨ 사전조사서 없음 / 면접시간 20분)

1. 3분 스피치

Q. 화성시 고유의 자원을 활용한 마을기업 육성방안
  ⇨ 뉴스 사례 예시로 제공, 행안부가 모두애(愛) 마을기업을 선정했다는 내용
A. 1) 화성시 쌀을 활용하자는 아이디어 제시(수향미 사례 언급)
   2) 쌀의 품종을 개량하여 경쟁력 확보(일본 여행갔을 때 초밥이 유난히 맛있었는데 알고 보니 쌀의 차이였다는 점, 일본은 쌀 품종 개량을 오래 전부터 해왔다는 점 언급)
   3) 쌀 상품 다각화(떡, 막걸리, 누룽지 등) 하여 특화거리 조성하여 관광지화
   4) 쌀 생산지 대부분은 화성 서부지역임. 따라서 마을기업이 성공하면 동서부간 발선격차 개선에도 기여 가능

면접관 [꼬리질문] 주제는 마을 기업 육성 방안인데 발표한 건 그냥 기존에 있던 수향미를 발전시키겠다는 것 아닌가요? 기업으로서의 수익창출 방안은요?
응시생 (이때 머리가 좀 하애져서 했던 말 또 하고 또 하고 약간 횡설수설 했습니다. 쌀 판매 수익, 관광 수익, 기존 로컬푸드 인프라 활용 등)

면접관 [꼬리질문] 쌀은 화성시 말고 다른 지역에서도 많이 생산합니다. 어떻게 차별화를 가져갈 것인가요?

응시생 예를 들어 수향미는 다른 지역 쌀과 다른 특유의 향이 있습니다. 그런 점에 착안해서 다른 향도 개발해 본다든지 일본의 쌀처럼 식감을 더 개선하여 차별화를 할 수 있다고 생각합니다. (얘기하던 중 시간 관계상 3분 스피치 종료. 마지막에 면접관님이 질문의 요지를 정확히 파악하는 게 중요하다고 지적하셔서 "명심하겠습니다!"라고 크게 외쳤습니다.)

2. 개별질문

면접관 자기소개를 1분 정도 해보세요.

응시생 (열심히 소개하던 중 1분 20초 경과되어서 커트 ⇨ 연고지라는 점, 대학 전공 행정, 공공기관 사회복 무 경험 등 언급)

면접관 승진 빨리하기 vs 편한 보직에 있기 중 어느 쪽을 선택할 것인가요?

응시생 사회경험이 부족해서 승진을 빨리하기보다는 좀 더디더라도 다양한 업무를 먼저 배우고 싶습니다. (끄덕끄덕 해주심)

면접관 최근 불편을 겪었던 경험이 있나요?

응시생 (5~6초 정도 고민하다가) 주민센터에서 민원업무를 하러 갔는데 제 차례가 됐는데 그 전 차례였던 민원인이 다시 와서 본인 민원에 대한 얘기를 했습니다. 그때 앞의 공무원이 별도의 안내 없이 해당 민원인과 계속 얘기를 해서 아쉬웠던 경험이 있습니다. (이 얘기 괜히 한 거 같아요;;)

면접관 [꼬리질문] 본인이라면 어떻게 했겠나요?

응시생 차례가 있으니 조금만 기다려달라고 전 차례였던 민원인분께 정중히 안내해드렸을 것 같습니다.

면접관 사기업과 공무원의 차이는 무엇이라고 생각하나요?

응시생 추구하는 목표가 다르다고 생각합니다. 사기업은 기업의 이윤창출, 공무원은 공공복리라는 점에서 차이가 있습니다.

면접관 적극행정이란 무엇인가요?

응시생 기존의 소극적으로 법과 제도를 해석했던 태도에서 벗어나 다양한 행정수요에 맞춰 더 적극적으로 민원 해결을 위해 힘쓰는 것이라고 생각합니다.

면접관 (웃으시면서) 당연히 적극적으로 행정하는게 적극행정이겠지요. 구체적으로 어떻게인지 답변해주세요.

응시생 예를 들자면 처리과정에서 경미하게 법을 위반하더라도 그것이 공익에 부합한다면 잘못을 면책해주는 적극행정 징계면책 제도가 있습니다. 이런 것을 활용해서 법적용이 애매한 경우에도 보다 적극적으로 민원해결에 힘써야 한다는 개념이라고 생각합니다.

면접관 최근의 공무원들에게 가장 요구되는 자질이 무엇이라고 생각하나요?

응시생 소통능력이라고 생각합니다. 사회가 다원화되면서 행정수요도 그만큼 다양해지고 있고 사회 내의 갈등도 심화되고 있습니다. 공무원은 이러한 구성원들의 갈등을 슬기롭게 중재하고 조화시켜야 하는 노력이 필요합니다. 따라서 소통능력이 중요하다고 생각합니다.

면접관 지자체가 어떤 사업을 시행하는데 결과가 좋지 못해서 안 좋은 소리를 듣는 경우가 있습니다. 원인이 무엇이라고 생각하나요?

응시생 처음에 계획할 때 미처 헤아리지 못한 부작용이 드러나거나 또는 시행 과정에서 예산이나 절차에 문제가 생겨서 애초 기대했던 효과를 내지 못할 수도 있다고 생각합니다. (뭔가 못마땅해 하셨습니다.ㅠㅠ)

면접관 [꼬리질문] 그밖에 다른 것은 없나요?

응시생 처음 주민들의 의견수렴 과정을 더욱 강화해야 한다고 생각합니다… (약간 횡설수설하다가 알람 울리고 면접 시간 종료되었습니다. 면접관님이 마지막에 "전문성이잖아 전문성. 그거 한마디 하기가 그렇게 어렵나?"라고 지적하셔서 "죄송합니다!" 크게 외쳤습니다. "공무원도 전문성을 강화하기 위해 꾸준히 본인 업무의 역량을 강화해나갈 필요가 있습니다!"하면서 급히 정정했더니 살짝 웃으셨습니다.)

5 지역 현황 및 현안 핵심

Q. 화성시에 지원한 이유는 무엇이고 외부인이 바라보는 화성시는 어떠한가?

Q. 화성시는 앞으로 어떻게 발전하겠는가? 발전방향을 제시해보라.

Q. 정부 탈원전 정책에 대해 아는가? (설명해주시고) 만약 화성시에 적합한 그린에너지가 있다면?

Q. 화성은 실제 도로에서 자율주행차를 위한 인프라가 굉장히 잘되어 있는데 만약 자율주행차가 상용화 된다면 어떤 효과가 있겠는가?

Q. 화성시에서 진행되는 정책 중 다른 시에도 추천하고 싶은 정책을 답변해보라.

Q. 화성시에 역사 유적이 있는데 아는 대로 말해보라.

Q. 화성시에서 올해 중점적으로 추진하고 있는 정책들은?

Q. 융건릉에 대해 답변해보라.

Q. 화성시에 친구를 데리고 방문한다면 어디를 소개해 주고 싶은가? 2~3곳만 말해보라.

Q. 함백산 메모리얼파크에 대해 아는 대로 말해보라.

Q. 화성에 종합장례시설이 들어선다. 본인은 어떻게 생각하는가?

Q. 지방세수 확보방안은?

Q. 트램이란?

Q. 4차 산업혁명기술 적용분야는?

Q. 지역화폐 활성화 방안은?

Q. 본인이 생각하는 화성시의 현안은 무엇이며 그 현안에 대한 해결방안은?

Q. 남부국제공항에 대한 의견은?

Q. 화성시 행정구역 개편에 대한 의견은?

Q. 탄소중립을 위해 하는 사업이나 정책은?

Q. 시정비전은 무엇이며 비전의 의미는?

Q. 청년정책을 제안해본다면?

Q. 화성시 인구가 100만을 돌파할 것으로 예상된다. 그 의미와 앞으로 특례시가 되면 어떤 변화가 예상되는가?

Q. 화성시의 강점과 약점은 무엇이며 약점의 보안 방안은?

CHAPTER

32 경기도청

1 면접진행방식 및 특징

(1) 면접관은 3인이며 면접시간은 15분이다.

(2) 면접 중요도는 '중'이다.

(3) 5분 스피치를 실시하며 사전조사서를 작성한다.

(4) 경기도청은 공직관·인성·지역현안·직무전문성 중심으로 면접이 진행된다.
  ① 자신이 경기도에 기여할 수 있는 역량과 분야는?
  ② 공무원에게 가장 중요한 자질은?
  ③ 공무원의 6대 의무와 가장 중요한 두 가지는?
  ④ 자신이 가장 부족한 점은?

(5) 지역현안 및 지방자치에서 지역현안에 대한 질문 비중이 높은 편이다.
  ① 경기도 명칭의 의미
  ② 경기도의 날
  ③ 경기도 내 시군 개수
  ④ 경기도 인구
  ⑤ 경기북부 인구
  ⑥ 경기도 재정자립도
  ⑦ 현재 경기북도의 재정자립도 문제가 심각한 수준이다. 말하자면 20% 정도의 재정자립도를 가지고 80%를 지원을 받아야 한다는 얘기인데 그래서 개발을 통해서 경기북도를 살려야 한다. 그러나 아직 전쟁 중이고 군사적인 문제로 개발을 할 수 없다. 그렇다면 이것을 해결할 방도는?
  ⑧ 4차 산업혁명 기술을 경기도에 적용할 수 있는 방안
  ⑨ 광역자지단체와 기초자치단체의 차이
  ⑩ 경기도 시행제도 중 아는 것

2 사전조사서

Q. 본인의 역량과 관련해서 본인이 공무원이 된다면 잘 할 수 있는 게 어떤 것인지 기술하시오.
Q. 인생에서 지금까지도 영향을 미치는 가장 뜻깊었던 경험에 대해 기술하시오.
Q. 가족 외 타인을 배려한 경험에 대해 기술하시오.

3 면접질문 사례

사례 01. 의회직(2023)

Q. 5분 스피치 ⇨ 경기도 정책에 대해 답변하고 부족한 점에 대해서도 답변해보라.
Q. 사전조사서 ⇨ 기존 관행과 본인의 가치관이 달라 충돌했던 경험에 대해 기술하시오.
Q. 이전에 다른 면접을 본 적이 있는가?
Q. 시험 준비는 얼마나 했는가?
Q. 왜 더 쉬운 기초지원을 하지 않고 경기도에 지원했는가?
Q. 공부하다가 스트레스를 받으면 무엇을 했는가?
Q. 취미는 무엇인가?
Q. 본인 성격의 장단점은 무엇인가?
Q. 본인이 일을 합리적으로 해결한 경험이 있는가?
Q. 공무원의 6대 의무 중 중요한 것에 대해 답변해보라.
Q. 경기도공무원의 고객은 누구인가?
Q. 힘들었던 경험이 있는가?
Q. 업무와 관련한 자격증이 있는가?
Q. 마지막 하고 싶은 말

사례 02. 일반행정직(2023)

Q. 사전조사서 ⇨ 조직의 규칙이 자신의 신념과 맞지 않을 때 어떻게 할 것인지?
Q. 5분 스피치 ⇨ 경기도 정책 중 한 가지를 골라 설명하고 개선방향에 대해 발표
  ㄴ[추가질문] 경기북부특별자치도 설치에 찬성한다면 그 이유는?
  ㄴ[추가질문] 경기북부특별자치도 설치시 경기북부의 재정자립도가 얼마나 높아질 것 같은가?
  ㄴ[추가질문] 남부의 수입으로 북부에 좋은 정책을 제공하는 현실인데 북부 / 남부로 나뉘는 것이 좋다고 생각하는가?
Q. 5분 스피치에 경기북부특별자치도 설치에 대해 발표했는데 그런 정보는 어디서 알게 되었는가?
Q. 경기도에서 시행하는 정책 3가지 이름만 짧게 말해보라.
Q. 본인에게 업무가 과중될 때 어떻게 행동할 것인가?
Q. 업무 분장을 요청한다면 분장하는 데 걸리는 시간은 얼마 정도라고 생각하는가?
Q. 직장은 왜 그만두었는가?
Q. 직장생활을 할 때 어떤 부분이 가장 큰 스트레스였는가?
  ㄴ[추가질문] 경기도청에서도 그런 스트레스가 있을 텐데 어떻게 해결할 것인가?
Q. 거주 중인 시군이 아닌 경기도청에 지원한 이유는 무엇인가?
Q. 사전조사서를 보니 후임의 의견을 적극 수용해준 경험을 썼는데 선임의 의견이 그만큼 타당성과 효율성이 높아서 채택되는 부분도 있지 않겠는가? 어떻게 생각하는가?
Q. 공무원 6대 의무를 생각나는 대로 말해보고 가장 중요한 2가지와 그 이유에 대해 답변해보라.
Q. 공무원에게 가장 중요한 공직가치는 무엇인가?
Q. 본인이 기대했던 환경과는 전혀 다른 팀 분위기일 때 어떻게 대응할 것인가?
Q. 마지막으로 하고 싶은 말

4 면접후기(2022 일반행정직)

(아직 얼떨떨해서 면접을 잘 보았는지 잘 모르겠습니다. 제가 5분 스피치를 너무 길게 했었는지 면접 역량질문 대부분이 5분 스피치 관련 질문이었습니다. 최대한 복원하여 기억나는 그대로 쓰려고 노력했습니다.)

1. 면접상황

노크 후 면접실로 입장하였습니다. 면접관 3분 모두 남자셨고 연세가 지긋하셨습니다. 그중 면접관 두 분은 여든 정도로 보였고 인자한 웃음을 지으시던 면접관님은 일흔 정도로 생각되었습니다.

가볍게 목례 후 책상 앞으로 가서 90도로 인사드리려 했는데 빨리 앉기를 종용하셨습니다. 경황 없이 자리에 앉으려는 찰나에 가운데 계시던 3번 면접관님께서 스터디했냐고 물어보셨습니다.

"(자리에 어정쩡하게 앉으면서) 네, 스터디 했습니다. 조원들과 열심히 준비했습니다."라고 말씀드렸습니다. 면접관께서 스터디한 내용으로 면접을 보면 안 된다. 다 까먹고 새로운 이야기를 해야 한다고 하셨고 "알겠습니다"라고 대답했습니다. 면접이 호흡이 너무 빨라서 조금 정신이 없었습니다만 크게 당황하지 않고 빠르게 이 분위기에 적응해야겠다는 생각으로 "네, 5분 스피치 발표하겠습니다."라고 준비한 목소리보다 더 크게 말씀드렸습니다.

2. 사전조사서

Q. 본인의 역량과 관련해서 본인이 공무원이 된다면 잘 할 수 있는 게 어떤 것인지 기술하시오.

A. 제가 취업을 위해 외국으로 나가서 취업비자를 받고 생활했던 '도전정신'과 '추진력' + 외국에서 문화적 차이를 인정하고 때로는 극복하면서 팀원들과 함께 협업을 통해 일을 해나갔었던 '다양성' 등을 살려서 현장에서 많은 갈등을 포용하고 중용의 자세로 공정하게 일을 처리하겠습니다.

(위와 같은 논조로 큰 글씨로 A4용지 3/4 정도를 채워서 제출하였습니다. 그러나 사전조사서와 관련한 질문을 받지 못했고 발표를 하지 않아서인지 정확한 워딩이 기억나지 않습니다.)

3. 5분 스피치

Q. '경기도' 하면 떠오르는 이미지와 그 이유에 대해서 기술하시오. 그리고 더 나은 경기도를 만들기 위한 아이디어를 자유롭게 기술하시오.

A. 5분 스피치 발표하겠습니다. 저는 영화감독이 되고 싶어서 영화 관련 전공을 선택하고 경기도에 있는 대학교로 상경했습니다. 경기도는 제게 삶의 터전이자 기회의 땅이었습니다. 파주 헤이리 마을, 남쪽 끝에 있는 평택호, 서쪽 끝에 오이도 선사 유적 마을과 가평 쁘띠 프랑스까지 경기도의 많은 곳을 촬영했습니다. 또 아침부터 하루 종일 서서 교통 지도를 해주시던 교통할아버지와 인터뷰하고 '도를 아십니까'라며 끈질기게 사람들을 쫓아다니던 분들과 이야기를 나누었고 수원역에서 커다란 십자가를 짊어지고 '회개하라'고 외치던 목사님의 집에 초대받아 대화를 나누던 기억이 있습니다. 이렇듯 경기도는 저에게 촬영장이었습니다.

경기도는 저에게 뿐만 아니라 많은 사람들에게도 삶의 터전이자 기회의 땅입니다. 인구 1,340만의 경기도는 전국 인구의 1/4 이상이 모여 살고 있는 가장 큰 지역입니다. 따라서 2020년 포스트 에너지 시대이자 4차 산업혁명 시기에 온실가스 배출 1위라는 불명예를 해소해야 하는 숙명을 지니고 있는 곳이기도 합니다. 그렇지만 경기도에는 전문적인 교육을 받은 고급인력이 가장 많이 있는 곳입니다. 또한 원스톱행정서비스를 통해 4차 산업관련 산업 인프라를 가장 먼저 구축한 곳이기도 합니다. 예를 들어 안산의 스마트 공장, 화성의 드론

산업, 판교의 자율 주행, 용인 기흥의 IT 산업 등이 있습니다. 따라서 경기도는 변화하는 4차 산업과 환경변화에 대응할 수 있는 가장 큰 가능성을 가진 지역이라고 생각합니다. 변화의 중심, 기회의 경기도라는 슬로건처럼 경기도는 대한민국 4차 산업의 중심 거점이 될 것입니다.

따라서 저는 고령화 및 출산율과 관련한 인구분포 문제와 청년실업 문제 등 전국적으로 가장 큰 사회문제들에 대해서 4차 산업기술 경쟁력을 갖춘 경기도가 가장 먼저 선제적으로 대처하는 지역이 되어야 한다고 생각합니다. 물론 카네이션 마을, 무한 돌봄 사업, 행복청년주택 등의 보조금 정책을 성공적으로 정착시킨 바가 있습니다만 위와 관련한 상황이 더 악화되는 것 또한 사실입니다.

이에 저는 감히 경기 북도에 4차 산업을 도입한 마을기업을 통해 이 문제를 작지만 차근차근 해결해 보고 싶습니다. 우선 이 마을에서는 스마트팜을 도입한 작물 재배로 생산성을 높이고 수익을 내고 싶습니다. 4차 산업 및 스마트팜 교육을 받은 청년 인력과 농업관련하여 오랜 기간 숙련된 노인분들이 함께 살 수 있는 보금자리를 만들어 보고 싶습니다. 스마트팜은 고층으로 만들어 적은 면적을 차지하면서도 기존의 소품종 대량생산이 아닌 다품종 소량생산이 가능한 설비를 구축하면 좋을 것 같습니다.

아이디어를 좀 더 내어 보자면 빅데이터 분석을 통해 경기도민의 수요를 예측하고 기존에 재배가 힘들었거나 단가가 너무 비싸서 수입에 의존해야 했던 작물을 추출하여 재배할 수 있습니다. 또한 도민들이 작물을 주문하면 그때부터 바로 재배에 들어가서 작물이 성장하는 과정을 CCTV를 통하여 모니터링을 할 수 있는 투명한 설비를 만들어 낸다면 경기도에서 재배하고 경기도지사가 인정한 G마크를 받을 수 있지 않을까요?

비록 커다란 변화는 아닐지 모르지만 경기도에서 새로운 공동체 방식을 선제적으로 제시해보고 또 그러한 공동체에서 도민들이 더불어 살고 싶다는 생각이 들 수 있도록 만들 수 있다면 말씀드렸던 사회 문제를 조금이나마 해소할 수 있을지 모르겠다는 생각을 하였습니다.

(두서 없이 기재했지만 글과 거의 유사하게 말씀드렸던 것 같고 시간도 5분이 조금 더 걸린 것 같습니다. 그리고 발표 도중 2번째 면접관께서 계속 인자하게 아이컨택 해주셔서 정신은 없었지만 긴장하지 않고 또박또박 큰 소리로 발표 할 수 있었습니다.)

면접관 (약간 못마땅한 표정으로) 스마트팜을 한국말로 바꾸면 뭐라고 불러야 할까요?
응시생 (조금 머뭇거리면서) 네, 원격제어 가능한 자율제어 농장이라고 생각합니다.

면접관 우리 같은 사람들은 그렇게 어려운 용어를 쓰면 알아듣지 못합니다. 팜은 farm이니까 농장으로 번역한 것 같고 예를 들어 에코라는 말은 생태라고 불러야 어감을 정확히 이해할 수 있는 것처럼 스마트팜을 뭐라고 이해해야 할까요? G마크라는 것은 경기도에서 재배한 농산물이라는 것인데…
응시생 네, 스마트팜은 기후 및 온도 등의 환경을 자동으로…

면접관 그렇게 말하지 말고 한 단어로 말해보세요.
응시생 네, 저는 자동화농장이라고 표현하고 싶습니다.

면접관 음, 아이디어는 잘 알겠습니다. 그렇다면 경기도에 시군이 몇 개가 있는지 알고 있나요?
응시생 네, 31개 시군이 있습니다.

면접관 경기도 인구는 어떻게 되나요?
응시생 네, 경기도 인구는 1,340만입니다.

면접관 그렇다면 경기북도 인구는 어떻게 되나요?

응시생 경기북도 인구는 잘 기억이 나지 않습니다.

면접관 그렇다면 경기도의 재정자립도는 어떻게 되나요?

응시생 네, 경기도의 재정자립도는 61.6%입니다. 그렇지만 저는 경기북도와 남도를 나눠서 통계자료를 가지고 계산을 해 보았습니다. 경기 북도가 20%를 조금 넘는 수준으로 남도와의 격차가 심각하다고 생각되었습니다.

면접관 현재 경기북도의 재정자립도 문제가 심각한 수준입니다. 말하자면 20% 정도의 재정자립도를 가지고 80%를 지원을 받아야 한다는 얘기인데 그래서 개발을 통해서 경기북도를 살려야 한다는 얘기인데 개발 제한되고 있어서…

응시생 네, 상수도 제한 구역 및 군사 제한 구역으로 묶여있는 것으로 알고 있습니다.

면접관 아직 전쟁 중이고 군사적인 문제로 개발을 할 수 없지 않겠나요. 그렇다면 이것을 해결할 방도가 뭐가 있겠나요?

응시생 네, 그렇습니다. 그래서 저는 경기북도에 스마트팜 아니 자동화농장을 통해서 비무장지대 및 미개발 지역을 살려봤으면 좋겠습니다. 제 생각에 남도에는 말씀드린 4차 산업이 잘 진행되어 있는데 경기북도는 좀 미진한 것 같아서 이러한 생각을 해보았습니다.

면접관 영화를 공부하셨다고 하셨는데 영화감독이 되고 싶은 겁니까 영화배우가 되고 싶었던 겁니까?

응시생 네, 저는 영화감독이 되고 싶어서 노력했습니다.

면접관 그러면 영화를 전공하셨으니까 문화적 감수성이 뛰어나실 것 같은데 문화적으로 공직에 기여하는 내용이 5분 스피치에는 없었습니다. 문화와 관련한 업무도 공직에서 다루는 중요한 업무 중 하나인데 문화와 관련해서 내가 할 수 있다 혹은 어떻게 하고 싶다라는 아이디어를 말씀해 주세요.

응시생 네, 말씀드렸던 헤이리 마을을 포함한 많은 관광지들을 홍보하기 위한 영상을 촬영해보고 싶다는 생각을 평소에 했습니다. 또한 제가 존경하는 정약용 선생님의 일대기를 수원 화성 중심으로 촬영하여 경기도를 홍보해 보고 싶습니다. 최근 한국의 소프트 파워의 힘은 스토리텔링의 힘에 있다고 생각합니다. 정약용 선생님께서는 경기도 남양주에서 태어나셨고 또 경기도에서 암행어사를 하셨습니다. 그래서 정약용 선생님의 스토리를 수원 화성을 중심으로…
(중간에 계셨던 면접관님께서 바통을 이어받아 질문하셨습니다. 대답을 끝내지 못해서 당황했고 이때부터 짧게 대답해야 한다는 강박이 생기기 시작했습니다.)

면접관 아까 헤이리 마을, 그리고 쁘띠 프랑스 등을 예로 들었는데 가장 중요한 화성이 빠져 있습니다.

응시생 네, 그래서 저는 정약용 선생님께서 거중기를 사용하셔서 화성을 축조하는 모습을 촬영해서 경기도 홍보영상으로 사용해보고 싶습니다.

면접관 요즘 유튜브나 영상들이 1, 2분 남짓한 시간에서 승부를 봐야 하는데 그런 이야기로는 힘들 것 같습니다. 예를 들어 영상미를 통해서 경기도를 홍보하겠다 아니면 빠른 화면 전환을 통해 유튜브에 맞는 영상으로 경기도를 홍보하겠다 이렇게 말을 해보세요.

응시생 네, 말씀하신대로 화성 관련 영상을 스토리 중간에 멋지게 촬영해서 승부를 봐야할 것 같습니다!

면접관 공무원으로서 가장 중요한 자질이 무엇이라고 생각하나요?

응시생 네, 저는 공무원은 청렴한 생활태도를 가지고 공정하게 업무를 처리해야 한다고 생각합니다. 이러한 태도가 도민들에게 신뢰를 줄 수 있다고 생각하기 때문입니다. 만약 도민들의 신뢰를 잃게 된다면 공무원들이 아무리 좋은 공익을 위해 일을 하여도 도민들과 협업이 되지 않을 것 같습니다. (원래 준비한 것은 훨씬 길었지만 짧게 대답해야 할 것 같아서 최대한 짧게 대답하였습니다.)

면접관 네, 그러면 본인이 부족한 점이 있다면 얘기해 보세요.

응시생 (머뭇거리면서) 네, 제가 미흡한 부분을 말씀하신 것 같습니다. 네. (눈 한번 깜빡이며) 네, 저는 생각이 많음에도 불구하고 말수가 적습니다. 그래서 주위 어르신들께서 가끔 답답하다는 말씀을 하시곤 하셨습니다. 만약 공무원이 된다면 저는 보고 체계를 철저히 해서 어르신 및 상관을 답답하지 않게 하고 또 철저한 보고를 통해 상관들에게 인정받는 그런 부하직원이 되고 싶습니다.

면접관 네, 알겠습니다. 면접을 마치겠습니다.

응시생 (5초간 끝난 줄 모르고 다음 질문을 기다리다가 큰소리로) 네, 감사합니다.

MEMO

2024
스티마 면접
지방직(경기도 부록편)

03

경기도청 현황 및 현안

CHAPTER

01 경기도 지역 현안

1 개 요

(1) 일반적으로 경기도 내 시·군지원자는 시군별 면접을 보기 때문에 지원시·군의 현안에 대한 준비를 해야 한다. 지원시·군의 현안과 경기도 정책은 연결되어 있으므로 경기도 정책은 참고만 하면 되고 다만 경기도 정책 중 지원시·군 정책에 해당하는 경우는 관심있게 보아야 한다.

(2) 경기도 일괄 지원자는 경기도 현안에 대한 준비가 필요하며 경기도 지역 현안관련 질문은 면접관을 누구를 만나는가에 따라 전혀 질문을 받지 않거나 혹은 질문 비중의 차이가 다소 있기에 몇 가지 언급한 사항에 대해 준비를 해야할 것이다. 특히 밑줄 친 질문내용은 반드시 숙지를 해야 한다.

🖉 Check point

경기도 최대 현안문제

➡ 경기도 현안과 지원시·군 현안을 연결해 보아야 한다.

① 경기도 도정 슬로건: 변화의 중심 기회의 경기
② 첨단산업육성: 반도체, 미래차, 바이오, AI, 빅데이터 글로벌 첨단산업 육성
③ 일자리 창출: 청년구직지원금 제도, 경기도 일자리 재단, 스타트업 캠퍼스 등
④ 경제: 공유시장경제 활성화, 지역화폐, 경기도 뉴딜정책
⑤ 4차 산업혁명: 판교 자율주행차 실증단지, 융복합 산업
⑥ 안전: ICT 기술을 활용한 안전점검, 중대산업재해 예방
⑦ 교통: 수도권 광역급행철도(GTX, GTX+) 구축, 경기국제공항 건설 추진
⑧ 주거: 원도심 쇠퇴지역 도시재생사업 추진, 사회주택 시범사업 추진
⑨ 복지: 보육인프라 확충(국공립어린이집 확대), 아동돌봄센터 확대, 공공산후조리원 지원, 노인일자리 확대, 복지사각지대 발굴
⑩ 문화: K-콘텐츠 생태계 조성(한류월드, 고양방송영상밸리, K컬처밸리 연계)
⑪ 청년: 경기청년 갭이어 프로그램, 사다리 프로그램, 경기미래 캠퍼스 운영
⑫ 환경: 미세먼지, 탄소제로(탄소중립), RE100, 1회용품, 미세플라스틱
⑬ 경기북부 균형발전: 지역균형발전, 공공의료인프라 구축, 경기북부특별자치도 설치, DMZ 일원 문화관광 개발
⑭ 수정법(수도권 규제완화)
⑮ 행정: 자치분권, 주민참여확대(주민참여예산제 등), 도민청원제
⑯ 사회적가치: ESG 경영, 농업/농촌에 대한 지원(기본소득), 배달노동자 '안전 기회소득' 도입

2 지역 현황 및 현안에서 중요한 점

Q. 잘하고 있다고 생각하는 정책은 무엇인가?

Q. 왜 이런 정책을 시행하는가?

Q. 현안문제 해결을 위한 경기도의 정책에 대해 어떻게 생각하는가?
  ❯ 본인의 개인적인 의견을 정리해 둘 필요가 있다.

Q. 본인은 어떻게 기여할 수 있겠는가? 경기도 및 시·군추진 정책의 성공에 어떤 역할을 할 수 있겠는가?
  ❯ 본인이 관심 있는 분야에 대해 어떻게 기여할 것인지를 본인의 강점과 연결시켜 생각해 보아야 한다.
  예 "저는 홍보분야에 자신이 있어 정책홍보를 통해 기여하고 싶습니다."

Q. 개선하고 싶은 방향은 무엇인가?

3 경기도의 매력

경기도의 강점, 장점, 발전방향 등에 관한 질문에 참고할 내용으로 이러한 질문이 나온다면 아래의 내용을 바탕으로 하여 본인의 생각을 가미하여 정리를 하고 이야기하는 것이 좋다.

---

1. IT 강국 대한민국의 중심이라는 점이 경기도 투자의 첫 번째 매력입니다.
   대한민국은 세계의 IT기술을 선도하는 IT강국이고 IT산업은 대한민국 경제를 이끌어가는 산업입니다. 이러한 대한민국 IT산업의 중심이 바로 경기입니다. 경기도에 투자하시면 바로 세계의 IT산업 그 중심에 투자하게 되는 것입니다.

2. 높은 교육수준을 가진 숙련된 인재들이 경기도 투자의 두 번째 매력입니다.
   대한민국의 교육열은 세계가 인정할 정도로 뜨겁습니다. 이러한 고급 인재들이야말로 "한강의 기적"을 만든 경제 발전의 원동력이기도 하였습니다. 세계 어느 기업도 욕심낼 만한 높은 교육수준을 가진 숙련된 인재들이 비즈니스를 성공으로 이끌어 드릴 것입니다.

3. 최적의 비즈니스 및 생활환경이 경기도 투자의 세 번째 매력입니다.
   아무리 투자현황이 좋다고 해도 치안, 자녀교육, 문화생활 등 생활환경이 좋지 않다면 투자지로서의 매력은 떨어지게 됩니다. 경기도가 가진 세 번째 매력은 바로 비즈니스까지 편안해지는 최적의 생활환경입니다.

4. 신속한 원스톱 투자행정 지원서비스가 경기도 투자의 네 번째 매력입니다.
   다양한 경험과 노하우로 투자 검토단계부터 공장 가동시까지 투자기업의 편의를 위해 발로 뛰는 원스톱 투자행정지원서비스야말로 경기도에 투자해야 하는 네 번째 매력입니다.

---

4 경기도 지역 농산물

✔ POINT G마크의 개념 정도는 알고 있어야 한다.

(1) "경기도지사인증 농특산물"이라 함은 도내에서 생산한 농산물·축산물·수산물·임산물 및 농축수임산물을 원료로 하여 제조·가공한 가공식품·전통식품으로서 안전하게 생산한 우수 농특산물임을 도지사가 인증한 것을 말한다.

(2) 생산부터 유통까지 고품질로 관리된 프리미엄급 농산물에는 G+브랜드마크를 부여하기도 한다.

(3) 경기도는 현재 전국 최고 수준의 품질을 자랑하는 농산물생산 농가 및 업체 124개소를 선정하여 도지사 인증 통합상표(G마크)를 부여하고 있다.

(4) 경기도는 무농약이나 유기재배를 통해 생산되는 환경친화농산품과 전국 최고 수준의 품질을 자랑하는 농산물 74개 품목을 선정하여 도지사 인증 브랜드인 'G마크'를 부여하고 있다. G마크의 바탕(녹색)은 친환경을 뜻하고 영문자 G는 도지사(Governor)가 품질을 보증하는 (Guaranteed), 우수하고(Good), 환경친화적이거나(Green) 지역명품(Gold) 농산물이라는 의미를 담고 있다.

5 경기도 문화콘텐츠(K-콘텐츠)

(1) K-콘텐츠 지식재산권 지원사항은 다음과 같다.
   ① 경기도가 대기업과 중소 제작사가 협력해 우수한 문화콘텐츠를 제작할 수 있도록 지원(대기업과 콘텐츠 융복합 제작 지원을 위한 지적재산권 협역 추진)
   ② ㉠ 웹툰·웹소설 지식재산, ㉡ 아티스트 지식재산, ㉢ 게임 지식재산, ㉣ 애니메이션·예능 지식재산을 중소제작사에 제공하며 프로젝트 발굴·선정·평가시에 참여하고 우수콘텐츠 제작을 위한 교육·컨설팅·멘토링을 지원

(2) 콘텐츠 산업은 데이터, AI(인공지능), XR, 블록체인 등 가장 최신의 문화 기술이 아이디어와 창조적인 실행력으로 융합되는 4차 산업혁명의 대표 분야이다.

(3) 특히 음악, 영화, 방송, 웹툰, 실감형 미디어 등 새로운 기술과 융합된 다양하고 참신한 한류 콘텐츠가 세계인이 주목하는 글로벌 콘텐츠로 많은 사랑을 받고 있다.

(4) 경기도는 남부의 게임, VR·AR, 지식정보 산업과 북부의 출판, 디자인, 방송·영상산업 등을 중심으로 전국 매출의 21.9%를 차지하고 있는 대한민국 콘텐츠의 중심이다.

CHAPTER

02 경기도 지역화폐

1 경기도 지역화폐의 의의 및 혜택

(1) 의 의

지역경제 활성화를 위해 경기도 31개 시·군에서 발행하고 지역 내에서 사용하는 대안화폐

(2) 소비자 혜택

① 6~10% 할인혜택

② 우대가맹점 할인혜택 제공

➡ 지역화폐 사용자들을 위해 자체 5%, 10% 점포 할인

③ 30% 소득공제

(3) 가맹점 혜택

① 카드 수수료 혜택: 신용카드 대비 수수료 0.25% 절감(가맹수수료 없음)

② 매출증대: "가맹점"은 지역 내 소비자 방문 증가로 실질적 매출 증대 효과

③ 홍보효과

2 경기도 지역화폐의 필요성

(1) 지역화폐는 도민의 삶의 질은 높이고 지역 상인의 소득은 늘릴 수 있다.

(2) 지역 안에서 자금이 돌고 돌아 전통시장과 골목상권이 살아난다.

(3) 지역을 생각하는 소비가 공동체를 활성화시키고 지역 발전의 원동력이 된다.

3 지역화폐 사용처

(1) 백화점, 대형마트, SSM 등 직영 프랜차이즈 및 유흥 사행업소는 사용 제한

(2) 연매출 10억원 이하인 소상공인 점포에서만 사용 가능(시·군에 따라 연매출 제한은 상이)

4 경기도 지역화폐의 종류

① 카드형, ② 모바일형, ③ 지류형(종이상품권)

5 **정책발행 사례**

(1) 청년기본소득

청년기본소득은 행복추구, 삶의 질 향상, 건강 수준 향상 등 청년의 사회적 기본권 보장을 지원하는 경기도형 기본소득 제도이다. 경기도에서 3년 이상 주민등록을 두고 거주 중인 만 24세 청년에게 분기별 25만원씩 총 100만원을 경기지역화폐(정책발행 카드)로 지원한다.

(2) 산후조리비

부 또는 모가 경기도에서 1년 이상 주민등록을 두고 거주한 출산가정에 출생아 1인당(2019년 1월 1일 이후 출생아부터 적용) 50만원을 지급한다.

CHAPTER 03 경기도 청년정책

1 경기청년포털 등

(1) 경기청년포털

경기청년을 위한 맞춤 정책 정보를 제공하고 소통채널을 통해 청년 참여를 활성화

(2) 청년지원사업단

경기도 청년기본조례 제17조 '청년지원단의 설치·운영'에 따라 경기도 청년의 사회참여 기회를 보장하고 청년의 권익증진과 발전에 기여한다.
① **청년네트워크**: 경기도 내 청년공동체를 발굴 및 지원하여 상호 교류 협력을 활성화하고 파트너십 구축으로 청년 조직기반 마련
② **청년참여기구**: 경기도 청년들의 정책참여를 높이고 영역별 청년 맞춤 정책 수립의 기반을 조성하기 위한 참여기구 운영
③ **청년연구**: 도내 청년정책 현황분석을 통한 청년정책 수립기반을 마련하고 청년 연구자를 발굴 양성
④ **청년공간**: 맞춤지원 및 운영자 간 소통을 통한 청년 공간 역량강화 도모
⑤ **청년소통**: 청년정책을 소식지로 홍보(카카오톡 채널 경기청년지원사업단 친구추가)

(3) 경기청년 마음상담소(온라인 고민상담소)

2 경기도 은둔·고립청년 대책

(1) 한국보건사회연구원의 실태조사에 따르면 2021년 기준 19~34세 청년 중 고립·은둔 청년이 53만 8천명 (5.0%)에 이르며 이는 100명 중 5명이 사회에서 고립된 청년이다.

(2) 경기도 19~34세 청년 연령 인구는 2023년 12월 기준 277만 2천168명이다.

(3) 경기도는 아직 은둔·고립청년에 대한 조례도 제정이 되지 않았다.

(4) 2022년 경기복지재단에서는 고립청년을 위한 지원사업을 실시하고 있다.

(5) 은둔형 외톨이는 사회적 약자다. 그들이 은둔 상황에서 스스로 벗어나지 못한다면 공적인 지원이 필요하다.

(6) 우선 은둔·고립청년에 대한 실태조사가 선행되어야 하며 경기도의회 차원에서 전문적인 종합지원체계 구축, 독립적인 생계를 위한 개인 맞춤형 서비스 설계, 고립청년 가족에 대한 지원, 사회적 고립청년에 대한 인식 전환 등 이들을 지원할 수 있는 조례 제정 등 제도적 방안을 적극 고민해야 한다.

3 **경기도 청년공동체 활동지원사업**

(1) 경기도 청년공동체 활동지원사업은 청년들의 다양한 커뮤니티 활동과 성장을 지원한다.

(2) 청년 3명 이상이 모여 낸 다양한 아이디어로 일자리, 주거 등 청년 문제를 스스로 해결하고 지역 공동체 활동을 펼칠 수 있도록 지원하는 것이 목적이다.

(3) 팀별 700만원 이내 사업비를 지원한다.

✏️ **Check point**

경기도 청년정책

1. 청년 기본소득
행복추구, 삶의 질 향상 등 청년의 사회적 기본권 보장을 지원하는 경기도형 기본소득제도

2. 군복무 경기청년 상해보험
군 복무 청년의 사고 발생에 대비하여 사고 피해 청년과 가족의 어려움을 덜어주기 위해 경기도에서 지원하는 제도

3. 경기행복주택 공급
① 청년층의 주거안정을 통해 저출산 극복의 마중물 역할
② 주거비 완화로 결혼을 유도하고, 육아형 주택 공급으로 출산 장려

4. 청년층을 위한 매입임대주택 공급
도심 내 청년층의 주거비 부담 경감 및 주거안정 도모를 위해 기존주택을 매입하여 개·보수 이후 저렴하게 임대

5. 중소기업 청년노동자 지원사업 & 청년 복지포인트
도내 중소기업 등 재직 청년에게 임금·복리후생을 지원하여 처우개선 및 일자리 미스매치 해소 도모

6. 경기 청년 면접수당
치열한 취업경쟁시대를 살아가고 있는 경기도 청년세대에게 면접시 소요되는 비용을 지원하여 경제적 부담을 경감하고 새로운 채용 트렌드에 맞춘 취업지원서비스 제공으로 청년의 구직역량 강화

CHAPTER
04 4차 산업혁명 대응

1 혁신거점 구축

(1) 스마트공장(안산), 드론산업(화성), 바이오 AI(광교), 의료AI(동백), IT(분당, 기흥), 자율주행(판교)

(2) 스마트공장 보급 확산 ⇨ 산업단지별 노후산단 재생사업 추진

2 규제샌드박스 활용 신기술과 신서비스 시장 출시 지원

(1) 수소충전소, 자율주행버스, 드론, 로봇, 3D 프린팅 등 주요 핵심기술 개발

(2) 바이오 기업 연구개발 지원, 나노 혁신기술 개발

(3) 판교 테크노밸리 자율주행 실증단지 조성

> **✅PLUS**
>
> **경기도 4차 산업혁명 적용분야**
> ① 편리하고 안전한 스마트 교통 및 물류: 자율주행차와 로봇택시를 활용한 도시교통과 물류산업에 혁신적 변화
> ② 스마트 공장: 공정자동화와 함께 로봇 활용도를 높여 효율적 생산 및 관리
> ③ 스마트 에너지: 사물인터넷, 빅데이터, 에너지 저장장치기술을 활용한 신재생에너지 보급확대 및 건물에너지 효율적 관리
> ④ 스마트 환경관리: 사물인터넷 빅데이터 AI를 활용한 미세먼지 배출원의 효율적 관리와 실시간 정보제공을 통한 대응능력 강화
> ⑤ 스마트 헬스케어 건강도시: 환자 중심의 건강관련 통합정보시스템을 활용. 진료정보의 표준화 및 연계 시스템 구축. 노인가구에 웨어러블 밴드 지급으로 건강 원격 체크
> ⑥ 스마트 시티: 사물인터넷과 빅데이터, AI 인프라를 활용한 도시 기능의 효율적 관리(주차, 범죄대응, 에너지 등)
> ⑦ 도시재생에 적용: ICT, 사물인터넷 기술을 접목하여 경기도형 도시재생 시범사업 추진
>   ㉠ 공유공간 조성: 다양한 주거형태, 청년창업 문화공간, 커뮤니티 공간 등
>   ㉡ 공유경제 서비스 활용: 공간공유, 물건공유, 교통공유, 정보 및 지식 공유

> **✅PLUS**
>
> **규제샌드박스**
> 1. 규제샌드박스란 기업들이 창의적인 아이디어를 마음껏 실현할 수 있도록 새로운 제품이나 서비스에 대해 일정기간 기존 규제를 면제하거나 유예시켜주는 제도이다.
> 2. 빠른 속도로 신기술과 신산업이 발전하고 있지만 법과 제도가 그 속도를 따라가지 못하는 경우가 있다. 이때 기업에게 필요한 제도가 바로 규제샌드박스이다. 규제에 가로막힌 기업의 성장을 돕는 제도로 실증특례를 통해 새로운 제품이나 서비스의 안전성이 검증되면 법령 개정 및 제도 개선이 추진된다.

3 스타트업캠퍼스

다양한 창업교육을 진행하고 바이오산업, 로봇산업, AR / VR산업 등 4차 산업혁명을 이끌어 나갈 다양한 산업분야에 대한 지원 및 육성도 이어지고 있다.

4 빅데이터 센터

(1) 경기도는 빅파이센터를 설립하는 등 빅데이터 활용에 앞장서고 있다.

(2) 빅데이터 센터 구축의 의미는 정보자원을 유연하게 관리할 수 있고 각종 데이터 요구에 신속히 대응이 가능하도록 하기 위함이다.

5 AR(증강현실) **/ VR**(가상현실) **산업지원**

(1) 3D 프린팅 기술지원

(2) 로봇산업 진흥 및 육성

6 테크노밸리 활용

경기북부와 동부에 판교 테크노밸리와 같은 첨단 테크노밸리 조성

7 경기도 디지털 대전환 추진(2022. 9. 28. 보도자료)

1. 추진배경 및 경과

(1) 우리나라의 경제성장 정체 및 제조업의 생산성 저하, 고령화 및 코로나 19 등으로 인해 디지털 전환의 필요성이 커지고 있으며 제조혁신과 메타버스 등 디지털 기반의 신산업 경쟁력이 중요해졌다.

(2) 국내 중소기업의 인식과 역량, 자원 부족이 디지털 전환에 큰 애로사항으로 작용하고 있으며 경기도는 판교 테크노밸리를 중심으로 디지털 전환 신산업을 적극 육성하고 있다.

(3) 이에 경기도는 '디지털 대전환 촉진에 관한 기본 조례'를 개정(2022.2.)하여 민간 전문가 중심의 위원회를 구성하고 디지털 대전환을 위한 5개 분야, 157개 전략과제를 수립(2022.9.)하였다.

2. 비전 및 목표

(1) 비 전

　　디지털 대전환으로 산업 간 동반성장과 도민의 삶의 질 제고

(2) 목 표

　　① **스마트제조혁신**: 디지털 전환으로 제조기업 경쟁력 강화와 미래 일자리 창출

　　② **스마트모빌리티**: 모빌리티 혁신으로 안전하고 편리한 경기 구현

　　③ **메타버스**: 경기 메타버스의 새로운 성장과 도민의 삶의 획기적 개선

④ 데이터·AI: 데이터·AI 기반 디지털 혁신으로 신뢰받는 경기 구현

⑤ 디지털 바이오·헬스: 디지털 바이오·헬스 산업 성장과 도민의 건강한 삶 실현

3. 추진전략 및 핵심과제

(1) 미래 디지털기술 대응 인력 양성

① 디지털 전환 교육의 중심 '경기도 미래기술캠퍼스' 구축

② 산업 / 기술 디지털 전환에 부합한 현장형 교육 운영

(2) 경기도형 디지털인프라 구축

① 디지털 전환을 주도할 경기도 대표 인프라 구축

② 지역 / 업종으로 디지털 전환을 확산하는 클러스터 강화

(3) 디지털 전환 선도 산업 육성 및 기업 성장 지원

① 미래 경쟁력 제고를 위한 중소기업의 디지털 전환 지원

② 디지털 혁신을 선도할 신산업 분야 유망기업 육성

(4) 도민 행복 디지털 서비스 구현

① 삶을 보다 스마트하게 하는 디지털 도민 서비스 확산

② 사회문제 해결을 위한 혁신기술 기반 서비스 도입

(5) 거버넌스 구축 및 규제혁신

① 디지털 전환 산학연관 협력체계 구축

② 디지털 전환을 가속화하는 규제혁신 지원

CHAPTER

05 탄소중립정책

1 현황 및 여건

(1) 온실가스 배출 현황 및 전망

① 전기·열 소비가 많은 건물 부문이 59.1%로 가장 큰 비중을 차지하며 차량 연료 소비에 따른 수송 30.9%, 폐기물 5.5%, 농축수산 4.5% 순이다.

② 온실가스 배출은 매년 증가하여 2018년 대비 30년 후에는 7.2%, 40년 후에는 15.9%, 50년 후에는 24.3% 증가할 것으로 전망된다.

(2) 온실가스 감축 여건

지속적인 인구·기업 증가와 3기 신도시 건설 등 도시개발 압력이 높아 에너지 수요 증가와 함께 온실가스 배출량은 지속적으로 증가할 전망이다.

(3) 비전 및 목표

① 비전: 지구의 열기를 끄다, 지속가능성을 켜다, Switch the 경기

② 목표: 2030 온실가스 배출량 40% 감축, 2050 탄소중립 실현

③ 추진방향

ㄱ 혁신성장: 수동적인 기후위기 극복을 넘어 혁신성장의 기회로 전환

ㄴ 공공선도: 공공부문의 선도적 역할을 통해 민간부문 확산 기반 마련

ㄷ 미래기회: 차기정부, 미래세대를 위해 책임 있는 탄소중립 정책 추진

ㄹ 도민참여: 정책 수립·실행·평가 전 과정에 도민 참여 보장

ㅁ 기후격차 해소: 취약계층의 기후위기 대응역량 제고로 기후격차 해소

2 온실가스 감축 대책

(1) Switch the Energy

① 공공 RE100: 공공부문의 선도적 역할을 통해 민간 부문 확산 견인

② 기업 RE100: 대규모 신재생에너지 생산·공급으로 산업경쟁력 확보

③ 도민 RE100: 도민이 창출한 사회적 가치에 정당한 보상으로 참여 유인

④ 산업 RE100: 에너지-산업 융합 모델 구축을 통해 산업전환 촉진

(2) Switch the City

① 탄소중립 선도 도시 모델 구축: 개발압력이 높은 경기도 특성을 반영하여 개발 초기 단계부터 탄소중립을 고려한 도시공간 조성 유도

② 제로에너지 건축 확대 및 건물의 에너지 성능 강화: 신축 건물의 ZEB 확대 및 기존 건물의 에너지 효율화 사업 추진

③ 생활 속 저탄소 인프라 구축: 도민이 체감할 수 있는 다양한 생활공간에 저탄소 인프라 설치 확대

④ 도민 탄소중립 생활 실천 확대: 온실가스 감축 실천 활동에 참여하는 개인·가구·공동체 등에 인센티브 제공 등을 통해 자발적 실천 노력 확산

(3) Switch the Mobility

① 교통수요관리 강화: 내연기관 자동차 이용 억제를 위해 대중교통 이용 및 승용차 운행거리 감축한 도민에게 인센티브 제공 등으로 승용차 수요 분산

② 친환경 이용수단 확대: 2030년까지 관용차 100% 친환경차 전환 및 승용차와 버스·택시·화물차 등 사업용 차량 전기·수소차 전환 지원

③ 대중교통 서비스 개선 및 철도망 확충: 생활권 광역화에 따른 수도권 장거리 통행수요에 대응하여 대중교통 이용 편의성을 높이고 녹색교통 활성화

④ 탄소중립 교통 인프라 확충 및 친환경적 도로 기능 개선: 친환경차 인프라 확충 및 재생에너지 생산 시설로 적극 활용하여 수송부문 탄소중립 기반 구축

(4) Switch the Farming

① 친환경 농업 확대 및 가축분뇨 자원화: 친환경·저탄소 농업을 확대하고 로컬푸드 활성화 기반을 조성하며 가축분뇨 자원화 시설 확충으로 온실가스 감축

② 농업 생산시설의 에너지 자립화: 농가 에너지 효율 제고 및 농업 기반 시설을 활용한 태양광 보급으로 탄소중립 농업 기반 조성

③ 탄소저감 농업 기술개발 및 보급: 농업부문 탄소감축을 위한 기술개발 및 보급 확산 추진과 탄소중립 실천 운동 활성화

(5) Switch the Waste

① 폐기물 발생의 원천 감소: 순환경제 전환으로 플라스틱을 포함한 생활 폐기물 발생을 줄이고 공공부문 일회용품 억제 선도로 민간 확산 지원

② 폐기물의 재활용 및 업사이클링 촉진: 재활용 확대를 위한 기반시설을 확충하고 업사이클 산업 활성화를 위한 지원체계 마련

③ 폐자원의 자원화: 수도권 직매립 금지를 대비한 소각시설 확충과 소각 과정에서 발생하는 열에너지 및 유기성바이오가스 에너지화로 온실가스 감축

④ 자연순환문화 조성 및 도민 참여 확산: 도민 참여 기반 자원순환문화 조성으로 폐기물 발생 억제 및 재활용 인식 확산

(6) Switch the Green

① 다양한 공간의 탄소흡수원 확충: 다양한 공간의 산림 조성과 도시 숲 확대 등을 통한 흡수원 확충으로 탄소 저감 및 도민 생활환경 개선

② 생태계 건강성 회복 및 탄소흡수원 보호: 훼손된 지형 및 식생 등 생태계를 복원하고 산림재해 방지 체계 구축 및 숲가꾸기 등을 통해 단소흡수원 보전

③ 산림경영기반 구축 및 산림바이오매스 이용 활성화: 산림순환경영 활성화 기반 구축 및 산림바이오매스 이용 활성화로 산림의 탄소흡수·저장기능 제고

3 대응기반 강화대책

(1) 기후위기 적응대책

① 회복력 강한 적응기반 구축: 기후위험 모니터링 및 평가 체계 확립, 사회기반시설 기후회복력 강화

② 극한 기후재난 피해 최소화: 극한재난 적응대책 마련, 기후재난 위험 지도 작성 및 비구조적 적응대책 강화

③ 기후격차 완화로 기후정의 실현: 기후위기 취약계층 안전망 구축, 기후취약산업과 지역의 적응대책 마련

④ 도민이 주도하는 심층 적응 거버넌스: 도민 수도의 기후 거버넌스 실현, 중소권역 및 시·군 차원의 기후 거버넌스 강화

(2) 공유재산에 미치는 영향 및 대응

① 행정자산의 기후위기 대응: 기후재난 위험으로부터 공유재산 인프라의 보호, 공유재산 유형별 기후 회복력 강화, 공유자산 활용 탄소중립 산업 전환

② 공유 자연자원의 기후위기 대응: 공유 자연자원의 탄소흡수원 가치 제고, 공유 자연자원의 생물 다양성 보존

(3) 국제협력 및 지자체 간 협력

① 글로벌 기후 리더십 확립과 강화: 국제 개발협력에서 기후대응 주류화 기반 구축, 국외 도시와의 협력 및 국제기구를 통한 다자간 협력 추진

② 녹색 ODA와 국제감축사업 생태계 조성 및 역량 강화: 녹색 ODA 강화, 기업의 국제감축사업 생태계 조성과 역량 강화

③ 지방정부 간 협력과 연대 활동 강화: 국내 타 시·도와의 협력과 연대 활동 강화, 경기도 시·군과 탄소중립 협력 체계 구축

(4) 교육·소통

① 학교 RE100 연계 지구동행 실천 교육: 학교 RE100 연계 경기도형 탄소 중립학교 운영, 학교 기후 변화 교육 지원

② 기후동행 기회소득 연계 지구동행 실천 확산: 기후행동 기회소득 연계 실천기반 교육 사업 추진, 도민이 주도하는 탄소중립 실천 사업 지원

③ 이해관계자와의 소통과 참여적 학습: 탄소중립 도민추진단 운영과 환경 교육도시 접근 강화, 도민 RE100 연계 활동가 양성

(5) 탄소중립·녹색성장 인력 양성

① 탄소중립 녹색성장 인적자원 육성기반 마련: 신규 인력 수요 대응 지역차원의 인적 자원 육성방안 마련, 지역과 대학 기관 협력 모델 구축

② 전문인력 역량 강화 및 기후격차 해소 교육훈련: 환경 미래 인재 역량 강화, 일자리 전환 재취업 지원

(6) 녹색성장 촉진

① 녹색기술 혁신 및 산업 생태계 조성: 탄소중립 기술개발 및 사업화 지원 중소기업 에너지효율화 기술 지원, 녹색금융 및 투자 활성화

② 녹색산업의 체계적 육성: 에너지신산업 육성, 기후위기 대응 적응 산업 육성, 융복합 녹색산업 지원

③ 기후테크 육성: 기후테크 기업 육성, 투자 확대, 거버넌스 구축 추진

(7) 청정에너지 전환 촉진

① 재생에너지 전환 촉진을 위한 규제 및 제도 개선: 주민 이익공유 도입 확대 에너지 전환 공공기관 경영평가 지표 반영, 중앙정부 제도개선 촉구

② 재생에너지 다변화 및 분산에너지 거버넌스 구축: 재생에너지원의 다변화, 분산에너지 확대를 위한 거버넌스 구축, 기후기금 조달을 위한 주민참여 활성화

(8) 정의로운 전환

① 정의로운 전환 추진기반 구축과 강화: 정의로운 제도적 기반 마련, 플랫폼 구축·운영, 지원센터 설치·운영 방안 마련

② 지역과 산업전환 대응: 탄소중립 산업·고용 영향 실태조사 및 DB 구축, 사회적 대화 촉진과 지원, 중소기업 전환 촉진을 위한 컨설팅, 협동조합 활성화 및 소상공인 정의로운 전환 지원

CHAPTER

06 복지정책

1 경기도형 긴급복지지원

(1) 경기도형 긴급복지지원 추진배경 및 지원내용

① **추진배경:** 국가형 보다 소득·재산 기준의 보장범위를 확대하고 차별화된 지원(간병비, 긴급통합지원)으로 위기 도민의 복지사각지대 해소
② **지원대상:** 생계곤란 등 위기상황의 발생으로 생계유지 등이 곤란한 가구
③ **지원내용:** 생계·의료·주거·교육·긴급통합지원

> ✔ PLUS
>
> **긴급복지지원제도(국가정책)**
> 1. 목적 ⇨ 일시적인 위기상황으로 긴급한 지원이 필요한 저소득층을 조기에 발굴하여 생계·주거·의료 등 복지서비스를 제공
> 2. 지원기준 ⇨ 소득 기준 중위소득 75% 이하

(2) 위기상황의 종류

① 주소득자가 사망·가출·행불·구금 등으로 생계가 곤란하게 된 때
② 중한 질병 또는 부상을 당한 때
③ 가구 구성원으로부터 방임·유기·학대·가정폭력·성폭력 등을 당한 때
④ 화재·자연재해, 경매·공매·월세체납으로 인한 강제 퇴거 등으로 거주하는 주택 또는 건물에서 생활하기 곤란하게 된 때
⑤ 실직, 사업실패(휴·폐업)로 소득을 상실하여 생계가 곤란하게 된 때
⑥ 시설 퇴소 아동
⑦ 입원환자나 치매노인, 알코올중독자, 정신질환자 등을 간병·보호하기 위해 소득활동이 미미하여 생계가 어려운 때
⑧ 과다채무 또는 빚 독촉으로 생계가 어려운 경우
⑨ 신용회복위원회 사전채무조정제도를 통해 채무변제유예처분을 받은 사람 중 생계가 어려운 경우
⑩ 「범죄피해자 보호법」 제3조에 따른 범죄피해자임을 관할 경찰서로부터 확인을 받은 사람 중에서 범죄피해로 인해 생계가 어렵다고 판단되는 경우
⑪ 보건복지부령으로 정하는 기준에 따라 지방자치단체의 조례로 정한 사유가 발생한 때
⑫ 그 밖에 보건복지부장관이 정하여 고시하는 경우가 발생하는 경우

(3) 신청절차

① 위기상황에 처한 사람이 직접 요청하거나 위기상황에 처한 자를 발견한 이웃주민(통·리·반장, 사회복지종사자 등)이 시·군·구·읍·면·동의 긴급복지 담당부서, 경기도 긴급복지 핫라인(010-4419-7722), 전용 콜센터(031-120-0), 긴급복지 콜센터 홈페이지, 경기복G톡에 신고
② 시장·군수는 지원의 필요성이 인정되는 경우 지체 없이 지원·결정 실시

2 **독거노인 돌봄 및 지원정책**

(1) 노인맞춤돌봄서비스

설날 등 명절 연휴 전후 대상자를 전수 방문해 안부를 확인하고 연휴기간 중 비상연락체계를 구축해 만일의 사태에 대비하고 신체적·정신적·사회적으로 취약해 일상생활 및 가사 지원의 필요가 큰 중점 돌봄 노인의 서비스 제공 시간도 최소 월 16시간에서 월 20시간으로 확대한다.

(2) 응급안전안심서비스

화재 등 응급상황 및 활동이 감지되지 않는 상황에서 119로 자동 신고하는 등 구급·구조를 지원하는 서비스이다.

(3) 공공형 노인 일자리 정책

독거노인, 거동 불편 노인, 장애인 등 사회 취약계층에 대한 서비스를 강화하고 공공시설 봉사를 한다.

(4) 민간급식단체와 연계 무료급식소 운영

(5) G-하우징 리모델링사업

장애인과 독거노인 등 저소득 소외계층 주거환경 개선사업을 실시한다.

(6) 독거노인 비상연락망 구축

독거노인 보호를 위해서는 응급상황에 대비한 비상연락망을 구축하고 폭설·한파 등 기상특보 발령시 1,183명의 노인돌봄 생활관리사가 매일 3만여 명에 달하는 취약 독거노인들의 안전을 확인한다.

(7) 독거노인 종합지원센터 운영

민간 후원으로 들어온 온열매트·침구·내복 등의 난방용품을 주거환경이 취약한 독거노인에게 우선 지원한다.

(8) 홀몸어르신 365일 햇빛쬐기사업

보건소 간호사들이 독거노인가정을 직접 방문해 말벗도 되어드리고 육체적·정신적 건강문제들을 점검하고 관리하는 사업이다. 경기도가 독거노인의 건강관리를 위해 시작한 '홀몸어르신 365일 햇빛쬐기사업'이 노인들의 의료비 지출, 병원 방문 횟수, 우울증 감소 등에 효과가 있는 것으로 나타났다.

(9) 독거노인 방문건강관리사업(하남)

방문간호사, 독거노인생활관리사 등을 대상으로 게이트키퍼(자살위험대상자를 조기에 발견해 전문기관에 연계하는 사람)를 양성한다.

(1) 개 요

① 복지혜택이 잘 미치지 않는 영역을 말할 때 사용한다. 주로 차상위계층을 일컫는다. 차상위계층이란 소득인정액이 기준 중위소득 50% 이하로 기초생활보장급여 대상이 아닌 계층이다.

② 사회안전망의 작동 미흡에 따른 가족동반자살 등 사회적 비극이 지속되고 있는 현실이다.

③ 경제적 여건 악화 및 생활고 등에 기인한 자살 사건이 증가하는 추세로 고용·복지 안전망의 강화가 시급하다.

(2) 기존 복지전달체계의 문제점

① 기존의 사회보장 정보전달체계는 소득보장(공공부조) 중심으로 진화해 보편적 서비스를 위한 정보 기반 및 민·관 협력 중심의 연계·통합 기반이 미흡하였다.

② 소득보장 부문 외의 사회서비스 정보는 공급자를 중심으로 사업별·대상별(아동·장애인·노인 등) 분산 관리되어 수요자의 복합적 복지 욕구(소득+돌봄+건강 등)에 효과적 대응이 곤란하였다.

③ 서비스 제공 주체 간 정보연계 부족으로 지역사회 중심의 민·관 협력을 통한 통합 서비스 제공에 한계가 있었다.

④ 수요자의 정보 부족으로 인한 신청 불편 또는 누락, 지자체 공무원의 과도한 업무부담으로 찾아가는 복지서비스 운영에 한계가 있었다. 또한 정보시스템의 처리능력 한계로 인한 업무 비효율성 등의 문제가 제기되었다.

(3) 개선방안

① 기존 사회보장정보시스템(행복e음, 범정부시스템, 복지로)에 사회서비스 종합정보시스템, 지역사회 통합돌봄 플랫폼을 추가하고 지역보건시스템 연계 고도화

② 빅데이터 기반의 '찾아주는 복지서비스 패러다임'으로의 전환 예고

③ '찾아주는' 개념의 포용적 서비스 강화로 '몰라서 못 받는 복지사각지대' 해소 및 복지 신청의 편의성 제고

④ 빅데이터·인적 안전망 등 위기 가구 발굴 방안을 다각화하고 지역 특성을 반영한 위기 가구 분석·발굴 시스템 구축

⑤ 위기 가구의 대상을 빈곤뿐 아니라 고립, 관계단절, 정신적·인지적 문제 등의 여러 차원으로 확장

⑥ 지자체에서 지역별 위기상황(고용위기 등)을 고려해 자체적으로 위기 가구를 분석·발굴하도록 지원

⑦ 지역사회 내 민·관이 함께하는 사례관리 공통플랫폼, 사회서비스 종합정보시스템 구축을 통해 대상자 중심의 통합 서비스 제공기반 마련

⑧ 사회서비스 종합정보시스템을 구축해 시설별·사업별로 분절된 정보를 개인 중심으로 통합, 생애주기별 성장 관리, 복지수급 이력 관리 기반 제공

⑨ 지자체 공무원의 조사업무 경감을 통해 대국민 상담 역량과 찾아가는 서비스 강화에 집중할 수 있도록 지원

⑩ 사회보장 빅데이터를 활용해 과학적 근거 기반의 정책 개발을 지원하고 정보시스템의 구조적 안전성·효율성·편의성 강화

CHAPTER 07 경기북부 균형발전 방안

1 현황 및 격차 원인

(1) 경기남부에 비해 경기북부는 상대적으로 낙후

① 1인당 지역 내 총 생산은 경기남부의 2/3 수준
② 전국 최하위 수준의 도로보급률
③ 북부의 1인당 GRDP는 남부의 60% 수준임

(2) 수도권 규제

경기북부는 수도권정비계획법에 의해 성장관리권역으로 설정되어 있고 군사시설보호구역, 개발제한구역으로 묶여 개발 규제가 많음

(3) 인프라 부족

각종 규제와 개발낙후로 SOC 등 기본 인프라 부족

2 경기북부 발전방안

(1) 한반도 신 경제지도에서 제시한 DMZ 환경·관광벨트

설악산, 금강산, 원산, 백두산을 잇는 관광벨트 구축 및 DMZ를 생태·평화안보 관광지구로 개발

(2) 남북접경지역 발전

① 통일경제특구 지정·운영
② 남북 협의를 통해 남북 접경지역 공동관리위원회 설치
③ 서해 평화협력특별지대 추진 여건 조성
④ 개성공단과 연계하여 통일경제 전진기지화
⑤ 남북경협 확대 대비 인프라 조성과 이를 위한 규제완화 필요
⑥ 군사시설규제 등의 합리화 필요
⑦ 남북교류협력사업 활성화
⑧ 남북교류협력기금의 확대 조성
⑨ 미군반환공여지 개발 추진

(3) 경기북부를 대한민국 대표 1박 2일 관광지로 육성

① 지역 관광자원을 융합한 1박 2일 체류형 관광상품 개발
② 다각적인 홍보로 경기북부에 대한 관광 관심 제고

(4) 산업 환경 조성

① 디스플레이·모빌리티 벨트, 첨단전략산업 벨트 등 신산업 기업 유치

② 경기북부 K-콘텐츠 창조 플랫폼, 관광 MICE 벨트 구축

③ 고령화·인구변화에 대비한 메디컬·헬스케어 벨트 구축

(5) 광역 교통인프라 구축

① GTX 복합환승센터 비즈니스 거점 개발

② 공공 의료기반 확충, 명문대학 유치를 통한 정주여건 개선

3 통일 대비 선도적 도로·철도망 구축

(1) 국가주도형 고속도로 확충

북부지역의 수도권 접근성 개선을 위한 국가주도형 고속도로 확충

(2) 선택과 집중을 통한 효율적 지방도로 건설 추진

도 SOC예산 감소에 따라 "선택과 집중" 원칙으로 북부 도로망 확충

(3) 지방도 노선개편 및 불합리한 도로구역 재정비

지방도 노선을 이용자가 알기 쉽게 개편하고 불합리하게 지정된 도로(접도)구역 정비 추진

(4) 경기북부 철도사업 추진

① 고속철도(KTX) 및 수도권광역급행철도(GTX) 추진

② 경의선과 경원선 연결

MEMO

경기북부특별자치도

1. 특별자치도

지방자치법 제2조에 따른 대한민국 지방자치단체의 하나로 관련 특별법에 근거해 고도의 자치권이 보장된다. '도'에서 '특별자치도'로 지정되면 행정과 재정 부문에서 많은 중앙정부의 권한과 기능을 부여받을 수 있다. '도'와 달리 '특별자치도'에만 특별하게 부여해준 권한과 기능을 '특례'라고 하며 이런 '특례'를 통해 지역에 맞지 않은 전국적으로 획일적인 규제를 지역의 특성과 여건에 맞게 정상화함으로써 지역발전의 토대가 될 수 있다.

2. 경기북부특별자치도

경기북부지역(고양시, 남양주시, 파주시, 의정부시, 양주시, 구리시, 포천시, 동두천시, 가평군, 연천군, 김포시)을 경기도에서 분리하여 경기북부특별자치도를 설치함으로써 넓은 땅과 많은 우수한 인적자원 등 경기북부의 성장잠재력을 극대화하고 남북 평화시대를 준비하기 위한 '민선8기 경기도지사 핵심 공약' 중 하나이다.

3. 경기북부특별자치도의 필요성

① 경기북도가 가진 360만 인구와 잘 보존된 자연생태계를 우리의 경쟁력으로 살릴 때 대한민국 전체 경제성장률을 1~2%P는 올릴 수 있을 것이다.

② 경기북부는 접경지역법, 군사시설보호법, 수도권정비계획법, 그린벨트, 상수원보호구역 등 다수의 중첩규제를 받고 있는 상황이다.

③ 경기북부는 지정학적으로도 무한한 발전 잠재력을 가지고 있으며 남북협력과 통합의 중추적인 거점이다.

④ 지식집약산업 시대에는 수도권 접근성이 뛰어나고 활용 가능한 토지를 보유한 경기북부가 새로운 국가 산업 경쟁력 확보를 위한 대안이다.

4. 경기북부의 미래 성장 잠재력

① 경기북부는 우수한 인적 자원을 보유: 인구는 360만명으로 경기도 인구의 25.8% 차지

② 경기북부는 넓은 면적을 보유: 경기북부 면적 $4,268km^2$로 道 전체 면적 $10,195km^2$의 42%

③ 경기북부는 풍부한 역사·문화·관광 자원을 보유

　㉠ 분단·DMZ·접경지역·평화상징의 글로벌 랜드마크 가능성 보유

　㉡ 주한미군 공여지, 미활용 군용지 등 개발가능성이 풍부한 토지

　㉢ 한반도 번영의 중심지 및 중핵지대로서의 세계적 가치

　㉣ 잘 보전된 생태환경과 풍부한 역사·문화·관광자원

CHAPTER

08 스마트시티

1 스마트시티의 의의

(1) 도시의 경쟁력과 삶의 질 향상을 위하여 건설, 정보통신기술 등을 융·복합하여 건설된 도시기반시설을 바탕으로 다양한 도시서비스를 제공하는 지속가능한 도시

(2) 교통·물류·에너지·환경·생활 / 복지·안전 / 행정·경제·주거 등 다양한 분야의 서비스 제공으로 도시기능을 효율화하고 도시문제를 해결하는 도시

(3) 4차 산업혁명 기술의 활용으로 저출산고령화, 환경오염, 에너지문제, 교통문제, 방범 및 안전문제, 탄소중립 등 다양한 분야에서 적용 가능

2 스마트시티의 추진배경

(1) 글로벌 저성장 추세, 첨단 ICT의 급격한 발전, 증가하는 도시개발 수요를 바탕으로 전 세계 각국에서 경쟁적으로 스마트 시티 추진

(2) 정부에서 추진 중인 혁신성장 선도사업, 4차 산업혁명 관련 신기술의 성과 가시화를 위하여 스마트시티 조성·확산이 필수

(3) 빅데이터·인공지능(AI) 등 지능형 인프라, 자율차·드론 등 이동체, 가상현실, 신재생에너지 등 혁신기술을 체감할 수 있는 공간 조성

(4) 교통·에너지·환경 등 파급효과가 큰 미래 신성장동력으로 역할

3 세종시와 부산시의 스마트시티 시범도시 운영

(1) 사물인터넷 기술을 활용하기 위한 인터넷 센서가 도시 전체에 설치되고, 실시간 교통정보 제공과 드론 등을 이용한 응급 의료지원, 빈 주차구역 안내 등 스마트파킹, 방범과 소방서비스 시스템 등 구축

(2) 부산 스마트시티는 첨단 정보통신 기술을 활용한 상하수도 관리 시스템 등 '친환경 물 특화 도시'로 조성

(3) 시범도시를 통해 확보한 스마트시티 노하우를 기존 다른 도시에 적용하는 것은 물론 해외에 수출하는 방안도 모색

4 **국가시범도시**(세종·부산) **및 국가전략 R&D**(대구·시흥)**의 핵심 가치·기술을 효과적으로 조합** ⇨ **최적의 스마트서비스 도출**

(1) 스마트시티 국가 시범도시(세종 5−1생활권, 부산 에코델타시티, 이하 '국가 시범도시')를 규제에 가로 막힌 혁신기술을 아무런 제약 없이 적용해볼 수 있는 실험장(테스트베드)으로 조성하여 창의적인 아이 디어와 혁신 기술을 가진 기업은 누구나 단독 또는 연합체(컨소시엄) 등 다양한 형태로 본 사업에 참여 할 수 있도록 기회를 제공

(2) 시범도시 사업을 통해 검증된 혁신 기술과 서비스는 향후 시범도시 본 사업은 물론 전국으로 확산·보급 될 수 있도록 적극 지원하여 미래의 혁신성장을 이끄는 마중물이 될 것으로 기대

◉ 한국형 스마트시티 모델 7대 핵심 서비스(안)

구 분	내 용
스마트 에너지	• 연료전지, 제로에너지 건축물 등 첨단 에너지 절감 기술 도입 • 태양광·폐기물 등 신재생 에너지 적극 활용
스마트 행정	• 시민소통채널, 리빙랩, 사회공헌 플랫폼, M−Voting, 디지털 트윈 도입 • 증강도시 활용 도시행정 가능한 점을 강조
스마트 안전	• 스마트 응급 호출, 대피 유도 시스템, 지능형 CCTV 등 안전한 도시 기능 • 스마트시티 통합플랫폼 포함
스마트 교통	• 공유모빌리티, 자율주행, 스마트 공공교통 등을 통합 패키지화하여 반영 • 드론·로봇 택배, 모바일 추적 등 스마트 물류 구축
스마트 헬스케어	• AI 스마트 문진, 개인 건강정보 축적, 병원 간편예약 서비스 등 기능 • 원격의료 시스템 포함
스마트 에코	• Smart Water Management, 하수 재이용 등이 적용된 모델 구축 • 미세먼지·오존 등 대기환경 관리시스템 반영
스마트 데이터	• 슈퍼컴퓨터, 5G, 공공Wifi 등 우수한 통신 기술을 적극 반영한 모델 구축 • 블록체인 기반의 도시 보안시스템 마련·구축

CHAPTER

09 주요 행정정책

1 빅데이터 기반 과학행정

1. 빅데이터의 의의

(1) 빅데이터란 단순히 글로 보이는 정보뿐 아니라 영상이나 사진, 수치 등 형태를 달리하는 모든 정보

(2) 빅데이터는 쇼핑뿐 아니라 금융이나 교육, 여가활동 등 여러 분야에서 활용

2. 행정분야 빅데이터 활용방안

(1) 빅데이터 분석결과의 상시 서비스화를 통해 도와 시·군 업무관계자가 실질적으로 행정 현장에 이용할 수 있도록 시스템 구축

(2) 경기도의 빅데이터 분석과제 중 CCTV 우선 설치지역 분석, 119구급차 배치 및 운영 최적화 분석, 내·외국인 관광객 관광패턴 분석 등 3개 과제를 우선적으로 관련 공무원들에게 제공

(3) 이번 서비스는 업무 관련자들이 일반 업무환경에서 시스템에 접속한 뒤 상시 시각화 된 분석결과를 확인하고 업무에 활용할 수 있어 정보접근 용이성이 대폭 개선

(4) 일선행정 중심의 상시 서비스 활용을 통해 담당 공무원들은 빅데이터와 행정업무를 쉽고 간편하게 접목할 수 있게 되며 점진적으로는 빅데이터 기반 과학적인 도정 구현이 가능할 것으로 예상

(5) 향후 일자리·인구정책 빅데이터 분석사업이 완료되면 그 결과도 추가적으로 서비스할 예정

2 옴부즈만 제도

1. 옴부즈만 제도의 의의

옴부즈만이란 스웨덴어로 남의 일을 대신해서 해 주는 대리인(Agent)이라는 뜻이며 시민의 대리인으로 행정에 대한 시민의 고충을 접수하여 중립적인 입장에서 이를 조사하여 필요한 경우 시정조치를 권고함으로써 시민과 행정기관 양자간에 발생하는 문제를 신속하게 해결하기 위해 임명된 사람 또는 비사법적 시민권익 보호제도이다.

2. 고충민원 및 사례

(1) 행정기관 등의 위법·부당하거나 소극적인 처분(사실행위 및 부작위를 포함) 및 불합리한 행정제도로 인하여 주민의 권리를 침해하거나 불편 또는 부담을 주는 사항에 관한 민원

(2) 개발행위허가, 도로점용허가 등 각종 인·허가 신청관련 불허가·반려처분시 그 사유에 위법·부당이 있는 경우

(3) 농지전용부담금, 과태료 및 취득세 부과 등에 위법·부당이 있는 경우

(4) 무허가 건물 철거 등 행정의 일방적 의사결정에 의해 권익침해를 당한 경우

3. 옴부즈만·행정심판·행정소송의 비교

구 분	옴부즈만	행정심판	행정소송
목 적	위법·부당하거나 소극적 행위 및 불합리한 행정제도로 불편·부담을 받은 경우 권익구제	행정의 적정한 운영을 위한 행정감독	행정작용에 의하여 침해된 국민의 권익구제
성 격	비쟁송제도	쟁송제도	쟁송제도
기 간	제한없음	행정처분 후 90일 이내	취소소송은 처분이 있음을 안 날로부터 90일 이내 처분이 있는 날로부터 1년 이내
범 위	위법·부당한 처분(사실행위) 부작위, 불편·부담 등 포괄적	행정의 적법성 및 합목적성	행정의 적법성 유무(재량권 일탈·남용 포함)
접근성	매우 높음	행정소송보다는 접근용이	접근성이 매우 어려움
비 용	무료	행정소송보다는 경제적 부담이 적은 편	경제적 부담이 높음

3 민원안내 및 상담

1. 경기도 민원안내

🔷 언제나 민원실

경기도 언제나 민원실 운영 낮에도, 밤에도, 주말에도, 휴일에도 언제나 OK
365일 24시간 늘 도민을 맞이하겠습니다.

01 언제나 민원실은?
민원전문 공무원이 도정과 관련된 모든 민원을 처리해 주고 있습니다.

02 운영시간은?
24시간 언제나 가능합니다.

03 무엇이든 도와 주시나요?
평일, 국·공휴일 여권(일반)발급, 유기민원 334종 접수 및 자격증·면허증 교부
교통·환경 등 일상생활 불편민원 접수·처리
생활법률(행정·민사·형사 등), 산업단지 등 인허가, 기업애로, 일자리(취업알선 등),
무한돌봄, 세무·부동산 상담·예약

04 이용방법은?
방문문의 및 전화는 경기도 콜센터 120
트위터는 경기스마트120(@ggsmart120)

2. 고충민원 상담

(1) 경기도 고충민원 상담은 민원인 입장에서 청취·상담·자문을 통한 민원해소 및 도민의 권익구제 강화를 위해 운영

(2) 도민 생활과 관련된 고충민원 조정·상담·접수 등 상담

(3) 기업불편 애로사항 자문 및 상담

(4) 취약계층(노약자, 장애인 등) 민원 대행서비스 제공

(5) 민원 행정서비스 개선을 위한 제안 및 건의사항 상담 접수

3. 민원조정관 제도

(1) 도민 민원에 대해 그동안 인력부족 등으로 인한 체계적 관리 부족으로 인한 잦은 민원핑퐁, 처리기간 연장 등 민원 불편사항 발생에 대해 민원조정관 운영을 통하여 1:1 맞춤형 민원서비스를 제공한다.

(2) 1:1 상담을 통한 담당부서 협의 대행 및 민원처리 전 과정을 책임적으로 안내한다.

(3) 민원회신 결과에 대한 만족도 파악 및 부서에 피드백을 한다.

CHAPTER

10 주요 현황

1 경기도 인구

① 총 1,363만명
② 외국인 43만명 포함
③ 서울시 인구 939만명, 세종시 39만명

2 경기도 면적

① 총 10,198km^2
② 수도권정비구역 100%
③ 군사시설보호구역 22%
④ 팔당특별대책지역 21%
⑤ 개발제한구역 11%

➡ 경기도는 수도권정비계획법(일명 수정법)에 따라 각종 개발제한과 투자제한 등의 규제를 받고 있다. 특히 인구집중유발시설 과 대규모의 개발행위가 제한된다.

✅PLUS

수도권정비계획법

1. 의의
수도권에 과도하게 집중된 인구와 산업을 적정하게 배치하도록 유도하여 수도권을 질서있게 정비하고 균형있게 발전시 키는 것을 목적으로 하는 특별법이다.

2. 규제지역
수도권정비계획법의 규제지역은 수도권이다. 수도권이란 서울특별시와 인천광역시 및 경기도를 말한다.

3. 규제사항
① 중점규제사항: 수도권정비계획법에서 중점 규제하는 사항으로는 우선 수도권의 66개 시·군을 규제정도에 따라 과밀억제권역, 성장관리권역과 자연보전권역 등 3개 권역으로 나누어 지정하고 권역별로 인구집중시설과 대규모 개 발사업에 대한 규제를 달리하는 것이다.
② 수정법 개폐 논의: 1983년에 제정되어 30년 이상 시행되어 온 수도권에 대한 규제가 쉽사리 허물어 지지 않는 것은 국제경쟁력 강화라는 세계적 추세에 따른 수도권 규제의 완화 필요성을 간절히 느끼면서도 대규모 도시화 집중에 따른 불균형과 폐해가 적지 않은데다가 비수도권의 반발이 심각하기 때문이다.

3 행정구역

① 31개 시·군(28시, 3군 ⇨ 가평군, 양평군, 연천군)
② 602개 읍·면·동

4 공무원 수

① 16,244명(일반 4,749명 / 소방 11,495명)
② 일반직 공무원 1인당 주민수 3,008명(전국 902명의 3.3배 수준)
③ 31개 시·군 공무원 52,099명

5 예산현황

(1) 2024년 본예산 규모 ⇨ 36조 1,210억원

① 일반회계: 32조 1,504억원(지방세 53% 차지, 보조금 42%)
② 특별회계: 3조 9,706억원
③ 가장 큰 비중: 일반회계 예산 중 가장 많이 차지하는 것은 사회복지여성예산으로 14조 9,859억원
(46.6%)

(2) 경기도 재정자립도 및 재정자주도 ➡ 2024 경기도 예산기준 재정공시 자료 참고

① 재정자립도: 45.42%
② 재정자주도: 45.82%

MEMO

2024

스티마 면접

지방직(경기도 부록편)

04

5분 스피치

CHAPTER

01 진행방식 및 기출주제

1 5분 스피치 진행방식(2019~2022년 기준)

(1) 대 상

① 도청 공채: 경기도에 응시하여 필기시험에 합격한 자 중 면접시험 등록을 마친 자(경기도 시·군별 응시자는 해당 없음)

② 경력경쟁: 경기도 시·군별 응시자 포함 전체

(2) 작성시간

30분 ⇨ 목적은 주제에 대한 발표력 및 커뮤니케이션 능력 평가

2 5분 스피치 진행과정

(1) A4 용지 2장(줄눈으로 된 용지)이 제공되며 한 장은 주제가 적혀져 있고 제출용이며, 한 장은 합격생들이 메모할 수 있는 용지이다.

(2) 제출용은 면접 시작 전에 합격생에게 제공하며 보면서 발표할 수 있다.

　➡ 연습용 메모지 백지 A4 2장, 5분 스피치 제출용 1장, 사전조사서 1장, 평정표 3장이 한 번에 제공된다.

(3) 사전조사서를 제일 먼저 제출하고 그 다음에 5분 스피치를 제출한다.

3 5분 스피치 기출주제

✔**POINT** 전입면접에서는 경기도 현안문제와 조직생활 관련 주제가 출제된 바 있고 경기도 현안문제 비중이 더 높았다.

구 분		기출주제
2019	도청 공채	경기도 현안문제가 공통주제로 출제 ⇨ 경기도 홍보방안
2020	도청 공채	도덕성에 관한 주제 제시
	경기도 경력경쟁	공무원으로서의 자세를 묻는 공직관 주제와 함께 최근 사건을 바탕으로 한 상황형 주제가 출제 ⇨ 아파트 경비원 사건
2021	경력경쟁	선물의 정의, 소확행에 대한 생각, 영화나 책의 주인공, 미래과학기술 등 다양한 주제가 출제
	공 채	버킷리스트가 주제로 제시
2022	공 채	경기도 하면 떠오르는 이미지와 그 이유, 더 나은 경기도를 위한 아이디어, 코로나로 힘들었던 점과 경기도가 할 수 있는 정책

4 2024년 5분 스피치 주제 준비방향

① 경기도지사의 공약인 "더 많은 기회", "더 고른 기회", "더 나은 기회"와 관련하여 준비
② 경기도 청년정책 관련 문제점과 개선방안
　　➡ 특히 고립·은둔청년에 대한 대응방안에 대해 생각해 두어야 한다.
③ 경기도 복지사각지대 해결방안
④ 경기도 콘텐츠 경쟁력 강화방안
⑤ 디지털 전환 필요성 및 문제점 보완방안
⑥ 기후위기 대응 탄소중립정책

MEMO

5분 스피치 [질문지]

┤ 내용 작성시 주의사항 ├

- 발표방식은 준비시간 30분 / 5분 내외 발표 후 면접위원이 추가 질문을 할 수 있습니다.
- 발표를 위해 질문지 여백에 메모는 가능하며 면접시 참조가 가능합니다.
- 질문지는 면접 완료 후 반드시 반납하여 주시기 바랍니다.

경기도를 홍보할 수 있는 방안에 대하여 자유롭게 발표하시오.

(예시) 유튜브를 이용하여 경기도 관광지를 소개한다.

※ 6하 원칙에 의거하여 작성하여 주십시오.

① 홍보배경	
② 홍보목적	
③ 홍보내용	

5분 스피치(메모용지)	성　명	
	응시번호	

5분 스피치 [질문지]

┤ 내용 작성시 주의사항 ├

- 발표방식은 준비시간 30분 / 5분 내외 발표 후 면접위원이 추가 질문을 할 수 있습니다.
- 발표를 위해 질문지 여백에 메모는 가능하며 면접시 참조가 가능합니다.
- 질문지는 면접 완료 후 반드시 반납하여 주시기 바랍니다.

공직자의 경우에는 직무수행 과정에서 공익과 사익의 충돌을 자주 경험하게 된다. 다른 누구보다 공직자의 윤리와 도덕성이 특별히 더 강조되는 이유가 여기에 있다. 공직자에게 도덕성이 중요한 이유와 실천방안에 대해 발표하시오.

① 도덕성이 중요한 이유	
② 실천방안	

5분 스피치 [질문지]

┤ 내용 작성시 주의사항 ├

- 발표방식은 준비시간 30분 / 5분 내외 발표 후 면접위원이 추가 질문을 할 수 있습니다.
- 발표를 위해 질문지 여백에 메모는 가능하며 면접시 참조가 가능합니다.
- 질문지는 면접 완료 후 반드시 반납하여 주시기 바랍니다.

대한민국(경기도) 공무원이 가져야 할 3가지 덕목과 그 이유에 대해 발표하시오.

① 덕목 3가지	
② 선정이유	
③ 향후 노력	

5분 스피치 [질문지]

┤ 내용 작성시 주의사항 ├

■ 발표방식은 준비시간 30분 / 5분 내외 발표 후 면접위원이 추가 질문을 할 수 있습니다.
■ 발표를 위해 질문지 여백에 메모는 가능하며 면접시 참조가 가능합니다.
■ 질문지는 면접 완료 후 반드시 반납하여 주시기 바랍니다.

만약 당신이 ○○시 팀장으로서 역할을 하게 된다면 신입 공무원에게 바라는 3가지 덕목은 무엇인지 그리고 그 이유에 대하여 발표하시오.

① 신입공무원에게 바라는 덕목 3가지	
② 선정이유	

5분 스피치 [질문지]

┤ 내용 작성시 주의사항 ├

■ 발표방식은 준비시간 30분 / 5분 내외 발표 후 면접위원이 추가 질문을 할 수 있습니다.
■ 발표를 위해 질문지 여백에 메모는 가능하며 면접시 참조가 가능합니다.
■ 질문지는 면접 완료 후 반드시 반납하여 주시기 바랍니다.

최근 한 아파트 경비원이 주민과의 갈등으로 인한 폭행으로 자살한 사건이 발생되었다. 이러한 자기중심
(自己中心)적이고 개인이기주의(個人利己主義)가 만연한 문제를 해결하려면 어떻게 해야할지 쓰고 본인의
갈등해결 경험을 통하여 발표하시오.

① 개인이기주의 원인	
② 해결방안	
③ 갈등해결 경험	

5분 스피치 [질문지]

┤ 내용 작성시 주의사항 ├

▪ 발표방식은 준비시간 30분 / 5분 내외 발표 후 면접위원이 추가 질문을 할 수 있습니다.
▪ 발표를 위해 질문지 여백에 메모는 가능하며 면접시 참조가 가능합니다.
▪ 질문지는 면접 완료 후 반드시 반납하여 주시기 바랍니다.

코로나19 대응 업무분담으로 인해 연장근무와 주말근무가 계속되어 본연의 업무가 지연된다면 어떻게 대응할 것인지에 대해 발표하시오.

① 지연원인	
② 해결방안	
③ 일처리 경험	

5분 스피치 [질문지]

┤ 내용 작성시 주의사항 ├

- 발표방식은 준비시간 30분 / 5분 내외 발표 후 면접위원이 추가 질문을 할 수 있습니다.
- 발표를 위해 질문지 여백에 메모는 가능하며 면접시 참조가 가능합니다.
- 질문지는 면접 완료 후 반드시 반납하여 주시기 바랍니다.

꼭 이루고 싶은 버킷리스트와 그 이유에 대해 발표하시오.

① 버킷리스트	
② 이 유	

5분 스피치 [질문지]

┤ 내용 작성시 주의사항 ├

■ 발표방식은 준비시간 30분 / 5분 내외 발표 후 면접위원이 추가 질문을 할 수 있습니다.

■ 발표를 위해 질문지 여백에 메모는 가능하며 면접시 참조가 가능합니다.

■ 질문지는 면접 완료 후 반드시 반납하여 주시기 바랍니다.

'경기도' 하면 떠오르는 이미지와 그 이유에 대해서 발표하고 더 나은 경기도를 만들기 위한 아이디어를 자유롭게 제시해보시오.

① 경기도의 이미지와 그 이유	
② 더 나은 경기도를 위한 아이디어	

5분 스피치 [질문지]

┤ 내용 작성시 주의사항 ├

■ 발표방식은 준비시간 30분 / 5분 내외 발표 후 면접위원이 추가 질문을 할 수 있습니다.
■ 발표를 위해 질문지 여백에 메모는 가능하며 면접시 참조가 가능합니다.
■ 질문지는 면접 완료 후 반드시 반납하여 주시기 바랍니다.

코로나로 인해 힘들었던 점은 어떤 것이 있었고 그 문제해결을 위해 경기도가 할 수 있는 정책에 대해 자유롭게 발표하시오.

① 코로나로 인해 힘들었던 점	
② 경기도가 할 수 있는 정책	

5분 스피치 [질문지]

┤ 내용 작성시 주의사항 ├

- 발표방식은 준비시간 30분 / 5분 내외 발표 후 면접위원이 추가 질문을 할 수 있습니다.
- 발표를 위해 질문지 여백에 메모는 가능하며 면접시 참조가 가능합니다.
- 질문지는 면접 완료 후 반드시 반납하여 주시기 바랍니다.

사회적 약자를 위해 복지 지출을 늘리는 것과 경제활성화를 통한 낙수효과 중 어느 것을 먼저 우선할 것인지에 대해 자유롭게 발표하시오.

① 우선시 할 것	
② 이유	

CHAPTER

02 연습문제

5분 스피치 [질문지]

── 내용 작성시 주의사항 ──

- 발표방식은 준비시간 30분 / 5분 내외 발표 후 면접위원이 추가 질문을 할 수 있습니다.
- 발표를 위해 질문지 여백에 메모는 가능하며 면접시 참조가 가능합니다.
- 질문지는 면접 완료 후 반드시 반납하여 주시기 바랍니다.

공무원에게 창의성이 중요한 이유와 창의성을 발휘한 경험에 대해 자유롭게 발표하시오.

① 새로운 방식으로 문제를 해결한 경험	
② 행정에서 창의성의 중요성	
③ 창의 행정을 위한 노력	

─────│ 내용 작성시 주의사항 │─────

■ 발표방식은 준비시간 30분 / 5분 내외 발표 후 면접위원이 추가 질문을 할 수 있습니다.
■ 발표를 위해 질문지 여백에 메모는 가능하며 면접시 참조가 가능합니다.
■ 질문지는 면접 완료 후 반드시 반납하여 주시기 바랍니다.

공직에 입문하게 된다면 어떤 공무원이 되고 싶은지와 하고 싶은 업무가 있다면 무엇인지 발표하시오.

① 바라는 공무원상	
② 하고 싶은 업무	

┤ 내용 작성시 주의사항 ├

■ 발표방식은 준비시간 30분 / 5분 내외 발표 후 면접위원이 추가 질문을 할 수 있습니다.
■ 발표를 위해 질문지 여백에 메모는 가능하며 면접시 참조가 가능합니다.
■ 질문지는 면접 완료 후 반드시 반납하여 주시기 바랍니다.

기후변화 위기에 대응하기 위해 전 세계가 탄소제로(탄소중립)를 위한 노력을 하고 있다. 탄소제로를 위한 경기도의 대책에 대해 발표하시오.

① 탄소중립의 필요성	
② 탄소중립대책	
③ 생활 속 실천방안	

┤ 내용 작성시 주의사항 ├

■ 발표방식은 준비시간 30분 / 5분 내외 발표 후 면접위원이 추가 질문을 할 수 있습니다.
■ 발표를 위해 질문지 여백에 메모는 가능하며 면접시 참조가 가능합니다.
■ 질문지는 면접 완료 후 반드시 반납하여 주시기 바랍니다.

이해충돌방지법의 의미 및 공직자로서 이해충돌상황 발생시 어떻게 대처할 것인지 발표하시오.

① 이해충돌 방지법 의미	
② 이해충돌 상황시 대처	

┤ 내용 작성시 주의사항 ├

▪ 발표방식은 준비시간 30분 / 5분 내외 발표 후 면접위원이 추가 질문을 할 수 있습니다.

▪ 발표를 위해 질문지 여백에 메모는 가능하며 면접시 참조가 가능합니다.

▪ 질문지는 면접 완료 후 반드시 반납하여 주시기 바랍니다.

K-콘텐츠의 글로벌 성공요인과 지속 성장을 위한 경기도의 지원방안에 대해 발표하시오.

① K-콘텐츠 성공요인	
② 경기도 지원방안	

┤ 내용 작성시 주의사항 ├

■ 발표방식은 준비시간 30분 / 5분 내외 발표 후 면접위원이 추가 질문을 할 수 있습니다.
■ 발표를 위해 질문지 여백에 메모는 가능하며 면접시 참조가 가능합니다.
■ 질문지는 면접 완료 후 반드시 반납하여 주시기 바랍니다.

직장 내 갑질 및 괴롭힘의 발생원인과 자신이 대상이 되었을 때 어떻게 대응할 것인지에 대해 발표하시오.

① 갑질 및 괴롭힘의 원인	
② 상황발생시 대처	

면접시 궁금한 사항

◎ 스티마쌤 까페 http://cafe.daum.net/stima를 통하여 질문하시길 바랍니다.
  ① "본인이 생각하는 답변은 이러하다. 스티마선생님 점검해 주세요."라고 질문을 하셔야 합니다.
  ② 비밀댓글로 질문을 올리실 때 가급적이면 상담내용과 연락처를 꼭 남겨주세요. 급한 상담은 스티마쌤이 직접
    전화를 드리겠습니다.

◎ 스티마 카카오톡 플러스친구를 통해 면접관련 궁금한 사항을 문의해 주시면 됩니다.
  링크 http://pf.kakao.com/_xnrRxgxb

◎ 카카오톡 오픈채팅방에서 '2024 스티마 경기도' 면접정보방 검색
  경기도 시·군별 지역현안 요약자료 무료제공

면접후기 평가 및 상담

제 메일 stima_gongdangi@naver.com으로 보내주시면 됩니다.
보내주신 후기는 면접을 잘 보았는지에 대하여 평가를 해 드리겠습니다(합격가능성 여부 판단).